최신판

국민건강보험공단
NCS 직업기초능력
기출 트레이닝

배현우 · 혼JOB취업연구소

합격하는 사람은 기출패턴부터 마스터한다

- ☑ 15개 기출패턴 집중 훈련 + 모의고사 4회분
- ☑ 건보 맞춤형 소재로 구성한 고퀄리티 지문
- ☑ 강점 및 취약점 진단을 위한 강약 패턴 분석표

260제

PREFACE 머리글

합격하는 사람은 기출패턴부터 마스터한다

기출패턴 학습이 중요한 이유
* 국민건강보험공단의 NCS 직업기초능력 시험에서는 일정한 유형의 패턴을 발견할 수 있습니다.
* 따라서 각 패턴에 맞는 접근법과 풀이법을 익히고, 이것을 실전에 적용하는 것이 가장 효율적인 합격 전략입니다.
* 한번 내 것으로 만든 기출패턴은 어떤 소재, 어떤 난이도의 문제에도 안정적으로 대응할 수 있는 무기가 될 것입니다.

기출패턴을 발견하기까지의 과정
* 방대한 기출문제를 체계적으로 패턴화하는 작업은 치밀한 조사와 연구가 필요한 일입니다.
* 혼JOB은 다음과 같은 과정을 통해 국민건강보험공단 NCS 기출 유형을 패턴화했습니다.

지난 3년간 실제 응시생들의 후기 취합 ▶ 문항 개발자들의 기출문제 복원 작업 ▶ NCS 전문가들의 기출복원문제 특성 분석 ▶ 건보 NCS 기출 유형을 15개로 패턴화

기출패턴 정복을 위한 훈련법
* 사실 15개의 기출패턴을 단순히 머리로 안다고만 해서 합격이 보장되는 것은 아닙니다.
* 이 책을 통해 다음의 트레이닝 과정을 거쳐야만 기출패턴을 완벽하게 마스터할 수 있습니다.

기출패턴별 예제 풀이 및 접근법 학습 ▶ 모의고사를 통한 실전 맞춤 테스트 ▶ 자신의 강점 패턴과 취약 패턴 파악 ▶ 취약 패턴 집중 반복 학습

CONTENTS 차례

PART 1
국민건강보험공단 기출패턴 트레이닝

의사소통능력

패턴 01	글의 제목·주제·목적	008
패턴 02	내용 부합	010
패턴 03	내용 추론·적용	014
패턴 04	문장 삭제	018
패턴 05	문단 배열	020
패턴 06	접속사	024
패턴 07	빈칸 추론	026

수리능력

패턴 08	자료 계산	028
패턴 09	자료 읽기	032
패턴 10	자료 연결	034
패턴 11	자료 변환	036

문제해결능력

패턴 12	정보 확인	038
패턴 13	정보 추론	040
패턴 14	적합자 선정	042
패턴 15	계산	046

PART 2
국민건강보험공단 기출동형 모의고사

제1회	기출동형 모의고사	050
	강약 패턴 분석표	098
제2회	기출동형 모의고사	100
	강약 패턴 분석표	150
제3회	기출동형 모의고사	152
	강약 패턴 분석표	206
제4회	기출동형 모의고사	208
	강약 패턴 분석표	258

정답 및 해설   261

[정답 및 해설] PDF 제공

스마트한 학습을 위해 교재 내 [정답 및 해설]을 PDF 파일로도 무료 제공해 드립니다. 로그인 후 이용하실 수 있습니다.

다운로드 바로가기
혼JOB 홈페이지
(honjob.co.kr)
→ 자료실 → 학습자료실

PREVIEW
미리보기

**국민건강보험공단
기출패턴 트레이닝**

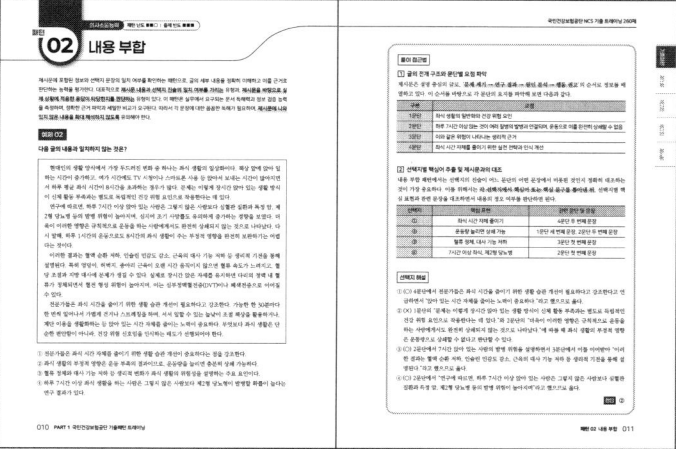

* 국민건강보험공단 NCS의 기출 유형을 의사소통능력 7개, 수리능력 4개, 문제해결능력 4개, 총 15개로 패턴화했습니다.
* 패턴 설명, 예제 풀이, 풀이 접근법 학습의 체계적인 단계를 거치면서 기출 패턴을 트레이닝할 수 있습니다.

**국민건강보험공단
기출동형 모의고사**

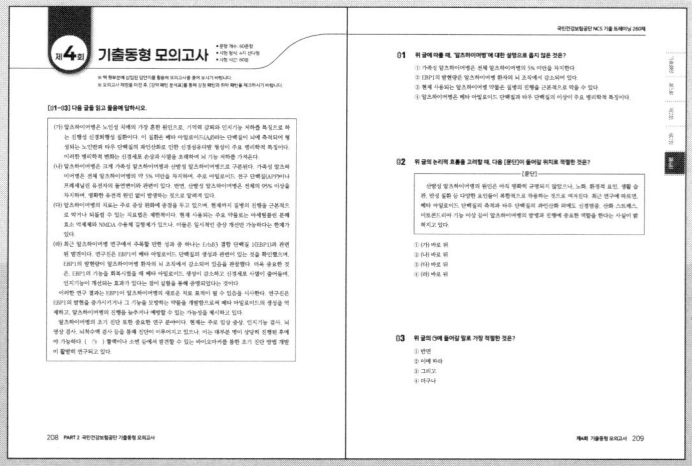

* 앞서 트레이닝한 내용을 적용해 볼 수 있도록, 패턴별 문항을 고루 배치한 총 4회분의 기출동형 모의고사를 수록했습니다.
* 실제 시험과 문항 개수, 소재, 시간 등을 동일하게 구성한 모의고사를 통해 실전 적응력을 기를 수 있습니다.

강약 패턴 분석표

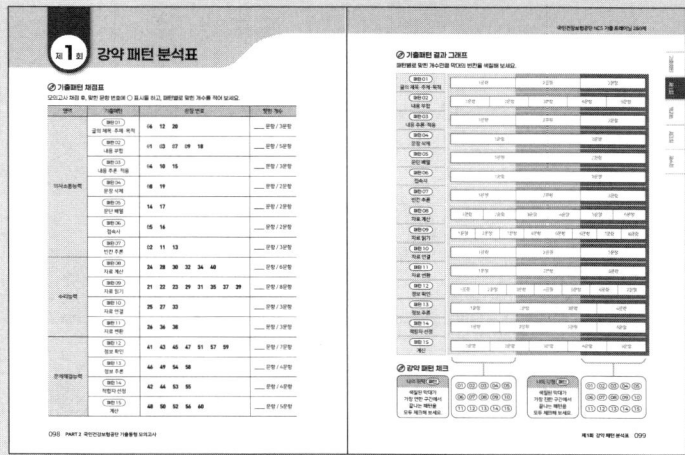

* 기출동형 모의고사의 채점 결과를 기록해 보면서 자신의 강점 패턴과 취약 패턴이 무엇인지 분석할 수 있습니다.
* 취약 패턴에 해당하는 문항은 철저한 오답 정리를 통해 강점으로 전환하는 전략이 필요합니다.

정답 및 해설

* 기출동형 모의고사의 정답과 상세한 해설을 수록했습니다.
* '패턴 실전화 TIP'을 통해 실전 문제 풀이 노하우를 익힐 수 있습니다.

OMR 답안지

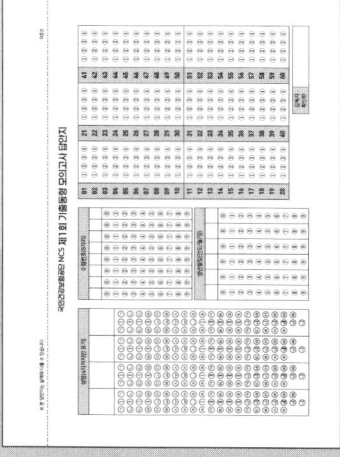

* 책의 맨 뒤편에 기출동형 모의고사 답안지 4회분을 준비했습니다.
* OMR 답안지에 직접 마킹해 보면서 실전 감각을 높일 수 있습니다.

국민건강 보험공단 NCS 직업기초능력 기출 트레이닝 260제

나만의 성장 엔진, 혼JOB | www.honjob.co.kr

PART 1
국민건강보험공단 기출패턴 트레이닝

의사소통능력
- 패턴 01 글의 제목·주제·목적
- 패턴 02 내용 부합
- 패턴 03 내용 추론·적용
- 패턴 04 문장 삭제
- 패턴 05 문단 배열
- 패턴 06 접속사
- 패턴 07 빈칸 추론

수리능력
- 패턴 08 자료 계산
- 패턴 09 자료 읽기
- 패턴 10 자료 연결
- 패턴 11 자료 변환

문제해결능력
- 패턴 12 정보 확인
- 패턴 13 정보 추론
- 패턴 14 적합자 선정
- 패턴 15 계산

의사소통능력 | 패턴 난도 ■□□ | 출제 빈도 ■■□

패턴 01 글의 제목·주제·목적

제시문 전체 내용을 바탕으로 **글을 대표할 수 있는 표현(제목)**, **중심 개념(주제)**, **글쓴이의 작성 의도(목적)**를 파악하는 패턴이다. 정책 소개, 제도 안내, 연구 발표 등 실용적인 글에서 주로 출제되며, 글의 구조를 이해하고 핵심 내용을 요약하는 능력을 평가한다. **제목형**은 **가장 대표적인 문구**를, **주제형**은 **핵심 내용**을, **목적형**은 **글쓴이의 의도**를 묻는다. 도입과 결론 문단에 주목하고, 반복되는 핵심어와 문장의 통합성을 중심으로 판단하는 것이 중요하다.

예제 01

다음 보도자료의 작성 목적으로 가장 적절한 것은?

보 도 자 료				
보도 일시	배포 즉시		배포일	2025. 5. 22.(목)
배포 기관	보건복지부		담당 부서	보험정책과

□ 보건복지부는 2025년 5월 22일 제10차 건강보험정책심의위원회를 열고, '지속 가능한 의료 개혁'을 위한 두 가지 핵심 정책을 발표하였다. 첫째는 필수진료 분야에 대한 보상 체계 강화이며, 둘째는 과잉 우려가 큰 비급여 항목에 대한 적정 관리 체계의 도입이다.

○ 첫째, 필수진료 특화 기능 강화 지원 사업은 화상, 수지접합, 분만, 소아, 뇌혈관 등 생명과 직결되거나 공공성이 높은 분야에서 24시간 진료 체계를 갖춘 기관에 대해 보상을 강화하는 내용을 담고 있다. 지금까지는 응급의료센터로 지정받지 않은 기관이 24시간 진료를 제공하더라도 별도의 보상이 없었으나, 앞으로는 실제 진료 실적, 응급 환자 수용률, 진료 협력 성과 등을 기준으로 지원이 이뤄진다.

이 사업은 의료 공급이 줄어드는 화상·수지접합과 같은 분야, 수요가 감소하는 분만·소아 진료, 신속한 대응이 필요한 뇌혈관 질환 등에서 시범적으로 추진되며, 향후에는 대상 분야를 점차 확대할 계획이다. 복지부는 이를 통해 지역 단위에서 자족적인 의료 체계를 갖추는 데 기여할 것으로 기대하고 있다.

○ 둘째, 비급여 항목 중 과잉 사용이 우려되는 항목에 대해서는 '관리급여'라는 새로운 체계를 도입하여 본격적으로 관리한다. 관리급여는 기존 비급여 항목 중 반복 사용되거나 남용 소지가 크고, 환자 안전 및 재정 건전성에 영향을 줄 수 있는 항목을 대상으로 한다. 복지부는 이를 기존처럼 시장 자율에만 맡기지 않고, 진료 기준과 가격 기준을 설정하여 보험 급여에 준하는 방식으로 관리하되, 본인 부담률을 95%로 설정하는 방안을 추진한다.

이와 관련해 '비급여 관리 정책 협의체'를 구성해 의료계, 환자 단체, 전문가 등의 의견을 수렴하고 있으며, 해당 협의체에서 선정된 항목은 요양급여 관련 위원회의 평가와 건정심 의결을 거쳐 최종 결정된다. 정부는 이를 통해 불필요한 의료 이용을 줄이고 환자의 비용 부담을 경감하는 한편, 공정한 보상 체계를 구축하려 한다.

① 응급의료기관의 확대 필요성과 지역 병원의 구조 개선을 촉구하기 위해
② 응급 진료와 과잉 진료의 차이를 설명하고 적절한 대응 방안을 제시하기 위해
③ 지속 가능한 의료 개혁의 구체적인 방향과 정책 내용을 국민에게 알리기 위해
④ 필수진료 보상 체계 강화 및 비급여 항목 관리와 관련한 의료계 반발을 완화하기 위해

풀이 접근법

1 글의 전개 구조 파악
이 보도자료는 '**서론 → 정책 제시 → 세부 설명 → 기대 효과**'의 구조로 전개된다. 서론에서는 보건복지부의 '제10차 건강보험정책심의위원회' 개최 사실을 언급하며, 의료 개혁의 지속 가능성 확보를 위한 두 가지 정책이 발표되었음을 소개한다. 이후 이 두 가지 정책에 대해 설명하는데, 첫째는 화상, 수지접합, 분만, 소아 진료 등 필수진료 분야에 대해 24시간 진료 체계를 갖춘 병원의 보상을 강화하는 방안, 둘째는 과잉 사용의 우려가 있는 비급여 항목에 대해 '관리급여'라는 새로운 분류를 도입해 진료 기준 및 가격을 설정하고 일부 공적 관리를 도입하는 방안이다. 결론에서는 이들 정책이 지역 의료 체계의 자립, 불필요한 의료 이용 감소, 환자 부담 완화로 이어질 것으로 기대된다고 설명한다.

2 핵심어 추출 및 글의 목적 이해
이 보도자료에는 '지속 가능한 의료 개혁', '보상 강화', '관리 체계 도입', '공공성', '진료 기준 설정', '재정 건전성', '환자 비용 부담 경감' 등 **정책의 목적을 드러내는 표현**이 두드러지게 나타난다. 이는 글쓴이가 특정 이해관계자에게 어떠한 행동을 요구하거나 이들을 비판하는 것이 아니라, **의료 개혁 방향을 국민에게 명확히 설명하고 수용을 유도**하기 위한 것임을 보여 준다. 따라서 이 보도자료는 **지속 가능성을 확보하기 위한 정부의 의료 개혁 방향**을 구체적 사례와 함께 설명하려는 목적으로 작성된 것이라고 판단할 수 있다.

선택지 해설
① (X) 응급의료기관의 확대나 지역 병원의 구조 개편은 '필수진료 특화 기능 강화 지원 사업'과 관련하여 논의할 수 있는 내용이기는 하지만, 보도자료 전반을 아우를 수 있는 내용은 아니다.
② (X) 보도자료에서 응급 진료나 과잉 진료와 관련한 일부 내용은 찾을 수 있지만, 이 둘의 차이에 관한 설명은 나타나 있지 않다.
③ (○) 이 보도자료는 '지속 가능한 의료 개혁'을 위한 두 가지 정책의 구체적 내용을 국민에게 소개하는 글이다.
④ (X) 의료계의 반발은 보도자료에 언급되어 있지 않다.

정답 ③

패턴 02 내용 부합

의사소통능력 | 패턴 난도 ■■□ | 출제 빈도 ■■■

제시문에 포함된 정보와 선택지 문장의 일치 여부를 확인하는 패턴으로, 글의 세부 내용을 정확히 이해하고 이를 근거로 판단하는 능력을 평가한다. 대표적으로 **제시문 내용과 선택지 진술의 일치 여부를 가리는** 유형과, **제시문을 바탕으로 실제 상황에 적용한 응답이 타당한지를 판단하는** 유형이 있다. 이 패턴은 실무에서 요구되는 문서 독해력과 정보 검증 능력을 측정하며, 정확한 근거 파악과 세밀한 비교가 요구된다. 따라서 각 문장에 대한 꼼꼼한 독해가 필요하며, **제시문에 나와 있지 않은 내용을 확대 해석하지 않도록** 유의해야 한다.

예제 02

다음 글의 내용과 일치하지 않는 것은?

> 현대인의 생활 양식에서 가장 두드러진 변화 중 하나는 좌식 생활의 일상화이다. 책상 앞에 앉아 일하는 시간이 증가하고, 여가 시간에도 TV 시청이나 스마트폰 사용 등 앉아서 보내는 시간이 많아지면서 하루 평균 좌식 시간이 8시간을 초과하는 경우가 많다. 문제는 이렇게 장시간 앉아 있는 생활 방식이 신체 활동 부족과는 별도로 독립적인 건강 위험 요인으로 작용한다는 데 있다.
>
> 연구에 따르면, 하루 7시간 이상 앉아 있는 사람은 그렇지 않은 사람보다 심혈관 질환과 특정 암, 제2형 당뇨병 등의 발병 위험이 높아지며, 심지어 조기 사망률도 유의하게 증가하는 경향을 보였다. 더욱이 이러한 영향은 규칙적으로 운동을 하는 사람에게서도 완전히 상쇄되지 않는 것으로 나타났다. 다시 말해, 하루 1시간의 운동으로도 8시간의 좌식 생활이 주는 부정적 영향을 완전히 보완하기는 어렵다는 것이다.
>
> 이러한 결과는 혈액 순환 저하, 인슐린 민감도 감소, 근육의 대사 기능 저하 등 생리적 기전을 통해 설명된다. 특히 엉덩이, 허벅지, 종아리 근육이 오랜 시간 움직이지 않으면 혈류 속도가 느려지고, 혈당 조절과 지방 대사에 문제가 생길 수 있다. 실제로 장시간 앉은 자세를 유지하면 다리의 정맥 내 혈류가 정체되면서 혈전 형성 위험이 높아지며, 이는 심부정맥혈전증(DVT)이나 폐색전증으로 이어질 수 있다.
>
> 전문가들은 좌식 시간을 줄이기 위한 생활 습관 개선이 필요하다고 강조한다. 가능한 한 30분마다 한 번씩 일어나서 가볍게 걷거나 스트레칭을 하며, 서서 일할 수 있는 높낮이 조절 책상을 활용하거나, 계단 이용을 생활화하는 등 앉아 있는 시간 자체를 줄이는 노력이 중요하다. 무엇보다 좌식 생활은 단순한 편안함이 아니라, 건강 위험 신호임을 인식하는 태도가 선행되어야 한다.

① 전문가들은 좌식 시간 자체를 줄이기 위한 생활 습관 개선이 중요하다는 점을 강조한다.
② 좌식 생활의 부정적 영향은 운동 부족의 결과이므로, 운동량을 늘리면 충분히 상쇄 가능하다.
③ 혈류 정체와 대사 기능 저하 등 생리적 변화가 좌식 생활의 위험성을 설명하는 주요 요인이다.
④ 하루 7시간 이상 좌식 생활을 하는 사람은 그렇지 않은 사람보다 제2형 당뇨형이 발병할 확률이 높다는 연구 결과가 있다.

풀이 접근법

1 글의 전개 구조와 문단별 요점 파악

제시문은 설명 중심의 글로, '문제 제기 → 연구 결과 → 원인 분석 → 행동 권고'의 순서로 정보를 배열하고 있다. 이 순서를 바탕으로 각 문단의 요지를 파악해 보면 다음과 같다.

구분	요점
1문단	좌식 생활의 일반화와 건강 위험 요인
2문단	하루 7시간 이상 앉는 것이 여러 질병의 발병과 연결되며, 운동으로 이를 완전히 상쇄할 수 없음
3문단	이와 같은 위험이 나타나는 생리적 근거
4문단	좌식 시간 자체를 줄이기 위한 실천 전략과 인식 개선

2 선택지별 핵심어 추출 및 제시문과의 대조

내용 부합 패턴에서는 선택지의 진술이 어느 문단의 어떤 문장에서 비롯된 것인지 정확히 대조하는 것이 가장 중요하다. 이를 위해서는 **각 선택지에서 핵심어 또는 핵심 문구를 뽑아낸 뒤**, 선택지별 핵심 표현과 관련 문장을 대조하면서 내용의 정오 여부를 판단하면 된다.

선택지	핵심 표현	관련 문단 및 문장
①	좌식 시간 자체 줄이기	4문단 두 번째 문장
②	운동량 늘리면 상쇄 가능	1문단 세 번째 문장, 2문단 두 번째 문장
③	혈류 정체, 대사 기능 저하	3문단 첫 번째 문장
④	7시간 이상 좌식, 제2형 당뇨병	2문단 첫 번째 문장

선택지 해설

① (○) 4문단에서 전문가들은 좌식 시간을 줄이기 위한 생활 습관 개선이 필요하다고 강조한다고 언급하면서 "앉아 있는 시간 자체를 줄이는 노력이 중요하다."라고 했으므로 옳다.

② (✗) 1문단의 "문제는 이렇게 장시간 앉아 있는 생활 방식이 신체 활동 부족과는 별도로 독립적인 건강 위험 요인으로 작용한다는 데 있다."와 2문단의 "더욱이 이러한 영향은 규칙적으로 운동을 하는 사람에게서도 완전히 상쇄되지 않는 것으로 나타났다."에 따를 때 좌식 생활의 부정적 영향은 운동량으로 상쇄할 수 없다고 판단할 수 있다.

③ (○) 2문단에서 7시간 앉아 있는 사람의 발병 위험을 설명하면서 3문단에서 이를 이어받아 "이러한 결과는 혈액 순환 저하, 인슐린 민감도 감소, 근육의 대사 기능 저하 등 생리적 기전을 통해 설명된다."라고 했으므로 옳다.

④ (○) 2문단에서 "연구에 따르면, 하루 7시간 이상 앉아 있는 사람은 그렇지 않은 사람보다 심혈관 질환과 특정 암, 제2형 당뇨병 등의 발병 위험이 높아지며"라고 했으므로 옳다.

정답 ②

예제 03

다음 보도자료에 따를 때, 질문에 대한 답변으로 적절하지 않은 것은? (단, 제시된 내용 외에는 고려하지 않는다)

보 도 자 료			
보도 일시	배포 즉시	배포일	2025. 6. 4.(수)
배포 기관	질병관리청	담당 부서	감염병관리과

□ 2025년 들어 성홍열 감염 사례가 전국적으로 급증하고 있다. 질병관리청에 따르면 5월 셋째 주까지 누적 신고 건수는 3,809건으로, 전년 같은 기간(1,506건) 대비 약 2.5배 증가하였다. 성홍열은 A군 사슬알균에 의한 급성 발열성 감염병으로 주로 10세 미만 소아에게서 많이 발생한다. 초기에는 고열, 인후통, 구토, 복통 등이 나타나며, 1~2일 내 전신에 선홍색 발진이 퍼지고, 혓바닥이 붉게 변하는 '딸기 혀' 증상도 확인된다.

□ 성홍열은 감염자의 기침, 재채기 등을 통해 타인에게 전파될 수 있어 집단생활을 하는 어린이집, 유치원, 초등학교 등에서는 감염 확산 우려가 크다. 이에 따라 질병관리청은 성홍열 의심 환아에 대해 신속한 진료를 권고하고, 확진 시 항생제 치료 시작 후 24시간이 지나기 전까지는 등원·등교하지 않도록 당부하고 있다. 치료를 받지 않은 채 활동을 재개하면 감염이 주변으로 빠르게 퍼질 수 있다.

□ 또한 질병관리청은 예방을 위한 가장 기본적인 수칙으로 '손 씻기'와 '기침 예절'을 강조하고 있다. 아이들이 자주 접촉하는 교구, 장난감, 문손잡이 등의 표면은 주기적으로 소독하고 환기를 자주 하는 것이 중요하다. 의심 증상 발생 시 자가 진단에 의존하지 말고 즉시 의료 기관을 찾아 검사를 받아야 하며, 부모와 교사 등 보호자들은 증상 인지 및 감염 예방 수칙 교육에 적극적으로 협조해야 한다.

① Q: 성홍열이 생기면 어떤 증상이 나타나나요?
　A: 고열과 인후통, 구토, 복통 등이 먼저 나타나고 이후 온몸에 발진이 나타날 수 있습니다.
② Q: 손 소독제를 사용해 손을 자주 씻으면 성홍열 감염을 완전히 막을 수 있나요?
　A: 네, 손 씻기는 성홍열 예방을 위한 가장 기본적인 수칙으로, 손 씻기만 자주 한다면 감염을 완전히 막을 수 있습니다.
③ Q: 아이가 성홍열 진단을 받았는데, 항생제 복용 후 만 하루가 지난 뒤에는 등원해도 괜찮나요?
　A: 네, 항생제 치료 시작 후 최소 24시간이 지나야 등원할 수 있습니다.
④ Q: 아이가 열이 나고 인후통이 있는데 감기인 것 같아요. 일단 집에서 좀 더 지켜보는 것이 좋겠지요?
　A: 아닙니다. 감염이 의심되는 증상이 있을 경우, 즉시 의료 기관에 방문해 진료를 받는 것이 필요합니다.

풀이 접근법

1 글의 전개 구조와 문단별 요점 파악

이 보도자료는 '현황 제시 및 증상 설명 → 의심 및 확진 시 대응 지침 안내 → 예방 수칙 설명 및 행동 권고'의 세 부분으로 구성되어 있다. 이에 따라 문단별 요점을 정리해 보면 다음과 같다.

구분	요점
1문단	• 현황: 2025년 급격히 증가, 10세 미만 소아에게서 많이 발생 • 증상: 고열, 인후통, 구토, 복통 → 발진, 딸기 혀
2문단	• 의심 환아: 신속한 진료 • 확진 환아: 항생제 치료 시작 후 24시간 지나기 전까지 등원·등교 X
3문단	• 예방 수칙: 손 씻기, 기침 예절, 소독, 환기 • 행동 권고: 의심 증상 발생 시 자가 진단 X, 보호자의 증상 인지 및 예방 교육 협조 필요

2 선택지별 핵심어 추출 및 제시문과의 대조

앞서 내용 부합 패턴은 **제시문 내용과 선택지 진술의 일치 여부를 가리는** 유형과, **제시문을 바탕으로 실제 상황에 적용한 응답이 타당한지를 판단하는** 유형이 있다고 했는데, 이 문항은 후자에 해당한다. 이 경우에도 역시나 중요한 것은 선택지의 핵심어를 뽑아내어 제시문의 내용과 대조해 보는 것이다.

선택지	핵심 표현	관련 문단 및 문장
①	증상 / 고열, 인후통, 구토, 복통, 발진	1문단 네 번째 문장
②	손을 자주 씻으면, 완전히 / 완전히 막을 수 있음	3문단 첫 번째 문장
③	항생제 복용 후 만 하루 / 최소 24시간 지나야 등원	2문단 두 번째 문장
④	일단 집에서 / 의심 증상, 의료 기관 방문	3문단 세 번째 문장

이때 유의할 점은, 선택지가 제시문의 세부 정보를 압축하거나 다른 용어를 사용해 재진술했더라도 **핵심 의미가 유지되면 일치**, **논리적 왜곡이나 확대 해석**이 포함되면 **불일치**로 간주해야 한다는 것이다.

선택지 해설

① (○) 1문단의 "초기에는 고열, 인후통, 구토, 복통 등이 나타나며, 1~2일 내 전신에 선홍색 발진이 퍼지고"에 따를 때 적절한 답변이다.
② (X) 3문단에서 "또한 질병관리청은 예방을 위한 가장 기본적인 수칙으로 '손 씻기'와 '기침 예절'을 강조하고 있다."라고 하고 있지만, 손 씻기만으로 성홍열 감염을 완전히 막을 수 있다는 내용은 없다. 따라서 비논리적인 확대 해석에 해당하므로 적절하지 않은 답변이다.
③ (○) 2문단의 "확진 시 항생제 치료 시작 후 24시간이 지나기 전까지는 등원·등교하지 않도록 당부하고 있다."에 따를 때 적절한 답변이다.
④ (○) 3문단의 "의심 증상 발생 시 자가 진단에 의존하지 말고 즉시 의료 기관을 찾아 검사를 받아야 하며"에 따를 때 적절한 답변이다.

정답 ②

패턴 03 내용 추론·적용

의사소통능력 | 패턴 난도 ■■■ | 출제 빈도 ■■□

제시문에 명시되지 않은 정보를 합리적으로 유추하거나, 주어진 상황에 적절히 적용할 수 있는지를 판단하는 패턴이다. 독자의 추론력과 적용력을 동시에 평가하며, 실무에서 요구되는 비판적 사고 및 문제 해결 역량과 밀접하게 관련된다. **추론형**은 제시된 사실에 기반해 타당한 결론을 도출하는 능력을, **적용형**은 제시된 내용을 실제 상황에 접목할 수 있는 능력을 측정한다. 따라서 논리적 연결 관계에 주목하여 제시문의 세부 정보를 정확히 이해해야 하며, **제시되지 않은 내용을 자의적으로 해석하거나 지나치게 일반화하지 않도록 주의**해야 한다.

예제 04

다음 글을 바탕으로 추론한 내용으로 가장 적절한 것은?

> '염증'은 질병이 시작되었음을 알리는 대표적인 생체 반응이다. 염증은 손상된 조직을 회복시키기 위한 방어 기전으로, 세균이나 바이러스, 외부 자극에 의해 유발된다. 일반적으로 발적, 부종, 통증, 발열, 기능 장애의 다섯 가지 증상이 나타나며, 이는 우리 몸이 감염원이나 손상 요소에 대응하기 위한 일련의 반응 과정이다. 염증 반응은 급성염과 만성염으로 나뉘는데, 급성염은 단기간 내에 증상이 나타나고 해결되는 반면, 만성염은 수개월 또는 수년간 지속되며 다양한 건강 문제로 이어질 수 있다.
>
> 문제는 만성 염증이 겉으로 뚜렷한 증상 없이 조용히 진행되는 경우가 많다는 점이다. 이른바 '조용한 염증'이라고 불리는 이 상태는 당뇨병, 심혈관 질환, 암, 알츠하이머병 등 다양한 만성 질환의 발병과 밀접한 관련이 있다. 특히 지방 조직에서 생성되는 염증성 사이토카인이라는 물질은 인슐린 저항성을 높이고 혈관 내 염증을 일으켜 대사 이상 및 혈관 손상을 초래한다. 따라서 비만은 대표적인 만성 염증 유발 요인으로 지목된다.
>
> 현대인의 식습관과 생활 습관도 만성 염증을 악화시키는 요인이다. 과도한 설탕 섭취, 트랜스지방과 가공식품 위주의 식단, 만성적인 스트레스와 수면 부족, 음주 및 흡연 등은 체내 염증 반응을 활성화하는 대표적인 환경 요인들이다. 이와 반대로 항염증 효과가 있는 오메가-3 지방산, 섬유소, 식물성 항산화 성분(예: 플라보노이드)이 풍부한 식품은 염증을 줄이는 데 도움을 준다. 규칙적인 운동 역시 염증 수치를 낮추는 데 긍정적인 영향을 미친다.
>
> 만성 염증은 일반적인 혈액 검사로는 찾기 어려워 고감도 C반응단백(hs-CRP) 등의 특수 지표가 활용되기 때문에 조기 발견이 어려울 수 있다. 하지만 전문가들은 만성 염증을 조기 발견하고 관리하는 것이 질병 예방의 핵심이라고 강조한다. 이를 위해 평소 생활 습관의 점검과 개선도 함께 이뤄져야 한다. 염증은 외부의 공격뿐 아니라 몸 스스로가 보내는 경고 신호이기도 하며, 이를 무시하면 질병으로 이어질 수 있음을 인식해야 한다.

① 규칙적인 운동과 섬유소 섭취는 염증 수치를 조절하는 데 도움이 될 수 있다.
② 비만은 외부 감염보다 염증 유발 가능성이 낮기 때문에 만성 염증과 무관하다.
③ 트랜스지방 섭취를 줄이는 것만으로도 고혈압의 근본적인 원인을 해결할 수 있다.
④ 급성 염증은 증상이 급속도로 나타나기 때문에 조용한 염증보다 더 심각한 건강 문제를 유발한다.

풀이 접근법

1 글의 전개 구조와 문단별 요점 파악

이 글은 '**염증의 개념 및 종류 소개 → 만성 염증의 위험성 → 만성 염증의 악화 및 완화 요인 → 만성 염증 관리의 필요성**'의 구조로 전개된다. 이에 따라 문단별 요점을 정리해 보면 다음과 같다.

구분	요점
1문단	• 염증: 질병이 시작되었음을 알리는 생체 반응 • 급성염: 단기간 내 증상이 나타나고 해결됨 • 만성염: 수개월 또는 수년간 지속되며 다양한 건강 문제로 이어짐
2문단	• 만성 염증 관련 만성 질환: 당뇨병, 심혈관 질환, 암, 알츠하이머병 등 • 만성 염증 유발 요인: 대표적으로 비만
3문단	• 만성 염증 악화 요인: 과도한 설탕 섭취, 트랜스지방과 가공식품 위주 식단 등 • 만성 염증 완화 요인: 오메가-3 지방산, 섬유소, 식물성 항산화 성분이 풍부한 식품
4문단	• 질병 예방법: 만성 염증 조기 발견, 평소 생활 습관 점검 및 개선

2 핵심어 대조 및 추론 방식 분석

'내용 추론·적용' 패턴도 '내용 부합' 패턴처럼 선택지의 핵심어와 제시문의 해당 내용을 대조하는 절차가 필요하다. 이때 '내용 추론·적용' 패턴에서의 특징을 꼽자면, 제시문의 특정 한 문장을 토대로 대조하기보다는 **여러 문단에 걸친 두세 문장의 내용을 조합하여 대조**해야 하는 경우도 있다는 점이다. 한편, 적절한 추론으로 보기 어려운 진술들은 대체로 **정반대의 분석, 과도한 일반화, 원인과 결과의 단정적 해석** 등의 특징을 갖는다. 따라서 이러한 오류를 보이는 선택지는 정답에서 제외해야 한다.

선택지 해설

① (○) 3문단에서 섬유소가 염증을 줄이는 데 도움을 주며, 규칙적인 운동 역시 염증 수치를 낮추는 데 긍정적인 영향을 미친다고 설명하고 있다. 따라서 규칙적인 운동과 섬유소 섭취는 염증 수치를 조절하는 데 도움이 된다는 점을 추론할 수 있다.

② (×) 2문단에서 지방 조직에서 생성되는 염증성 사이토카인이 혈관 내 염증을 일으킨다고 설명하며 대표적인 만성 염증 유발 요인으로 비만을 제시하고 있다. 따라서 비만이 염증 유발 가능성이 낮기 때문에 만성 염증과 무관하다는 추론은 적절하지 않다.

③ (×) 3문단에서 트랜스지방 위주 식단이 체내 염증 반응을 활성화하는 요인이라고 하고 있지만, 고혈압과의 인과 관계나 근본적인 원인 해결 여부에 대해서는 언급되어 있지 않다. 즉, 트랜스지방 섭취를 줄이는 것만으로도 고혈압의 근본적인 원인을 해결할 수 있는지는 알 수 없다.

④ (×) 1문단에서 급성염은 단기간 내에 증상이 나타나고 해결되는 반면, 만성염은 수개월 또는 수년간 지속되며 다양한 건강 문제로 이어질 수 있다고 서술하며, 2문단에서 만성 염증(조용한 염증)이 당뇨병, 암, 알츠하이머병 등 중대한 질병의 발병과 밀접한 관련이 있다고 설명하고 있다. 따라서 급성 염증이 조용한 염증보다 더 심각한 건강 문제를 유발한다는 추론은 적절하지 않다.

정답 ①

예제 05

다음 보도자료를 읽은 뒤, 감염병 대응 업무를 맡고 있는 지방자치단체 직원이 업무 중 보인 반응으로 적절하지 않은 것은?

보 도 자 료			
보도 일시	배포 즉시	배포일	2025. 6. 8.(일)
배포 기관	질병관리청	담당 부서	감염병정책총괄과

□ 2025년 질병관리청은 최근 발표한 '감염병 위기 대응 체계 고도화 종합 계획'을 통해, 감염병 유행 시기뿐 아니라 평시에도 작동 가능한 상시 대응 체계 구축을 추진한다고 밝혔다. 이번 계획은 코로나19를 겪으며 확인된 기존 방역 체계의 한계를 보완하고, 전국 단위에서 일관된 위기 대응 체계를 마련하기 위한 것이다.

□ 우선, 전국 17개 시·도에 권역별 감염병 대응 센터를 지정해, 지방자치단체와의 실시간 정보 공유와 공동 대응을 강화한다. 이를 통해 위기 발생 시 중앙 정부와 지자체 간 신속한 협력 체계를 구축할 수 있으며, 권역별 유행 양상을 고려한 지역 맞춤형 방역 조치가 가능해진다.

□ 또한, 기존의 한시적 인력 운영 방식에서 벗어나 상시 감염병 전문 인력을 확보한다. 감염병 대응 인력의 경우, 정규직 전환 비율을 확대하고, 전문 교육 프로그램을 이수한 자에 한해 대응 실무를 맡길 계획이다. 특히 감염병 대응에서 간호사와 역학조사관의 역할이 핵심인 만큼, 이들을 위한 인센티브 제도와 직무 연속성 보장 방안도 포함되어 있다.

□ 질병관리청은 또, 현장 대응의 정보 기반을 강화하기 위해 감염병 빅데이터 플랫폼을 연내에 구축할 예정이다. 이를 통해 실시간 감염병 발생 현황, 의료 기관 정보, 백신 접종률, 환자 이동 경로 등을 통합적으로 분석하고, AI 기반의 조기 경보 시스템도 병행 도입하여 예측 기반 대응을 강화할 계획이다.

□ 마지막으로, 정부는 이 같은 방역 체계 고도화가 단기적인 감염병 대응뿐 아니라, 장기적인 보건 의료 시스템 회복 탄력성(resilience) 강화로 이어질 것으로 기대하고 있다.

① 감염병 빅데이터 플랫폼을 활용하면, 감염병 관련 데이터를 분석해 향후 대응 계획 수립에 반영할 수 있겠어요.
② 감염병 대응 업무는 한시적 조치이기 때문에, 이번 위기 종료 후에는 관련 인력의 정규직 전환이 없을 것으로 보이는군요.
③ 감염병 전문 인력으로 근무하려면 지정된 교육을 이수해야 한다고 하니, 신규 채용 전에 교육 이수 여부부터 확인해야겠어요.
④ 중앙 정부와의 정보 공유를 위한 감염병 대응 센터가 각 시·도별로 운영된다고 하니, 우리 지역 특성에 맞는 대응 방안을 조율할 수 있겠네요.

풀이 접근법

1 글의 전개 구조와 문단별 요점 파악
제시된 보도자료는 '**감염병 상시 대응 체계 구축 → 구체적인 대응 체계 → 기대 효과**'의 구조로 전개된다. 특히 '구체적인 대응 체계'에 관한 내용은 2~4문단에 걸쳐 설명되는데, 바로 이 부분이 보도자료의 핵심이다. 2~4문단에서 다루고 있는 대응 체계를 정리해 보면 다음과 같다.

구분	요점
2문단	권역별 감염병 대응 센터 지정
3문단	상시 감염병 전문 인력 확보
4문단	감염병 빅데이터 플랫폼 구축

2 핵심어 대조 및 글의 취지 분석
문단별 요점을 파악했다면, 그 이후에는 역시 각 선택지의 핵심어를 찾고 제시문의 관련 부분과 대조하며 적절한 추론인지 여부를 판단하도록 해야 한다. 이 문제에서 선택지 ①은 '**감염병 빅데이터 플랫폼**'(4문단), ②와 ③은 '**감염병 관련 인력**'(3문단), ④는 '**감염병 대응 센터**'(2문단)가 핵심어로, 관련 문단의 내용을 확인하면 된다.
한 가지 특징적인 점은 제시문 속 문장들과 일일이 대조하지 않고 보도자료의 **전반적인 취지만 파악**하더라도 **추론의 적절성을 가릴 수 있는 선택지**도 있다는 것이다. 이 문제에서는 ②가 그런 선택지인데, "감염병 대응 업무는 한시적", "관련 인력의 정규직 전환이 없을 것"이라는 표현은 평시에도 작동 가능한 상시 대응 체계를 구축한다는 보도자료의 전반적인 방향성과 맞지 않는다.

선택지 해설

① (○) 4문단에서 감염병 빅데이터 플랫폼에 대해 "실시간 감염병 발생 현황, 의료 기관 정보, 백신 접종률, 환자 이동 경로 등을 통합적으로 분석하고, AI 기반의 조기 경보 시스템도 병행 도입하여 예측 기반 대응을 강화할 계획이다."라고 설명한 점에 따를 때 적절한 추론이다.

② (✕) 3문단의 "감염병 대응 인력의 경우, 정규직 전환 비율을 확대하고"에 따를 때 적절하지 않은 추론이다. 물론 위에서 살펴본 대로, 보도자료의 전반적인 취지와 맞지 않다는 점에서도 적절하지 않은 추론임을 알 수 있다.

③ (○) 3문단에서 감염병 대응 인력에 대해 "전문 교육 프로그램을 이수한 자에 한해 대응 실무를 맡길 계획이다."라고 설명한 점에 따를 때 적절한 추론이다.

④ (○) 2문단에서 권역별 감염병 대응 센터에 대해 "위기 발생 시 중앙 정부와 지자체 간 신속한 협력 체계를 구축할 수 있으며, 권역별 유행 양상을 고려한 지역 맞춤형 방역 조치가 가능해진다."라고 설명한 점에 따를 때 적절한 추론이다.

정답 ②

패턴 04 문장 삭제

의사소통능력 | 패턴 난도 ■□□ | 출제 빈도 ■□□

제시문의 전체적인 흐름 속에서 논리적으로 부적절한 문장을 찾아내는 패턴이다. 일반적으로 **해당 문단 또는 글의 전체 맥락을 흐리는 문장, 주제와 관련 없는 정보, 불필요한 반복이나 예외적 사례를 포함한 진술**이 삭제 대상으로 주어진다. 이 패턴은 문단 간 주제 일관성과 논리적 흐름, 정보 간 관련성을 파악하는 능력을 평가하며, 특히 실무 문서에서의 비논리적 기술이나 잡음을 제거하는 능력을 검증하는 데 유용하다. **문장 간 연결 관계**와 **문단의 중심 내용**을 정확히 파악하는 것이 핵심이다.

예제 06

다음 글의 흐름상 ㉠~㉣ 중 삭제되어야 하는 문장은?

> 미세먼지는 세계보건기구(WHO)가 지정한 1군 발암물질로, 그 입자의 크기와 화학적 성분에 따라 인체에 미치는 영향이 달라진다. 특히 지름이 2.5마이크로미터 이하인 초미세먼지(PM2.5)는 호흡기를 넘어 혈류를 통해 전신으로 이동할 수 있어 더욱 위험하다.
> ㉠ 초미세먼지는 대기 중 황산염, 질산염, 중금속, 탄소 화합물 등 다양한 유해 성분으로 이루어져 있다. 이들 물질은 인체에 흡입될 경우 산화 스트레스를 유발하고 염증 반응을 증가시켜 각종 질병의 발병 위험을 높인다. 특히 심혈관 질환, 호흡기 질환, 당뇨, 신경 퇴행성 질환 등과의 연관성이 지속적으로 보고되고 있다.
> ㉡ 최근 국내 연구에서도 초미세먼지의 일일 농도 상승이 심근경색, 뇌졸중, 폐렴과 같은 급성 질환의 입원율 증가와 밀접한 관련이 있는 것으로 나타났다. 특히 노인과 영유아, 호흡기 질환자 등 민감군은 동일한 농도에서도 더 큰 영향을 받을 수 있으므로 특별한 주의가 필요하다.
> 정부는 이러한 건강 영향을 최소화하기 위해 미세먼지 예보 제도를 운영하고 있으며, 예보 등급에 따라 실외 활동 자제 권고, 마스크 착용 권장, 민감군 보호 조치 등을 안내하고 있다. 또한 실내 공기질 관리를 위한 공기 청정기 보급 확대, 대중교통 무료 정책 등 다양한 저감 대책을 시행하고 있다.
> ㉢ 정부는 대기 중 질소산화물, 이산화황, 휘발성 유기화합물 등 오염 물질 배출을 줄이기 위한 사업장 규제 강화 및 친환경 차량 확대 등의 대책도 병행하고 있다. ㉣ 초미세먼지는 주로 봄철에 농도가 높은 경향이 있다.
> 무엇보다 개인의 건강 보호를 위해 실시간 미세먼지 농도를 확인하고, 고농도 시 외출을 자제하거나 KF80 이상 마스크를 착용하는 등 자율적인 행동 수칙 실천이 중요하다. 가정에서는 환기 시간을 조절하고, 공기 청정기와 환기 설비를 적절히 활용하는 것도 효과적이다.

① ㉠
② ㉡
③ ㉢
④ ㉣

풀이 접근법

1 글의 전개 구조와 문단별 요점 및 역할 파악
이 글은 '초미세먼지(PM2.5)'의 건강상 위험성과 그에 대한 사회적·개인적 대응을 다룬 글이다. 글은 **'문제 제기 → 원인 및 영향 분석 → 사회적 대응 → 개인 실천'**의 논리 구조로 전개된다. 문단별 요점과 역할을 정리해 보면 다음과 같다.

구분	요점	역할
1문단	• 미세먼지와 초미세먼지의 정의와 차이 • 초미세먼지의 위험성	문제 제기
2문단	• 초미세먼지의 구성 성분 • 이들 물질이 인체에 미치는 영향	과학적 근거 제시
3문단	• 초미세먼지 농도와 급성 질환 입원율과의 연관성 • 민감군의 취약성	문제의 심각성 부각
4~5문단	• 정부의 대응: 미세먼지 예보 제도, 공기 청정기 보급 확대, 대중교통 무료 정책, 사업장 규제 강화, 친환경 차량 확대 등	정책 대응 설명
6문단	• 개인적 실천: 미세먼지 농도 확인, 고농도 시 외출 자제, 마스크 착용, 환기 등	실천적 결론

2 삭제 판단의 기준 적용
이제 ㉠~㉣이 삭제되어야 하는 문장인지 여부를 판단해야 하는데, 이때는 각각에 대해 다음과 같은 기준을 적용해야 한다.
- **글의 주제 흐름** 또는 **문단의 중심 내용**에서 벗어나 있는가?
- 핵심 주장을 강화하거나 구체화하지 않고 **단순 부연 혹은 반복 설명**에 그치는 경우인가?
- 해당 문장을 **제거**해도 **전후 문맥 연결**이 어색하지 않은가?

선택지 해설
- ㉠ (O) 초미세먼지의 구성 성분에 관한 내용으로, 글의 흐름과 문단의 구성상 적절한 문장이다.
- ㉡ (O) 초미세먼지가 건강에 미치는 영향에 관한 연구 결과를 설명하는 내용으로, 글의 흐름과 문단의 구성상 적절한 문장이다.
- ㉢ (O) 초미세먼지와 관련한 오염 물질 배출을 줄이려는 정부의 대책을 설명하는 내용으로, 글의 흐름과 문단의 구성상 적절한 문장이다.
- ㉣ (X) "초미세먼지는 주로 봄철에 농도가 높은 경향이 있다."는 초미세먼지의 계절적 특성을 설명하는 문장이다. 하지만 ㉣이 속한 5문단은 초미세먼지에 관한 정부의 대책을 설명하는 문단이다. 따라서 ㉣은 삭제되는 것이 적절하다.

정답 ④

패턴 05 문단 배열

의사소통능력 | 패턴 난도 ■■□ | 출제 빈도 ■□□

여러 개의 문단 또는 문장들이 주어졌을 때, 이를 글의 전개 흐름에 따라 가장 자연스럽게 배열하는 능력을 평가하는 패턴이다. **서론-본론-결론의 구조, 시간적·논리적 흐름, 인과 관계, 정보의 구체화 순서**를 파악하는 것이 핵심이다. 또한 각 문단이 전체 글에서 수행하는 역할을 판단하고 **연결어, 지시어, 반복어** 등을 근거로 배열 순서를 결정하는 것 역시 중요하다. 즉, 정보 간의 관계성을 이해하고 통합하는 능력이 요구되는 패턴이라고 할 수 있다.

예제 07

다음 글의 (가)~(라)를 문맥상 적절하게 배열한 것은?

> (가) 바이러스의 숙주 침입 이후 나타나는 가장 빠른 반응은 선천 면역이다. 선천 면역계는 특정 병원체에 특화되지는 않았지만, 감염 초기에 빠르게 반응하여 바이러스의 확산을 억제한다. 바이러스의 RNA, 이중가닥 DNA, 또는 특정 단백질을 인식하는 수용체가 면역 세포 표면이나 내부에 존재하며, 이를 통해 병원체의 존재를 감지한다. 감지 즉시 인터페론을 비롯한 사이토카인이 분비되고, 이 신호들은 주변 세포에게 감염 경고를 전달하며 항바이러스 방어막을 형성한다.
>
> (나) 면역 반응은 바이러스의 활동을 억제하지만, 지나치게 강하거나 오랫동안 지속되면 오히려 조직 손상을 유발할 수 있다. 예를 들어, 코로나19의 중증 환자들에게서는 '사이토카인 폭풍'이라고 불리는 과도한 면역 반응이 발생해 폐 조직을 심각하게 손상시키고 호흡 부전을 유발하기도 했다. 이처럼 면역은 이중성을 지닌다. 병원체를 제거하는 긍정적 효과와 동시에 신체의 다른 조직에 해를 끼칠 수 있는 위험 요소를 함께 내포한다.
>
> (다) 바이러스는 스스로 복제하거나 에너지를 생성하지 못하며, 살아 있는 숙주 세포가 있어야만 증식할 수 있는 특성을 지닌다. 외부 환경에서는 불활성 상태로 존재하다가, 숙주의 호흡기 점막이나 혈류 등을 통해 세포 안으로 침입하면 자신의 유전 물질을 복제하고 단백질을 합성하여 새로운 바이러스 입자를 만든다. 이 과정에서 세포는 파괴되거나 기능을 잃고, 이에 대한 경고 신호가 면역계에 전달되어 반응을 유도하게 된다.
>
> (라) 한편, 최근에는 선천 면역도 일종의 '훈련 효과'를 지닌다는 연구 결과가 발표되고 있다. 과거에는 오직 후천 면역만이 기억 세포를 형성해 재감염 시 빠르게 반응하는 것으로 여겨졌지만, 반복되는 자극에 노출된 선천 면역계 역시 이전보다 빠르고 강하게 반응하는 경향을 보인다는 것이다. 이를 '훈련된 면역(trained immunity)'이라고 하며, 향후 백신 개발이나 감염병 대응 전략 수립에 있어 중요한 개념으로 주목받고 있다.

① (가) - (다) - (나) - (라)
② (가) - (다) - (라) - (나)
③ (다) - (가) - (라) - (나)
④ (다) - (라) - (나) - (가)

풀이 접근법

1 각 문단의 요점과 역할 파악

'문단 배열' 패턴은 다른 어떤 패턴보다 **각 문단이 담고 있는 내용적 요점과 글 전체에서의 기능**을 파악하는 것이 중요하다. 다음은 이러한 기준에 따라 (가)~(라)를 정리한 것이다.

구분	요점	역할
(가)	인체 면역 반응 중 선천 면역의 작동 원리	개념 설명
(나)	면역 반응의 부작용	새로운 관점 제시 및 비판적 조망
(다)	바이러스의 기본 특성과 감염 기전	개념 설명
(라)	선천 면역이 '훈련 효과'를 지닌다는 최근 연구 결과	심화 정보 제공

(가)와 (다)는 모두 개념을 설명하는 역할을 하는데, (가)는 '선천 면역', (다)는 '바이러스'를 다루고 있다. 여기서 (가)의 첫 문장 "바이러스의 숙주 침입 이후 나타나는 가장 빠른 반응은 선천 면역이다."에 따를 때 (다)가 (가)보다는 앞에 와야 한다는 점을 유추할 수 있다.

2 전개 순서 결정의 기준 적용

문단의 전개 순서는 **시간 흐름, 인과 관계, 개념 심화, 사례 제시** 등의 논리적 연결을 기준으로 판단할 수 있다.

(다) 반드시 글의 시작이어야 한다. 바이러스의 기초 개념과 감염 경로, 면역 반응 유도 과정을 다루고 있기 때문에, 후속 문단들이 이 전제를 기반으로 설명된다.
(가) 바이러스에 대해 소개했던 (다)의 '면역계 반응 유도'에 대한 설명을 이어받아, 구체적인 선천 면역 작동 원리를 소개함으로써 개념을 구체화한다.
(라) 앞서 (가)에서 소개한 선천 면역 개념을 확장해 '훈련된 면역'이라는 최신 지식을 다룬다.
(나) 면역 반응의 이면, 즉 '이중성'에 대한 경고를 제시함으로써 글을 종합하고 마무리 짓는다.
따라서 (다) – (가) – (라) – (나)가 문맥상 적절한 배열이다.

3 오답 제거 전략 활용

문단의 전개 순서를 묻는 문제는 **확실하게 잘못된 선택지를 소거**하는 전략을 유용하게 활용할 수 있다. 예를 들어, (가)는 (다)의 내용을 이어받아 선천 면역 작동 원리를 설명하기 때문에 글의 맨 앞에 오는 것은 적절하지 않으므로, 선택지 ①과 ②를 제외할 수 있다. 이후 남은 선택지는 ③과 ④를 두고서는 (가)와 (나) 중에서 무엇이 마지막 문단으로 오기에 적절한지를 따져서 정답을 고르면 된다.

정답 ③

예제 08

다음 글의 논리적 흐름을 고려할 때, 다음 [문단]이 들어갈 위치로 가장 적절한 곳은?

(가) 현대인의 수면 시간이 줄어들고 있다. 특히 스마트폰이나 TV 시청 등 인공광에 노출된 채 밤늦게까지 활동하는 사람이 많아지며, 수면의 질 역시 떨어지고 있다. 우리 몸의 생체 리듬은 멜라토닌 분비를 통해 조절되는데, 야간의 인공광은 이 호르몬 분비를 억제하여 수면 유도를 방해한다. 그 결과, 현대인은 평균적으로 하루 6시간 이하의 수면을 취하는 경우가 늘고 있으며, 이는 건강에 다양한 영향을 미친다.

(나) 수면 부족은 면역력 저하, 비만, 당뇨병, 심혈관 질환 등의 위험을 증가시키며, 장기적으로는 인지 기능 저하나 우울증 같은 정신 건강 문제로도 이어질 수 있다. 특히, 깊은 수면 단계에서 분비되는 성장 호르몬은 면역 세포의 회복과 체내 조직 복구를 촉진하는 역할을 하므로, 수면 시간이 부족하거나 수면의 질이 낮으면 건강에 악영향을 끼친다.

(다) 이러한 요인을 줄이기 위해 수면의 질을 개선하기 위한 다양한 생활 습관이 제안되고 있다. 가장 기본적인 방법은 일정한 수면-기상 시간대를 유지하는 것이다. 또한 수면 2시간 전부터는 스마트폰 사용을 줄이고, 카페인이나 고열량 음식 섭취를 피하는 것이 좋다. 수면 전에는 조명을 어둡게 조절하고, 독서나 명상과 같은 이완 활동을 하는 것이 도움이 된다.

(라) 정부 역시 수면 건강의 중요성을 알리기 위해 '건강 수면 캠페인'을 전개하고 있다. 이 캠페인은 직장인 대상 수면 교육 프로그램, 고령층 대상의 수면 상담 서비스, 청소년의 수면 환경 개선 사업 등으로 구성되어 있으며, 수면 위생에 대한 인식 제고를 목표로 한다. 또한 의료 기관과 연계하여 수면 장애 조기 진단을 위한 플랫폼도 구축하고 있다.

[문단]

수면의 질은 단순히 수면 시간만이 아니라, 수면의 구조와 깊이에 따라 달라진다. 특히 렘수면과 비렘수면의 균형이 중요한데, 렘수면은 꿈을 꾸는 단계로 뇌의 정서적 회복과 관련이 있고, 비렘수면은 신체 회복에 핵심적인 역할을 한다. 스트레스, 불규칙한 수면 습관, 과도한 카페인 섭취 등은 이러한 수면 구조를 깨뜨려 충분한 회복을 방해할 수 있다.

① (가) 바로 뒤
② (나) 바로 뒤
③ (다) 바로 뒤
④ (라) 바로 뒤

풀이 접근법

1 글의 전개 구조와 문단 간 논리 흐름 분석
이 글은 '현대인의 수면 부족 문제'를 중심으로 다음의 네 단계로 전개된다.

구분	요점	역할
(가)	현대인의 **수면 시간**이 줄어들고, **수면의 질** 역시 떨어지고 있음	문제 제기
(나)	**수면 시간**이 부족하거나 **수면의 질**이 낮으면 건강에 악영향을 끼침	문제의 구체화
(다)	**수면의 질**의 개선하기 위한 다양한 생활 습관이 제안되고 있음	실천적 해법 제시
(라)	정부는 건강 수면 캠페인을 전개하고 수면 장애 조기 진단 플랫폼을 구축하고 있음	정책적 대응 소개

2 삽입 문단의 기능 분석
제시된 [문단]은 렘수면과 비렘수면이라는 **수면 구조의 생리적 기제**를 설명하고 있는데, 전반적인 요점을 정리해 보면 다음과 같다.
- **수면의 질**은 수면 시간만이 아니라 수면의 구조와 깊이에 따라 달라짐
- 특히 렘수면과 비렘수면의 균형이 중요함
- 스트레스, 불규칙한 수면 습관, 과도한 카페인 섭취 등은 수면 구조를 깨뜨림

3 삽입 위치의 적합성 검토
(가)~(라)와 [문단]에서 주목할 것은 '**수면 시간**'과 '**수면의 질**'에 대한 언급이다. (가)와 (나)는 두 가지를 모두 동일한 비중으로 다루고 있다고 볼 수 있으며, (라) 역시 둘 중 하나를 특별히 비중 있게 설명하고 있지 않다. 반면, (다)와 [문단]은 '수면의 질'에 더 초점을 두고 있다고 할 수 있다.
따라서 [문단]은 (다)의 앞뒤, 즉 (나)의 바로 뒤 혹은 (다)의 바로 뒤에 위치하는 것이 적절하다. 이때 **생활 습관 개선 방안이 소개된 후에 다시 수면 구조 설명이 나오면 주제 흐름이 후퇴하는 느낌**을 줄 수 있어 부적절하다. 따라서 [문단]은 (다)의 바로 뒤가 아니라, (나)의 바로 뒤에 위치하는 것이 가장 적절하다.

정답

패턴 06 접속사

의사소통능력 | 패턴 난도 ■□□ | 출제 빈도 ■□□

문맥에 가장 적절한 접속사 혹은 연결어를 고르는 패턴으로, 글의 논리적 흐름과 문장 간 관계를 파악하는 능력을 평가한다. 이 패턴은 설명문, 논설문, 보도자료, 안내문, 보고서 등 다양한 제시문에서 출제되며, **인과, 대조, 순서, 보충 등의 논리 관계를 구분**하는 것이 핵심이다. 빈칸 앞뒤의 문장을 정밀하게 비교하여 연결어의 기능을 분석하고, **부적절한 추론이나 어울리지 않는 어감을 가진 접속사는 제거하는 방식**으로 접근해야 한다. 논리적 연결성을 기준으로 가장 자연스럽고 일관된 흐름을 만들어 내는 선택지를 고르는 것이 중요하다.

예제 09

다음 보도자료의 ⊙에 들어갈 말로 가장 적절한 것은?

보도자료			
보도 일시	배포 즉시	배포일	2025. 3. 27.(목)
배포 기관	보건복지부	담당 부서	건강증진과

□ 보건복지부는 2025년 3월 27일, '국가건강검진 고도화 추진 방안'을 발표하며 건강검진 항목의 질 향상과 사각지대 해소를 위한 종합적인 개선 방향을 제시했다. 현재 국가건강검진은 만 20세 이상의 국민을 대상으로 기본적인 질병 조기 발견을 목표로 시행되고 있다. 하지만 건강검진 이후에도 질환의 관리가 미흡하거나, 특정 인구 집단은 검진 수검률이 낮아 실질적 건강 증진 효과가 떨어진다는 지적이 있었다.

□ 이에 따라 보건복지부는 ▲ 검진 사후 연계 관리 강화, ▲ 검진 항목 및 대상자 확대 등의 핵심 과제를 중심으로 국가 검진 체계를 개편할 방침이다. 먼저, 검진 결과 이상 소견을 받은 경우 건강보험공단과 지역 사회가 협력해 건강 관리 서비스로 연계되도록 할 예정이다. 특히 고혈압, 당뇨병 등 만성 질환은 조기 진단 후 지속적인 관리를 통해 합병증을 예방하는 것이 매우 중요하다.

□ (⊙) 건강검진 항목의 확대도 중요한 변화 중 하나다. 현재는 성별이나 연령에 따라 기본 검진 항목이 제한되어 있지만, 앞으로는 사회적 수요가 높은 정신 건강, 치매, 대사 증후군 등에 대한 검진 항목을 신설하거나 확대할 계획이다. 또한 검진 사각지대 해소를 위해 청년층의 수검률 제고를 위한 모바일 예약 시스템 도입과, 장애인 접근성 향상을 위한 검진 기관의 시설 개선도 추진된다.

□ 이번 국가건강검진 고도화는 단순히 '검진을 많이 하는 것'을 넘어서, '검진 결과를 바탕으로 실질적인 건강 개선이 이루어지는 구조'를 만드는 데 그 목적이 있다. 보건복지부는 "모든 국민이 검진으로부터 실질적인 건강관리 혜택을 누릴 수 있도록 제도 전반의 체질 개선을 이어 갈 것"이라고 밝혔다.

① 그러나　　② 나아가　　③ 반면에　　④ 오히려

풀이 접근법

1 문장 간 논리 구조 파악
접속사는 앞뒤 문장의 의미 관계를 연결하는 기능어이므로, 반드시 삽입 위치 전후의 문장 내용을 정확히 파악해야 한다. 특히 접속사는 **순접**(그리고, 나아가 등), **역접**(그러나, 하지만 등), **대조**(반면에, 오히려 등), **보완**(즉, 다시 말해 등), **전환**(한편, 그와는 달리 등) 등의 유형이 있어, 문장 간의 논리적 흐름에 따라 적절한 유형을 판단하는 것이 중요하다.

2 앞 문장의 주제 및 초점 확인
접속사를 넣기 전에 앞 문장이 무엇을 중심으로 다루고 있는지를 먼저 정리해야 한다. 예를 들어, 앞 문장이 '검진 결과 이후 연계 관리'를 설명하고 있다면, 이어지는 문장은 '연계 이후의 추가 조치' 또는 '다른 분야의 개편'일 가능성이 높다.

3 뒤 문장의 방향 분석
뒤 문장이 앞의 내용을 보완하거나 확장하는지, 대조하는지, 원인을 설명하는지에 따라 접속사의 성격이 달라진다. 선택지를 비교하며 문맥에 가장 잘 맞는 접속사를 고르되, 비슷해 보이는 표현이라도 사용 맥락이 어긋나면 오답이 된다.

4 접속사 교체 후 문맥 점검
마지막으로 선택한 접속사를 문장에 직접 넣어 읽어 보며 문맥의 자연스러움을 확인한다. 접속사를 바꾸었을 때 논리적 흐름이 끊기거나 의미가 왜곡된다면, 해당 접속사는 부적절하다고 판단할 수 있다.

선택지 해설

① (X) '그러나'는 역접의 접속사로, 앞뒤 문장이 상반되는 내용을 담을 때 적절하다. 하지만 제시문에서는 '건강검진 결과 이상 소견자에 대한 연계 관리'에 이어 '건강검진 항목의 확대'가 등장한다. 이는 역접이 아니라 정책의 추가적 설명이므로, '그러나'는 부적절하다.

② (O) '나아가'는 앞서 언급된 내용에 추가로 이어지는 사항을 덧붙일 때 사용하는 순접의 접속사이다. '검진 결과 이상 소견에 대한 연계 관리'라는 첫 번째 과제에 이어, '검진 항목 확대'라는 두 번째 과제를 설명하는 문맥이므로, 논리적으로 자연스럽다.

③ (X) '반면에'는 비교 또는 대조 관계를 나타내는 접속사로, 두 사안이 상반되거나 대조적일 때 사용한다. 그러나 앞 문장과 뒤 문장은 국가 검진의 개편 방향을 각각 설명하고 있으므로 상반 관계가 아니며, '반면에'는 부적절하다.

④ (X) '오히려'는 기대와 다른 상황을 강조하거나, 반전된 상황을 나타낼 때 쓰인다. 여기서는 그러한 대조적 의미가 없으며, 문맥상 강조의 초점이 아니라 정책 항목의 확장이라는 순차 설명이므로, '오히려'는 부적절하다.

정답 ②

패턴 07 빈칸 추론

의사소통능력 | 패턴 난도 ■■□ | 출제 빈도 ■■□

제시문에서 생략된 문장 또는 문구를 유추하여, 흐름과 논리를 자연스럽게 완성하는 패턴이다. 이 패턴은 글의 논리적 전개 구조와 문단 간 관계를 파악하는 능력, 문장 내 의미 연결성 및 함축적 의미 해석 능력을 함께 평가한다. 정답을 찾기 위해서는 **빈칸 앞뒤에 제시된 문장의 의미, 연결어, 논리 구조** 등을 정밀하게 분석해야 하며, 특히 **인과, 전환, 예시, 강조, 요약** 등 논리적 연결 방식을 기준으로 판단하는 것이 중요하다.

예제 10

다음 보도자료의 ㉠에 들어갈 내용으로 가장 적절한 것은?

보 도 자 료			
보도 일시	배포 즉시	배포일	2024. 12. 2.(월)
배포 기관	국민건강보험공단	담당 부서	경영지원실

□ 국민건강보험공단은 2025년부터 국민의 건강 보장 사각지대 해소 및 예방 중심의 건강관리 강화를 목표로 '건강보험 지속 가능성 확보 종합 계획'을 추진하고 있다. 이 계획은 고령화와 만성 질환 증가, 진료비 급증에 대응하고, 향후 건강보험 재정의 안정성과 보장성 강화를 위한 정책 방향을 제시하고 있다.

□ 이번 종합 계획은 ▲ 예방·건강 관리 강화 ▲ 의료 이용 합리화 ▲ 의료 공급 체계 개선 ▲ 지속 가능한 재정 운용 체계 구축 등 4대 전략을 중심으로 구성되어 있다. 먼저, 예방·건강 관리 강화를 위해 생애 주기별 건강검진 항목을 확대하고, 고혈압·당뇨 등 만성질환자 대상의 건강 코칭 프로그램을 확대 운영한다. 아울러 금연·절주·운동 등 건강 생활 실천 지원 서비스도 건강보험을 통해 연계할 예정이다.

□ 의료 이용 합리화를 위해 본인 부담 상한제의 기준을 현실화하고, 도수 치료·체외 충격파 등 일부 비급여 항목에 대해 기준과 절차를 마련하여 '관리형 비급여' 제도를 시범 도입한다. 과잉 진료 방지를 위해 입원 다빈도 질환에 대한 진료량 모니터링과 의료 기관 대상 맞춤형 피드백도 시행한다.

□ 공단은 의료 공급 체계 개선의 일환으로 지역 단위 필수 의료 제공 기반을 확대하기 위해 권역별 공공 의료 협력 체계를 정비하고, 지역책임의료기관을 중심으로 응급·외상·심뇌혈관 분야 진료 공백을 줄이는 데 중점을 둘 예정이다.

□ 재정 운용 체계 구축과 관련해서는 급여 지출 예측 모형 고도화와 지출 항목별 예산 관리제를 단계적으로 도입하며, 부당 청구 방지 시스템도 강화해 보험 재정 누수를 최소화할 방침이다.

□ 이와 함께 공단은 국민과의 신뢰 회복 및 사회적 공감대 형성을 위한 건강보험 운영의 투명성 제고도 병행하고 있다. 특히, 건강보험료 부과 기준의 합리성 확보를 위해 (㉠   ) 공단은 이러한 종합 계획을 통해 향후 10년간 건강보험의 지속 가능성을 담보하고, 국민 누구나 적정한 비용으로 양질의 의료 서비스를 이용할 수 있는 기반을 마련하겠다는 목표를 제시하고 있다.

① 연령과 직군별 보험료 차등화를 통해 고령층 의료비 부담을 줄이고자 한다.
② 고액 납부자의 보험료 인하를 통해 가입자의 재정 부담을 완화하려는 노력이 필요하다.
③ 건강보험 적립금 일부를 공공 의료 인프라 확충에 활용하려는 제도 개선이 시도되고 있다.
④ 납부자별 소득과 재산 수준에 맞는 부과 체계를 마련하고 부과 항목의 현실화를 추진한다.

풀이 접근법

1 글의 전개 구조와 문단별 요점 파악

제시된 보도자료는 '문제 제기 → 정책 제시 → 세부 전략 설명 → 목표 제시'의 순서로 구성된다.

구분	요점
1문단	국민의 건강 보장 사각지대 해소 및 예방 중심의 건강관리 강화를 목표로 한 '건강보험 지속 가능성 확보 종합 계획' 추진
2문단	전략 1: 예방·건강 관리 강화
3문단	전략 2: 의료 이용 합리화
4문단	전략 3: 의료 공급 체계 개선
5문단	전략 4: 지속 가능한 재정 운용 체계 구축
6문단	건강보험 운영의 투명성 제고, 건강보험료 부과 기준의 합리성 확보 등을 통한 건강보험 지속 가능성 담보

2 빈칸의 위치와 앞뒤 문장 또는 문구 확인

제시된 보도자료에서 빈칸은 마지막 문단인 6문단에 위치해 있다. 즉, 앞서 설명한 '건강보험 지속 가능성 확보 종합 계획'의 내용들을 토대로 추가적인 실천 방향과 종합적인 목표를 제시하고 있다. 또한 빈칸의 바로 앞 문구는 '**건강보험료 부과 기준의 합리성 확보**'를 언급하고 있으므로 주어진 빈칸에는 이에 대한 구체적인 정책 내용이 들어가는 것이 적절하다. 빈칸 뒤의 문장은 이러한 내용들을 이어받아 종합 계획의 궁극적인 목표를 설명하고 있다.

선택지 해설

① (×) 연령과 직군별 보험료 차등화는 건강보험료 부과 기준의 합리화와는 다소 거리가 있다.
② (×) 고액 납부자의 보험료 인하는 건강보험료 부과 기준의 합리화와 부합하지 않으며, '지속 가능한 재정 운용 체계 구축'이라는 전략과도 거리가 있다.
③ (×) 적립금의 활용은 건강보험료 부과 기준의 합리화와 직접적인 관련이 없다.
④ (○) 실제로 어떠한 방식으로 건강보험료 부과 기준의 합리화를 추진할 것인지에 대한 구체적 내용을 제시하고 있으므로 적절하다.

정답 ④

패턴 08 자료 계산

수리능력 | 패턴 난도 ■■□ | 출제 빈도 ■■■

표, 그래프 등 다양한 형태의 자료를 바탕으로 **수치 계산, 대소 비교, 변화율 산출** 등의 수리적 사고를 요구하는 패턴이다. 통계 해석, 수치 간 비교, 변화량 계산 등 실무에서 자주 활용되는 계산 정확도와 처리 능력을 평가한다. 정확한 정답 도출을 위해서는 **단위 일치, 소수점 반올림 기준, 기간 계산** 등을 면밀히 확인하는 것이 중요하다.

예제 11

다음 [표]는 2020~2024년 등록 장애인의 정신 건강 상담 이용률 및 상담 이용 인원에 대한 자료이고, [보고서]는 이를 바탕으로 작성한 내용이다. [보고서]의 ㉠~㉢에 들어갈 수치를 큰 순서대로 옳게 나열한 것은? (단, 계산 시 소수점 아래 둘째 자리에서 반올림한다)

[표 1] 등록 장애인의 정신 건강 상담 이용률

(단위: %)

구분	시각장애	청각장애	지체장애	지적장애	언어장애
2020년	12.4	11.8	13.7	18.2	15.1
2021년	13.2	12.4	14.0	19.5	15.6
2022년	13.9	12.9	14.8	20.3	16.3
2023년	14.7	13.4	15.3	21.0	17.2
2024년	15.0	13.9	15.7	21.5	17.9

[표 2] 등록 장애인의 정신 건강 상담 이용 인원

(단위: 명)

구분	시각장애	청각장애	지체장애	지적장애	언어장애
2020년	18,320	15,610	22,570	25,860	21,135
2021년	19,800	16,420	23,690	27,520	22,060
2022년	21,200	17,330	25,010	29,200	23,300
2023년	22,710	18,240	26,350	30,850	24,830
2024년	23,460	19,150	27,600	32,180	26,250

[보고서]
- 2024년에 등록 지체장애인의 정신 건강 상담 이용률은 2020년 대비 (㉠)% 증가했다.
- 2023년에 등록 청각장애인의 정신 건강 상담 이용 인원은 2021년 대비 (㉡)% 증가했다.
- 2021년에 등록 언어장애인과 등록 시각장애인의 정신 건강 상담 이용률의 차이는 (㉢)%p이다.

① ㉠>㉡>㉢ ② ㉠>㉢>㉡ ③ ㉡>㉠>㉢ ④ ㉢>㉡>㉠

풀이 접근법

1 자료의 구성 및 항목 간 관계 파악

이 문항은 이용률, 이용 인원에 관한 두 개의 표를 제시하고, 해당 표를 바탕으로 특정 항목의 변화율, 차이값 등을 비교하도록 요구한다. 먼저 각 표의 **제목, 단위, 연도, 장애 유형 등 기본 구성**을 정확히 이해한 뒤, **비교 대상이 되는 항목들을 식별**해야 한다. 예를 들어, '2024년 등록 지체장애인의 이용률'과 '2020년 등록 지체장애인의 이용률'을 비교하라는 문장은 '변화율'을 묻는 것이며, 단순한 뺄셈이 아니라 '(변화량/기준값)×100'이라는 공식이 적용된다.

2 계산 유형별 접근법 및 조건 정리

제시된 수치는 이용률(%)과 이용 인원(명)으로 구성되므로, 계산 방식이 각각 다를 수 있다. 변화율은 전후 수치를 비교해 변화량을 기준값으로 나누어 백분율을 산출해야 하고, **단순 차이는 뺄셈으로 구한 후 %p 단위로 표시**해야 함을 알아야 한다. 한편, 이 문제는 소수점 아래 몇째 자리에서 반올림하는지가 정답 도출에 실질적인 영향을 미치지 않기 때문에 해당 조건이 크게 의미를 갖지는 않는다. 다만 일반적으로 자료 계산 패턴의 문제에서는 소수점 아래 반올림 기준이 정답에 직접적인 영향을 줄 수 있으므로, **제시된 반올림 조건을 정확히 따르는 습관**이 필요하다.

3 대소 비교의 정확성 확보

㉠~㉢의 각 수치를 계산한 뒤에는 단순히 값 자체를 나열하는 것이 아니라, **질문지에서 요구하는 대로, '대소 관계'에 맞춰 각 항목의 값을 비교**해야 한다. 이때 계산 실수나 반올림 오차가 정답 선택에 영향을 줄 수 있으므로, 마지막 단계에서는 각 수치를 명확하게 재확인하고 ㉠~㉢을 '큰 순서대로' 나열하는 것이 필요하다.

선택지 해설

㉠ 등록 지체장애인의 정신 건강 상담 이용률은 2020년 13.7%, 2024년 15.7%로, 2024년은 2020년 대비 (15.7−13.7)/13.7×100≒14.6% 증가했다.

㉡ 등록 청각장애인의 정신 건강 상담 이용 인원은 2021년 16,420명, 2023년 18,240명으로, 2023년은 2021년 대비 (18,240−16,420)/16,420×100≒11.1% 증가했다.

㉢ 2021년 등록 언어장애인의 정신 건강 상담 이용률은 15.6%, 등록 시각장애인의 정신 건강 상담 이용률은 13.2%로, 두 이용률의 차이는 15.6−13.2=2.4%p이다.

따라서 크기가 큰 순서에 따라 나열하면 ㉠ 14.6 > ㉡ 11.1 > ㉢ 2.4이다.

정답

예제 12

다음 [표]와 [그림]은 2018~2023년 연령대별 암 검진율과 2023년 연령대별 암 검진자 수에 관한 자료이다. 이를 근거로 2023년 전체 암 검진율을 구하면? (단, 계산값은 소수점 아래 둘째 자리에서 반올림한다)

[표] 2018~2023년 연령대별 암 검진율

(단위: %)

구분	2018년	2019년	2020년	2021년	2022년	2023년
20대	48.05	49.20	50.55	51.30	52.10	53.50
30대	58.00	59.50	60.80	61.50	62.25	63.00
40대	66.50	67.15	68.00	68.90	69.70	70.50
50대	73.20	73.90	74.55	75.20	76.05	77.00
60대 이상	78.10	78.85	79.30	80.05	80.60	81.25

※ 1) 암 검진율(%) = (암 검진자 수/암 검진 대상자 수) × 100
   2) 암 검진은 20세 이상을 대상으로 이루어짐

[그림] 2023년 연령대별 암 검진자 수

(단위: 천 명)

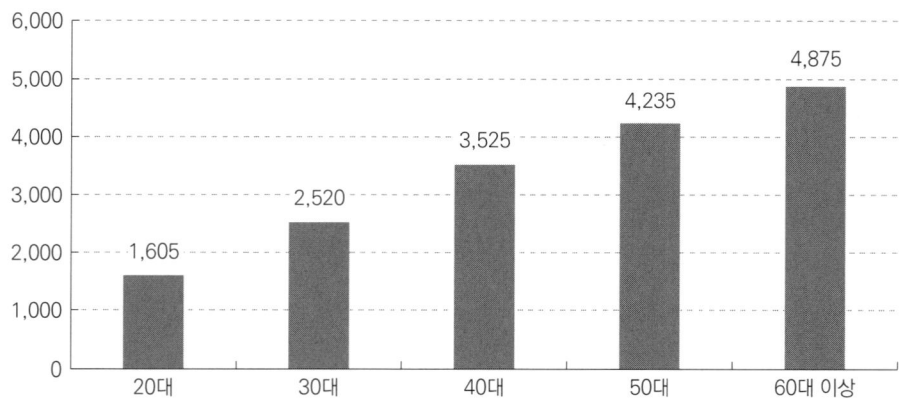

① 69.3%
② 71.3%
③ 73.4%
④ 75.2%

풀이 접근법

1 문항 유형 및 요구 내용 분석
이 문항은 표와 그림 등 복수 자료 제시되어 있으며, 이를 종합하여 일정한 수치를 계산해 내는 능력을 평가한다. [표]에는 '2018~2023년 연령대별 암 검진율'이 '%' 단위로, [그림]에는 '2023년 연령대별 암 검진자 수'가 '천 명' 단위로 나타나 있다. 질문지에서는 **2023년의 전체 암 검진율**, 즉 **전체 암 검진 대상자 중 검진자의 비율**을 묻고 있다.

2 연령대별 검진 대상자 수 역산
문제 해결의 첫 단계는 연령대별 '암 검진율'과 '암 검진자 수'를 바탕으로 '암 검진 대상자 수'를 구하는 것이다. '암 검진율(%)=(암 검진자 수/암 검진 대상자 수)×100'이므로, 해당 공식을 변형하면 **'암 검진 대상자 수={암 검진자 수/암 검진율(%)}×100'**이 된다. 이 변형된 공식을 토대로 2023년 연령대별 암 검진 대상자 수를 구하면 다음과 같다.
- 20대: (1,605/53.5)×100=3,000천 명
- 30대: (2,520/63.0)×100=4,000천 명
- 40대: (3,525/70.5)×100=5,000천 명
- 50대: (4,235/77.0)×100=5,500천 명
- 60대 이상: (4,875/81.25)×100=6,000천 명

3 전체 암 검진율 계산
이제 **2023년의 연령대별 암 검진자 수와 암 검진 대상자 수를 각각 모두 합산**한 후 **전체 암 검진율을 계산**한다.
- 전체 암 검진자 수: 1,605+2,520+3,525+4,235+4,875=16,760천 명
- 전체 암 검진 대상자 수: 3,000+4,000+5,000+5,500+6,000=23,500천 명
- 전체 암 검진율: (16,760/23,500)×100≒71.3%

정답

| 수리능력 | 패턴 난도 ■■□ | 출제 빈도 ■■■ |

패턴 09 자료 읽기

표, 그림 등의 다양한 자료를 해석하여 그 의미를 이해하고, 선택지와 자료의 내용 일치 여부를 판단하는 패턴이다. 이 패턴은 자료에 제시된 수치 간의 **관계나 변화, 비율** 등을 읽고, 정확하게 비교·판단하는 능력을 평가한다. 따라서 자료에 직접 제시된 수치 외에도 **증감 추이, 평균값, 비중 등의 간단한 수리 연산**이 필요한 경우가 많다. 판단을 위해서는 자료를 빠짐없이 읽고 **핵심 정보를 비교**하는 집중력과 꼼꼼함이 요구된다.

예제 13

다음 [표]는 2021~2024년 주요 5개 지역별 예방접종센터 수에 관한 자료이다. 이에 대한 설명으로 옳지 않은 것은?

[표] 주요 5개 지역별 예방접종센터 수

(단위: 개)

구분	2021년	2022년	2023년	2024년
서울	50	65	70	72
부산	20	25	26	27
대전	15	16	18	18
세종	5	6	6	7
경기	80	90	92	95
합계	170	202	212	219

① 2022년 경기 지역 예방접종센터 수의 전년 대비 증가율은 10% 이상이다.
② 대전 지역은 2022~2024년 동안 예방접종센터 수가 매년 증가한 것은 아니다.
③ 2024년에 주요 5개 지역 전체 예방접종센터 수에서 서울 지역과 경기 지역의 예방접종센터를 합산한 수가 차지하는 비중은 75% 미만이다.
④ 2021년 대비 2022~2024년 동안 예방접종센터 수의 누적 증가량을 기준으로 할 때, 상위 2개 지역의 증가량이 주요 5개 지역 전체 증가량의 60% 이상을 차지한다.

풀이 접근법

1 증가율과 기준 비교 판단

선택지 ①에서처럼 '10% 이상' 여부를 판단하려면 증가율 계산식 '**(당해 연도 값−전년 값)/전년 값×100**'을 활용한다. 예컨대, 경기 지역은 2021년 80개에서 2022년 90개로 늘었으므로 증가율은 (90−80)/80×100=12.5%가 된다. 이를 기준 수치인 10%와 비교하여 정오 여부를 판단한다. 이때 소수점 이하는 반올림 없이 비교 기준을 초과하는지 여부만 판단한다.

2 연속성과 전체 비중 판단

선택지 ②와 ③은 각 연도의 변화 흐름과 전체 지역 대비 특정 지역 비중을 다룬다. '매년 증가'라는 표현이 참이 되려면 자료의 값이 **전년에 비해 줄어들거나 전년과 동일한 해가 하나도 있어서는 안 된다.** 또한 '75% 미만'처럼 비중을 묻는 경우에는 **특정 지역끼리의 합산 값을 전체 지역 값으로 나눈 후 백분율로 환산**해 비교한다.

3 누적 증가량의 기여도 판단

선택지 ④는 누적 증가량 기준으로, 상위 2개 지역의 증가량이 전체 지역의 증가량에서 차지하는 비중을 묻는다. 2021년 대비 2022~2024년 동안의 누적 증가량은 서울 지역이 22개로 1위, 경기 지역이 15개로 2위이며, 합산하면 37개이다. 같은 기간 주요 5개 지역 전체의 누적 증가량은 219−170=49개이다. 따라서 **서울 지역과 경기 지역의 기여도는 전체 증가량인 49개 대비 37개를 백분율로 환산한 값**이다.

선택지 해설

① (○) 경기 지역의 예방접종센터 수는 2021년 80개에서 2022년 90개로 증가하였다. 이에 따른 증가율은 (90−80)/80×100=12.5%로 계산되며, 10% 이상이라는 선택지의 진술은 옳다.

② (○) 대전 지역의 예방접종센터 수는 2021~2023년 동안 15 → 16 → 18로 증가하는 추세였지만, 2024년에는 18개로 전년 대비 증가하지 않았다. 따라서 매년 증가한 것은 아니라는 선택지의 진술은 옳다.

③ (X) 2024년 서울 지역과 경기 지역의 예방접종센터 수는 각각 72개와 95개로, 합산하면 167개이다. 이 값이 주요 5개 지역의 예방접종센터 수인 219개에서 차지하는 비중은 167/219×100≒76.3%이다. 하지만 선택지에서는 '75% 미만'이라고 했으므로 해당 진술은 옳지 않다.

④ (○) 1위, 2위 지역인 서울 지역과 경기 지역은 누적 증가량은 합산하여 37개이고, 5개 지역 전체 누적 증가량은 49개로, 상위 2개 지역이 전체 지역에서 차지하는 비중은 37/49×100≒75.5%이다. 따라서 60% 이상을 차지한다는 선택지의 진술은 옳다.

정답 ③

패턴 10 자료 연결

수리능력 | 패턴 난도 ■■■ | 출제 빈도 ■■□

두 개 이상의 표, 그림 등의 자료를 비교·분석하여 종합적인 결론을 내는 유형의 패턴이다. 각 자료에서 **부분적으로 제공된 수치를 연결**하여 계산을 하거나 정오를 판단해야 하며, 자료 간의 관계를 이해하고 통합하는 능력이 중요하다. 유사한 패턴인 '자료 읽기'와 달리, **단일 자료로는 정답을 도출할 수 없는 선택지**가 있으므로 자료 간의 비교, 비율·증감 계산, 단위 해석 등의 사고 과정이 요구된다. 실무 상황에서의 보고서 비교, 통계 분석 등의 역량을 평가한다.

예제 14

다음 [표]는 2023~2024년 의료 기관별 건강검진 건수 및 비용에 관한 자료이다. 이에 대한 설명으로 옳지 않은 것은? (단, 의료 기관으로는 종합병원, 병원, 의원, 보건소만 있는 것으로 본다)

[표 1] 의료 기관별 건강검진 건수

(단위: 천 건)

구분	연도	입원	외래	기타	합계
종합병원	2023	220	700	80	1,000
	2024	230	720	90	1,040
병원	2023	130	600	70	800
	2024	135	610	75	820
의원	2023	40	1,350	30	1,420
	2024	50	1,360	40	1,450
보건소	2023	10	300	50	360
	2024	10	310	60	380

[표 2] 의료 기관별 건강검진 비용

(단위: 억 원)

구분	연도	입원	외래	기타	합계
종합병원	2023	880	2,450	160	3,490
	2024	920	2,520	180	3,620
병원	2023	520	1,600	130	2,250
	2024	540	1,620	135	2,295
의원	2023	150	2,700	100	2,950
	2024	160	2,720	110	2,990
보건소	2023	40	580	70	690
	2024	40	600	75	715

① 2024년 의원의 외래 1건당 건강검진 비용은 20만 원을 초과한다.
② 2023년 종합병원의 입원 1건당 건강검진 비용은 40만 원 이상이다.
③ 2024년 보건소의 외래 건강검진 건수는 병원의 외래 건강검진 건수 대비 50% 이상이다.
④ 2023년에 의료 기관 전체의 건강검진 비용에서 의원의 건강검진 비용이 차지하는 비중은 30% 이상이다.

풀이 접근법

1 단위 정리 및 '초과', '이상' 조건 검토

이러한 구조의 문항에서 가장 빈번하게 활용되는 방식은 '1건당 비용'을 구하는 것이다. 이때 [표 2]의 비용(억 원)을 [표 1]의 건수(천 건)로 나누면 **십만 원 단위가 산출**된다. 예를 들어, 2024년 의원의 외래 건강검진 비용이 2,720억 원이고 외래 건강검진 건수가 1,360천 건이라면 **1건당 비용은 2,720/1,360＝2십만 원**이다. 한편, '초과'와 '이상'을 구분하는 것도 중요한데, **'초과'는 기준값을 포함하지 않으므로** 기준값과 일치하는 경우는 제외된다.

2 A 대비 B의 비율 계산

두 기관의 건수나 비용을 비교하는 비율 문항은 [표 1] 또는 [표 2]의 관련 수치를 직접 계산하면 된다. 예를 들어, 2024년 보건소의 외래 건강검진 건수가 310천 건이고, 같은 해 병원의 외래 건강검진 건수가 610천 건이면, **보건소는 병원 대비 310/610×100≒50.8%** 수준이다. 이를 바탕으로 '50% 이상', '50% 미만'과 같은 조건의 정오 여부를 판단할 수 있다.

3 전체에서 차지하는 비중 계산

의료 기관 전체 합계는 기관별 합계 항목을 모두 더하면 구할 수 있다. 예컨대, 2023년 의료 기관 전체의 건강검진 총비용은 3,490(종합병원)＋2,250(병원)＋2,950(의원)＋690(보건소)＝9,380억 원이다. 여기서 의원이 2,950억 원을 차지하므로, **의원의 비중은 2,950/9,380×100≒31.4%**로 확인할 수 있다. 이 계산을 통해 '30% 이상'과 같은 조건의 정오 여부를 판단할 수 있다.

선택지 해설

① (X) 위 1에서 살펴봤듯이 2024년 의원의 외래 1건당 건강검진 비용은 20만 원이다. 따라서 20만 원을 초과한다는 선택지의 진술은 옳지 않다.
② (O) 2023년 종합병원의 입원 건강검진 비용은 880억 원이며, 입원 건강검진 건수는 220천 건이다. 따라서 입원 1건당 건강검진 비용은 880/220＝4십만 원이며, 40만 원 이상이라는 선택지의 진술은 옳다.
③ (O) 위 2에서 살펴봤듯이 보건소의 외래 건강검진 건수는 병원의 외래 건강검진 건수 대비 약 50.8%이다. 따라서 50% 이상이라는 선택지의 진술은 옳다.
④ (O) 위 3에서 살펴봤듯이 의료 기관 전체의 건강검진 비용에서 의원의 건강검진 비용이 차지하는 비중은 31.4%이다. 따라서 30% 이상이라는 선택지의 진술은 옳다.

정답 ①

패턴 11 자료 변환

수리능력 | 패턴 난도 ■■■ | 출제 빈도 ■□□

표, 그림 등의 자료를 서로 다른 형식으로 변환하여 필요한 정보를 도출하는 패턴이다. 제시된 자료를 바탕으로 **합계, 차이, 증감률, 비율 등 수리적 계산**을 수행하고, 이를 통해 **시각 자료와 수치 정보 간의 일치 여부를 판단**하는 능력을 평가한다. 단순한 수치 파악을 넘어, 다양한 자료 형식을 정확히 읽고 변환하는 능력이 요구된다.

예제 15

다음 [표]는 2021~2024년 국내 3대 감염병(독감, 코로나19, 수족구병)의 연도별 진료 건수와 진료비에 관한 자료이다. 이를 바탕으로 작성한 그래프로 옳지 않은 것은?

[표] 3대 감염병 진료 현황

(단위: 천 건, 억 원)

구분	감염병	진료 건수	진료비
2021년	독감	1,200	2,400
	코로나19	1,100	3,300
	수족구병	500	900
2022년	독감	1,500	3,300
	코로나19	1,400	4,200
	수족구병	550	1,000
2023년	독감	2,200	4,400
	코로나19	1,700	5,100
	수족구병	650	1,300
2024년	독감	2,800	5,600
	코로나19	1,600	4,800
	수족구병	800	1,600

① 연도별 3대 감염병의 진료 건수 추이

② 연도별 3대 감염병의 진료비 추이

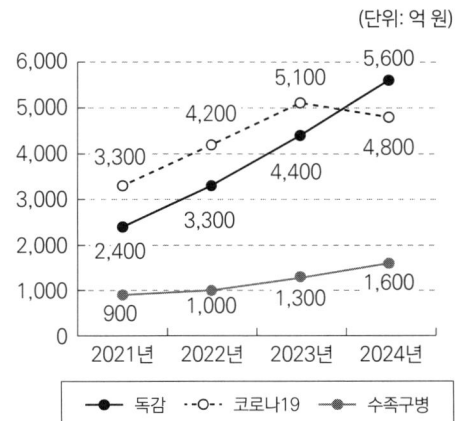

③ 2024년 3대 감염병 1건당 진료비 비교

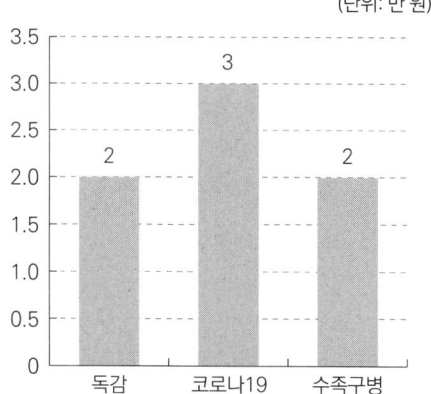

④ 연도별 3대 감염병의 진료비 합계 추이

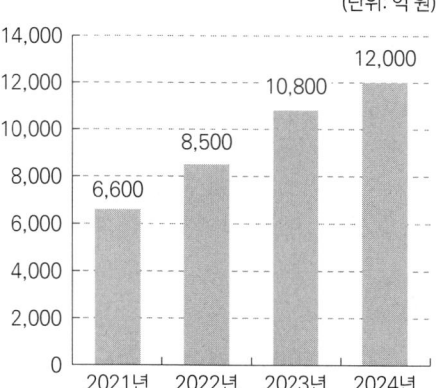

풀이 접근법

1 선택지별 그래프 주제 파악

각 선택지에서 제시한 그래프가 무엇을 나타내는지 확인한다. **연도별 진료 건수 추이인지, 감염병 간 1건당 진료비 비교인지, 연도별 총합 추이인지** 등을 구분해야 한다는 것이다. 그래프의 종류에 따라 계산 방식도 달라지므로 정확한 주제 인식이 중요하다.

2 [표]를 기반으로 필요한 계산 수행

그래프의 진위를 파악하려면 [표]에서 필요한 수치를 찾아 계산해야 한다. 예를 들어, **1건당 진료비는 '진료비/진료 건수'로 계산**하며, **연도별 진료비 합계는 감염병별 진료비를 합산**해야 한다. 특히 수치 비교에서는 '단순 크기'뿐 아니라 '변화 추이'도 중요한 판단 기준이 된다.

3 계산값과 그래프 수치 비교

[표]에 제시된 값 또는 계산을 통해 얻은 값과 그래프의 수치를 비교해 정오 여부를 확인한다. 예를 들어, 선택지 ①에서는 2021년 코로나19 진료 건수가 2024년보다 많은 것으로 되어 있지만, 실제 수치는 2024년(1,600천 건) > 2021년(1,100천 건)이다. 이처럼 **수치 간 크기나 비율 차이의 왜곡 여부**를 꼼꼼히 살펴야 한다.

선택지 해설

① (✗) [표]에 따르면 코로나19의 진료 건수는 2021년 1,100천 건, 2024년 1,600천 건이지만, 그래프에서는 2021년 1,600천 건, 2024년 1,100천 건으로 서로 바뀌었다.

정답 ①

문제해결능력 | 패턴 난도 ■■□ | 출제 빈도 ■■■

패턴 12 정보 확인

안내문, 공지문, 업무 지침, 법령 등과 같은 다양한 형식의 자료에서 제시한 정보를 정확히 파악하는지 여부를 평가하는 패턴이다. 수험자는 **제시된 글이나 표에서 세부 정보의 일치 여부를 검토**하여 타당한 판단을 내려야 한다. 이 패턴은 실제 업무에서 문서를 정확히 읽고 필요한 정보를 찾아 실무에 반영하는 능력과 밀접하게 연관된다. 특히 질문지에서 **'옳은 것'**과 **'옳지 않은 것'** 중에서 무엇을 요구하는지를 잘 파악해야 한다.

예제 16

다음은 '국민건강보험공단 건강검진 제도'에 관한 안내문이다. 이를 근거로 판단할 때 해당 제도에 대한 설명으로 옳지 않은 것은?

국민건강보험공단은 국민의 질병 예방과 조기 발견을 목적으로 다양한 건강검진 제도를 운영하고 있습니다. 2025년 기준으로 시행 중인 주요 검진에 대한 내용은 다음과 같습니다.

1. 일반 건강검진 제도

구분	대상	주기
직장가입자	사무직 근로자 중 격년제 실시에 따른 대상자	2년 1회
	비사무직 근로자 전체	매년 1회
지역가입자	세대주 및 20세 이상 가입자	2년 1회
피부양자	만 20세 이상, 출생 연도에 따라 짝수·홀수년도 구분	2년 1회

※ 단, 만 40세와 66세는 생애 전환기 검진과 중복되지 않도록 조정

2. 암 검진 제도
    공단은 5대 암 검진을 무상 제공하며, 대상자는 아래와 같음

구분	검진 대상 및 주기	검진 방법
위암	만 40세 이상, 2년 1회	위내시경 또는 위장 조영 검사
대장암	만 50세 이상, 매년	분변 잠혈 검사 후 필요시 내시경
간암	만 40세 이상 중 B형 또는 C형 간염 보유자	6개월 1회
유방암	만 40세 이상 여성, 2년 1회	유방 촬영
자궁경부암	만 20세 이상 여성, 2년 1회	자궁경부 세포 검사

3. 검진 항목 및 검진 기관
    - 일반 건강검진 검사 항목: 기본 신체 계측(신장, 체중, 허리둘레), 혈압, 시력·청력 측정, 혈액 검사(빈혈, 혈당, 간기능 등), 요검사, 흉부 X선 촬영, 구강검진 등
    - 일반 건강검진 및 암 검진 기관: 공단에서 지정한 기관에서 받을 수 있으며, 2025년부터는 예약제 운영이 원칙임

4. 유의 사항
- 지정일 이전 수검 시 재검진 불가
- 검진 후 15일 이내에 결과 통보
- 공단 홈페이지 또는 모바일 앱을 통한 예약 가능

① 위암 검진은 만 40세 이상을 대상으로 2년마다 실시된다.
② 만 40세 이상이라도 간암 검진 대상자에 해당하지 않을 수 있다.
③ 건강검진은 국민건강보험공단이 지정한 검진 기관에서 받을 수 있다.
④ 대장암 검진은 만 50세 이상을 대상으로 하며, 기본적으로 위내시경을 시행한다.

풀이 접근법

1 제시문 구조 및 핵심 정보 파악
'정보 확인' 패턴에서는 제시문을 처음부터 끝까지 빠르게 훑으면서 각 항목이 어떤 내용을 담고 있는지를 파악하는 것이 우선이다. 이 제시문은 다음과 같이 구성되어 있다.
1. 일반 건강검진 제도   2. 암 검진 제도
3. 검진 항목 및 검진 기관   4. 유의 사항

특히 '1. 일반 건강검진 제도'나 '2. 암 검진 제도'의 표와 같이 **시각 자료로 제시된 내용은 선택지 정오 판단의 핵심 근거**가 될 수 있으므로 꼼꼼히 살펴야 한다.

2 선택지와 제시문 대조 후 일치 여부 확인
선택지들은 제시문에 포함된 각종 기준이나 조건, 절차적 요소 등을 바탕으로 만들어진다. 따라서 선택지의 내용이 제시문과 정확하게 일치하는지 여부를 확인하는 작업이 필수적이다. 이 과정에서는 **선택지 속 수치, 연령 조건, 검진 방식** 등이 제시문과 어떻게 다른지를 세심하게 비교해야 한다. 예를 들어, '대장암 검진 시 위내시경 시행'이라는 표현은 **위암과 대장암의 검진 방법 혼동을 유도하는 대표적인 함정**이므로, 유사한 항목들을 정확히 구분할 필요가 있다.

선택지 해설

① (○) '2. 암 검진 제도'의 표에 따를 때, 위암 검진 대상(만 40세 이상), 주기(2년 1회) 모두 정확히 기술되어 있으므로 옳다.
② (○) '2. 암 검진 제도'의 표에 따를 때, 간암 검진 대상은 만 40세 이상이면서 B형 또는 C형 간염 보유자이므로 옳다.
③ (○) '3. 검진 항목 및 검진 기관'에 따를 때, 검진은 공단이 지정한 기관에서 받을 수 있으므로 옳다.
④ (✕) '2. 암 검진 제도'의 표에 따를 때, 대장암 검진 대상이 만 50세 이상인 것은 맞지만, 분변 잠혈 검사 후 필요시 내시경을 시행한다. 따라서 기본적으로 위내시경을 시행하는 것은 아니다.

정답 ④

패턴 13 정보 추론

문제해결능력 | 패턴 난도 ■■■ | 출제 빈도 ■■□

제시문에 명시된 내용을 기초로 새로운 내용을 논리적으로 유추하거나 종합해 판단하는 능력을 평가한다. 이 패턴은 제시문에 담긴 **핵심 정보와 조건, 예외 사항 등을 정확히 파악**한 뒤, **새로운 상황에 적용하거나 생략된 함의를 도출**하는 사고 과정을 요구한다. 자료에 대한 단순 해석을 넘어 논리적 연계성에 기반한 추론이 핵심이며, **실제적인 정책 자료나 제도 설명문을 중심으로 출제**된다. 따라서 세부 조건의 적용 범위를 정확히 이해하고, 예외 사항이나 규정의 변화 시점을 고려해 판단하는 능력이 중요하다.

예제 17

다음은 '장애인 활동지원 제도'에 관한 글이다. 이에 근거할 때 해당 제도에 대한 설명으로 옳지 않은 것은?

> 장애인 활동지원 제도는 일상생활과 사회 활동에 어려움을 겪는 중증장애인의 자립 생활을 지원하고 가족의 부담을 줄이기 위해 도입된 제도이다. 활동지원급여는 수급자의 장애 정도, 서비스 필요도, 가구 소득 수준 등에 따라 결정된다. 주요 서비스는 활동보조, 방문목욕, 방문간호 등이며, 다음 [표]의 기준에 따라 지급된다.
>
> **[표] 활동지원급여 지급 기준**
>
> | 활동지원 등급 | 활동지원 등급 기준 | 월 지원 시간 | 월 지원액 |
> | --- | --- | --- | --- |
> | 1등급 | 상시 보호가 필요한 중증장애인 | 234시간 | 3,154,000원 |
> | 2등급 | 일정 시간 보호가 필요한 중증장애인 | 200시간 | 2,690,000원 |
> | 3등급 | 부분적인 활동지원이 필요한 중증장애인 | 160시간 | 2,150,000원 |
> | 추가 급여 (가산) | 독거, 취약 가구, 응급 상황 대응 필요 등 조건 충족 시 | +최대 80시간 | +1,080,000원 |
>
> 올해부터는 서비스 수급자 중 만 65세 도래자가 장기요양보험 대상자로 전환되면 활동지원급여 수급이 중단된다. 그러나 활동지원급여가 장기요양급여보다 유리하다고 판단되는 경우, 본인이 신청하여 '활동지원 연장 심사'를 통해 최대 2년간 활동지원급여를 연장할 수 있다.
>
> 또한 수급자는 본인부담금이 발생하며, 이는 건강보험료 본인부담금 기준에 따라 차등 적용된다. 저소득층의 경우 본인부담금이 전액 면제되며, 일반 가구의 경우 최대 월 16만 원까지 발생할 수 있다.

① 활동지원 2등급을 받은 독거 장애인은 월 최대 280시간의 활동지원을 받을 수 있다.
② 만 65세에 도달한 수급자는 별도의 신청 없이 활동지원급여를 2년간 자동 연장받을 수 있다.
③ 본인부담금은 건강보험료 본인부담금 수준에 따라 차등 부과되며, 일정 소득 이하인 경우 면제받을 수 있다.
④ 활동지원 3등급을 받은 장애인이 추가 급여를 받는 경우, 추가 급여를 받지 않은 1등급 장애인에 비해 월 지원액이 많을 수 있다.

풀이 접근법

1 제도 목적과 구조 정리

'정보 추론' 패턴에서는 단순한 사실 확인뿐만 아니라, 제도 전반의 목적과 항목 간의 구조적 관계를 파악하는 능력도 중요하다. 이를 바탕으로, 어떤 지원이 어떤 조건에서 제공되는지, 누구에게 해당되는지 등의 정보를 체계적으로 정리해야 한다. **표나 항목마다 지원 대상, 지원 시간, 한도액, 본인부담률 등 구성 요소들을 각각 구분하여 정리**하면 판단에 유리하다.

2 선택지와 제시문 대조 후 일치 여부 확인

선택지를 검토할 때는 단어 표현과 수치 조건을 제시문의 내용과 직접 대조해야 한다. '정보 추론' 패턴의 선택지는 단어 하나의 차이로 정오가 갈리는 경우가 많다. 예를 들어, '자동 연장'과 같이 실제 제시문에는 없는 표현이 포함된 경우, 제시문의 '신청 후 연장 심사'를 통해 판단 오류를 방지해야 한다. 또한 수치 비교형 선택지에서는 계산 과정이 필요한 경우도 있으므로, 조건과 단위를 정확히 파악해야 한다. 이처럼 선택지 분석은 **근거 문장이나 표의 항목을 정확히 찾아내는 것이 핵심**이며, 제시문 전체 구조를 기반으로 문항을 해석하는 연습이 필요하다. 이러한 논리적 분석 능력이 '정보 추론' 패턴 공략의 핵심이다.

선택지 해설

① (○) 2등급의 기본 시간은 200시간이며, 독거 장애인일 경우 최대 80시간의 추가 급여가 가능하므로 총 280시간까지 활동지원이 가능하다.

② (×) 활동지원 연장은 신청자에 한해 심사를 거쳐 최대 2년간 가능하므로, '자동 연장'이라는 표현은 사실과 다르다.

③ (○) 본인부담금은 건강보험료 본인부담금 수준에 따라 차등 부과되며, 저소득층은 면제될 수 있다는 설명이 제시문에 명시되어 있다.

④ (○) 4등급의 월 지원액은 2,150,000원이며, 여기에 추가 급여 1,080,000원을 합산하면 3,230,000원이 된다. 따라서 1등급의 월 지원액인 3,154,000원보다 많다.

정답 ②

문제해결능력 | 패턴 난도 ■■□ | 출제 빈도 ■■■

패턴 14 적합자 선정

여러 후보자 중에서 **제시된 조건과 상황에 부합하는 대상을 선별**하는 유형의 패턴이다. 이 패턴은 주어진 자료의 조건을 체계적으로 정리하고, 각 사례에 이를 정확히 대입하여 타당성을 검토하는 과정을 통해 정답을 추론하는 사고력을 평가한다. 주로 공공 서비스, 제도 운영, 정책 실행 등의 사례를 중심으로 출제되며, 실제 업무에서의 지원 자격 검토, 인력 배치, 의사결정 상황 등과 밀접한 연관이 있다. **명확한 기준 분류, 사례별 비교 분석, 소거법을 통한 검토 과정**이 효과적인 접근 방식이 된다.

예제 18

다음은 '영유아 건강검진'에 관한 글이다. 이에 근거할 때 [표]의 A 어린이집 아동 중 현재 시점에서 영유아 건강검진을 받을 수 없는 아동은 누구인가?

> 보건복지부와 국민건강보험공단은 영유아기의 성장·발달 이상 조기 발견 및 건강한 성장 도모를 위해 만 6세 미만의 모든 영유아를 대상으로 영유아 건강검진을 실시하고 있다.
>
> 1. 대상 및 검진 시기
>
> | 구분 | 검진 시기 | 검진 항목 |
> |---|---|---|
> | 1차 검진 | 생후 4~6개월 | 성장 측정, 시각·청각 문진 등 |
> | 2차 검진 | 생후 9~12개월 | 발달 평가, 구강 문진 등 |
> | 3차 검진 | 생후 18~24개월 | 정신 건강 평가, 행동 평가 등 |
> | 4차 검진 | 생후 30~36개월 | 시각·청각 정밀 평가 등 |
> | 5차 검진 | 생후 42~48개월 | 사회성 평가, 치아 상태 등 |
> | 6차 검진 | 생후 54~60개월 | 건강 행태, 성장 측정 등 |
> | 7차 검진 | 생후 66~71개월 | 최종 점검, 예방접종 확인 등 |
>
> 2. 검진 절차 및 방법
> - 검진표는 공단 홈페이지에서 출력하거나 우편으로 수령 가능하며, 검진 대상자는 정해진 시기 내에 검진 기관을 방문해야 한다.
> - 검진은 사전 예약 없이 가능하나, 지역에 따라 예약제를 운영하는 기관도 있으므로 확인이 필요하다.
> - 검진 후 보호자는 결과 통보서를 수령하여 이상 여부에 대한 상담을 받게 되며, 추가 진료가 필요한 경우에는 전문의로 연계된다.
> - 검진 항목을 일부 누락한 경우, 해당 차수의 검진 기간 내에는 누락 항목에 대한 검진이 가능하다.
>
> 3. 유의 사항 및 지원 사항
> - 검진은 전액 공단 부담으로 무료이다.
> - 검진 시기 외에는 검진이 불가하므로 지정된 기간을 꼭 지켜야 한다.
> - 검진 결과 발달 이상이 의심되면 '영유아 발달장애 정밀검사' 및 치료 연계가 가능하다.

[표] A 어린이집 재원 아동 정보

이름	생년월일	현재 월령	직전 영유아 건강검진 시기	직전 영유아 건강검진 관련 특이 사항
가은	2020. 8. 15.	46개월	생후 30개월	이상 없음
나윤	2020. 4. 20.	50개월	생후 48개월	정밀 검사 대상 아님
다율	2019. 12. 5.	54개월	생후 36개월	시력 이상 의심
민준	2020. 8. 25.	46개월	생후 42개월	치아 상태 검진 누락

① 가은　　　② 나윤　　　③ 다율　　　④ 민준

풀이 접근법

1 검진 제도의 구조와 시기 범위 파악

영유아 건강검진은 총 7차로 나뉘며, **각 차수마다 검진 가능한 월령 범위**가 정해져 있다. 제시문 '1. 대상 및 검진 시기'의 표를 통해 각 차수의 검진 시기를 정확히 확인한다.

2 아동의 현재 월령과 직전 검진 시기 분석

[표]에 제시된 아동의 현재 월령과 직전 영유아 건강검진 시기를 통해 현재 어떤 차수의 검진이 가능한지 판단한다. **직전에 받은 검진보다 높은 차수 검진**을 받을 수 있으며, **현재 월령이 그 차수의 시기 범위에 해당**해야 검진이 가능하다.

3 아동별 검진 가능 여부 판단

현재 월령을 기준으로 가능한 검진 차수가 없거나, 가능한 검진 차수가 있더라도 해당 차수의 검진을 이미 받았다면 해당 아동은 현재 시점에서 검진이 불가능하다. 단, **직전 검진에서 누락한 검진 항목이 있고, 현재 월령이 해당 차수의 검진 시기를 벗어나지 않았다면** 누락 항목에 대한 해당 차수의 검진이 가능하다.

선택지 해설

① (○) 현재 월령이 46개월이므로 5차 검진 가능 범위(42~48개월)에 해당하고, 직전 검진은 4차 검진이므로 현재 검진이 가능하다.
② (✗) 현재 월령이 50개월이므로 가능함 검진 차수가 없다.
③ (○) 현재 월령이 54개월이므로 6차 검진 가능 범위(54~60개월)에 해당하고, 직전 검진은 4차 검진이므로 현재 검진이 가능하다.
④ (○) 현재 월령이 46개월이므로 5차 검진 가능 범위(42~48개월)에 해당하는데, 직전 검진에서 5차 검진을 이미 받은 상태이다. 그러나 5차 검진에서 치아 상태 검진을 누락했으므로 현재 누락 항목에 대한 5차 검진이 가능하다.

정답 ②

예제 19

보건복지부는 결식 우려가 있는 아동에게 급식을 지원하는 아동급식 지원 제도를 운영하고 있다. 다음 글은 아동급식 지원 기준에 관한 자료이고, [표]는 갑~정 4명의 아동에 대한 정보이다. 갑~정 중에서 우선적으로 급식 지원을 받을 수 있는 아동은? (단, 제시된 내용 외에는 고려하지 않는다)

아동급식 지원 제도에서는 다음 4개 기준 항목 중에서 해당되는 항목이 많을수록 우선적으로 급식을 지원한다.

기준 항목	내용
가구 소득 수준	기준 중위소득 60% 이하
보호자 보호 역량	조손가정, 한부모가정, 보호자 질환 중 해당 사항 있음
아동 식사 제공 상황	방임, 식사 불규칙, 주 5일 이상 결식 우려 중 해당 사항 있음
지역 사회 연계 여부	아동센터, 학교 등 대체 급식 미지원 시

[표] 갑~정 아동 정보

아동	가구 소득 수준	보호자 상황	식사 제공 상황	지역 사회 급식 연계 여부
갑	기준 중위소득 55%	양친 있음	식사량 부족	학교 급식 이용 가능
을	기준 중위소득 72%	한부모가정	방임	지역 아동센터 지원 중
병	기준 중위소득 61%	조손가정	식사 불규칙	대체 급식 미지원
정	기준 중위소득 45%	보호자 암 투병 중	주 5일 결식	대체 급식 미지원

① 갑
② 을
③ 병
④ 정

풀이 접근법

1 판단 기준 이해

여러 후보 중에서 주어진 조건에 가장 부합하거나 가장 효과적인 하나를 골라야 하므로, 모든 선택지의 핵심 요소들을 비교·분석하는 것이 중요하다.

우선 문제에서 요구하는 것은 '우선적으로 급식 지원이 필요한 아동'이다. 따라서 지원의 필요성과 긴급성이 높을수록 정답에 가까우며, 이를 판단하기 위한 기준이 제시문 속 표에 명시되어 있다. 여기에는 **총 4개의 판단 기준이 존재**하며, 이는 각 사례와 직접 비교할 수 있는 형태로 제시되었다.

이때, 하나의 기준만 충족한다고 해서 반드시 우선 대상이 되는 것은 아니며, **다수의 기준을 동시에 충족하는** 아동일수록 우선 지원 대상이 된다.

2 사례별 정보 대입 및 기준 충족 여부 확인

각 아동의 정보는 4개의 기준 항목과 일대일 비교가 가능하므로, 다음과 같은 방식으로 정리하며 판단한다.

아동	가구 소득 수준	보호자 상황	식사 제공 상황	지역 사회 급식 연계 여부	충족 개수
갑	충족	미충족	미충족	미충족	1개
을	미충족	충족 (한부모가정)	충족 (방임)	미충족	2개
병	미충족	충족 (조손가정)	충족 (식사 불규칙)	충족	3개
정	충족	충족 (보호자 질환)	충족 (주 5일 이상 결식 우려)	충족	4개

모든 항목을 비교했을 때, 기준 4개를 모두 충족한 아동은 정뿐이다. 따라서 정이 우선적으로 급식 지원을 받을 수 있다.

정답 ④

패턴 15 계산

| 문제해결능력 | 패턴 난도 ■■□ | 출제 빈도 ■■■ |

주어진 상황에서 수치나 조건들을 바탕으로 실제 필요한 계산 과정을 수행하여 정답을 도출하는 패턴이다. 단순 연산 능력보다는 **제시문 속 다양한 수치와 조건 중 필요한 요소를 선별**하고, 이를 **상황에 맞게 적용**하는 능력을 중점적으로 평가한다. 업무상 의사 결정이나 문제 해결에 수반되는 **수당 산정, 비용 비교** 등의 현실적인 맥락에서 출제되며, 조건 간의 논리적 관계를 파악한 뒤 계산 순서를 설정하고 수행하는 체계적 사고가 요구된다.

예제 20

다음은 기초생활보장 생계급여 수급 대상 선정 기준에 관한 글이다. 이에 근거할 때, [상황] 속 갑 가구의 소득인정액과 생계급여 수급 대상 여부를 옳게 짝지은 것은?

1. 가구원 수별 기준 중위소득

(단위: 원)

가구원 수	기준 중위소득	기준 중위소득의 30%
1인 가구	2,204,000	661,200
2인 가구	3,640,000	1,092,000
3인 가구	4,686,000	1,405,800
4인 가구	5,691,000	1,707,300

※ 가구 소득인정액이 기준 중위소득의 30% 이하일 경우 생계급여 수급 대상에 해당됨

2. 소득인정액 산정 기준
   - 실제 소득(월): 근로소득, 사업소득, 연금, 기타소득 등 포함
   - 소득공제 항목: 기본공제(근로소득의 20%, 최대 200,000원), 가구특성 공제
   - 소득인정액＝실제 소득－공제 금액

──[상황]──

갑은 자신이 속한 가구가 생계급여 수급 대상에 해당되는지 알아보고자 한다. 갑의 가구는 3인 가구로, 가구 전체의 월 실제 소득은 1,720,000원이다. 이 중 근로소득이 1,000,000원이고, 나머지는 기타소득이다. 가구특성에 따른 추가 공제 요건에는 해당되는 것이 없다.

	소득인정액	수급 대상 여부
①	1,520,000원	○
②	1,520,000원	×
③	1,620,000원	○
④	1,720,000원	×

> **풀이 접근법**

1 핵심 조건 파악

먼저 제시문과 문항이 어떤 정책을 다루고 있는지 파악해야 한다. 본 문항은 국민기초생활보장제도의 하나인 '생계급여' 수급 자격 여부를 계산을 통해 판단하는 '계산형' 패턴의 문제이다. 여기서 핵심은 **소득인정액과 기준 중위소득의 30%를 비교하여 수급 가능성을 판단**하는 것이다. 제시문은 기준 중위소득의 30%와 소득인정액 산정 방식을 함께 제공하고 있으므로, 이 두 요소를 정확하게 연산에 적용해야 한다.

이때 기준 중위소득의 30%는 가구원 수에 따라 다르므로, 가구의 구성원이 몇 명인지도 반드시 확인해야 한다. [상황] 속 갑의 가구는 3인 가구이며, 이에 따라 기준 중위소득의 30%는 1,405,800원이다. 즉, 소득인정액이 1,405,800원 이하여야 수급 대상이 될 수 있다.

2 소득인정액 계산

갑 가구의 실제 소득은 1,720,000원이며, 이 중 1,000,000원이 근로소득임을 확인할 수 있다. **소득인정액은 실제 소득에서 각종 공제를 뺀 금액**이므로 공제 항목을 확인해야 한다. 근로소득 공제는 제시문에 따르면 '근로소득의 20%, 최대 200,000원'이다. 1,000,000원의 20%는 200,000원이므로 최대 한도와 정확히 일치하며, 공제 가능한 전액이다. 이에 따라 갑 가구의 소득 인정액을 계산해 보면 다음과 같다.

소득인정액 = 실제 소득 - 공제 금액
            = 1,720,000원 - 200,000원
            = 1,520,000원

소득인정액 1,520,000원은 기준선인 1,405,800원과 비교하면 기준보다 많기 때문에 갑의 가구는 생계급여 수급 조건을 만족하지 못한다.

정답 ②

국민건강 보험공단 NCS 직업기초능력 기출 트레이닝 260제

나만의 성장 엔진, 혼JOB | www.honjob.co.kr

PART 2
국민건강보험공단 기출동형 모의고사

제1회 기출동형 모의고사
강약 패턴 분석표

제2회 기출동형 모의고사
강약 패턴 분석표

제3회 기출동형 모의고사
강약 패턴 분석표

제4회 기출동형 모의고사
강약 패턴 분석표

제1회 기출동형 모의고사

* 문항 개수: 60문항
* 시험 형식: 4지 선다형
* 시험 시간: 60분

※ 책 뒷부분에 삽입된 답안지를 활용해 모의고사를 풀어 보시기 바랍니다.
※ 모의고사 채점을 마친 후, [강약 패턴 분석표]를 통해 강점 패턴과 취약 패턴을 체크하시기 바랍니다.

[01~02] 다음 글을 읽고 물음에 답하시오.

국민건강보험공단은 2025년 3월부터 '장기요양 통합재가서비스'를 본격 운영한다고 밝혔다. 통합재가서비스는 하나의 기관에서 수급자의 욕구, 상태에 따라 간호사, 물리치료사, 사회복지사, 요양보호사 등 전문인력이 주·야간보호, 방문요양, 목욕, 간호 등 다양한 재가서비스를 복합적으로 제공하는 서비스이다.

국민건강보험공단은 2019년부터 '통합재가서비스 시범사업'을 시작하여 수급자 중심의 맞춤형 서비스 제공 모델을 개발하기 시작했다. 초기에는 16개 기관으로 시작해 점차 수급자의 기능 상태 개선과 서비스 만족도 향상이라는 긍정적 결과를 보여 주었다. 2020년에는 코로나19 상황에서도 시범사업을 확대하여 38개 기관이 참여하였고, 2021년에는 65개 기관으로 확대되었다. 2022년부터는 서비스 제공 형태를 가정방문형과 주·야간보호형으로 이원화하여 기관의 특성과 수급자의 상태에 맞는 맞춤형 서비스를 제공할 수 있도록 체계를 개선해 왔다.

장기요양 수급자가 잔존 능력을 유지하면서 (　　　㉠　　　) 위해서는 주·야간보호, 방문요양, 방문목욕, 방문간호 등 다양한 서비스를 복합적으로 이용할 필요가 있다. 그러나 2024년 12월 조사에 따르면 재가수급자의 79.6%가 하나의 급여만 이용하고 있으며, 다양한 서비스 이용이 제한되고 있는 것으로 나타났다.

이러한 문제를 해결하기 위해 도입된 통합재가서비스는 수급자에게 필요하고 기능 유지에 도움이 된다는 유의미한 결과를 통해 사업 운영의 효과성이 검증되었다. 특히 '지역사회 통합돌봄'(커뮤니티케어) 정책 기조와 맞물려 재가 중심 서비스의 중요성이 더욱 강조되었고 2024년 1월 「노인장기요양보험법」 개정(2025년 1월 시행)을 통해 본격 시행의 근거가 마련되었다. 이후 1년여 간의 준비 기간을 거쳐 최종 190개소(가정방문형 87개소, 주·야간보호형 103개소)가 참여하기로 확정했으며, 향후에도 추가 공모를 진행할 계획이다.

통합재가서비스 제공 기관은 노인장기요양보험 홈페이지(www.longtermcare.or.kr)에서 확인 가능하다. 공단은 앞으로 장기요양보험 수급자에 대한 서비스 강화 및 양질의 서비스를 제공하여 가정에서 충분히 서비스를 받을 수 있도록 통합재가서비스의 확산을 위해 힘쓰며, 어르신들이 원하는 시간, 원하는 장소에서 다양한 재가서비스를 복합적으로 이용할 수 있도록 통합재가서비스 제공 인프라를 지속적으로 확대해 나가겠다고 전했다.

01 위 글의 내용과 일치하는 것은?

① 통합재가서비스 시범사업은 2022년부터 시작되었다.
② 통합재가서비스의 법적 근거는 아직 마련되지 않은 상태이다.
③ 통합재가서비스 참여 확정 기관에는 가정방문형이 주·야간보호형보다 더 많다.
④ 2024년 12월 조사 기준으로 재가수급자의 20% 이상은 두 가지 이상의 급여를 이용하고 있다.

02 위 글의 ⊙에 들어갈 말로 가장 적절한 것은?

① 통합재가서비스를 신청하기
② 본인이 살던 곳에서 계속 생활하기
③ 통합재가서비스 제공 기관에 방문하기
④ 장기요양 전문인력과 원활한 소통을 하기

[03~05] 다음 글을 읽고 물음에 답하시오.

한랭질환은 추위가 직접 원인이 되어 인체에 피해를 줄 수 있는 질환으로, 저체온증(전신성)과 동상·동창(국소성)이 대표적이다. 질병관리청은 겨울철 한파로 인한 한랭질환에 대한 주의 환기 및 예방 활동 유도를 위해 2013년부터 매년 겨울철에 '한랭질환 응급실 감시 체계'를 운영하고 있다. 이는 전국 500여 개 응급의료기관을 대상으로 관할 지자체 협력을 통해 한파로 인한 건강 피해 발생을 감시하는 체계이다. 수집된 한랭질환 주요 발생 특성 정보는 질병청 누리집을 통해 일별로 제공하고 있으며, 한파로 인한 건강 피해를 최소화하고자 언론, 누리집 등을 통하여 예방 수칙을 안내하고 있다.

질병관리청은 '2024~2025절기 한랭질환 응급실 감시 체계' 운영 결과를 발표하였다. 이번 겨울철(2024년 12월 1일부터 2025년 2월 28일까지)에 감시 체계로 신고된 한랭질환자는 총 334명(사망 8명)으로, 전년(한랭질환자 400명, 사망 12명) 대비 환자는 16.5% 감소하였고, 사망자는 33.0% 감소하였다. 이는 한파 일수가 1.1일(3.2일 → 4.3일) 증가하고, 평균 일 최저 기온이 2.5℃(−1.9℃ → −4.4℃) 감소했음에도 불구하고 나타난 결과이다.

한랭질환자가 가장 많이 발생했던 2017~2018절기(2017년 12월부터 2018년 2월, 631명 발생)는 가장 긴 한파 일수(11.8일)와 가장 낮은 최저 기온(−5.5℃)을 기록한 절기로, 그간 한랭질환자 발생은 한파 일수, 최저 기온과의 연관성이 두드러졌으나, 최근 5년 동안의 한랭질환 발생 추이는 기상 변화와 뚜렷한 상관관계를 보이지는 않고 있다.

이번 한랭질환 감시 결과에 따르면, 한랭질환자의 주 증상은 저체온증(80.2%, 268명)으로 나타났으며, 추정 사망자(8명)의 경우도 사인이 주로 저체온증(87.5%, 7명)이었다. 전체 한랭질환자의 성별로는 남성(69.8%, 233명)이 여성(30.2%, 101명)보다 약 2.3배 많이 발생하였다. 연령대로는 65세 이상(54.8%, 183명)에서 가장 많이 발생하였고, 대부분의 추정 사망자 또한 65세 이상(87.5%, 7명)이었다. (㉠) 80세 이상의 고령층이 30.8%(103명)의 환자 발생과 75.0%(6명)의 추정 사망을 보이고 있어, 고령층일수록 한랭질환 위험도가 높은 것으로 확인되었다.

발생 장소로는 실외 발생(74.0%, 247명)이 실내 발생(26.0%, 87명)보다 약 2.9배 많았으며, 가장 많은 발생 비율을 나타낸 장소는 길가(25.4%, 85명), 집(18.3%, 61명), 주거지 주변(14.1%, 47명) 순이었다. 65세 이상 연령층(183명)의 주요 증상 발생 장소는 길가(27.9%, 51명), 집(26.8%, 49명), 주거지 주변(20.2%, 37명)으로, 노년층의 일상생활 속 한랭질환 예방이 중요함을 보여 준다.

한랭질환이 주로 발생하는 시간은 6시~9시(20.1%, 67명), 9시~12시(16.8%, 56명)로, 밤사이 낮아진 온도가 한랭질환의 영향이 될 수 있어 오전 시간 활동 시 주의가 필요하다. 지역별 발생 분포로는 경기지역(19.5%, 65명)이 한랭질환자가 가장 많았고, 인구 10만 명당 발생은 강원지역(2.8명)이 가장 많은 한랭질환자가 발생한 것으로 나타났다. 인구 10만 명당 발생은 강원(2.8명), 경북(1.5명), 충북(1.4명), 전북(1.3명) 순이었다.

03 위 글에 따를 때, '2024~2025절기 한랭질환 응급실 감시 체계'의 내용과 일치하는 것은?

① 사망자 수는 8명으로 전년에 비해 16.5% 감소하였다.
② 추정 사망자 중에서 80세 이상이 차지하는 비중은 75.0%이다.
③ 65세 이상 연령층의 한랭질환 발생 장소의 경우 집이 차지하는 비중이 길가가 차지하는 비중보다 높게 나타났다.
④ 한랭질환의 지역별 발생 분포의 경우 경기지역이 가장 높았으나, 인구 10만 명당 발생 인원의 경우 강원, 경북, 충북, 경기 순으로 많았다.

04 위 글을 읽고 적절한 추론을 한 사람을 [보기]에서 모두 고르면?

[보기]

갑: 고령층일수록 한랭질환에 더 취약하여 특별한 예방 조치가 필요하겠군요.
을: 한랭질환 감시 체계는 한파로 인한 건강 피해를 줄이는 데 기여할 수 있겠어요.
병: 오전 시간대에 외출할 경우에는 한랭질환에 걸리지 않도록 특별히 더 유의해야 해요.
정: 한랭질환은 주로 실외 활동을 많이 하는 젊은 남성층에서 집중적으로 발생하고 있어요.

① 갑, 병
② 을, 정
③ 갑, 을, 병
④ 을, 병, 정

05 위 글의 ㉠에 들어갈 단어로 가장 적절한 것은?

① 특히
② 그러나
③ 따라서
④ 반면에

[06~08] 다음 보도자료를 읽고 물음에 답하시오.

보 도 자 료				
보도 일시	2025. 3. 9.(일)		배포일	2025. 3. 7.(금)
배포 기관	질병관리청		담당 부서	기후보건·건강위해대비과

2025년도 청소년건강패널조사 시작!

　3월 8일(토)부터 10월 31일(금)까지 질병관리청은 우리나라 청소년의 건강 행태 변화 양상과 관련 선행 요인을 파악하기 위한 '2025년도 청소년건강패널조사'를 실시한다. ㉠ 청소년건강패널조사는 초등학생~성인 초기(20대 초)까지 흡연, 음주, 식생활, 신체 활동 등의 건강 행태 변화를 모니터링하여 건강 행태 변화 및 관련 선행 요인을 파악하는 연구다. ㉡ 패널조사는 동일한 조사 대상을 장기간 추적 조사하여 변화된 건강 행태의 시간적 선·후 관계를 알 수 있으며, 건강 행태 변화에 영향을 미치는 개인, 가족, 친구 및 사회 환경 등 결정 요인을 확인할 수 있어 그 의미가 크다.

[청소년건강패널조사 개요]

- (조사 대상) 2019년 조사 참여 초등학교 6학년 5,051명 및 보호자
- (조사 기간) 2019~2028년(10년간 추적 조사)
- (조사 내용) 흡연, 음주, 신체 활동, 식생활 등 건강 행태 변화 및 관련 선행 요인
- (조사 방법) 조사원이 가구를 방문하여 태블릿 PC를 이용한 자기 기입식 조사

　질병관리청은 2024년 7월, 청소년건강패널조사 1~5차 통계 결과를 바탕으로, 신종 담배 및 가향 담배에 대한 규제 강화 필요성, 액상형 전자 담배가 일반 담배 흡연의 관문으로 작용할 가능성, 건강 행태뿐만 아니라 건강 습관 형성과 관련된 주변 환경 여건 개선의 필요성 등의 시사점을 알린 바 있다. ㉢ 우리나라 성인의 흡연율은 지속적으로 감소 추세를 보이고 있으며, 특히 40대 이상 성인 남성의 금연 성공률이 높아지고 있다.
　올해는 조사 7년 차로, 조사 참여 학생 대부분이 고등학교 3학년이 되는 시기인 만큼 학생들의 참여율을 높이기 위해 예년보다 이른 3월부터 실시한다. 이번 연도 조사는 조사원 방문 조사로 진행되며 신체 활동, 식생활, 흡연, 음주 등 건강 행태 및 관련 요인에 대한 학생 설문(200문항)과 가정 환경에 대한 보호자 설문(23문항) 형식으로 구성되어 있다. ㉣ 보호자의 경우, 전화 조사도 가능하며 청소년건강패널조사에 관한 자세한 내용과 통계집은 질병관리청 누리집(www.kdca.go.kr)에서 확인할 수 있다.
　지○○ 질병관리청장은 "청소년의 건강 수준을 높이고, 건강한 성인으로 성장하는 데 필요한 정책 수립, 제도 개선 및 관련 분야 연구 활성화에 본 조사를 적극 활용하고자 한다."라며, 조사와 관련된 당사자들의 적극적인 관심과 협조를 당부하였다. 이어 "청소년건강패널조사의 패널로 선정된 학생은 우리나라 청소년을 대표하여 청소년의 건강 증진에 기여한다는 자부심으로 조사에 적극 참여해 주길 바란다."라고 밝혔다.

06 위 보도자료의 중심 내용으로 가장 적절한 것은?

① 청소년건강패널조사의 통계 결과 분석 및 향후 연구 방향
② 청소년 흡연 및 음주 행태의 변화 추이와 건강 증진 방안
③ 청소년건강패널조사의 목적과 의의 및 2025년도 조사 실시 계획
④ 청소년 건강 행태 변화에 영향을 미치는 요인 분석 및 정책적 시사점

07 위 보도자료에 따를 때 '청소년건강패널조사'에 대한 설명으로 옳은 것은?

① 2019년부터 2025년까지 7년간 추적 조사로 진행된다.
② 2025년도 조사의 경우 초등학교 6학년 5,051명 및 보호자를 대상으로 한다.
③ 2025년도 조사의 경우 학생 설문은 100문항, 보호자 설문은 23문항으로 구성되어 있다.
④ 학생에게는 건강 행태 및 관련 요인에 대해 묻고, 보호자에게는 가정 환경에 대해 묻는다.

08 위 보도자료의 흐름상 ㉠~㉢ 중 삭제되어야 하는 문장은?

① ㉠
② ㉡
③ ㉢
④ ㉣

[09~11] 다음 보도자료를 읽고 물음에 답하시오.

보 도 자 료				
보도 일시	2025. 2. 28.(금)		배포일	2025. 2. 27.(목)
배포 기관	보건복지부		담당 부서	사회서비스자원과

□ 보건복지부는 사회복지시설 680개소의 시설 운영 및 서비스 수준을 평가한 '2024년 사회복지시설 평가' 결과를 발표하였다. 보건복지부는 「사회복지사업법」에 따라 사회복지시설 유형별로 3년마다 평가를 실시하고, 평가 업무는 중앙사회서비스원에 위탁하고 있다.

□ 2024년에는 사회복지관 287개소, 노인복지관 240개소, 양로시설 153개소를 대상으로 최근 3년간('21. 1. 1.~'23. 12. 31.) 운영에 대해 평가했다. 다만, 사회복지관 및 노인복지관은 코로나19로 평가가 유예*된 바 있어 최근 2년간('22. 1. 1.~'23. 12. 31.) 운영에 대해 평가를 실시했다.
  * (당초) 2021년 평가 → (변경) 2022년 평가 실시(1년 유예). 서울·경기 관할 사회복지관, 노인복지관은 시·도가 자체적으로 평가 실시

□ 평가는 안정적인 시설 운영 여부, 서비스의 질적 수준 등을 점검하고자 5개 평가 영역*을 기준으로 이루어졌고, 총점에 따라 동일한 시설 유형별로 5등급(A~D, F등급)을 부여하였다.
  * ① 시설·환경, ② 재정·조직, ③ 프로그램·서비스, ④ 이용자 권리, ⑤ 시설 운영 전반

□ 2024년 평가 결과 전체 시설 중 71.5%인 총 486개가 A등급(우수시설)을 획득하고, 51개소(7.5%)는 F등급으로 나타났다. 시설 유형별로는 사회복지관 236개소, 노인복지관 176개소, 양로시설 74개소가 A등급을 받았다.

[시설 유형별 평가 등급 현황]

(단위: 개소, %)

평가 대상	합계	평가 등급				
^	^	A등급 (90점 이상)	B등급 (80점 이상 ~90점 미만)	C등급 (70점 이상 ~80점 미만)	D등급 (60점 이상 ~70점 미만)	F등급 (60점 미만)
사회복지관	287(100.0)	236(82.2)	34(11.9)	4(1.4)	4(1.4)	9(3.1)
노인복지관	240(100.0)	176(73.3)	39(16.2)	10(4.2)	4(1.7)	11(4.6)
양로시설	153(100.0)	74(48.4)	23(15.0)	15(9.8)	10(6.5)	31(20.3)

□ 지난 평가와 대비하여 A등급(△4.5%p), F등급(△1.4%p)이 각각 감소하였으며, 대신 B등급(5.0%p), C등급(0.6%p), D등급(0.2%p)이 증가하였다. 2024년부터는 사회복지시설의 재정 자립도를 높이기 위해 엄격한 기준으로 재정 영역 평가*를 실시했다.
  * 재정·조직(후원금, 사업비) 우수 기준: 중위값 이상 등 ⇒ 상위 40% 초과

□ 각 시설이 보조금 외에 자체 사업비를 확보하도록 기존 평가 방식을 개선한 결과, A등급 시설 비율은 다소 감소한 것으로 나타났다. 다만, 재정 평가 기준의 상향은 각 시설의 자체 사업비 확대를 유도하기 위한 것으로, 궁극적으로는 시설이 이용자들에게 보다 양질의 서비스를 제공하는 기반을 구축하고자 하는 취지이다.

□ 지난 평가에서 미흡 등급(D, F등급)을 받은 시설(56개소)을 대상으로 맞춤형 컨설팅을 실시한 결과, 이번 평가에서는 해당 시설들의 평균 점수가 16.0점('21년 50.8점 → '24년 66.8점) 상승한 것으로 나타났다. 이는 (㉠) 시사한다. 이에 따라 이번 평가에서 점수가 낮은 시설의 품질 개선을 위해 역량 강화 교육(평가 영역별 C등급 이하) 및 맞춤형 컨설팅(D, F등급)을 제공할 예정이다. 아울러 평가 점수가 상위 5%에 해당하는 우수시설과 지난 평가 대비 평가 점수 상승 폭이 상위 3%인 개선시설에는 포상금*을 지급할 예정이다.

* (우수시설) 시설별 최대 700만 원 지급, (개선시설) 시설별 최대 350만 원 지급

09 위 보도자료에 따를 때 '2024년 사회복지시설 평가'에 대한 설명으로 옳지 않은 것은?

① 평가 대상은 사회복지관, 노인복지관, 양로시설로, 총 680개소였다.
② 지난 사회복지시설 평가에 비해 A등급 비율이 감소하고 B등급 비율이 증가하였다.
③ 사회복지관 중 A등급의 비중은 노인복지관 중 A등급의 비중에 비해 낮게 나타났다.
④ 양로시설 중 F등급의 비중은 20.3%로, 3개 시설 유형 가운데 F등급 비중이 가장 높았다.

10 위 보도자료를 읽고 적절한 추론을 한 사람을 [보기]에서 모두 고르면?

[보기]

갑: 코로나19로 인해 2024년 사회복지시설 평가에서 일부 시설 유형의 평가 시기가 조정되었어요.
을: 2024년 사회복지시설 평가 결과, 점수가 상위 5%에 해당하는 시설만 포상금을 지급받을 수 있어요.
병: 재정 영역 평가 기준을 강화한 것은 사회복지시설의 자체 재원 확보 노력을 촉진하기 위한 것이군요.
정: 사회복지시설 평가에서 높은 평가 점수를 받기 위해서는 안정적인 시설 운영보다는 서비스의 품질 향상에 초점을 맞춰야겠군요.

① 갑, 을   ② 갑, 병   ③ 을, 정   ④ 병, 정

11 위 보도자료의 ㉠에 들어갈 문장으로 가장 적절한 것은?

① 맞춤형 컨설팅이 재정 자립도 향상에 긍정적인 영향을 미침을
② 평과 결과가 상위 등급이 시설에 대해서도 맞춤형 컨설팅을 실시해야 함을
③ 시설 운영 개선을 위해서는 구체적인 평가 결과 피드백과 경제적 지원이 필요함을
④ 평가 결과가 미흡 등급인 시설에 대해 시설별 특성을 고려한 사후 관리가 지속적으로 필요함을

[12~14] 다음 글을 읽고 물음에 답하시오.

우리나라 65세 이상 치매 유병률은 2016년 9.50%에서 2023년 9.25%로 0.25%p 감소했다. 이러한 감소세는 베이비붐 세대의 노년기 진입으로 노인 인구가 증가했음에도 불구하고, 노년층의 교육 수준 향상과 건강 관리 개선에 기인한 것으로 분석된다. 고교 졸업 이상 비율이 2017년 24.8%에서 2023년 38.2%로 증가했고, 과음주율과 흡연율, 우울증 발생률 등이 감소했으며, 심뇌혈관 질환 사망률도 크게 줄어들었다.

(가)

치매 위험은 고령자일수록 높아지는데, 그중에서도 (㉠)의 인구 집단이 고위험군으로 확인되었다. 특히 80세 이상에서는 여성의 치매 유병률(28.34%)이 남성(11.36%)보다 2.5배 이상 높게 나타났다. 지역별로는 농어촌(9.4%)이 도시(5.5%)보다, 가구 형태별로는 독거 가구(10%)가 배우자와 거주하는 가구(4.9%)보다 유병률이 높았으며, 교육 수준별로는 무학(21.3%)이 대학교 이상 졸업자(1.4%)보다 15배 이상 높은 유병률을 보였다.

(나)

치매 환자의 생활 현황을 살펴보면, 가구 형태는 1인 가구가 52.6%로 절반 이상을 차지하고 있으며, 부부 가구 27.1%, 자녀 동거 가구 19.8% 순으로 나타났다. 주목할 점은 중증도가 높아질수록 자녀 동거 가구 비율이 증가한다는 것이다. 또한 치매 환자는 전체 노인에 비해 건강 상태와 기능 상태가 현저히 취약하여, 만성 질환(평균 5.1개)과 우울 수준이 높고 신체 활동 및 영양 관리가 부실하며, 시력·청력·저작 능력 등도 저하되어 있다.

(다)

치매 환자 가족의 돌봄 부담도 심각한 수준이다. 지역사회 거주 환자 가족의 45.8%가 돌봄에 부담을 느끼며, 특히 경제적 부담이 가장 큰 어려움으로 지목되었다(지역사회 38.3%, 시설·병원 41.3%). 비동거 가족은 주당 평균 18시간 돌봄을 제공하는 반면, 외부 서비스는 10시간 정도만 이용하고 있어 가족의 부담이 큰 것으로 나타났다. 요양 병원이나 시설에 입소하기 전까지 가족이 돌보는 기간은 평균 27.3개월이며, 입소 결정 이유로는 24시간 돌봄 어려움(27.2%)과 증상 악화로 인한 가족 불편(25%)이 주를 이루었다.

(라)

치매 관리 비용 측면에서는, 환자 1인당 연간 관리 비용의 경우 지역사회 거주 환자보다 시설·병원 환자가 더 높게 나타났다. 다만 두 집단 모두 보건의료비보다 돌봄비의 비중이 더 높았으며, 특히 지역사회 환자의 경우 돌봄비(67.0%)가 보건의료비(25.3%)의 2.6배에 달했다. 또한 중증도가 높을수록 전체 비용과 돌봄비 비중이 함께 증가하는 경향을 보였다.

치매 관련 정책 체감도를 살펴보면, 치매안심센터 인지도는 환자(56.2%)보다 가족(지역사회 84.1%, 시설·병원 85.7%)이 더 높았다. 정책 지원 욕구로는 진단 과정에서의 비용 부담 경감, 치료·돌봄 과정에서의 경제적 부담 완화와 돌봄 기관 확대, 그리고 가족 지원 측면에서의 경제적 지원과 돌봄 서비스 시간 확대가 가장 높게 나타났다. 치매 환자 가족을 위한 치매 가족 휴가제, 인적 공제 등의 정책의 경우 인지도는 낮지만 향후 이용 의향은 높아, 이에 대한 홍보와 접근성 개선이 필요함을 시사한다.

12 위 글의 중심 내용으로 가장 적절한 것은?

① 치매 유병률과 위험 요인 및 치매 환자의 생활과 가족의 돌봄 부담
② 치매 고위험군의 인구 사회학적 특성 및 취약 계층 중심의 맞춤형 예방 전략
③ 치매안심센터의 인지도 향상 방안 및 치매 환자와 가족 지원 프로그램의 접근성 개선 과제
④ 지역사회와 시설·병원 환자 간 치매 관리 비용의 차이 및 경제적 부담 완화를 위한 정책 방향

13 위 글의 ㉠에 들어갈 수 있는 용어 중의 하나로 적절하지 않은 것을 [보기]에서 모두 고르면?

────────[보기]────────
ㄱ. 여성   ㄴ. 독거노인
ㄷ. 도시 거주자   ㄹ. 교육 수준이 높은 집단

① ㄴ　　② ㄱ, ㄷ　　③ ㄷ, ㄹ　　④ ㄱ, ㄴ, ㄹ

14 위 글의 논리적 흐름을 고려할 때, 다음 [문단]이 들어갈 위치로 가장 적절한 곳은?

────────[문단]────────
반면, 경도인지장애 유병률은 2016년 22.25%에서 2023년 28.42%로 6.17%p 증가했다. 이는 진단 기준의 세분화와 조기 진단 활성화, 그리고 노인 건강 수준 향상으로 치매로의 진행이 억제된 결과로 볼 수 있다. 이러한 추세를 반영하여 치매 환자 수는 2025년 97만 명에서 시작해 2026년 100만 명을 넘어서고 2059년에는 약 234만 명으로 정점에 도달할 것으로 예측된다. 경도인지장애 진단자 역시 2025년 298만 명에서 2033년 400만 명을 넘어 2050년에는 약 569만 명까지 증가할 전망이다.

① (가)　　② (나)　　③ (다)　　④ (라)

[15~16] 다음 보도자료를 읽고 물음에 답하시오.

보 도 자 료			
보도 일시	배포 즉시	배포일	2024. 6. 24.(월)
배포 기관	질병관리청	담당 부서	유전체연구기술개발과

□ 질병관리청 국립보건연구원은 고요산혈증에 영향을 미치는 유전 요인을 발견하고, 해당 연구 결과를 세계적인 학술지(Nature Communications, IF=16.6)에 발표하였다. 이번 연구는 국립보건연구원과 성균관대학교 삼성융합의과학원 연구팀이 공동으로 수행한 연구로 한국인을 포함한 동아시아인과 유럽인 등 약 103만 명(유럽인 68만 명, 동아시아인 22만 명, 기타 13만 명 등) 유전체 정보를 분석하여 발표한 것이다. 고요산혈증*은 단백질의 일종인 퓨린이 많은 식품(육류, 어류, 맥주 등)을 과다하게 섭취하면 체내에 요산이 축적되어 발생하게 되며, 극심한 통증을 동반하는 통풍을 유발하고 고혈압, 심혈관 질환과도 관련된 것으로 알려져 있다.

  * 고요산혈증: 혈중 요산 수치가 7.0mg/dL이 넘을 경우

□ 고요산혈증은 생활 습관 개선으로 예방이 가능한 것으로 알려져 있으나, 최근 연구를 통해 고요산혈증 관련 유전적인 위험 요인을 가지고 있는 사람들은 일반인에 비해서는 높은 요산 수치를 가지고 있다고 보고되었다. (㉠) 기존 연구는 주로 유럽인을 대상으로 수행되어, 연구 결과를 한국인에 적용하기에는 한계가 있었다. 본 연구에서는 이러한 한계를 극복하기 위해 한국인과 동아시아인 22만 명을 포함하여 다인종 약 103만 명에 대해 최대 규모 연구를 수행함으로써 고요산혈증의 유전 요인 발굴과 질환 발생 관련성 등 연구를 수행하였다.

□ 이번 연구를 통해 351개의 유전 요인을 발굴하였고, 그중 기존에 고요산혈증과의 관계가 알려지지 않은 17개의 유전 요인을 새롭게 보고하였다. 특히, 이러한 유전 요인들은 요로와 심장 판막과 같은 생체 조직이나 면역 체계나 호흡기에도 관련된 것으로 확인이 되었다. 이 연구 결과에 따르면, 한국인의 경우 고요산혈증의 유전적 위험도*가 매우 큰 상위 10%의 고위험군은 하위 10%의 저위험군과 비교하면 통풍 발병은 7배, 고혈압 발병은 1.5배가 높은 것으로 나타났다.

  * 유전적 위험도: 질환에 관련된 유전 요인을 합하여 각 개인의 유전적인 위험도로 점수화한 수치

□ 이번 연구는 유전체 연구를 통해서 고요산혈증 발병 가능성이 매우 높은 고위험군 선별이 가능한 방법을 제시했다는 점에서 의미가 크다. 국립보건연구원장은 "앞으로 미래 의료 시대에는 개인의 유전 정보가 중요하게 활용될 가능성이 높아, 고요산혈증뿐만 아니라 다양한 만성 질환에 대한 유전 요인 연구를 통해 정밀 의료의 과학적 근거를 확보해 나가겠다."라고 밝혔다.

15 위 보도자료를 읽고 추론한 내용으로 적절하지 않은 것은?

① 고요산혈증의 유전적 위험도가 매우 높은 한국인은 통풍에도 유의하여야 한다.
② 이번 연구 결과는 고요산혈증 고위험군 대상 맞춤형 예방 프로그램 개발에 활용될 수 있다.
③ 고요산혈증의 유전적 위험도가 낮은 사람들도 퓨린 함량이 높은 식품의 과다 섭취를 피해야 한다.
④ 이번 연구에서 발견된 유전 요인은 모두 기존 연구에서 고요산혈증과의 관련성이 확인되지 않은 것이다.

16 위 보도자료의 ㉠에 들어갈 접속어로 가장 적절한 것은?

① 또한
② 특히
③ 그러나
④ 오히려

[17~18] 다음 글을 읽고 물음에 답하시오.

세계보건기구(WHO)는 전 세계적으로 질병 부담이 높은 심혈관질환, 당뇨병, 만성호흡기질환, 암을 주요 만성질환으로 지정하여, 국가적 차원의 대책 마련을 권고하고 있다. 이에 질병관리청에서는 주요 만성질환과 건강위험요인 관련 통계를 수록한 「2022 만성질환 현황과 이슈」를 발간하여, 국내 만성질환의 실태와 최근 주요 현안 등을 전달하고 있다.

(가) 또한 심뇌혈관질환의 주요 선행 질환인 고혈압, 당뇨병, 이상지질혈증의 유병률은 증가하였으나, 건강위험요인 중 음주, 비만의 관리 수준은 여전히 정체 또는 악화되었다. 구체적으로 2020년의 성인 현재 흡연율은 20.6%로 2010년 대비 6.9%p 감소하였으나, 성인 고위험 음주율은 14.1%로 지난 10년간 12~14%대를 유지하고 있으며, 비만 유병률은 38.3%로 코로나19 유행 이후 큰 폭으로 증가하였다.

(나) 이러한 만성질환의 추세를 살펴보면, 2020년 기준, 고혈압, 당뇨병, 이상지질혈증의 유병률 및 2019년 기준 만성폐쇄성폐질환의 유병률은 모두 전년 대비 증가하여, 만성질환에 대한 지속적 관리가 필요함을 보여 준다. 다만, 만성폐쇄성폐질환 유병률의 2020년 수치는 코로나19 확산 방지를 위해 폐기능검사 중단으로 결과가 미발표되었다.

(다) 「2022 만성질환 현황과 이슈」에 따르면, 2021년 기준으로 국내 만성질환으로 인한 사망은 전체 사망의 79.6%를 차지하였으며, 주요 만성질환의 유병률은 증가 추세인 것으로 나타났다. 특히 2021년 기준, 악성신생물(암)으로 인한 사망은 82,688명으로, 전체 사망의 26.0%이며, 심뇌혈관질환은 54,176명(17.0%), 만성호흡기질환은 14,005명(4.4%), 당뇨병은 8,961명(2.8%)으로 나타났다.

(라) 이처럼 만성질환과 관련 위험요인이 증가함에 따라, 우리나라의 만성질환으로 인한 진료비는 지속적으로 증가하고 있으며, 만성질환으로 인한 질병 부담 역시 늘어날 것으로 예상된다. 2020년 기준, 우리나라 만성질환으로 인한 진료비는 전년 대비 1.4% 증가한 71조 원으로, 전체 진료비의 85.0%를 차지하였다.

특히, 주요 만성질환에 대한 65세 이상 노인의 진료비는 2020년 기준, 전년 대비 약 1조 원이 증가하여, 전체 인구의 만성질환 진료비 증가에 크게 기여하였다. 이러한 현황을 고려하여 질병관리청 백○○ 청장은 만성질환으로 인한 사망, 질병 부담이 증가하고 있음을 강조하며, 만성질환별 예방 관리 수칙 준수 등 건강한 생활 습관 형성을 위해 평소 적극적인 건강 관리를 당부하였다.

17 위 글의 (가)~(라)를 문맥상 적절하게 배열한 것은?

① (가) - (나) - (다) - (라)
② (가) - (다) - (라) - (나)
③ (다) - (나) - (가) - (라)
④ (다) - (라) - (나) - (가)

18 위 보도자료에 따를 때 국내 만성질환 현황에 대한 설명으로 옳지 않은 것은?

① 2020년 기준 만성질환으로 인한 진료비는 전체 진료비의 85.0%를 차지하였다.
② 2020년 기준 성인 현재 흡연율과 성인 고위험 음주율은 2010년에 비해 각각 감소하였다.
③ 2020년 기준 65세 이상 노인의 주요 만성질환 진료비는 2019년에 비해 약 1조 원이 증가하였다.
④ 2021년 기준 악성신생물(암)으로 인한 사망자 수는 심뇌혈관질환으로 인한 사망자 수보다 더 많았다.

[19~20] 다음 글을 읽고 물음에 답하시오.

현대 사회에서 사무직 근로자는 전체 취업자의 중요한 부분을 차지한다. 2023년 하반기 통계청 지역별 고용 조사에 따르면, 대한민국의 경영 및 회계 관련 사무직, 보건·사회복지 및 종교 관련직 등 사무직 비율은 전체 취업자의 20%를 넘으며, 이는 약 588만 명에 해당한다. 「중대재해처벌법」 시행으로 산업 안전에 대한 관심이 커지면서, 사무실 환경에서의 직업병 예방 활동도 확대되고 있다.

사무직 종사자들의 작업 공간은 제조업이나 건설업 현장과 달리 위험성이 낮게 인식되곤 한다. 그러나 사무실 환경에도 다양한 안전 위험 요소가 존재하며, 이는 근로자의 건강과 안전에 영향을 미칠 수 있다. 사무실 위험 요소는 크게 물리적, 생물학적, 전기, 화재 요소로 구분할 수 있다. ⊙ 이러한 위험 요소들을 관리하기 위해서는 정기적인 위험성 평가, 인체 공학적 작업 환경 개선, 안전 교육이 필수적이다. 하지만 각 위험 요소의 종류에 따른 효과적인 관리 방법도 알아 두어야 한다.

먼저, 사무실 환경의 주요 물리적 위험 요소로는 부적절한 온도, 실내 공기 오염, 소음, 미끄러짐이나 넘어짐 위험 등이 있다. ⓒ 미끄러짐은 사람의 발이 지면과의 접촉을 잃을 때 발생하며, 넘어짐은 물체나 표면에 예기치 않게 사람의 발이 걸릴 때 발생한다. 장시간의 소음 노출은 낮은 강도라도 스트레스와 집중력 저하를 초래할 수 있으며, 미끄러짐과 넘어짐 예방을 위해서는 청결한 작업 환경과 안전한 이동 경로 확보가 중요하다.

생물학적 위험 요소는 근로자 건강에 해를 끼칠 수 있는 곰팡이, 균류, 포자, 병원성 미생물 등을 포함한다. 특히 공조 시스템, 카펫, 습한 공간은 이러한 유기체가 번식하기 좋은 조건을 제공한다. 사무실에서의 생물학적 위험 관리를 위해서는 정기적인 청소와 소독, 적절한 환기 시스템 유지가 필요하다. ⓒ 마찬가지로 사무실 의자와 책상의 높이 조절은 근골격계 질환 예방에 중요한 역할을 한다. 사무실 내 생물학적 위험 요소는 눈에 잘 보이지 않아 간과되기 쉬우나, 근로자의 호흡기 질환이나 알레르기 반응의 주요 원인이 될 수 있어 주의가 필요하다.

전기 위험 요소는 현대 사무실에서 반드시 고려해야 할 안전 문제이다. 결함 있는 배선, 손상된 장비, 과부하된 콘센트, 부적절한 접지, 젖은 손으로의 전기 기기 조작 등은 감전이나 화재의 원인이 될 수 있다. 특히 전기 소켓 과부하는 와이어가 과열되어 녹아내리고 화재로 이어질 수 있는 중대한 위험 요소이다. ⓔ 전기 안전을 위해서는 국가 안전 인증 장비 사용, 정기 점검, 직원 안전 교육이 중요하다.

화재 위험 요소로는 과열된 컴퓨터 장비 및 주방 기기, 통로 및 비상구 차단, 비상 대피 계획 부재 등이 있다. 화재 안전을 위해서는 정기적인 소방 훈련과 설비 점검, 소화기 위치 및 사용법 교육이 필수적이다. 또한 모든 직원이 비상 대피 경로를 숙지하고, 비상구가 항상 접근 가능한 상태로 유지되어야 한다.

19 위 글의 논리적 흐름을 고려할 때, ㉠~㉣ 중 삭제되어야 하는 문장은?

① ㉠
② ㉡
③ ㉢
④ ㉣

20 위 글의 중심 내용으로 가장 적절한 것은?

① 사무실 근로자들의 건강을 위해 정기적인 위험성 평가가 필요하다.
② 사무실 환경의 위험 요소는 물리적, 생물학적, 전기, 화재 요소로 구분된다.
③ 사무실 환경에도 다양한 위험 요소가 존재하므로 체계적인 안전 관리가 필요하다.
④ 「중대재해처벌법」 시행으로 사무실 환경에서의 직업병 예방 활동이 확대되고 있다.

[21~22] 다음 [표]는 2018~2024년 지역별 국민건강보험 가입자 수에 관한 자료이다. 이를 보고 물음에 답하시오.

[표] 지역별 국민건강보험 가입자 수

(단위: 천 명)

구분	2018년	2019년	2020년	2021년	2022년	2023년	2024년
전국	50,380	50,750	50,600	51,020	50,950	51,300	51,120
서울	10,200	10,280	10,250	10,320	10,310	10,360	10,340
경기	11,300	11,500	11,480	11,550	11,520	11,600	11,570
부산	4,220	4,230	4,210	4,260	4,250	4,280	4,270
대구	3,100	3,120	3,090	3,140	3,150	3,130	3,110
광주	2,010	2,020	2,000	2,050	2,030	2,070	2,060
대전	1,950	1,900	1,920	1,950	1,940	1,970	1,960

21 위 [표]에 대한 설명으로 옳지 않은 것은?

① 2023년 부산의 국민건강보험 가입자 수는 2019년 대비 1% 이상 증가하였다.
② 2022년에 제시된 6개 지역 중 국민건강보험 가입자 수가 전년 대비 증가한 지역은 대구뿐이다.
③ 2021년에 제시된 6개 지역 외 전국의 국민건강보험 가입자 수는 전년 대비 10만 명 증가하였다.
④ 전국 국민건강보험 가입자 수에서 광주 가입자 수가 차지하는 비중은 2024년이 2020년보다 낮다.

22 위 [표]에 대한 설명으로 옳은 것을 [보기]에서 모두 고르면?

[보기]
ㄱ. 조사 기간 동안 부산의 연평균 국민건강보험 가입자 수는 4,240천 명 이상이다.
ㄴ. 2019~2024년 중 전국 국민건강보험 가입자 수가 전년 대비 증가한 해는 4개년이다.
ㄷ. 2021년에 제시된 6개 지역 국민건강보험 가입자 수의 전년 대비 증가율은 전국 국민건강보험 가입자 수의 전년 대비 증가율보다 높다.

① ㄱ
② ㄱ, ㄷ
③ ㄴ, ㄷ
④ ㄱ, ㄴ, ㄷ

[23~24] 다음 [표]는 2016~2022년 연령대별 건강검진 수검률에 관한 자료이다. 이를 보고 물음에 답하시오.

[표] 연령대별 건강검진 수검률

(단위: %)

구분	2016년	2017년	2018년	2019년	2020년	2021년	2022년
20대	52.3	53.1	54.0	55.2	50.8	55.6	56.8
30대	64.5	65.2	66.0	67.3	62.0	66.9	68.2
40대	72.8	73.4	74.1	75.4	70.1	75.4	76.7
50대	75.9	76.5	77.2	78.5	73.0	78.7	80.0
60대 이상	72.5	73.0	73.6	74.8	69.5	75.0	76.3

※ 건강검진 수검률(%) = (건강검진 수검자 수/건강검진 대상자 수) × 100

23 위 [표]에 대한 설명으로 옳지 않은 것은?

① 조사 기간 동안 40대의 연평균 건강검진 수검률은 73% 이상이다.
② 2022년 30대의 건강검진 수검률은 2018년 대비 4% 이상 증가하였다.
③ 제시된 5개 연령대 중 조사 기간 동안 매년 건강검진 수검률이 가장 높은 연령대는 50대이다.
④ 2019년에 20대와 60대 이상의 건강검진 수검률 차이는 2016년 대비 0.5%p 이상 감소하였다.

24 다음 [그림]은 2022년 연령대별 건강검진 수검자 수에 관한 자료이다. 위 [표]와 다음 [그림]에 따를 때, 제시된 5개 연령대 중 2022년 건강검진 대상자 수가 두 번째로 많은 연령대와 세 번째로 많은 연령대를 옳게 짝지은 것은?

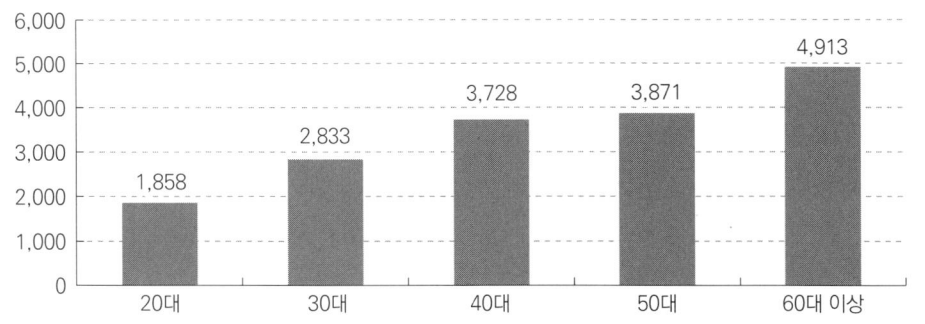

[그림] 2022년 연령대별 건강검진 수검자 수 (단위: 천 명)

20대: 1,858 / 30대: 2,833 / 40대: 3,728 / 50대: 3,871 / 60대 이상: 4,913

	두 번째로 많은 연령대	세 번째로 많은 연령대
①	30대	40대
②	40대	30대
③	40대	50대
④	60대 이상	40대

[25~26] 다음 [표]는 2018~2024년 세대원 수별 평균 건강보험료와 평균 소득에 관한 자료이다. 이를 보고 물음에 답하시오.

[표 1] 세대원 수별 평균 건강보험료

(단위: 원)

구분	2018년	2019년	2020년	2021년	2022년	2023년	2024년
1인 가구	76,000	77,500	78,200	79,000	80,500	82,000	83,500
2인 가구	116,000	118,000	119,500	121,000	123,000	125,500	127,000
3인 가구	142,000	144,500	146,000	148,000	150,500	153,000	155,500
4인 가구	159,000	161,500	163,000	165,500	168,000	170,500	173,000
5인 이상 가구	165,000	167,500	169,000	171,500	174,000	176,500	179,000

[표 2] 세대원 수별 평균 소득

(단위: 만 원)

구분	2018년	2019년	2020년	2021년	2022년	2023년	2024년
1인 가구	2,562	2,672	2,702	2,740	2,744	2,845	2,936
2인 가구	4,746	4,803	4,927	4,900	5,188	5,266	5,348
3인 가구	6,224	6,380	6,566	6,779	6,912	7,083	7,381
4인 가구	7,528	7,730	7,910	8,096	8,357	8,384	8,697
5인 이상 가구	9,126	9,151	9,561	9,617	9,789	10,336	10,669

25 위 [표]에 대한 설명으로 옳지 않은 것은?

① 2020년에 1인 가구의 평균 건강보험료는 4인 가구의 50% 이상이다.
② 2024년 5인 이상 가구의 평균 소득은 2020년 대비 10% 이상 증가하였다.
③ 2022년에 3인 가구의 평균 소득은 2인 가구의 평균 소득의 1.2배 이상이다.
④ 2018년 1인 가구의 평균 소득 대비 평균 건강보험료의 비율은 0.5% 이하이다.

26 위 [표]를 토대로 작성한 그래프로 옳지 않은 것은?

① 2018~2024년 5인 이상 가구의 평균 건강보험료

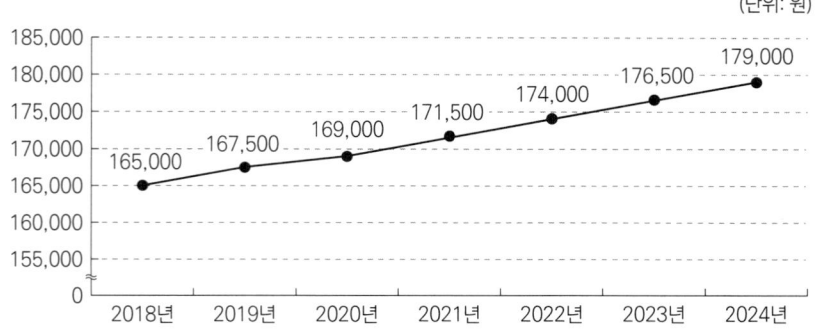

② 2018~2024년 1인 가구와 2인 가구의 평균 소득 차이

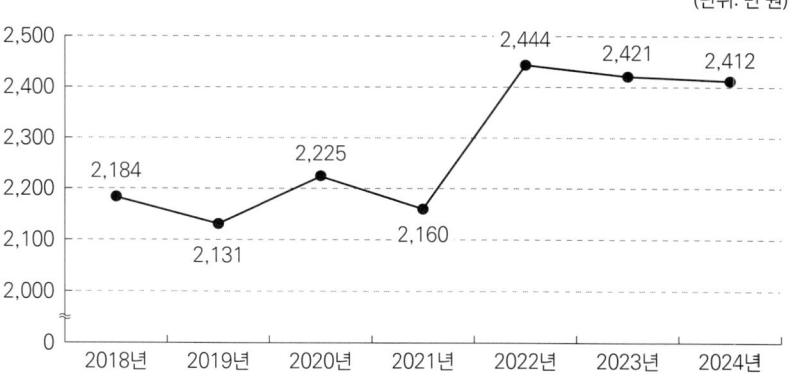

③ 2019~2024년 4인 가구 평균 소득의 전년 대비 증가량

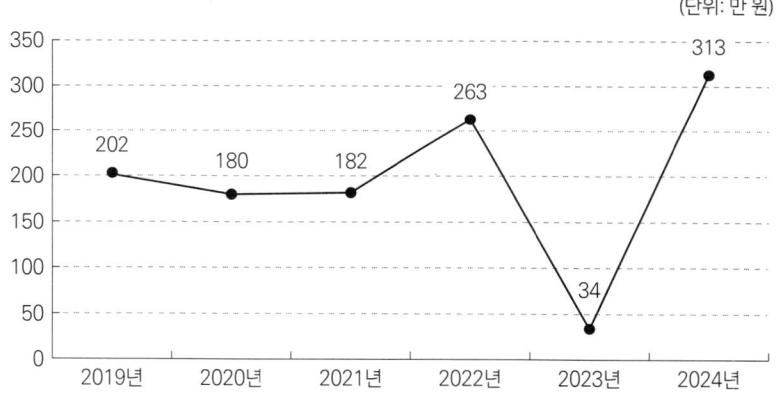

④ 2024년 세대원 수별 평균 건강보험료의 전년 대비 증가율

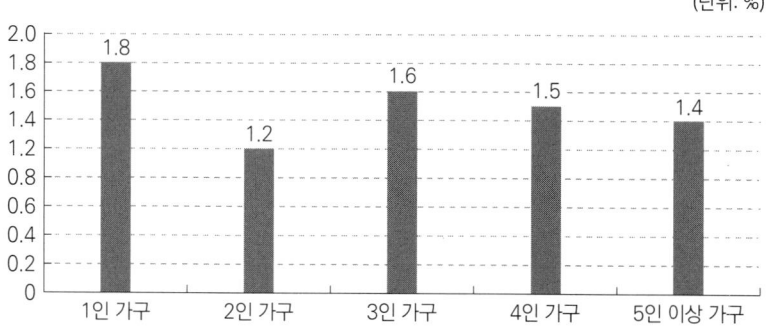

※ 소수점 아래 둘째 자리에서 반올림함

[27~28] 다음 [표]는 2018~2024년 A공단 지사별 재정 수입 및 지출에 관한 자료이다. 이를 보고 물음에 답하시오.

[표 1] A공단 지사별 재정 수입

(단위: 억 원)

구분	2018년	2019년	2020년	2021년	2022년	2023년	2024년
서울	50,200	51,000	52,300	53,800	53,200	54,100	53,900
부산	16,800	17,000	18,100	18,500	18,400	19,000	18,700
대구	10,300	10,500	10,900	10,700	11,000	11,200	11,050
인천	11,100	11,400	12,000	12,100	12,400	12,600	12,300
광주	7,000	6,900	7,100	7,100	7,200	7,300	7,250

[표 2] A공단 지사별 재정 지출

(단위: 억 원)

구분	2018년	2019년	2020년	2021년	2022년	2023년	2024년
서울	47,800	48,900	50,500	52,100	51,600	53,500	53,200
부산	16,500	16,700	17,500	18,000	17,800	18,600	18,300
대구	9,800	10,200	10,700	10,400	10,900	11,100	10,950
인천	10,700	11,000	11,500	11,900	12,200	12,400	12,150
광주	6,800	6,700	7,000	7,100	7,050	7,200	7,100

27 위 [표]에 대한 설명으로 옳지 않은 것은?

① 2024년 A공단 서울지사의 재정 수입 대비 재정 지출 비율은 전년 대비 감소하였다.
② 조사 기간 중 A공단 대구지사의 재정 수입과 재정 지출의 차이가 가장 큰 해는 2018년이다.
③ 조사 기간 동안 A공단 연평균 재정 수입은 인천지사가 광주지사보다 5,000억 원 이상 더 많다.
④ 조사 기간 중 A공단 부산지사의 재정 지출이 가장 큰 해에 5개 지사의 재정 수입 총액은 10조 4,200억 원이다.

28 다음 [보고서]는 갑 사원이 위 [표]를 토대로 작성한 내용 중 일부이다. ㉠과 ㉡에 들어갈 값을 더하면? (단, ㉠과 ㉡ 계산 시 소수점 아래 첫째 자리에서 반올림한다)

[보고서]
- 2023년 A공단 5개 지사의 총 재정 수입에서 서울지사가 차지하는 비중은 (㉠)%이다.
- 2024년 A공단 5개 지사의 총 재정 지출은 2018년 대비 (㉡)% 증가하였다.

① 63   ② 65   ③ 67   ④ 69

[29~30] 다음 [표]는 2020~2023년의 월별 건강보험료 체납 건수에 관한 자료이다. 이를 보고 물음에 답하시오.

[표] 월별 건강보험료 체납 건수

(단위: 건)

구분	2020년	2021년	2022년	2023년
1월	12,000	12,100	12,000	12,050
2월	11,700	12,050	11,900	11,980
3월	11,800	12,000	12,100	12,140
4월	11,950	11,980	11,920	12,000
5월	12,020	11,970	12,030	12,080
6월	11,900	11,950	12,000	12,050
7월	12,100	12,200	12,050	12,150
8월	12,050	12,180	12,110	12,110
9월	11,970	12,150	12,070	12,190
10월	11,980	12,100	12,050	12,130
11월	12,040	12,000	12,090	12,060
12월	12,010	12,250	12,180	12,200

29 위 [표]에 대한 설명으로 옳지 않은 것은?

① 조사 기간 동안 매해 6월의 건강보험료 체납 건수는 전월 대비 감소한다.
② 2021~2023년 동안 건강보험료 체납 건수가 가장 많은 달은 매해 12월이다.
③ 2020년의 건강보험료 체납 건수 중 7~12월 체납 건수의 비중은 50% 이상이다.
④ 조사 기간 동안 월평균 건강보험료 체납 건수는 2월이 10월보다 160건 이상 더 적다.

30 위 [표]에 따를 때 2020~2023년 중 건강보험료 체납 건수 상위 3개월과 하위 3개월 간의 체납 건수 차이가 가장 큰 해는?

① 2020년
② 2021년
③ 2022년
④ 2023년

[31~32] 다음 [표]와 [그림]은 2019~2023년 출산 전후 진료비 지원금 현황에 관한 자료이다. 이를 보고 물음에 답하시오.

[표] 출산 전후 진료비 지원금 신청, 승인 및 재심사 현황

(단위: 건)

구분	2019년	2020년	2021년	2022년	2023년
신청 건수	15,400	16,200	17,350	18,500	18,300
승인 건수	15,100	15,920	17,050	18,100	17,920
미승인 건수	300	280	300	400	380
재심사 건수	40	42	45	60	55

※ 재심사 비율(%) = 재심사 건수/미승인 건수 × 100

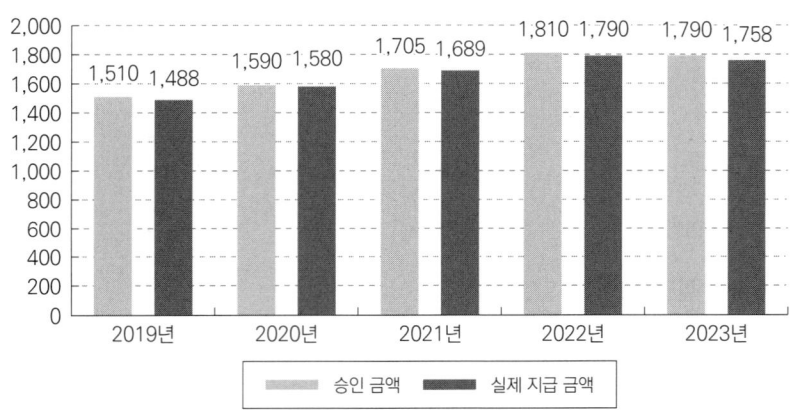

[그림] 출산 전후 진료비 지원금 승인 및 실제 지급 현황

31 위 [표]와 [그림]에 대한 설명으로 옳지 않은 것은?

① 2021년 출산 전후 진료비 지원금 신청 건수는 2019년 대비 13% 이상 증가하였다.
② 2020~2022년 동안 출산 전후 진료비 지원금의 승인 건수와 재심사 건수는 각각 전년 대비 매해 증가하였다.
③ 조사 기간 동안 출산 전후 진료비 지원금 승인 금액 대비 실제 지급 금액 비율이 가장 높은 해는 2020년이다.
④ 2022년 출산 전후 진료비 지원금 승인 금액의 전년 대비 증가율은 같은 기간 실제 지급 금액의 증가율보다 높다.

32 위 [표]에 따를 때 조사 기간 중 출산 전후 진료비 지원금 재심사 비율이 가장 높은 해와 가장 낮은 해의 재심사 비율 차이는? (단, 재심사 비율 계산 시 소수점 둘째 자리에서 반올림한다)

① 1.3%p ② 1.5%p ③ 1.7%p ④ 1.9%p

[33~34] 다음 [표]는 2020~2024년 국민건강보험공단 고객센터 상담 현황에 관한 자료이다. 이를 보고 물음에 답하시오.

[표 1] 국민건강보험공단 고객센터 상담 문의 건수

(단위: 건)

구분	2020년	2021년	2022년	2023년	2024년
보험료 산정	240,000	245,000	262,500	261,000	269,500
자격 취득·상실	100,200	102,500	103,700	104,400	107,200
건강검진	80,500	82,400	86,500	85,900	89,100
기타	70,800	71,300	74,000	73,500	76,700

[표 2] 국민건강보험공단 고객센터 상담 완료 건수

(단위: 건)

구분	2020년	2021년	2022년	2023년	2024년
보험료 산정	223,191	239,134	251,621	247,399	245,913
자격 취득·상실	92,965	94,597	99,895	99,185	102,419
건강검진	73,337	79,075	82,315	79,080	81,891
기타	63,212	64,262	67,838	66,902	69,059

33 위 [표]에 대한 설명으로 옳지 않은 것은?

① 2020년 고객센터 상담 문의 건수 중 미완료 건수는 38,795건이다.
② 2024년 건강검진 관련 상담 완료 건수는 2022년 대비 0.3% 이상 감소하였다.
③ 고객센터 상담 문의 건수 중 자격 취득·상실 관련 상담 문의 건수의 비중은 2021년 대비 2023년에 감소하였다.
④ 2022년 보험료 산정 관련 상담 문의 건수 대비 보험료 산정 관련 상담 완료 건수 비율은 전년 대비 증가하였다.

34 다음 [대화]는 국민건강보험공단의 김 과장과 이 대리가 업무 중 나눈 이야기이다. 위 [표]에 따를 때, ㉠과 ㉡에 들어갈 값을 더하면? (단, ㉠와 ㉡ 계산 시 소수점 아래 첫째 자리에서 반올림한다)

―[대화]―

김 과장: 2024년 국민건강보험공단 고객센터 상담 문의 건수는 2020년과 비교하였을 때 어떤가요?
이 대리: 2024년은 2020년에 비해 상담 문의 건수가 (㉠)% 증가하였습니다.
김 과장: 2024년 국민건강보험공단 고객센터 상담 완료 건수 중 가장 높은 비중을 차지하는 상담 분야는 무엇인가요?
이 대리: 보험료 산정 관련 상담이 (㉡)%로 가장 높은 비중을 차지합니다.

① 55   ② 57   ③ 59   ④ 61

[35~36] 다음 [표]는 2020~2024년 지역별 건강검진 기관 수에 관한 자료이다. 이를 보고 물음에 답하시오.

[표] 지역별 건강검진 기관 수

(단위: 개소)

구분	2020년	2021년	2022년	2023년	2024년
서울	1,300	1,320	1,350	1,380	1,375
부산	430	440	445	455	450
대구	310	315	320	330	335
인천	360	370	380	390	388
광주	255	260	265	270	272
대전	205	210	215	225	223
울산	180	185	190	195	196
세종	75	80	85	90	92
경기	1,010	1,040	1,080	1,120	1,115
강원	160	165	170	175	178
충북	185	190	195	200	205
충남	210	220	230	240	238
전북	190	195	200	210	215
전남	250	255	260	270	267
경북	330	335	345	355	360
경남	425	430	440	450	445
제주	135	140	145	150	152

35 위 [표]에 대한 설명으로 옳지 않은 것은?

① 2022년에 건강검진 기관 수가 전년 대비 증가한 지역은 17곳이다.
② 2021년 건강검진 기관 수 하위 5개 지역의 그해 건강검진 기관 수의 합은 800개소 이상이다.
③ 조사 기간 동안 전북지역과 전남지역 건강검진 기관 수의 합이 경남지역 건강검진 기관 수보다 많은 해는 5개년이다.
④ 2024년 서울지역 건강검진 기관 수의 2020년 대비 증가율은 같은 기간 부산지역 건강검진 기관 수의 증가율보다 높다.

36 위 [표]를 토대로 작성한 그래프로 옳지 않은 것은?

① 2020~2024년 충남지역 건강검진 기관 수

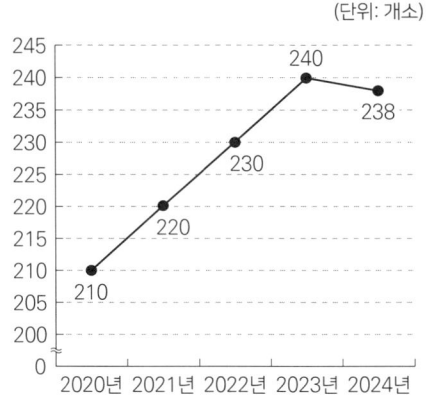

② 2021~2024년 대전지역 건강검진 기관 수의 전년 대비 증가량

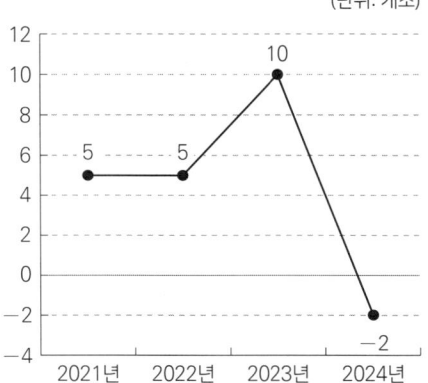

③ 2021~2024년 경기지역 건강검진 기관 수의 전년 대비 증가율

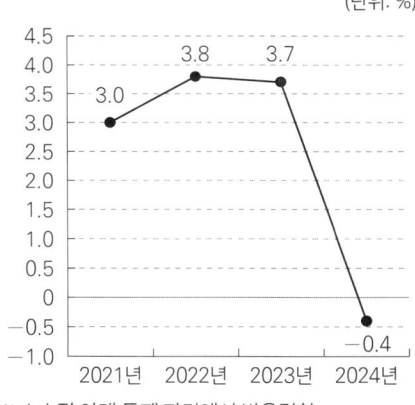

※ 소수점 아래 둘째 자리에서 반올림함

④ 2020~2024년 건강검진 기관 수가 가장 많은 지역과 가장 적은 지역의 기관 수 차이

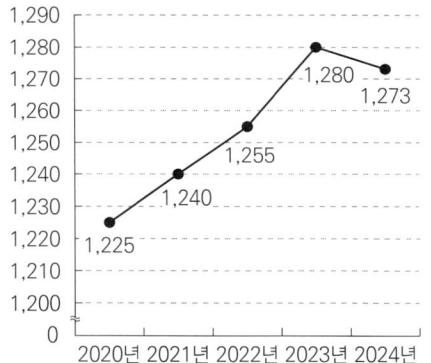

[37~38] 다음 [표]는 2015~2024년의 A공단의 정보 공개 현황에 관한 자료이다. 이를 보고 물음에 답하시오.

[표] A공단 정보 공개 현황
(단위: 건)

구분	청구 건수	공개 건수	부분공개 건수	비공개 건수	이의신청 건수
2015년	1,150	1,050	70	30	18
2016년	1,200	1,080	80	40	20
2017년	1,250	1,130	85	35	22
2018년	1,340	1,210	95	35	30
2019년	1,420	1,270	100	50	35
2020년	1,390	1,260	85	45	40
2021년	1,500	1,350	110	40	40
2022년	1,520	1,360	105	55	45
2023년	1,590	1,420	110	60	48
2024년	1,630	1,450	115	65	50

※ 1) 청구 건수 = 공개 건수 + 부분공개 건수 + 비공개 건수
2) 비공개 결정된 정보에 한하여 이의신청이 가능함

37 위 [표]에 대한 설명으로 옳은 것을 [보기]에서 모두 고르면?

[보기]
ㄱ. 조사 기간 동안 연평균 이의신청 건수는 35건 이상이다.
ㄴ. 2023년 부분공개 건수는 2015년 대비 55% 이상 증가하였다.
ㄷ. 2016~2024년 중 청구 건수가 전년 대비 감소한 해는 1개년이다.
ㄹ. 청구 건수 중 비공개 건수의 비중은 2015년 대비 2024년에 감소하였다.

① ㄱ, ㄴ
② ㄱ, ㄹ
③ ㄴ, ㄷ
④ ㄷ, ㄹ

38 위 [표]를 토대로 작성한 그래프로 옳지 않은 것은?

① 2016~2020년 공개 건수의 전년 대비 증가량

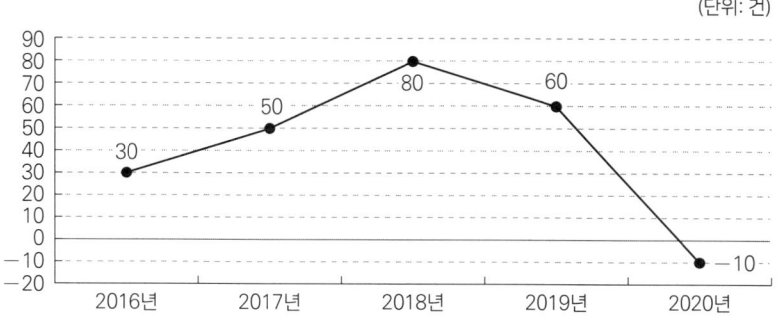

② 2021~2024년 비공개 건수 대비 이의신청 건수의 비율

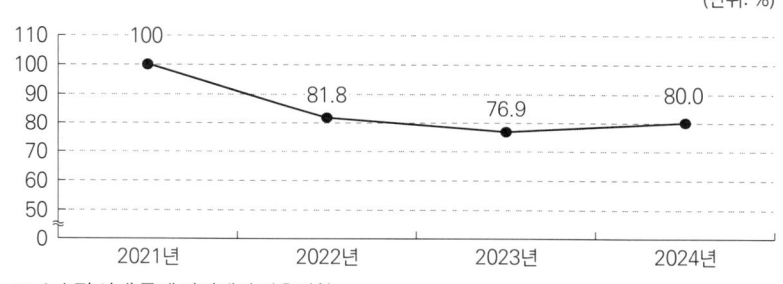

③ 2015년 청구 건수 중 공개, 부분공개, 비공개 건수의 구성비

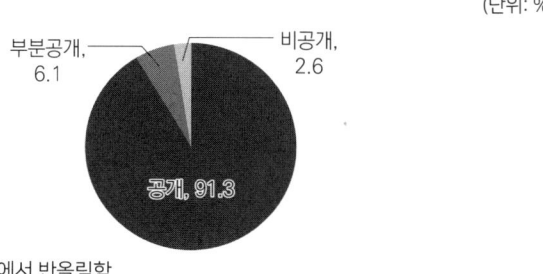

※ 소수점 아래 둘째 자리에서 반올림함

④ 2024년 청구, 공개, 부분공개, 비공개 건수의 전년 대비 증가율

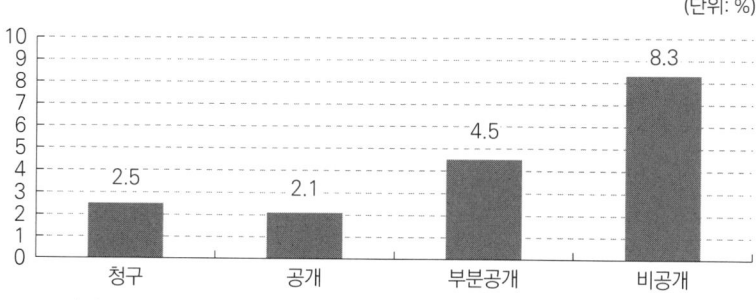

※ 소수점 아래 둘째 자리에서 반올림함

[39~40] 다음 [표]는 2018~2024년 지원금 신청 방법별 신청 건수에 관한 자료이다. 이를 보고 물음에 답하시오.

[표] 지원금 신청 방법별 신청 건수

(단위: 건)

구분	신청 건수	온라인 신청 건수	우편 신청 건수	방문 신청 건수
2018년	15,000	12,030	2,550	420
2019년	15,200	12,312	2,508	380
2020년	15,500	12,787	2,356	357
2021년	15,800	13,114	2,496	190
2022년	16,000	13,456	2,384	160
2023년	16,500	13,942	2,343	215
2024년	17,000	14,450	2,346	204

39 위 [표]에 대한 설명으로 옳지 않은 것은?

[보기]

ㄱ. 2022년 지원금 신청 건수는 2019년 대비 6% 이상 증가하였다.
ㄴ. 2021년 지원금 방문 신청 건수는 2018년 대비 60% 이상 감소하였다.
ㄷ. 조사 기간 동안 지원금 온라인 신청의 연평균 건수는 13,000건 이상이다.
ㄹ. 2024년 지원금 신청 건수 중 우편 신청 건수의 비중은 2018년 대비 3%p 이상 감소하였다.

① ㄱ, ㄴ
② ㄱ, ㄹ
③ ㄴ, ㄷ
④ ㄱ, ㄴ, ㄹ

40 다음 [그림]은 지원금 신청 건수 중 선정된 건수에 관한 자료이다. 위 [표]와 다음 [그림]에 따를 때, 조사 기간 중 지원금 신청 건수 대비 선정 건수의 비율이 가장 높은 해와 가장 낮은 해의 비율 차이는?

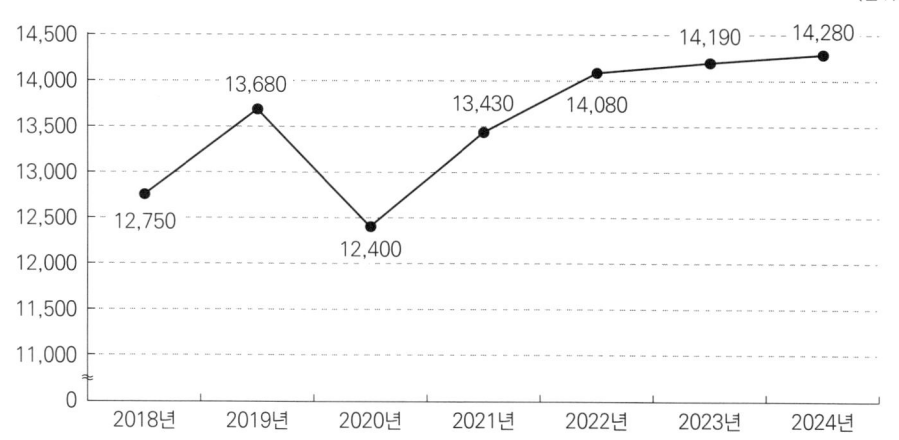

① 8%p
② 10%p
③ 12%p
④ 14%p

[41~42] 다음은 '2025년 서울시 청년 마음건강 지원사업'에 관한 자료이다. 이를 읽고 물음에 답하시오.

1. 사업 목적
   심리적 어려움을 겪는 청년들에게 상담을 통한 심리적 안정을 넘어 자신의 삶을 주체적으로 설계하고 성장해 나갈 수 있도록 지원하고, 청년의 마음건강 회복 및 삶의 질 향상을 통한 건강한 사회 구현

2. 지원 대상
   - 우울, 불안 등 심리적 어려움을 겪는 만 19~39세 서울 거주 청년
   - 의무복무 제대 청년은 복무 기간에 따라 최장 42세(1982년생)까지 신청 가능
     - 복무 기간 1년 미만: 1984년생까지
     - 복무 기간 1년 이상~2년 미만: 1983년생까지
     - 복무 기간 2년 이상: 1982년생까지

3. 지원 내용
(1) 맞춤형 심리상담
   - 온라인 사전검사(간이정신진단검사, 기질·성격검사) 결과에 따른 마음 상태별 맞춤형 상담
   - 기본 6회(회당 50분) 제공, 위기군(잠재임상군, 임상군)은 추가 4회 지원(최대 10회)
   - 상담을 통해 변화하고 싶은 자신의 모습을 9개 영역(정서건강, 신체건강, 자기관리 및 조절, 개인적 성장, 사회적 관계 개선, 직업 및 학업적 성취, 주거안정, 재정관리능력 향상, 사회참여)에서 설정하고 실현 방안 탐색

(2) 후속 지원 프로그램
   상담 종료 후 개인별 설정 목표에 따른 맞춤형 후속 프로그램 연계

구분	내용
정서·신체건강	정원 처방 프로그램, 차·향 테라피 등 힐링 프로그램
직업적 성취	청년인생설계학교, 취업 컨설팅, 현직자 멘토링, 직무 토크 콘서트
재정 관리	서울 영테크, 청년수당 등 다양한 지원 사업 안내

4. 신청 방법
   - 신청 기간: 2025년 4월 14일(월) 10:00 ~ 4월 17일(목) 17:00
   - 신청 방법: 청년 몽땅 정보통(https://youth.seoul.go.kr)에서 온라인 신청
   - 모집 인원: 2,500명
   - 결과 발표: 2025년 4월 18일(금) 17:00, 청년 몽땅 정보통에서 확인

5. 사업 효과
   - 임상적 효과: 2024년 참여자 기준 평균적으로 자아존중감(13%↑), 회복탄력성(17%↑), 삶의 만족도(22%↑) 증가, 우울감(18%↓), 불안감(19%↓), 스트레스(11%↓), 외로움(12%↓) 감소
   - 주관적 효과: 자기이해(92.8%), 상황 객관적 인식(91.9%), 마음 털어놓기(92.8%), 위로와 지지(92.5%) 등 긍정적 효과 확인

41 위 자료를 근거로 판단할 때, '서울시 청년 마음건강 지원사업'에 대한 설명으로 옳지 않은 것은?

① 2025년 사업에서 온라인 사전검사는 간이정신진단검사와 기질·성격검사로 진행된다.
② 2025년 사업에서 맞춤형 심리상담은 모든 참여자에게 동일하게 6회까지만 제공된다.
③ 복무 기간이 2년 이상인 의무복무 제대 청년이라면 최장 42세(1982년생)까지 2025년 사업에 신청할 수 있다.
④ 2024년 참여자들은 사업을 통해 평균적으로 자아존중감과 회복탄력성, 삶의 만족도는 증가하였고, 우울감, 불안감, 스트레스, 외로움은 감소하였다.

42 위 자료를 근거로 판단할 때, '2025년 서울시 청년 마음건강 지원사업'에 신청 가능한 사람을 [보기]에서 모두 고르면? (단, 제시된 내용 외 요건은 모두 충족하는 것으로 본다)

[보기]

갑: 만 32세(1992년생), 경기도 성남시 거주, 의무복무 기간 2년
을: 만 38세(1986년생), 서울시 종로구 거주, 의무복무 경험 없음
병: 만 42세(1982년생), 서울시 강남구 거주, 의무복무 기간 1년 8개월
정: 만 43세(1981년생), 서울시 마포구 거주, 의무복무 기간 2년 2개월

① 을
② 갑, 을
③ 갑, 병
④ 을, 병, 정

[43~44] 다음은 '임신 사전 건강관리 지원사업'에 관한 자료이다. 이를 읽고 물음에 답하시오.

1. 사업 목적
   임신 준비 부부에게 임신·출산 고위험 요인의 조기 발견 기회 제공 및 의료·보건학적 개입·중재를 통한 건강한 임신·출산 지원

2. 지원 대상
   임신 희망(준비) 부부(사실혼, 예비 부부 포함)
   ※ 단, 여성이 가임 연령(15~49세, WHO 기준)인 부부

3. 사업 내용
   - 임신 준비 부부에게 필수 가임력(생식 건강) 검사비 지원
   - 검사 신청 후 발급받은 검사 의뢰서를 지참하여 발급일로부터 3개월 이내에 사업 참여 의료기관에서 검사

4. 지원 내용

구분	지원 검사	지원 금액
여성	난소기능검사: 난소기능검사(AMH), 부인과 초음파	최대 13만 원
남성	정액검사: 정자정밀형태검사	최대 5만 원

5. 지원 절차

검사비 지원 신청		검사 의뢰서 발급		검사 및 결과 상담		검사비 청구		검사비 지급
보건소 방문 청구 또는 e-보건소 온라인 신청	→	대상자 여부 확인 후 검사 의뢰서 발급	→	검사 실시 및 결과 상담 (대상자는 검사 의뢰서 제시)	→	보건소 방문 청구 또는 e-보건소 온라인 청구	→	제출 서류 확인 후 검사비 지급
검사 희망자		보건소		사업 참여 의료기관		수검자		보건소

6. 검사비 청구 절차
   - 청구자: 임신 사전 건강관리 지원을 신청하여 지원 대상(부부)임을 확인받아 검사 의뢰서를 발급받았으며, 사업 참여 의료기관에서 가임력 검사를 완료한 자
     ※ 지자체 난임 진단비 지원 사업을 통해 별도 비용 지원을 받은 경우 청구 불가
   - 청구 방법: 주소지 관할 보건소 방문 청구 또는 e-보건소 온라인 청구
     ※ 방문 청구 시, 배우자의 청구서 등 구비 서류 지참하여 대리 청구 가능(단, 부부의 거주지가 다른 경우 대리 청구 불가하며, 각자 본인 주소지 내 보건소에 청구)
   - 청구 기간: 검사일로부터 3개월 이내(3개월 이내 지원 금액 한도 내 실비 지원)

43 위 자료를 근거로 판단할 때, '임신 사전 건강관리 지원사업'에 대한 설명으로 옳지 않은 것은?

① 남성의 검사비에 대해서는 최대 5만 원까지 지원한다.
② 아내가 50세인 임신 희망 부부는 지원 대상에서 제외된다.
③ 지자체 난임 진단비 지원 사업의 수혜자도 검사비를 청구할 수 있다.
④ 검사를 받을 때에는 발급받은 지 3개월 이내의 검사 의뢰서를 지참해야 한다.

44 위 자료를 근거로 판단할 때, '임신 사전 건강관리 지원사업'에 검사비를 청구할 수 없는 사람을 [보기]에서 모두 고르면? (단, 제시된 내용 외 요건은 모두 충족하는 것으로 본다)

---[보기]---

갑: 2024년 5월 10일에 검사 의뢰서를 발급받고, 2024년 7월 30일에 검사를 받았으며, 2024년 10월 25일에 보건소를 방문하여 검사비를 청구하려고 한다.
을: 2024년 6월 5일에 검사 의뢰서를 발급받고, 2024년 7월 10일에 검사를 받았으며, 2024년 10월 9일에 e-보건소에서 온라인으로 검사비를 청구하려고 한다.
병: 2024년 6월 10일에 검사 의뢰서를 발급받고, 2024년 9월 5일에 검사를 받았으며, 2024년 12월 10일에 e-보건소에서 온라인으로 검사비를 청구하려고 한다.
정: 2024년 7월 1일에 검사 의뢰서를 발급받고, 2024년 8월 20일에 검사를 받았으며, 2024년 11월 5일에 검사를 받았던 의료기관을 방문하여 검사비를 청구하려고 한다.

① 갑, 을
② 갑, 정
③ 을, 병
④ 병, 정

[45~46] 다음은 '첫만남 이용권 지원사업'에 관한 자료이다. 이를 읽고 물음에 답하시오.

1. 사업 목적

   출생 아동에게 200만 원 이상의 첫만남 이용권을 지급하여 생애 초기 아동 양육에 따른 경제적 부담을 경감

2. 지원 대상

   출생아로서 출생신고되어 정상적으로 주민등록번호를 부여받은 아동(2024년 이후 출생아로서 주민등록상 생년월일부터 2년이 초과되지 않은 출생아)

3. 지원 내용

(1) 지원 금액

   출생아당 200만 원 이상의 이용권
   ※ 2024. 1. 1. 이후 출생한 아동부터 첫째아는 200만 원, 둘째아 이상 출생아는 300만 원 지급

(2) 지급 방식

   - 바우처 형식의 지급을 원칙으로 함
     - 신청 시 등록한 1개 카드사의 국민행복카드에 이용권(포인트) 지급
     - '임신·출산 진료비' 수급 등을 위해 국민행복카드를 보유하고 있는 경우 기존 카드에 지급 가능
   - 다음에 해당하는 경우에는 예외적으로 현금 지급이 가능함
     - 수급 아동이 「아동복지법」 제52조 제1항 제1호의 아동양육시설, 또는 같은 항 제4호의 공동생활가정에서 보호조치되고 있는 경우로 지자체 또는 시설에서 출생신고가 이루어지는 아동에게는 '디딤씨앗통장'으로 현금 지급 가능
       ※ 가정위탁보호 아동의 경우 위탁가정 소재지 시·군·구에서 보호자인 위탁부모 또는 예비 양부모의 국민행복카드로 첫만남 이용권 지급(아동 명의의 디딤씨앗통장으로 지급 희망 시, 해당 계좌로 현금 입금 가능)
     - 출생아의 보호자가 수형자인 경우로서, 수형 시설 내 양육으로 수감 기간 동안 신청한 경우 아동복지심의위원회의 심의를 거쳐 그 보호자 명의의 통장에 현금으로 입금 가능

4. 신청 방법

   관할 읍·면·동 행정복지센터에 직접 방문하거나 복지로(www.bokjiro.go.kr) 또는 정부24(www.gov.kr)에서 온라인으로 신청
   ※ 복지로 온라인 신청 경로: 복지로 로그인 > 서비스 신청 > 복지서비스 신청 > 복지급여 신청 > 임신출산 > 첫만남 이용권

45 위 자료를 근거로 판단할 때, '첫만남 이용권 지원사업'에 대한 설명으로 옳지 않은 것은?

① 관할 행정복지센터 홈페이지에서 온라인으로 신청할 수 있다.
② 2024년 1월 1일 이후 출생한 둘째아는 300만 원을 지급받는다.
③ 출생신고가 완료되지 않았다면 첫만남 이용권을 지원받을 수 없다.
④ 첫만남 이용권은 국민행복카드 이용권으로 지급하는 것이 원칙이다.

46 위 자료를 근거로 판단할 때, 다음 [상황]에 대한 설명으로 적절한 것을 [보기]에서 모두 고르면? (단, 갑은 첫만남 이용권 지원 대상에 해당하는 것으로 본다)

[상황]

2024년 3월 1일에 출생한 갑은 서울시 강남구에 거주하는 어느 가정에서 가정위탁보호를 받고 있다. 갑의 위탁부모는 갑에 대하여 첫만남 이용권을 신청하였고, 현재 갑의 명의로 된 디딤씨앗통장이 개설되어 있는 상태이다.

[보기]

ㄱ. 갑에 대한 첫만남 이용권은 갑 명의의 국민행복카드로 지급되는 것이 원칙이다.
ㄴ. 갑에 대해 첫만남 이용권을 지급하기 위해서는 아동복지심의위원회의 심의를 거쳐야만 한다.
ㄷ. 갑에 대한 첫만남 이용권을 갑 명의의 디딤씨앗통장으로 받기를 희망하는 경우, 해당 계좌에 현금으로 지급받을 수 있다.

① ㄱ
② ㄷ
③ ㄴ, ㄷ
④ ㄱ, ㄴ, ㄷ

[47~48] 다음은 '의료취약지 소아청소년과 지원사업'에 관한 자료이다. 이를 읽고 물음에 답하시오.

1. 사업 목적
   소아청소년과 진료가 제공되지 않는 의료취약 지역에 병원급 소아청소년과(보건의료원 포함)가 설치·운영될 수 있도록 시설·장비비 및 운영비를 지원

2. 선정 지역
   의료취약지 소아청소년과 설치·운영 지원: 1개 시·군의 의료기관 1개소

3. 지원 자격
   다음 [표]의 소아청소년과 의료취약지 22개 시·군에 소재한, 지자체 또는 공공 부문에서 설치·운영하거나 비영리법인에 의해 설치된 병원급 이상 의료기관(보건의료원 포함)

[표] 소아청소년과 의료취약지

시·도	시·군
인천광역시	옹진군
	강화군
경기도	연천군
	가평군
	양평군
강원도	홍천군
	평창군
	화천군
	인제군
	양구군
충청북도	영동군
	괴산군
	단양군
충청남도	금산군
	태안군
전라북도	무주군
전라남도	신안군
경상북도	청송군
	영양군
	봉화군
	울릉군
경상남도	하동군

4. 지원 내용
   - 1차 년도: 개소당 시설·장비비 192백만 원, 운영비 125백만 원
   - 2차 년도 이후: 개소당 운영비 250백만 원
   - 보조율: 각 비용별로 국비 50%, 지방비 50%의 비율로 지원
5. 선정 방법
   - 각 시·도는 다음 기준에 따라 소아청소년과 의료취약지 시·군 내 병원급 이상 의료기관 1개소를 사업수행 의료기관으로 선정하여 사업계획서 제출
     - 반드시 공개경쟁을 통해 사업수행 의료기관을 선정할 것
     - 사업수행 의료기관 선정 시, 해당 지자체는 지역거점 공공병원, 그 외 병원급 이상 의료기관 순으로 우선하여 선정할 것
   - 이후 의료취약지 소아청소년과 지원사업 선정평가위원회를 구성하여 사업계획서를 평가함
     ※ 1차 서면 및 구두 발표 평가, 2차 현지 평가(필요시)를 거쳐 최종 선정
6. 사업계획서 제출 방법
   - 제출 기한: 2024년 5월 29일(수) 18:00까지 도착분에 한함
   - 제출 방법: 사업을 수행하고자 하는 의료기관 및 기초자치단체(시·군)는 사업계획서를 작성하고, 광역자치단체(시·도)를 경유하여 보건복지부에 제출

47 위 자료를 근거로 할 때, '의료취약지 소아청소년과 지원사업'에 대한 설명으로 옳지 않은 것은?

① 소아청소년과 의료취약지에 설치되어 있더라도 보건의료원은 사업수행 의료기관이 될 수 없다.
② 사업계획서는 의료기관 및 기초자치단체가 작성하여 광역자치단체를 경유해 보건복지부에 제출하여야 한다.
③ 선정평가위원회는 사업계획서에 대해 서면 평가와 구두 발표 평가를 진행한 후 필요시 현지 평가를 실시한다.
④ 사업수행 의료기관은 각 시·도가 공개경쟁을 통해 선정하며, 지역거점 공공병원이 그 외 병원급 이상 의료기관보다 우선순위가 높다.

48 위 자료를 근거로 할 때, 다음 [상황]에서 B 병원이 국비로 지원받게 될 운영비는 총 얼마인가?

[상황]

A 지역은 소아청소년과 의료취약지로 지정된 시·군 중 하나로, 지역 내 비영리법인에 의해 설치된 B 병원을 사업수행 의료기관으로 선정하여 의료취약지 소아청소년과 지원사업에 신청하였다. 선정평가위원회의 평가 결과 B 병원이 최종 선정되었고, 해당 사업은 2차 년도까지 진행될 예정이다.

① 1억 8,750만 원   ② 2억 8,350만 원   ③ 3억 7,500만 원   ④ 5억 6,700만 원

[49~50] 다음은 '수원시 산후조리비 지원사업'에 관한 자료이다. 이를 읽고 물음에 답하시오.

1. 지원 대상
   - 부 또는 모가 아기 출생일 및 신청일 현재 경기도에 주민등록되어 있고 신청일 현재 실제 경기도에 거주하고 있는 출산 가정(소득 수준, 거주 기간 무관)
     ※ 1) 수원시에 출생 등록이 되어야 함
        2) 부모 중 한 명은 대한민국 국적(주민등록) 소지자여야 함
   - 부부 모두 외국인이거나 배우자 확인이 어려운 외국인 출산자(모)의 경우에는 출산자(모)가 영주권자(체류 자격 F-5)이고 출생일 및 신청일 현재 경기도에 거주하고 있어야 함
     ※ 산모가 직접 방문 신청하는 경우만 가능

2. 신청 기간 및 방법
   - 신청 기간: 출산일(포함) 기준 12개월 이내
   - 신청 방법: 부 또는 모가 관할 행정복지센터에 직접 방문 신청하거나 경기민원24(https://gg24.gg.go.kr)에서 온라인 신청

3. 제출 서류
   - 신분증
   - 신청서
   - 주민등록 등·초본
   - 출생증명서
   - 가족관계증명서
     ※ 영주권자(F-5)의 경우, 외국인등록 사실증명서, 출생증명서 필요

4. 지원 금액 및 사용처
   - 지원 금액 출생아 1인당 50만 원
     ※ 1) 지역화폐인 수원페이 카드로 지급
        2) 다태아는 출생아 수에 따라 50만 원의 배수로 지급(예: 세쌍둥이 150만 원)
   - 사용처
     - 경기도 내 민간산후조리원, 공공산후조리원, 산모신생아 건강관리 서비스 제공 기관
     - 수원시 관내 전통시장, 음식점, 미용실 등 연 매출 10억 원 이하 사업장
     ※ 백화점, 대형마트, 복합쇼핑몰, 온라인쇼핑몰 사용 불가

5. 지급 방법
   - 수원페이 소지자: 기존 사용하고 있는 수원페이 카드로 지급
   - 수원페이 미소지자: 수원페이 카드 신규 우편 발송 및 지급
     ※ 분실 등의 사유로 현재 실물 카드를 소지하고 있지 않더라도, 수원페이 카드를 발급한 이력이 있을 경우 신규 발급이 불가하므로 재발급 요청 필요(경기지역화폐 1899-7997)

6. 지급 시기
   - 매월 1일~15일 신청자: 당월 30일 지급
   - 매월 16일~말일 신청자: 익월 15일 지급

49 위 자료를 근거로 '수원시 산후조리비 지원사업'에 대해 추론한 내용으로 적절하지 않은 것은? (제시된 내용 외에는 지원 요건을 모두 충족하는 것으로 본다)

① 202X년 5월 20일에 신청한 A는 202X년 6월 15일에 지원금을 지급받을 수 있다.
② B가 지원 신청 전부터 이미 수원페이 카드를 사용하고 있었다면, 해당 수원페이 카드로 지원금이 지급된다.
③ 아기의 부모 C와 D가 아기의 출생일에는 둘 다 경기도에 거주하고 있었지만, 신청일 기준으로는 둘 다 강원도에 거주하고 있다면 지원 대상이 아니다.
④ 배우자 확인이 어려운 외국인 출산자 E가 영주권자(체류 자격 F-5)이면서 아기 출생일 및 신청일 현재 경기도에 거주하고 있다면 온라인을 통해 신청이 가능하다.

50 위 자료를 근거로 판단할 때, 다음 [상황]의 갑 가정의 지출 계획 중 '수원시 산후조리비 지원사업' 지원금으로 충당할 수 있는 최대 금액은? (단, 제시된 내용 외에는 고려하지 않는다)

[상황]

경기도 수원시에 거주하고 있는 갑의 가정은 얼마 전 네쌍둥이를 출산하여, 수원시 산후조리비 지원사업에 신청한 뒤 지원금을 받았다. 갑의 가정은 다음 [표]와 같은 지출 계획을 가지고 있다.

[표] 갑 가정의 지출 계획

사용처	지출 비용
경기도 성남시 소재 산모신생아 건강관리 서비스 제공 기관	120만 원
수원시 소재 연 매출 5억 원의 음식점	30만 원
수원시 소재 연 매출 9억 원의 대형마트	50만 원
서울특별시 소재 연 매출 1억 원의 미용실	10만 원

① 30만 원
② 150만 원
③ 200만 원
④ 210만 원

[51~53] 다음은 '희망저축계좌Ⅰ'에 관한 자료이다. 이를 읽고 물음에 답하시오.

1. 신청 대상

   일하는 생계·의료 수급가구 중 가구 전체의 총 근로·사업소득이 기준 중위소득 40%의 60% 이상인 가구

   ※ 대학교 근로장학생의 근로장학금, 무급근로, 실업급여, 육아휴직수당 등의 사례는 가입 불가

   [표] 희망저축계좌Ⅰ 가입 및 유지 기준

   (단위: 원/월)

구분	1인 가구	2인 가구	3인 가구	4인 가구	5인 가구	6인 가구	7인 가구
기준 중위소득	2,392,013	3,932,658	5,025,353	6,097,773	7,108,192	8,064,805	8,988,428
가입 및 유지 기준 (소득 하한)	574,083	943,838	1,206,085	1,463,466	1,705,966	1,935,553	2,157,223
유지 기준 (소득 상한)	5,025,353	5,025,353	5,025,353	6,097,773	7,108,192	8,064,805	8,988,428

2. 지원 조건
   - 매월 10만 원 이상 저축(최대 50만 원)+유예 기간(3년 만기 후 6개월) 이내 탈수급=근로소득장려금 1,080만 원 지원
   - 근로소득장려금: 매월 본인 저축(10~50만 원) 납입자에 한하여 매월 30만 원 적립

3. 해지 조건

   (1) 지급해지
   - 3년간 근로사업활동 지속+3년간 본인적립금 적립+탈수급 → 본인적립금+근로소득장려금+추가지원금 전액 지급
   - 추가지원금: 탈수급장려금, 자활근로자의 경우 내일키움장려금 및 내일키움수익금

   (2) 일부지급해지
   - 3년간 근로사업활동 지속+3년간 본인적립금 적립 → 본인적립금+근로소득장려금(5%) 지급 (1회에 한해 지급)
   - 일부지급해지할 경우 재가입 가능

   (3) 환수해지
   - 소득 6개월 연속 소득 하한 미달, 본인적립금 12개월 누적 미납, 사망, 압류, 본인 요청 시 → 본인적립금 지급(장려금은 전액 국고 환수)
   - 환수해지할 경우 재가입 가능

4. 지원 용도

   희망저축계좌 지원금은 주택구입·임대, 본인·자녀의 고등교육·기술훈련, 사업의 창업·운영자금, 그 밖의 자립·자활에 활용해야 함

5. 주의 사항
   - 국가 또는 지자체가 인건비 전액을 직접 지급하는 재정 지원 일자리 사업(공공근로 등) 및 사회적 일자리 서비스 사업(노인, 장애인 일자리사업 등) 소득은 근로소득 범위에서 제외
   - 통장 개설 후 본인적립금 미입금 시 해지될 수 있음

- 3년 만기 시점에 해지 조건을 충족하지 못할 경우 환수해지(정부지원금 미지급)될 수 있음
- 지원금을 1회라도 수령한 경우 동일 통장에 재가입 불가(단, 과거 중도해지자는 재가입 가능)
- 유사 자산형성(서울시 희망 두 배 청년통장, 경기도 청년 노동자 통장, 청년 내일채움공제, 미래행복통장 등)에 참여하고 있거나 과거 혜택을 받은 가구는 중복 참여 불가

51 위 자료를 근거로 판단할 때, '희망저축계좌 I'에 대한 설명으로 옳지 않은 것은?

① 지원금은 자녀의 대학 등록금으로 사용할 수 있다.
② 본인적립금을 6개월 연속 미납하면 환수해지되어 정부지원금을 받을 수 없다.
③ 일부지급해지를 한 경우 근로소득장려금의 5%만 지급받고 재가입이 가능하다.
④ 가구 전체 근로·사업소득이 월 120만 원 미만인 3인 가구는 가입이 불가능하다.

52 위 자료를 근거로 판단할 때 다음 [상황]의 갑이 탈수급하면서 수령한 금액은? (단, 제시된 내용 외에는 고려하지 않는다)

[상황]

갑은 2인 가구의 일하는 생계급여 수급자로, 가구 전체의 월 근로·사업소득은 100만 원이다. 갑은 희망저축계좌 I에 가입하여 3년간 매월 10만 원씩 저축하였고, 해당 기간 동안 근로사업활동도 지속하였다. 계좌가 만기되자, 갑은 만기 후 3개월 만에 탈수급하였고, 갑에 대한 추가지원금은 총 50만 원이었다.

① 410만 원 ② 1,490만 원 ③ 1,510만 원 ④ 1,540만 원

53 위 자료를 근거로 판단할 때 '희망저축계좌 I'에 신청이 가능한 사람을 [보기]에서 모두 고르면? (단, 제시된 내용 외에는 고려하지 않는다)

[보기]

A: 3인 가구 생계급여 수급자로, 가구 전체 근로·사업소득이 월 130만 원이며, 자녀가 디딤씨앗통장에 가입한 사람
B: 4인 가구 의료급여 수급자로, 가구 전체 근로·사업소득이 월 120만 원이며, 청년내일채움공제에 가입 중인 사람
C: 2인 가구 생계급여 수급자로, 가구 전체 근로·사업소득이 80만 원이며, 육아휴직 중으로 육아휴직수당을 받는 사람
D: 1인 가구 생계급여 수급자로, 사업 소득은 없으며, 서울시 공공근로 사업 참여에 따른 근로소득 월 60만 원이 소득의 전부인 사람

① A ② B ③ A, D ④ B, C, D

[54~56] 다음은 장애인 대상 공공요금 감면제도 안내문이다. 이를 읽고 물음에 답하시오.

□ 차량 구입 시 도시철도채권 구입 면제: 장애인명의 또는 장애인과 주민등록상 같이 거주하는 보호자 1인과 공동명의로 등록한 보철용의 비사업용인 승용자동차, 15인승 이하 승합차, 2.5톤 미만 소형화물차 중 1대에 한해 도시철도채권 구입의무 면제 → 관할 시·군·구청 차량등록기관에 신청

□ 국·공립 박물관·미술관·공원 요금 감면: 등록장애인 중 경증장애인, 등록장애인 중 중증장애인 및 중증장애인과 동행하는 보호자 1인에 한해 요금 무료 → 장애인등록증(복지카드) 제시

□ 공연장·공공체육시설 요금 감면: 등록장애인 중 경증장애인, 등록장애인 중 중증장애인 및 중증장애인과 동행하는 보호자 1인에 한해 50% 할인 → 장애인등록증(복지카드) 제시

□ 공용주차장 주차요금 감면: 장애인인 자가 운전하거나 장애인이 승차한 차량에 한해 주차요금의 50% 할인혜택을 부여함 → 장애인등록증(복지카드) 제시

□ 철도·도시철도 요금 감면
  • 철도: 등록장애인 중 중증장애인 및 중증장애인(1~3)급과 동행하는 보호자 1인은 KTX·새마을호·무궁화·통근열차 50% 할인, 등록장애인 중 경증장애인은 토·일·공휴일을 제외한 주중에 한해 KTX·새마을호 30% 할인 및 무궁화·통근열차 50% 할인
  • 도시철도: 지하철·전철 100% 할인 → 장애인등록증(복지카드) 제시

□ 고속도로통행료 50% 할인: 장애인 또는 장애인과 주민등록상 같이 기재되어 있는 보호자의 명의로 등록한 차량 중 장애인자동차등록표지 부착 차량 1대에 한해 등록장애인 승차 시 고속도로 통행료 50% 할인

□ 자동차검사 수수료 할인: 등록장애인 본인 또는 장애인과 주민등록상 같이 기재되어 있는 보호자의 명의로 등록된 승용차, 12인승 이하 승합차, 적재량 1톤 이하 화물차 중 비사업용 자동차 1대에 한해 교통안전공단 자동차검사소 방문 시, 정기검사 및 종합수수료의 중증장애인 50%, 경증장애인 30% 할인(중증·경증장애인 모두 정기검사 25,000원, 종합검사 61,000원 한도 내) → 장애인차량표지 부착확인 후 장애인 복지카드 또는 장애인증명서 제시

54 위 안내문에 대한 설명으로 가장 적절한 것은?

① 장애인과 그 가족이 보철용 비사업용 승용자동차 1대를 공동명의 등록한다면 그 차량은 도시철도채권 구입의무를 면제받는다.
② 장애인등록증 또는 복지카드를 소지하지 않았더라도 외관상 명백한 장애인으로 보인다면 국립박물관 이용 시 요금 감면 혜택을 받을 수 있다.
③ 장애인등록증을 부착한 차량이라면 공용주차장 이용 시 주차요금을 감면받을 수 있다.
④ 장애 인정 정도에 따라 자동차검사 할인 수수료율은 다르지만 할인한도는 동일하다.

55 다음 [보기]는 甲시 차량등록사업소에 도시철도채권 구입 면제를 신청한 내역이다. 위 안내문에 근거할 때 면제받을 수 있는 경우를 [보기]에서 모두 고르면 총 몇 개인가? (단, 언급되지 않은 조건은 모두 충족하는 것으로 본다)

[보기]

ㄱ. 청각장애인인 A는 택시영업을 위해 승용자동차를 구입하였으며, 이에 도시철도채권 구입 면제 신청을 하였다.
ㄴ. 등록장애인인 남편과 주민등록상 같이 거주하는 배우자 B는 최근 본인 명의로 비사업용 승용자동차 1대를 구매하였고, 이에 도시철도채권 구입 면제 신청을 하였다.
ㄷ. 경증장애인인 C는 적재량 1톤의 비영업용 화물차량을 구입하였으며 이에 도시철도채권 구입 면제 신청을 하였다.

① 1개   ② 2개   ③ 3개   ④ 없음

56 다음 [상황]은 장애인 A와 배우자인 남편의 일정이다. 위 안내문에 근거할 때 A 부부가 감면받는 총금액은 얼마인가? (단, A는 장애인 복지카드를 소지하였고, A의 남편은 장애인에 해당하지 않으며, 남편 차량에는 장애인등록표지가 부착되어 있지 않다)

[상황]

경증장애인인 A와 그의 남편은 결혼기념일 평일에 같이 휴가를 내고 데이트를 하였다. A 부부는 평소 보고 싶었던 뮤지컬 '시카고'가 ○○국립 공연장에서 열린다는 소식을 듣고 공용주차장까지 남편 차량으로 이동하였다. 가는 길에 고속도로 통행료 5,000원이 나왔으며, 공용주차장은 시간당 2,000원씩 총 5시간을 이용하였다. 공용주차장에서 ○○국립 공연장까지는 지하철로 이동했으며 1인당 요금은 2,500원이었다. 뮤지컬 관람료는 1인당 100,000원이었으며, 뮤지컬 관람 후 근처에서 식사를 하였고 식사비로 50,000원을 지불하였다. 식사 후 집으로 돌아오는 경로는 출발할 때와 동일하였다.

① 20,000원   ② 60,000원   ③ 80,000원   ④ 100,000원

[57~58] 다음은 '취업성공패키지'에 관한 자료이다. 이를 읽고 물음에 답하시오.

1. 지원 목적
   취업성공패키지는 개인별 취업지원계획에 따라 진단·설정, 의욕·능력 증진, 집중 취업알선에 이르는 통합적인 취업지원 프로그램

2. 참여 대상
(1) 청년층(다음 요건 중 하나를 충족하는 만 15세 이상 34세 이하)
   - 고졸 이하 비진학
   - 청년취업맞춤특기병(만 18세 이상 24세 이하)
   - 마지막 학년 재학생(고교·대학·대학원)
   - 영세자영업자
   - 대학 이상 미취업자
(2) 중장년층(다음 요건 중 하나를 충족하는 만 35세 이상 69세 이하)
   - 중위소득 100% 이하의 가구원으로서 실업급여 수급 종료 이후 미취업자
   - 고용보험 가입 이력은 있으나 수급 요건을 충족하지 못한 미취업자
   - 고용보험 가입 이력이 없는 자 및 영세자영업자(연간 매출액 8천만 원 이상 1억 5천만 원 미만인 사업자)

3. 사업 내용

단계(기간)	사업 내용
1단계(3~4주)	진로 설정(개별·집단상담, 직업심리검사)
1.5단계(2~4주)	취업상담, 알선(구직 활동, 취업 알선, 자영업활동계획서 작성)
2단계(6개월)	직업능력 향상(내일배움카드를 활용한 직업훈련)
3단계(3~6개월)	집중 취업 알선(이력서 클리닉 등 집중 취업 알선)

(1) 1단계: 진단·경로 설정
   개인별 취업활동계획(IAP) 수립을 목적으로 하는 1단계에서는 집중상담 및 직업심리검사 등을 통해 개인의 취업역량, 구직의욕 및 적성 등을 진단하고, 이를 토대로 개인별 '취업지원경로'를 설정

(2) 2단계: 의욕·능력 증진
   - 지원대상자의 실질적인 취업역량 제고를 목적으로 하는 2단계는 IAP 수립 다음 날부터 취업성공패키지 지원 사업의 핵심 과정으로, 이 단계에서는 개인별로 차별화된 IAP에 따라 '집단상담, 직업훈련, 일 경험 지원 프로그램(단기 일자리) 제공 및 창업지원' 등 역량 증진을 위한 세부 프로그램에 참여
   - 취업성공패키지 지원 사업 참여자로서 직업훈련에 참여하는 경우에는 일정한 요건 충족을 전제로 단위 기준 훈련 일수 1일당 18,000원을 지급하되, 최대 28.4만 원의 훈련참여지원수당을 지급
   - 훈련장려금 11.6만 원까지 포함하여 6개월간 월 최대 40만 원을 지원

(3) 3단계: 집중 취업 알선
   통합적인 취업성공패키지 지원의 마지막 단계인 3단계는 '3개월'의 기간을 원칙으로 동행면접 실

시 등 지원 대상자에 대한 취업알선을 집중적으로 실시하는 과정으로 일부 지원 대상자에 대해서는 민간기관을 통해 서비스를 제공

4. 참여 수당 지급액

기본 지급액		추가 지급액			계	
Ⅰ유형	Ⅱ유형	구분	Ⅰ유형	Ⅱ유형	Ⅰ유형	Ⅱ유형
15만 원	15만 원	중소기업탐방(2일 이하) 수료자	5만 원	3만 원	20만 원	18만 원
		단기집단 및 취업특강 2회	5만 원	—	20만 원	15만 원
		집단상담프로그램, 중소기업탐방(3일 이상), 생애경력설계프로그램 (20시간 이상) 수료자	10만 원	5만 원	25만 원	20만 원

※ 1) Ⅰ유형: 생계급여 수급자, 중위소득 60% 이하 가구원, 여성가장, 위기청소년 등
  2) Ⅱ유형: Ⅰ유형에 해당하지 않는 참여 대상

57 위 자료를 근거로 판단할 때, '취업성공패키지'에 대한 설명으로 옳지 않은 것은?

① 청년취업맞춤특기병의 참여 가능 연령은 만 18세 이상 24세 이하이다.
② 1.5단계는 구직 활동 및 자영업활동계획서 작성 등을 수행하는 단계이다.
③ 2단계에서 훈련참여지원수당과 훈련장려금을 합하여 월 최대 40만 원을 지원한다.
④ Ⅰ유형 참여자가 생애경력설계프로그램을 20시간 이상 수료한 경우 받는 수당은 총 20만원이다.

58 위 자료를 근거로 판단할 때, 다음 [상황]에 대한 설명으로 옳은 것을 [보기]에서 모두 고르면? (단, 2단계의 훈련참여지원수당 및 훈련장려금은 고려하지 않는다)

―――――――――――― [상황] ――――――――――――

• 갑은 32세 대졸 미취업자로, 취업성공패키지 Ⅰ유형에 참여하여 1단계 수료 후 기본 지급액을 받았으며, 중소기업탐방 4일 프로그램을 수료하였다.
• 을은 중위소득 80% 가구의 가구원으로서, 실업급여 수급 종료 이후 미취업한 42세로, 취업성공패키지 Ⅱ유형에 참여하여 1단계 수료 후 기본 지급액을 받았으며, 중소기업탐방 1일 프로그램을 수료하였다.

―――――――――――― [보기] ――――――――――――

ㄱ. 갑이 받는 추가 지급액은 5만 원이다.
ㄴ. 갑과 을이 받는 기본 지급액은 서로 동일하다.
ㄷ. 갑이 받는 참여 수당은 을이 받는 참여 수당보다 많다.

① ㄷ　　　　② ㄱ, ㄴ　　　　③ ㄴ, ㄷ　　　　④ ㄱ, ㄴ, ㄷ

[59~60] 다음은 '탄소중립포인트'에 관한 자료이다. 이를 읽고 물음에 답하시오.

1. 사업 목적
　탄소중립포인트 에너지는 기후 위기 대응을 위하여 온실가스를 줄일 수 있도록 개인, 상업, 학교 등의 시설에서 전기, 상수도, 도시가스의 사용량을 절감하고 감축률에 따라 탄소포인트를 부여하는 전 국민 온실가스 감축 실천 제도

2. 지급 방법
　가정 내 사용하는 에너지 항목(전기, 상수도, 도시가스)을 과거 1~2년간 월별 평균 사용량과 현재 사용량을 비교하여 절감 비율에 따라 탄소포인트 부여
　※ 과거 2년간 월 사용량 수집 불가 시 1년간 월 사용량을 기준 사용량으로 함

3. 지급 기준
(1) 개인: 온실가스 감축률에 따라 연 2회(상·하반기)로 나누어 탄소포인트 부여
　• 감축 인센티브: 감축률 5% 이상인 참여자에게 지급

감축률	전기	상수도	도시가스
5% 이상 10% 미만	5,000P	750P	3,000P
10% 이상 15% 미만	10,000P	1,500P	6,000P
15% 이상	15,000P	2,000P	8,000P

　• 유지 인센티브: 특정 에너지 항목에 대해 2회 이상 연속으로 5% 이상 감축하여 인센티브를 받은 참여자가 이어서 해당 에너지 항목에 대해 0% 초과 5% 미만의 감축률을 유지할 경우 지급

감축률	전기	상수도	도시가스
0% 초과 5% 미만	3,000P	450P	1,800P

(2) 상업·학교: 온실가스 감축률에 따라 연 2회(상·하반기)로 나누어 탄소포인트 부여
　• 감축 인센티브: 감축률 5% 이상인 참여자에게 지급

감축률	전기	상수도	도시가스
5% 이상 10% 미만	20,000P	3,000P	12,000P
10% 이상 15% 미만	40,000P	6,000P	24,000P
15% 이상	60,000P	8,000P	32,000P

　• 유지 인센티브: 특정 에너지 항목에 대해 4회 이상 연속으로 5% 이상 감축하여 인센티브를 받은 참여자가 이어서 해당 에너지 항목에 대해 0% 초과 5% 미만의 감축률을 유지할 경우 지급

감축률	전기	상수도	도시가스
0% 초과 5% 미만	12,000P	1,800P	7,200P

4. 환산 기준
　탄소중립포인트를 현금으로 지급받을 경우, 지자체 예산 사정에 따라 탄소포인트 1P당 최대 2원 이내로 환산함

59 위 자료를 근거로 판단할 때, '탄소중립포인트'에 대한 설명으로 옳지 않은 것은?

① 과거 2년간 월 사용량 수집이 불가능하면 1년간 월 사용량을 기준 사용량으로 한다.
② 상업 시설 참여자가 전기 사용량을 12% 감축하여 부여받을 수 있는 감축 인센티브는 40,000P이다.
③ 개인 시설 참여자가 상수도에 대해 유지 인센티브를 받으려면 먼저 상수도 사용량을 2회 이상 연속으로 5% 이상 감축하여야 한다.
④ 학교 시설 참여자가 도시가스에 대해 유지 인센티브를 받으려면 먼저 도시가스 사용량을 3회 이상 연속으로 5% 이상 감축하여야 한다.

60 위 자료를 근거로 판단할 때, 다음 [상황]에서 갑, 을, 병이 이번 회차에 부여받는 포인트를 현금으로 지급받는 경우, 이들이 받은 금액의 총액은? (단, 갑, 을, 병이 속한 지자체는 탄소중립포인트를 현금으로 지급하는 경우 환산 가능한 최대 금액으로 지급하며, 제시된 내용 외에는 고려하지 않는다)

───[상황]───
갑: 개인 시설에 대하여 탄소중립포인트에 가입한 후 이번 회차에 전기 7%, 상수도 11%, 도시가스 16%의 감축률을 기록하였다.
을: 개인 시설에 대하여 탄소중립포인트에 가입한 후 이번 회차에 전기 13%, 상수도 6%, 도시가스 9%의 감축률을 기록하였다.
병: 상업 시설에 대하여 탄소중립포인트에 가입하여 전기, 상수도, 도시가스 각각에 대해 5회 연속 5% 이상 감축하여 인센티브를 받은 후, 이번 회차에 전기 3%, 상수도 2%, 도시가스 4%의 감축률을 기록하였다.

① 33,500원
② 49,250원
③ 67,000원
④ 98,500원

제1회 강약 패턴 분석표

✏️ 기출패턴 채점표

모의고사 채점 후, 맞힌 문항 번호에 ○ 표시를 하고, 패턴별로 맞힌 개수를 적어 보세요.

영역	기출패턴	문항 번호	맞힌 개수
의사소통능력	패턴 01 글의 제목·주제·목적	06　12　20	___ 문항 / 3문항
	패턴 02 내용 부합	01　03　07　09　18	___ 문항 / 5문항
	패턴 03 내용 추론·적용	04　10　15	___ 문항 / 3문항
	패턴 04 문장 삭제	08　19	___ 문항 / 2문항
	패턴 05 문단 배열	14　17	___ 문항 / 2문항
	패턴 06 접속사	05　16	___ 문항 / 2문항
	패턴 07 빈칸 추론	02　11　13	___ 문항 / 3문항
수리능력	패턴 08 자료 계산	24　28　30　32　34　40	___ 문항 / 6문항
	패턴 09 자료 읽기	21　22　23　29　31　35　37　39	___ 문항 / 8문항
	패턴 10 자료 연결	25　27　33	___ 문항 / 3문항
	패턴 11 자료 변환	26　36　38	___ 문항 / 3문항
문제해결능력	패턴 12 정보 확인	41　43　45　47　51　57　59	___ 문항 / 7문항
	패턴 13 정보 추론	46　49　54　58	___ 문항 / 4문항
	패턴 14 적합자 선정	42　44　53　55	___ 문항 / 4문항
	패턴 15 계산	48　50　52　56　60	___ 문항 / 5문항

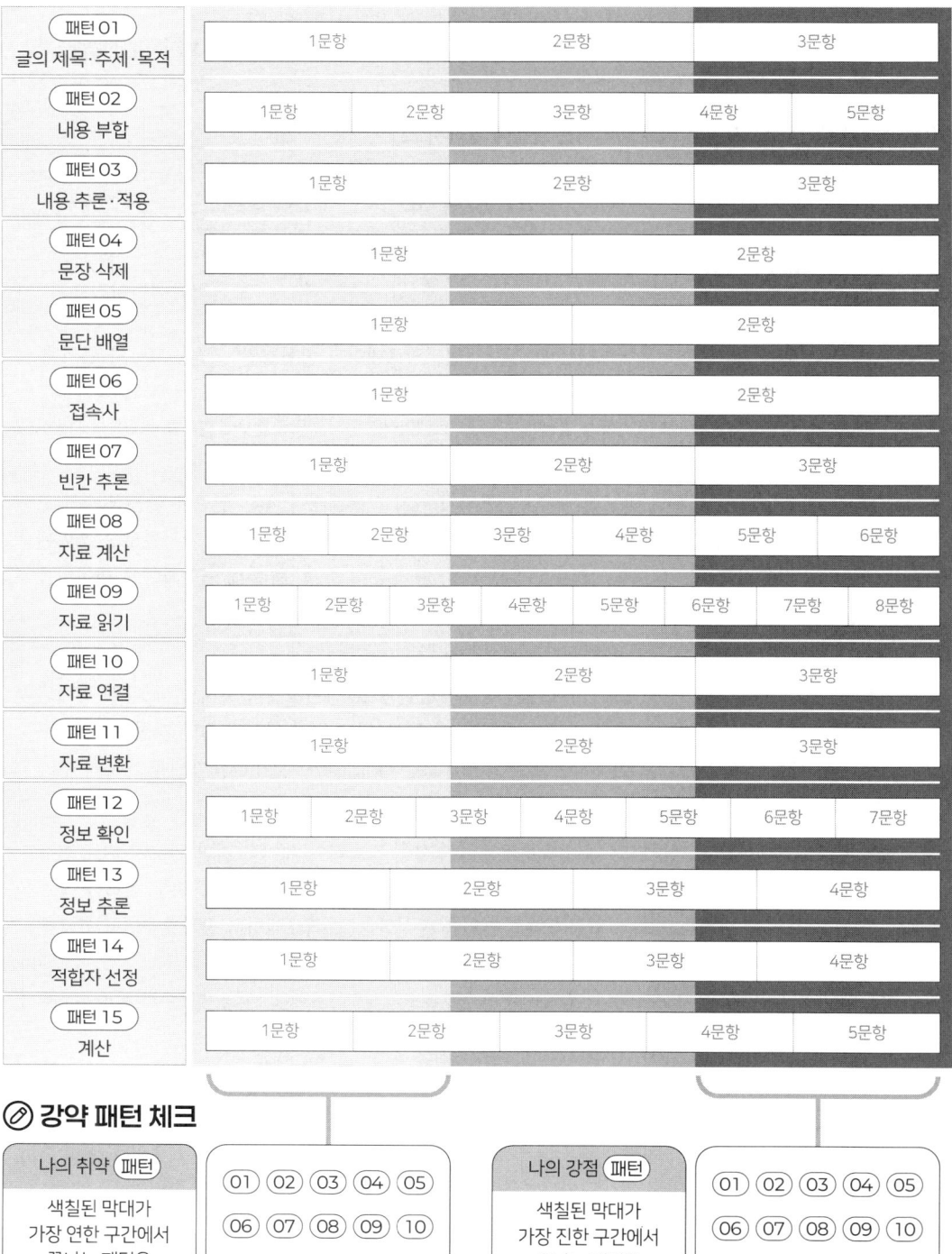

제2회 기출동형 모의고사

* 문항 개수: 60문항
* 시험 형식: 4지 선다형
* 시험 시간: 60분

※ 책 뒷부분에 삽입된 답안지를 활용해 모의고사를 풀어 보시기 바랍니다.
※ 모의고사 채점을 마친 후, [강약 패턴 분석표]를 통해 강점 패턴과 취약 패턴을 체크하시기 바랍니다.

[01~02] 다음은 보도자료를 읽고 이어지는 물음에 답하시오.

보 도 자 료			
보도 일시	배포 후 즉시	배포일	2025. 2. 27.(목)
배포 기관	보건복지부	담당 부서	보건의료데이터진흥과

□ 보건복지부와 한국보건의료정보원은 2025년 2월, '의료데이터 중심병원* 지원사업 1차 협의체'를 개최하여 의료데이터 활용 촉진 방안을 논의하였다.
  * 의료데이터 중심병원: 전자의무기록 등 병원에 축적된 의료데이터를 디지털 의료 연구에 활용할 수 있도록 지원하는 사업에 참여하는 7개 컨소시엄(43개 의료기관)

□ 보건복지부는 2020년부터 임상데이터가 안전하게 디지털 헬스케어 혁신·연구에 활용될 수 있도록 의료데이터 중심병원 지원사업을 추진하고 있다. 의료데이터 중심병원은 기관별로 표준화된 데이터를 구축하고 데이터심의위원회를 운영하여, 폐쇄 분석 환경*을 통해 연구자에게 데이터를 제공한다.
  * 폐쇄 분석 환경: 안심활용센터와 같은 물리적 공간 또는 클라우드 기반의 분석망

□ 2020년 5개 컨소시엄, 25개였던 의료데이터 중심병원은 2024년 7개 컨소시엄, 43개로 확대되었다. 또한 이들 데이터를 활용한 연구는 생성형 인공지능의 소화기 내시경 진단 지원, 응급실 퇴실 기록지와 같은 의무 기록지를 자동으로 생성해 주는 대형 언어모델(LLM) 개발을 비롯하여 지난 5년간 751건 수행되었다.

□ 올해는 의료데이터 중심병원의 데이터 허브로서 역할을 강화하여 데이터 기반 연구가 의료 현장 변화와 같은 성과로 이어지도록 할 예정이다. 먼저, 의료데이터 중심병원 내·외부 협력을 촉진할 계획이다. 그 일환으로 외부 연구자와의 협업을 활성화하는 '의료데이터 공동활용연구 프로젝트'*를 확대 추진한다.
  * 의료데이터 공동활용연구 프로젝트: 산업계·학계 등 연구 수요에 부합하는 데이터 제공 병원을 연계하여 데이터 개방과 활용을 지원

□ 또한 다기관 연구를 활성화하기 위해 의료데이터 중심병원 간 데이터 활용 협력 체계를 마련한다. 여러 기관이 보유한 데이터를 활용하기 위하여 각 기관의 데이터심의위원회를 거치는 불편을 완화하고 표준화된 데이터 활용 절차를 수립한다. 최종적으로 여러 기관별 절차 대신 통합된 심의만 거치도록 하여 다양한 임상데이터를 활용한 연구 가치를 제고하도록 할 예정이다.

□ 더불어 K-CURE* 암 임상·공공 라이브러리를 확대한다. 올해는 지난해 추가된 췌장·폐암 2종**에 이어 신장·전립선암의 임상데이터를 신규로 구축할 계획이다. 또한 공공 라이브러리 구축 대상을 확대***하여, 임상과 공공데이터 결합 서비스 제공을 위한 기반을 확충한다. 이를 통해 암환자를 위한 연구가 활성화될 것으로 기대된다.

* K-CURE(Korea-Clinical data Utilization network for Research Excellence): 병원의 임상정보와 공공기관의 정보를 환자 중심으로 연계하여 연구용으로 개방하는 사업('22년~)
** (~'23년) 유방암, 위암, 대장암, 간암(4종) → ('24년) 췌장암, 폐암(2종)
*** '12~'20년 암등록 환자 → '12~'21년 암등록 환자

01 위 보도자료에 대한 설명으로 옳지 않은 것은?

① 의료데이터 중심병원 지원사업은 2020년부터 추진되었다.
② 2024년 기준으로 의료데이터 중심병원은 43개의 컨소시엄으로 구성되어 있다.
③ 의료데이터 중심병원은 폐쇄 분석 환경을 통해 연구자에게 의료데이터를 제공한다.
④ 의료데이터 중심병원은 병원에 축적된 의료데이터를 디지털 의료 연구에 활용할 수 있도록 지원하는 사업에 참여하게 된다.

02 위 보도자료를 읽고 적절한 반응을 보인 사람을 [보기]에서 모두 고르면?

[보기]

갑: K-CURE 암 임상·공공 라이브러리에는 간암에 대한 임상데이터가 아직 구축되어 있지 않네요.
을: 의료데이터는 의무 기록지를 자동으로 생성해 주는 대형 언어모델(LLM) 개발에도 활용될 수 있군요.
병: 다양한 임상데이터를 활용한 연구의 활성화를 위해서는 각 기관의 데이터심의위원회를 거치는 것보다는 통합된 심의만 거치도록 하는 것이 효율적이군요.
정: 의료데이터 공동활용연구 프로젝트의 주된 목적은 병원을 이용하는 환자들이 의료데이터를 쉽게 이용할 수 있도록 이들에게 데이터를 개방하는 것이에요.

① 갑, 을
② 갑, 정
③ 을, 병
④ 병, 정

[03~05] 다음 글을 읽고 물음에 답하시오.

　한국보건의료연구원 환자중심 의료기술 최적화 연구사업단(이하 'PACEN')은 '갑상선기능항진증에서 저용량 방사성 요오드 치료의 근거 생성 연구'에 대한 임상적 가치평가 결과를 발표했다. 갑상선기능항진증은 갑상선의 과다 활동으로 인해 발열, 체중 감소, 피로감 등이 유발되는 질환이다. 이 질환은 매년 환자 수가 증가하고 있으며, 약물 치료(항갑상선제), 방사성 요오드 치료, 수술의 세 가지 치료법이 사용된다. 이 중 방사성 요오드 치료는 국내에서 주로 고용량으로 갑상선암 치료에 사용되고, 저용량으로 치료가 가능한 갑상선기능항진증에는 상대적으로 적게 사용되고 있다.

(가) 그러나 방사성 요오드 치료군은 항갑상선제 복용군에 비해 12개월 이상 추가 치료가 불필요할 정도로 호전되는 비율(관해율)*이 두 배가량 높은 것으로 나타났다. 이는 갑상선기능항진증 조절에 있어 방사성 요오드 치료가 더 효과적임을 시사한다. 또한 방사성 요오드 치료군은 항갑상선제 복용군과 비교했을 때 암 발생률, 모든 원인에 의한 사망률, 암으로 인한 사망률이 증가하지 않아, 치료에 따른 심각한 부작용도 확인되지 않았다.

(나) '갑상선기능항진증에서 저용량 방사성 요오드 치료의 근거 생성 연구'에 따르면, 2002년부터 2020년까지 국내 갑상선기능항진증 환자 452,001명 중 98.0%가 항갑상선 약물 치료를 1차 치료로 선택한 것으로 나타났다. 반면, 방사성 요오드 치료를 1차 치료로 선택한 환자는 0.7%에 불과하였다. 이는 유럽의 방사성 요오드 치료의 1차 치료 선택률 1.8%보다도 낮은 수준이었다.

(다) 또한 항갑상선제 약물치료 후 갑상선기능항진증이 재발한 환자에게 방사성 요오드 치료가 보다 적극적으로 시행될 수 있다고 강조했다. 이를 위해서 환자에게 방사성 요오드 치료에 대한 충분한 정보와 교육을 제공하고, 치료법을 선택하는 과정에서 환자-의사 간 공유의사결정**을 통해 환자의 선호와 가치를 반영하는 것이 중요하다는 데 의견이 모아졌다.

(라) 임상적 가치평가 회의에 참석한 전문가들은 방사성 요오드 치료가 안전하고 효과적임에도 불구하고, 치료 후 갑상선 호르몬제를 장기간 복용해야 할 가능성에 대한 부담, 방사성 물질에 노출될 우려, 방사성 동위원소를 취급할 수 있는 의료기관의 제한 등으로 인해 국내에서 이 치료법이 다소 과소 이용되고 있음을 지적했다.

　PACEN 허○○ 사업단장은 "이번 임상적 가치평가 결과는 국내 갑상선기능항진증 환자에서 방사성 요오드 치료의 효과와 안전성에 대해 합의를 이룬 중요한 사례로, 환자와 의사가 치료법을 함께 선택할 수 있는 근거를 마련한 것"이라며 "갑상선기능항진증 환자의 순응도, 질병 상태, 사회·경제적 요소 등을 고려하여 최선의 치료법을 선택할 수 있기를 바란다."라고 전했다.

* 방사성 요오드 치료의 2년 시점 관해율 76.8%, 항갑상선 약물 치료의 2년 시점 관해율 41.0%
** 공유의사결정(shared-decision making): 의료적 선택지에 대한 정확한 정보를 바탕으로 환자의 선호를 탐색할 수 있도록 환자와 의사가 상호 협력하고 의사결정을 내리는 체계화된 절차

03 위 글의 제목으로 가장 적절한 것은?

① 갑상선기능항진증 치료, 환자 – 의사 간 공유의사결정이 중요
② 갑상선기능항진증, 항갑상선제 약물 치료가 여전히 선호도 1위
③ 한국보건의료연구원, 갑상선기능항진증 치료법 임상 가치평가 결과 발표
④ 방사성 요오드 치료, 부작용 최소화하며 갑상선기능항진증 조절에 효과적

04 위 글의 내용과 일치하지 않는 것은?

① 갑상선기능항진증은 갑상선의 과다 활동으로 발열, 체중 감소, 피로감 등이 나타나는 질환이다.
② 방사성 요오드 치료는 항갑상선제 복용보다 암 발생률과 암으로 인한 사망률 측면에서 더 위험하다.
③ 2002년부터 2020년까지 국내 갑상선기능항진증 환자의 98%는 항갑상선 약물 치료를 1차 치료로 선택하였다.
④ 방사성 물질에 노출될 우려는 갑상선기능항진증 치료에서 방사성 요오드 치료가 과소 이용되는 이유 중 하나로 지적된다.

05 위 글의 (가)~(라)를 문맥상 적절하게 배열한 것은?

① (가) – (나) – (라) – (다)
② (나) – (가) – (라) – (다)
③ (다) – (가) – (나) – (라)
④ (다) – (나) – (가) – (라)

[06~08] 다음 글을 읽고 물음에 답하시오.

(가) 홍역 감염 시 대부분은 자연 회복되지만, 심할 경우 중이염, 폐렴, 설사, 뇌염 등의 합병증이 발생할 수 있다. 특히 면역 체계가 취약한 1세 미만 영유아는 합병증 위험이 높아 주의가 필요하다. 다행히 홍역은 MMR 백신으로 예방 가능하며, 1차 접종 시 93%, 2차 접종 시 97%의 높은 예방 효과를 보인다. (㉠) 홍역 유행 국가 방문 시에는 출국 전 백신 접종 여부를 확인해야 하며, 영유아는 가능하면 홍역 유행 국가 방문을 자제하는 것이 좋다.

(나) 우리나라는 2014년 홍역 퇴치 인증을 받았으나, 해외 유입 사례가 지속적으로 보고되고 있다. 2024년부터 2025년 3월 초까지 발생한 국내 홍역 환자 65명은 모두 해외여행이나 환자 접촉으로 인한 감염이다. 특히 2024년 12월 이후 베트남 방문력을 가진 환자 13명 중 12명은 백신 접종력이 없거나 확인되지 않았으며, 4명은 1차 백신 접종 시기(생후 12~15개월) 이전의 영아였다.

(다) 세계보건기구(WHO)에 따르면, 전 세계적으로 홍역이 유행하고 있다. 2022년 약 17만 명, 2023년 약 32만 명, 2024년 약 33만 명이 발생했다. 특히 유럽, 중동, 아프리카 지역에서 많은 환자가 보고되고 있으며, 동남아시아와 서태평양 지역에서도 발생이 증가하고 있다. 서태평양 지역은 필리핀, 말레이시아, 베트남, 중국 순으로 환자가 많이 발생했다.

(라) 홍역은 급성 발진성 바이러스 질환으로 전염성이 매우 높은 호흡기 감염병이다. 홍역 바이러스에 의해 발생하며, 기침이나 재채기를 통해 공기로 전파된다. 감염 시 초기에는 발열, 기침, 콧물, 결막염 등 감기와 유사한 증상이 나타나고, 이후 구강 내 회백색 반점(koplik's spot)이 관찰된다. 발병 후 3~5일이 지나면 얼굴에서 시작해 온몸으로 발진이 퍼지는데, 면역이 불충분한 사람이 환자와 접촉할 경우 90% 이상 감염될 수 있다.

해외여행 후 발열, 발진 등의 증상이 나타난다면 즉시 의료기관을 방문해야 하며, 귀국 시 증상이 있다면 검역관에게 신고해야 한다. 홍역 확진 시에는 발진 발생 전후 4일간 격리가 필요하다. 또한 개인위생 수칙으로 마스크 착용, 손 씻기, 기침 예절 준수가 중요하다.

06 위 글의 (가)~(라)를 문맥상 적절하게 배열한 것은?

① (다) - (나) - (라) - (가)
② (다) - (라) - (가) - (나)
③ (라) - (나) - (다) - (가)
④ (라) - (다) - (나) - (가)

07 위 글의 ㉠에 들어갈 접속어로 가장 적절한 것은?

① 따라서
② 반면에
③ 하지만
④ 예를 들어

08 위 글을 읽고 적절한 반응을 보인 사람을 [보기]에서 모두 고르면?

[보기]

갑: 홍역 확진 환자는 증상이 완전히 사라질 때까지 격리해야 전염을 막을 수 있어요.
을: 세계적으로 홍역 환자 수는 매년 감소 추세이므로 예방 접종의 중요성이 줄어들고 있어요.
병: 베트남 방문 계획이 있는 사람은 여행 전 MMR 백신 접종 여부를 확인하고 필요시 백신 접종을 해야 해요.
정: 국내 홍역 사례는 모두 해외에서 유입된 것이므로 국내에서만 생활할 경우에는 특별한 예방 조치가 필요하지 않겠군요.

① 병
② 갑, 병
③ 을, 정
④ 갑, 을, 정

[09~11] 다음 글을 읽고 물음에 답하시오.

우리나라에서는 예로부터 자연산 민물고기를 날것으로 먹는 식습관이 존재해 왔다. 특히 5대강 주변 유행 지역(충북, 충남, 전북, 전남, 경북, 경남)에서는 민물고기 생식 문화가 있어 간흡충 감염이 높게 나타난다. 질병관리청의 조사에 따르면, 간흡충 감염률은 2005년 9.1%에서 2024년 2.3%로 지속적으로 감소하고 있으나, 일부 유행 빈발 지역에서는 여전히 5% 이상의 높은 감염률을 보이고 있다. ㉠ 간흡충은 과거 입이 두 개라는 뜻의 '디스토마(distoma)'로 불렸지만, 잘못된 명칭으로 확인되면서 '간흡충'으로 용어가 통일되었다.

국내 장내 기생충* 감염병 중 가장 높은 비중을 차지하는 간흡충은 식품 매개 기생충 감염으로, 유행 지역 하천의 자연산 민물고기를 생식하여 감염된다. 특히 주목해야 할 점은 간흡충이 만성적 담도 질환을 일으킬 수 있고, 심한 경우 담관암을 유발할 수 있는 생물학적 발암 원인체로 알려져 있다는 것이다. ㉡ 세계보건기구(WHO) 산하 국제암연구소(IARC)는 간흡충을 생물학적 발암 원인체 1군으로 분류하고 있어 세심한 관리가 필요하다.

간흡충에 많이 감염된 민물고기들을 살펴보면, 1위 돌고기(7,750개), 2위 긴몰개(7,680개), 3위 몰개(2,670개), 4위 참붕어(1,538개), 5위 중고기(1,318개), 6위 모래무지(1,325개), 7위 칼납자루(678개), 8위 피라미(420개), 9위 납지리(295개), 10위 납자루(245개) 순으로 1마리당 간흡충 피낭유충 수가 많은 것으로 나타났다. ㉢ 이러한 민물고기를 날것으로 섭취할 경우 간흡충 감염 위험이 매우 높아진다.

간흡충 감염 초기에는 대부분 무증상이나, 감염 정도가 심하거나 장기간 감염된 경우 소화 불량, 복부 불쾌감, 식욕 부진, 황달, 우상복부 통증(간 부위 통증) 등의 증상이 나타날 수 있다. 만성적인 감염일 경우 담관염, 담석증, 간경변, 간암 등의 합병증 발생 가능성이 증가한다. 특히 장기간 감염 상태가 지속될 경우 담관암 발생 위험이 높아진다는 연구 결과가 있다.

간흡충 감염을 예방하기 위해서 민물고기는 반드시 익혀서 먹어야 한다. 90℃에서 2분 30초 이상 또는 100℃에서 10초 이상 가열해야 간흡충 피낭유충이 완전히 사멸된다. ㉣ 또한 민물고기를 다루는 주방 기구 역시 끓는 물로 소독해야 한다. 만약 간흡충 감염이 의심되면 각 지역 보건소에서 적극적으로 검사를 받아 감염 여부를 확인하고, 필요시 치료를 받아야 한다.

질병관리청은 2005년부터 간흡충 유행 지역을 중심으로 장내 기생충 감염 실태 조사 및 치료 지원 사업을 수행해 오고 있으며, 2025년에도 5대강 주변 유행 지역 39개 시·군 주민 24,000명을 대상으로 간흡충 등 장내 기생충 감염 실태를 조사할 예정이다. 특히 양성자에게는 간흡충 양성자관리시스템(Clo-Net)을 통한 투약 및 재검사 등 감염자 관리 서비스가 지원된다. 이러한 노력을 통해 우리나라의 간흡충 감염률은 점차 감소하고 있지만, 민물고기 생식 문화가 있는 지역에서는 여전히 주의가 필요하다.

*장내 기생충: 간흡충, 장흡충, 회충, 편충, 폐흡충 등 11종

09 위 글을 읽고 추론한 내용으로 적절하지 않은 것은?

① 간흡충 감염 초기에는 검사 없이 감염 여부를 알기 어려울 수 있다.
② 민물고기 생식 문화가 있는 지역에서는 장내 기생충 감염 관리가 더욱 필요하다.
③ 간흡충 감염이 장기화될수록 담관암과 같은 심각한 질병 발생 가능성이 높아진다.
④ 종류에 상관없이 민물고기를 생식할 경우 모두 동일한 수준의 간흡충 감염 위험이 있다.

10 다음은 5대강 주변 유행 지역에 거주하는 민원인의 질문과 이에 대한 보건소 직원의 답변이다. 위 글에 따를 때 답변 내용으로 적절하지 않은 것은? (단, 제시된 내용 외에는 고려하지 않는다)

① Q: 간흡충 감염이 의심되면 어디서 검사를 받을 수 있나요?
　A: 각 지역 보건소에서 검사를 받으실 수 있으며, 감염이 확인되면 양성자관리시스템을 통한 투약 및 재검사 서비스를 받으실 수 있습니다.
② Q: 요즘 소화가 잘 안 되고, 식욕이 없는데 간흡충 증상일 수 있나요?
　A: 네, 간흡충 증상이 심하거나 장기간 감염된 경우 소화 불량, 복부 불쾌감, 식욕 부진, 황달 등이 나타날 수 있습니다.
③ Q: 5대강 주변 지역에서 간흡충 감염이 많이 발생하는 이유는 무엇인가요?
　A: 해당 지역의 위생 상태가 좋지 않고 수질 오염이 심하기 때문입니다.
④ Q: 간흡충 감염을 예방하기 위해서는 민물고기를 어떻게 조리해야 하나요?
　A: 90℃에서 2분 30초 이상 또는 100℃에서 10초 이상 가열하셔야 합니다.

11 위 글의 흐름상 ㉠~㉣ 중 삭제되어야 하는 문장은?

① ㉠
② ㉡
③ ㉢
④ ㉣

[12~14] 다음 보도자료를 읽고 물음에 답하시오.

보 도 자 료

보도 일시	배포 즉시	배포일	2025. 2. 6.(목)
배포 기관	한국보건산업진흥원	담당 부서	의료기기화장품산업단

□ 보건복지부와 한국보건산업진흥원(이하 '보산진')은 1월 27일부터 30일까지 4일간 두바이 월드 트레이드 센터에서 개최된 '아랍헬스 2025'에서 한국 의료기기의 우수성을 세계에 알리며, 성공적으로 공동 전시관(Korea Medtech Experience Pavilion, 이하 '공동 전시관')을 운영했다고 밝혔다.

□ 이번 행사는 세계 최대 규모의 헬스케어 박람회 중 하나로, 50주년을 맞아 180개국 의료기기 및 헬스케어 관련 기업들과 글로벌 주요 바이어 10만 명 이상이 참여했다. 올해 공동 전시관은 단순한 제품 전시를 넘어서 한국 의료기기의 글로벌 시장 진출을 지원하기 위한 다양한 프로그램을 진행했다. 부스에는 한국의 8개 혁신적인 의료기기 기업들이 참여하여 제품을 전시하며, 한국의 의료진이 직접 첨단 기술과 혁신적인 제품을 소개하는 발표 세션을 열어 글로벌 의료 전문가 및 바이어들의 큰 관심을 끌었다.

□ 발표 세션에서는, 한국 의료진이 제품을 활용한 경험과 임상 사례를 소개하며, 참가자들에게 신뢰감을 제공했다. 또한, 글로벌 의료 관계자들이 직접 제품을 사용해 볼 수 있는 공간을 마련하여 제품의 우수성과 기술력을 직접 경험할 기회를 제공했다. 이 외에도 글로벌 바이어와의 비즈니스 미팅, 네트워크 구축, 수출 계약 체결을 지원하며, UAE, 사우디아라비아, 독일, 미국 등 40여 개국의 파트너들과 상담 342건, 상담액 2,007만 달러, 수출 계약액 417만 달러, MOU 3건 등의 괄목할 만한 성과를 올렸다. 또한, 보산진 UAE 지사는 현지에서의 네트워크 구축과 파트너십 확대를 적극 지원하며, 한국 기업들의 글로벌 경쟁력 강화를 위한 중요한 역할을 했다.

□ 또한 보산진은 한국 의료기기의 중동 및 글로벌 시장 확대를 위해 다양한 기관과 협력 논의를 진행했다. 셰이크 칼리파 병원(Sheikh Khalifa Specialty Hospital: SKSH)을 방문하여 현지 병원 구매 프로세스 파악하는 기회를 마련하고, 병원 주요 관계자 네트워크를 확보하였다. 또한, 한국의 의료기기 교육·훈련 및 술기* 프로그램 사례를 발표하고, 해외 의료진 초청 술기 프로그램 운영 가능성에 대해 심도 있는 논의를 진행하여 향후 교육훈련 및 술기와 관련한 해외 의료진 교류 및 협력이 이루어질 것으로 기대된다. 보산진 황○○ 단장은 "K-의료기기가 우수한 한국 의료진의 사용 경험 공유 및 술기 교육을 통해 국내·외 의료 현장에 폭넓게 활용되도록 지원을 확대할 예정이다."라고 밝혔다.

* 술기: 의료 분야에서 수술이나 시술을 할 때 필요한 기술과 지식

12 위 보도자료의 제목으로 가장 적절한 것은?

① 한국 의료기기, 글로벌 시장 진출 가속화
② 아랍헬스 2025, 50주년 맞아 역대 최대 규모로 개최
③ K-의료기기, 술기 교육 프로그램으로 중동 시장 선도
④ 보건복지부·한국보건산업진흥원, UAE 의료기관과 MOU 체결

13 위 보도자료의 내용과 일치하지 않는 것은?

① 아랍헬스 2025에 10만 명 이상의 글로벌 주요 바이어가 참여했다.
② 아랍헬스 2025의 부스에 참여한 한국 의료기기 기업은 총 8개사이다.
③ 아랍헬스 2025에서 한국 기업들은 총 500만 달러 이상의 수출 계약을 체결했다.
④ 한국보건산업진흥원은 셰이크 칼리파 병원을 방문하여 현지 병원 구매 프로세스를 파악했다.

14 위 보도자료를 읽고 갑~정은 다음 [대화]와 같이 이야기를 나누었다. ㉠에 들어갈 말로 가장 적절한 것은?

[대화]

갑: 아랍헬스 2025에서 한국 의료기기가 글로벌 시장 진출과 관련해 의미 있는 성과를 거뒀다던데, 구체적으로 어떤 결과가 있었나요?
을: 40여 개국의 파트너들과 상담 342건을 진행하고, 상담액 2,007만 달러, 수출 계약액 417만 달러, MOU 3건 등의 실적을 올렸다고 해요.
병: 그런가요? 단순히 제품 전시만 했던 것이 아니군요.
정: 네, (㉠)

① 이번에는 특별히 한국 기업들을 위한 전용 전시관이 마련되어 다른 국가의 기업들보다 우대를 받기도 했어요.
② 공동 전시관에서는 한국 제품의 가격 경쟁력을 강조하기 위해 무료 샘플을 대량으로 배포하는 전략을 사용하기도 했어요.
③ 보건복지부와 한국보건산업진흥원이 중동 지역 병원들과 여러 MOU를 체결하고, 모든 참가 기업이 수출 계약에 성공하기도 했어요.
④ 한국 의료진이 제품 사용 경험과 임상 사례를 소개하는 발표 세션을 진행하고, 참가자들이 직접 제품을 체험할 수 있는 공간을 마련하기도 했어요.

[15~16] 다음 글을 읽고 물음에 답하시오.

고혈압은 심혈관계 질환 및 조기 사망의 주요 위험 인자로 알려져 있다. 질병관리청 국립보건연구원 연구에 따르면, 적절한 신체 활동과 저항성 운동을 병행할 경우 고혈압 발생 위험을 최대 44%까지 낮출 수 있는 것으로 나타났다. ㉠ 이는 12년간의 장기 추적 조사를 통해 40~70대 성인의 운동 습관과 고혈압 발생의 상관관계를 분석한 결과로, 국제 심혈관계 학술지 『Frontiers in Cardiovascular Medicine』에 발표됐다.

기존에는 규칙적인 유산소 신체 활동이 당뇨 및 심장질환 등의 만성질환을 예방할 수 있다고 알려져 있었다. ㉡ 그러나 저항성 운동(근력 운동)이 혈압에 미치는 영향에 대해서는 논란이 있었고, 대부분 단면 조사 연구 결과로 예방 효과에 대한 근거가 부족했다. 이에 연구진은 한국인 유전체 역학 조사 사업의 12년간 추적 조사 자료를 활용하여 유산소 신체 활동 및 저항성 운동과 고혈압 발생 간의 연관성을 확인했다.

세계보건기구(WHO)에서 권고하는 주당 150분 이상의 중강도 유산소 신체 활동(땀이 날 정도 혹은 숨이 차지만 옆 사람과 대화는 가능한 정도의 여가 시간 신체 활동)을 실천하는 사람에게서 고혈압 발생이 유의하게 감소했는데, 남성은 약 31%, 여성은 약 35%의 감소 효과가 있었다. ㉢ 최근 세계보건기구는 고혈압 관리 지침에서 중재 약물의 투여 시점에 관한 권고안을 개정한 바 있다.

㉣ 특히 주목할 만한 점은 유산소 신체 활동과 저항성 운동을 병행했을 때의 효과이다. 저항성 운동은 유산소 신체 활동을 실천하는 여성에서 고혈압 발생 위험을 더욱 낮추었으며, 두 가지 운동을 모두 실천하는 경우 운동하지 않는 사람에 비해 고혈압 발생 위험을 44%까지 감소시켰다. 다만, 남녀 모두에서 저항성 운동만을 수행할 경우에는 유의한 고혈압 예방 효과가 관찰되지 않았다.

연구진은 본 결과가 고혈압 예방을 위한 근거 자료로 활용될 수 있을 것으로 기대한다고 밝혔으며, 향후 저항성 운동의 고혈압 예방 효과에 관한 성별 차이의 원인에 대해 추가적으로 연구를 진행할 계획이다. 제1저자인 박○○ 박사는 "저항성 운동의 강도까지 고려한 후속 연구를 통해 성별에 따른 고혈압 발생을 효과적으로 예방할 수 있는 최적의 운동 유형, 빈도, 운동 시간 및 기간 등을 밝힐 수 있을 것"이라고 말했다.

15 위 글의 내용과 일치하지 않는 것을 [보기]에서 모두 고르면?

[보기]

ㄱ. 유산소 신체 활동 없이 저항성 운동만 수행할 경우에도 고혈압 예방 효과가 뚜렷하게 나타난다.
ㄴ. 유산소 신체 활동을 실천하는 여성이 저항성 운동까지 병행하면 고혈압 발생 위험이 더욱 낮아진다.
ㄷ. 질병관리청 국립보건연구원 연구진은 유산소 신체 활동 및 저항성 운동과 고혈압 발생 사이의 연관성을 확인했다.
ㄹ. 주당 150분 이상의 중강도 유산소 신체 활동을 실천하는 경우의 고혈압 발생 감소 효과는 남성이 여성보다 더 크다.

① ㄱ, ㄴ
② ㄱ, ㄹ
③ ㄴ, ㄷ
④ ㄷ, ㄹ

16 위 글의 흐름상 ㉠~㉣ 중 삭제되어야 하는 문장은?

① ㉠
② ㉡
③ ㉢
④ ㉣

[17~18] 다음 보도자료를 읽고 물음에 답하시오.

보 도 자 료			
보도 일시	배포 즉시	배포일	2024. 9. 29.(일)
배포 기관	보건복지부	담당 부서	건강정책과

□ 9월 30일(월)부터 전국 동네 의원에서 고혈압·당뇨병 관리 서비스가 본격 시행된다. 고혈압·당뇨병 환자는 가까운 동네 의원에서 검사를 통해 환자 맞춤형 관리 계획을 세우고 질병에 관한 교육·상담과 생활 습관 개선 등을 위한 다양한 환자 관리 서비스(1년 주기)를 받을 수 있다.

□ 고혈압·당뇨병은 운동, 식생활 등 꾸준한 일상 속 관리가 중요한 질환임에도 이전에는 질환 진단, 약 처방 등의 단편적 관리만 이루어졌다. 동네 의원에서의 지속이고 포괄적인 관리를 통해 고혈압·당뇨병 환자 개인의 질환 관리 수준을 높이고, 나아가 효율적인 의료 전달 체계 구축에도 기여하고자 시작된 일차 의료 만성질환 관리 사업이 약 5년간의 시범 사업을 거쳐 본격 시행되는 것이다.

□ 환자가 적극적으로 질환을 관리하도록 하기 위해 고혈압·당뇨병 관리 서비스에 참여하면 환자 본인부담률을 의원 외래 법정 본인부담률인 30%에서 20%로 경감하여 적용한다.*
  * 만성질환 통합 관리료, 고혈압·당뇨병 관련 검사료, 재진 진찰료에 한함

□ (㉠) 걷기 등 스스로 건강 생활을 실천하거나 의원에서 제공하는 서비스에 지속적으로 참여하는 경우 연간 최대 8만 원 상당의 포인트를 받을 수 있는 건강생활실천지원금 제도도 마련됐다.* 적립한 포인트는 지정된 온라인 쇼핑몰에서 사용 가능하며, 전국 의원에서 진료비 결제에도 사용할 수 있다.**
  * 신청 방법: ① 국민건강보험공단 앱(The건강보험), 홈페이지(www.nhis.or.kr) 신청, ② 국민건강보험공단 지사 팩스 신청, ③ 국민건강보험공단 지사 방문 신청
  ** 이용 방법: 한국조폐공사 앱(chak)에서 건강실천카드를 신청한 후, 수령한 카드를 결제 시 이용

□ 보건복지부 배○○ 건강정책국장은 "이번에 고혈압·당뇨병 관리 서비스가 전국으로 확대 시행됨에 따라 고혈압·당뇨병 환자분들이 동네 의원과 함께 적극적으로 질환을 관리하여 합병증을 예방하고 더욱 건강해지는 계기가 되기를 희망한다."라고 말하며, "앱 사용이 어려운 고령자도 건강생활실천지원금을 쉽게 신청하고 사용할 수 있도록 지속적으로 제도를 개선해 나가겠다."라고 밝혔다.

17 다음 [대화]는 '고혈압·당뇨병 관리 서비스'에 대해 갑과 을이 나눈 이야기이다. 위 보도자료에 따를 때, ⓐ에 들어갈 수 있는 말로 가장 적절한 것은?

[대화]

갑: 고혈압·당뇨병 관리 서비스가 전국적으로 확대 시행된다는 소식 들으셨어요?
을: 네, 고혈압이나 당뇨병 환자가 가까운 동네 의원을 방문하여 맞춤형 관리 계획을 세우고 교육과 상담도 받는 포괄적인 환자 관리 서비스라고 하네요.
갑: 맞습니다. 서비스에 참여하는 환자들은 건강생활실천지원금도 포인트로 지급받을 수 있다던데, 구체적으로 어떤 내용인지 아시나요?
을: 네, (ⓐ   )

① 지급받을 수 있는 포인트는 월간 최대 8만 원 상당하는 금액이에요.
② 스스로 건강 생활을 실천하거나 의원에서 제공하는 서비스에 지속적으로 참여하는 경우에 받을 수 있어요.
③ 포인트 이용을 위해서는 건강실천카드가 필요하며, 해당 카드는 국민건강보험공단 앱에서 신청할 수 있어요.
④ 지급받은 포인트는 만성질환 통합 관리료, 고혈압·당뇨병 관련 검사료, 재진 진찰료에 한해 이용할 수 있어요.

18 위 보도자료의 ㉠에 들어갈 접속어로 가장 적절한 것은?

① 또한
② 반면
③ 특히
④ 예컨대

[19~20] 다음 글을 읽고 물음에 답하시오.

> 보건복지부는 2024년 5월 1일(수)부터 노년기 건강증진을 위한 골다공증 치료제의 급여 기간을 확대(1 → 3년)하고, 임산부, 암 환자 등을 대상으로 수혈을 대체할 수 있는 고함량 철분 주사제 신약에 대해 새롭게 급여를 적용한다고 밝혔다.
>
> 먼저, 골다공증 치료제의 경우, '골다공증' 상태에서 투약 후 '골감소증' 수준으로 호전되어도 골절 고위험군임을 감안하여 최대 3년까지 급여 적용 기간을 늘린다. 이번 개정은 대한내분비학회 등 임상 전문가와 급여 우선 순위 논의를 거쳐 1년 투여 후 골밀도 측정 값이 $-2.5 < T-score \leq -2.0$일 경우, 추가 2년간 지속 투여를 급여로 인정하는 것으로 대상 환자 수는 45,000명 정도로 추산된다. 급여 확대를 통해 50대 이상, 특히 폐경기 여성 골다공증 환자의 골절 예방에 도움을 주어 골절로 인한 환자 의료비 부담 등이 절감될 것으로 기대한다.
>
> 또한, 임산부, 투석 중인 만성신부전, 암 환자 중 철결핍성 빈혈임에도 경구용 철분제에 효과가 없거나 부작용 문제로 투여가 어려운 경우에 사용할 수 있는 고함량 철분 주사제 신약을 새롭게 건강보험에 적용하여 중증 환자의 치료 접근성을 높이고 환자의 경제적 부담을 완화한다. 이번에 등재되는 신약은 기존 철분 주사제 투여 시 시간이 오래 걸리고 여러 번 병원을 방문해야 하는 어려움을 덜어 환자의 경제적 부담을 완화하고 치료 편의성을 높였다. 한 차례 주사로 체내에 충분한 철분을 보충할 수 있는 장점이 있기 때문에 산부인과 제왕절개, 다양한 여성암 수술, 정형외과 수술 등으로 인해 출혈이 발생하는 경우 수혈 대신 사용할 수 있어 이를 필요로 하는 환자에게도 큰 도움이 될 것으로 기대한다. 대상 환자 수는 약 143,000명으로 추정하며, 환자 1인당 연간 1회 1병(20ml) 기준으로 약 11.6만 원을 부담하였으나, 이번 건강보험 적용으로 약 3.5만 원만 부담하면 된다.
>
> 보건복지부 이○○ 건강보험정책국장은 "이번 골다공증 치료제 급여 확대로 폐경기 여성의 골절 감소 등 여성 건강 증진에 도움을 드리고, 수혈 대체 신약에 대한 급여 적용 등 중증 질환자에 대한 보장성 강화를 지속적으로 추진하겠다."라고 말했다.

19 위 글의 제목으로 가장 적절한 것은?

① 골다공증 환자 치료 비용 개선으로 의료 부담 완화
② 철결핍성 빈혈 환자를 위한 고함량 철분 주사제 보험 적용
③ 여성 골다공증 치료제 급여 기간 연장 및 치료 효과 분석 결과
④ 골다공증 치료제 급여 확대와 고함량 철분 주사제 신규 급여 적용

20 국민건강보험공단의 김 대리는 위 글을 바탕으로 다음 [보고서]를 작성하였다. ㉠에 들어갈 문장으로 가장 적절한 것은?

―――― [보고서] ――――

고함량 철분 주사제 신약은 기존 처방 방식과 비교해 철결핍성 빈혈 환자들에게 여러 장점이 있다. 첫째, 경구용 철분제에 효과가 없거나 부작용이 있는 환자도 주사제 형태로 투여할 수 있다. 둘째, 기존 철분 주사제에 비해 투여 시간이 짧고 병원을 여러 전 방문하지 않아도 되기 때문에 환자의 편의성이 높아진다. 셋째, (㉠)

① 경구용 철분제보다 부작용이 현저히 적어 안전성이 높다.
② 경구용 철분제나 기존 철분 주사제에 비해 비용이 저렴하다.
③ 골다공증과 철결핍성 빈혈을 동시에 치료할 수 있어 효율성이 높다.
④ 한 차례 주사로 체내에 충분한 철분을 보충할 수 있어 수혈을 대체할 수 있다.

[21~22] 다음 [표]는 2018~2024년 중증질환 산정특례 등록자 수에 관한 자료이다. 이를 보고 물음에 답하시오.

[표] 중증질환 산정특례 등록자 수

(단위: 명)

구분	2018년	2019년	2020년	2021년	2022년	2023년	2024년
암	1,220,000	1,248,102	1,276,918	1,327,385	1,385,235	1,477,790	1,550,000
희귀질환	290,000	297,119	298,988	311,179	328,119	354,849	370,000
중증난치질환	570,000	583,472	607,557	639,932	676,453	720,048	750,000
뇌혈관질환	66,000	68,576	70,577	70,552	64,899	80,403	85,000
심장질환	100,000	104,909	103,734	106,570	102,622	123,482	130,000
중증화상	21,000	22,177	22,976	6,821	2,891	3,226	3,500
결핵 및 잠복결핵 감염	50,000	47,442	39,224	51,152	65,490	98,428	98,000
중증외상	3,300	3,529	3,939	4,105	4,388	4,420	4,500
중증치매	40,000	41,776	49,280	56,637	63,103	69,803	75,000

21 위 [표]에 대한 설명으로 옳지 않은 것은?

① 2021년에 산정특례 등록자 수가 전년 대비 감소한 중증질환은 2개이다.
② 2022년에 암 산정특례 등록자 수는 뇌혈관질환 산정특례 등록자 수의 22배 이상이다.
③ 2019년에 심장질환 산정특례 등록자 수는 희귀질환 산정특례 등록자 수의 30% 이상이다.
④ 2024년 결핵 및 잠복결핵 감염 산정특례 등록자 수는 2018년 대비 95% 이상 증가하였다.

22 다음 [보고서]는 김 사원이 위 [표]를 토대로 작성한 내용 중 일부이다. ㉠과 ㉡에 들어갈 값을 더하면? (단, ㉠과 ㉡ 계산 시 소수점 아래 첫째 자리에서 반올림한다)

──────[보고서]──────
• 2021년에 중증치매 산정특례 등록자 수는 암 산정특례 등록자 수 대비 (㉠)%이다.
• 2022년 뇌혈관질환 산정특례 등록자 수의 전년 대비 감소율은 (㉡)%이다.

① 9 ② 10 ③ 11 ④ 12

[23~24] 다음 [표]는 2018~2023년 방문건강관리 사업 현황에 관한 자료이다. 이를 보고 물음에 답하시오.

[표 1] 방문건강관리 사업 대상자 수

(단위: 명)

구분	2018년	2019년	2020년	2021년	2022년	2023년
노인	235,000	241,000	250,400	249,000	260,000	258,500
장애인	44,300	45,200	46,700	47,500	49,100	49,700
독거 가구	17,000	17,500	18,000	18,200	18,700	19,000
기타 취약계층	31,500	32,100	33,400	33,800	34,600	35,500

[표 2] 방문건강관리 사업 참여자 수

(단위: 명)

구분	2018년	2019년	2020년	2021년	2022년	2023년
노인	184,300	178,900	196,000	184,700	185,000	186,700
장애인	32,700	36,000	35,100	33,400	34,500	38,400
독거 가구	12,700	13,300	13,200	12,900	14,300	15,000
기타 취약계층	24,000	23,200	26,200	26,200	25,600	25,000

※ [표 1]과 [표 2]에서 한 사람은 두 가지 이상의 항목에 중복 분류되지 않음

23 위 [표]에 대한 설명으로 옳지 않은 것은?

① 2020년 방문건강관리 사업 대상자 대비 참여자 비율은 75% 이상이다.
② 2023년 방문건강관리 사업 대상자에서 기타 취약계층 수는 2018년 대비 10% 이상 증가하였다.
③ 2019~2023년 동안 방문건강관리 사업 참여자 수의 전년 대비 증감 방향은 장애인과 독거 가구가 매해 동일하다.
④ 2019년 방문건강관리 사업 참여자에서 노인 수는 장애인, 독거 가구, 기타 취약계층 수를 합한 것의 2.8배 이상이다.

24 다음 [보고서]는 이 대리가 위 [표]를 토대로 작성한 내용 중 일부이다. ㉠~㉢에 들어갈 값을 크기가 큰 순서대로 나열하면?

─── [보고서] ───

• 2020년에 방문건강관리 사업 참여자에서 노인 수는 독거 가구 수의 (㉠)배이다.
• 2023년 방문건강관리 사업 대상자에서 장애인 수는 2018년 대비 (㉡)% 증가하였다.
• 2021년에 방문건강관리 사업 참여자에서 기타 취약계층 수는 노인 수 대비 (㉢)%이다.

① ㉠>㉡>㉢   ② ㉠>㉢>㉡   ③ ㉢>㉠>㉡   ④ ㉢>㉡>㉠

[25~26] 다음 [표]는 2018~2023년 A~F 지역별 직장가입자 및 피부양자에 관한 자료이다. 이를 보고 물음에 답하시오.

[표 1] 지역별 직장가입자 대비 피부양자 비율

(단위: %)

구분	2018년	2019년	2020년	2021년	2022년	2023년
A 지역	26.3	26.5	26.9	26.7	26.8	26.6
B 지역	27.0	27.2	27.5	27.7	27.8	27.6
C 지역	24.0	24.1	24.4	24.9	24.7	24.8
D 지역	25.4	25.3	25.7	25.9	25.6	25.8
E 지역	28.1	28.0	28.2	28.3	28.5	28.4
F 지역	26.0	26.2	26.1	26.7	26.6	26.5

[표 2] 지역별 피부양자 수

(단위: 천 명)

구분	2018년	2019년	2020년	2021년	2022년	2023년
A 지역	1,315	1,351	1,398	1,415	1,447	1,463
B 지역	1,620	1,659	1,718	1,772	1,820	1,849
C 지역	840	855	878	908	913	930
D 지역	558	569	591	608	614	632
E 지역	505	518	535	551	570	582
F 지역	546	563	574	594	611	622

25 위 [표]에 대한 설명으로 옳지 않은 것은?

① 2023년 E 지역의 직장가입자 수는 전년 대비 증가하였다.
② 조사 기간 동안 A 지역의 연평균 피부양자 수는 1,400천 명 이상이다.
③ 제시된 6개 지역의 2018년 피부양자 수에서 A 지역과 B 지역의 피부양자 수가 차지하는 비중은 52% 이상이다.
④ 제시된 6개 지역 중 2019~2022년 동안 직장가입자 대비 피부양자 비율이 전년 대비 감소한 적이 있는 곳은 5개이다.

26 다음 [대화]는 국민건강보험공단의 박 과장과 최 사원이 업무와 관련하여 주고받은 이야기이다. 위 [표]를 토대로 할 때, 최 사원이 박 과장에게 제출할 그래프로 옳은 것은?

―[대화]―

박 과장: 최 대리님, A~F 지역 중에서 2020년 대비 2023년에 직장가입자 수가 늘어난 지역에 대해, 해당 지역별 2023년 직장가입자 수를 막대그래프로 그려서 제출하도록 하세요. 지역별 직장가입자 수는 소수점 아래 첫째 자리에서 반올림하시면 됩니다.

최 사원: 네, 알겠습니다.

①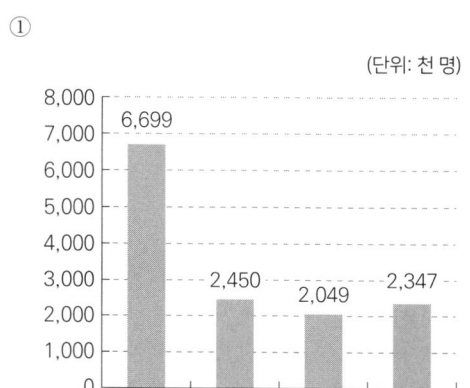

②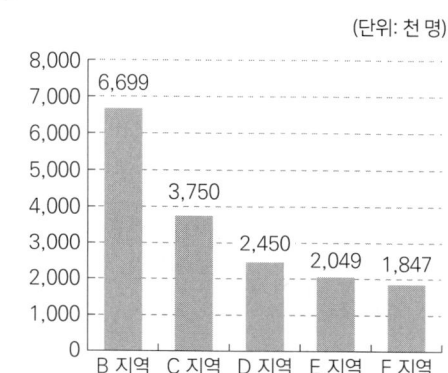

③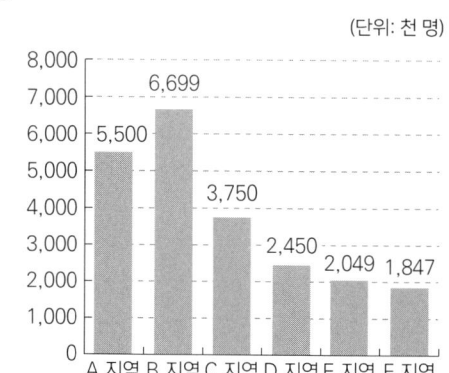

④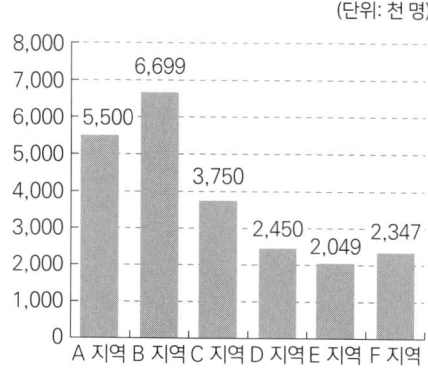

[27~28] 다음 [표]는 2019~2024년 프로그램 참여자 및 이수자 수에 관한 자료이다. 이를 보고 물음에 답하시오.

[표 1] 프로그램 참여자 수

(단위: 명)

구분	2019년	2020년	2021년	2022년	2023년	2024년
금연 클리닉	79,602	80,935	83,860	84,770	83,606	85,571
비만 관리	31,400	32,020	34,314	33,421	35,566	34,914
만성질환 예방	22,230	23,758	24,287	24,372	24,899	25,471
스트레스 관리	15,163	15,130	16,161	16,008	16,069	16,343
운동 프로그램	17,991	18,413	19,805	19,685	19,691	20,955
기타	9,576	9,760	11,159	10,813	11,221	11,152

[표 2] 프로그램 이수자 수

(단위: 명)

구분	2019년	2020년	2021년	2022년	2023년	2024년
금연 클리닉	62,381	60,692	69,339	60,481	62,714	65,712
비만 관리	24,788	27,807	24,977	26,850	29,241	24,130
만성질환 예방	18,357	17,127	16,894	22,123	22,701	22,262
스트레스 관리	11,419	10,643	13,643	12,576	11,397	13,055
운동 프로그램	12,382	16,539	14,697	16,515	14,862	16,864
기타	7,768	7,069	10,184	9,364	10,160	9,978

※ 이수율(%) = 이수자 수/참여자 수 × 100

27 위 [표]에 대한 설명으로 옳지 않은 것은?

① 2024년 기타를 제외한 프로그램 중 이수율이 가장 높은 프로그램은 운동 프로그램이다.
② 2020~2024년 동안 매해 참여자 수가 전년 대비 증가하는 프로그램은 만성질환 예방뿐이다.
③ 2023년에 비만 관리 참여자 수는 스트레스 관리 참여자 수보다 2020년 대비 높은 비율로 증가하였다.
④ 2020년에 비만 관리, 만성질환 예방, 운동 프로그램 이수자 수의 합은 금연 클리닉 이수자 수보다 많다.

28 위 [표]에 대한 설명으로 옳은 것을 [보기]에서 모두 고르면?

―――――――――――[보기]―――――――――――
ㄱ. 2021년 스트레스 관리 참여자 중 미이수자는 2,518명이다.
ㄴ. 2020년 프로그램 이수자 중 만성질환 예방 이수자의 비중은 전년 대비 증가하였다.
ㄷ. 2023년에 비만 관리 이수자는 금연 클리닉 이수자보다 전년 대비 높은 비율로 증가하였다.

① ㄱ
② ㄴ
③ ㄱ, ㄷ
④ ㄱ, ㄴ, ㄷ

[29~30] 다음 [표]는 2019~2023년 수술 종류별 수술비에 관한 자료이다. 이를 보고 물음에 답하시오.

[표 1] 수술 종류별 수술비

(단위: 백만 원)

구분	2019년	2020년	2021년	2022년	2023년
수정체수술	578,020	635,205	739,154	736,634	619,782
편도수술	41,178	35,229	23,039	20,778	30,979
충수절제술	205,539	191,666	185,914	177,817	193,665
탈장수술	53,681	53,889	57,521	58,262	66,440
항문수술	263,124	271,812	267,681	267,062	267,745
자궁수술	302,150	304,361	321,438	304,002	319,901
제왕절개	342,071	336,265	351,210	371,229	380,217

[표 2] 수술 종류별 1건당 수술비

(단위: 천 원)

구분	2019년	2020년	2021년	2022년	2023년
수정체수술	935	1,035	1,063	1,091	1,140
편도수술	1,251	1,473	1,501	1,576	1,728
충수절제술	3,106	3,554	3,732	3,869	4,113
탈장수술	1,924	2,278	2,365	2,395	2,520
항문수술	1,109	1,147	1,156	1,168	1,183
자궁수술	3,193	3,807	3,970	4,081	4,224
제왕절개	2,314	2,451	2,574	2,696	2,790

29 위 [표]에 대한 설명으로 옳지 않은 것은?

① 2022년 충수절제술 건수는 전년 대비 증가하였다.
② 2023년 탈장수술 수술비는 2020년 대비 20% 이상 증가하였다.
③ 조사 기간 중 자궁수술과 제왕절개의 1건당 수술비 차이가 가장 큰 해는 2023년이다.
④ 2020~2023년 동안 편도수술과 충수절제술 수술비의 전년 대비 증감 방향은 매해 동일하다.

30 위 [표]를 토대로 작성한 그래프로 옳지 않은 것은?

① 2019~2023년 수정체수술 건수

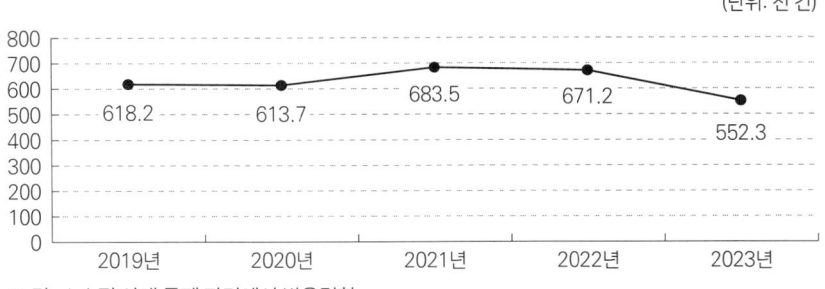

※ 단, 소수점 아래 둘째 자리에서 반올림함

② 2020~2023년 제왕절개 수술비의 전년 대비 증가액

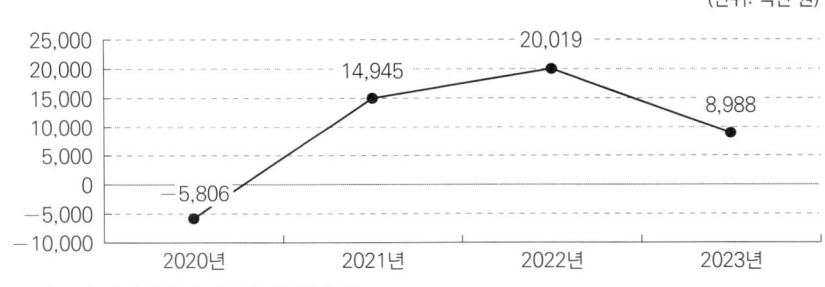

※ 단, 소수점 아래 둘째 자리에서 반올림함

③ 2019~2023년 탈장수술과 편도수술 각 1건당 수술비의 합

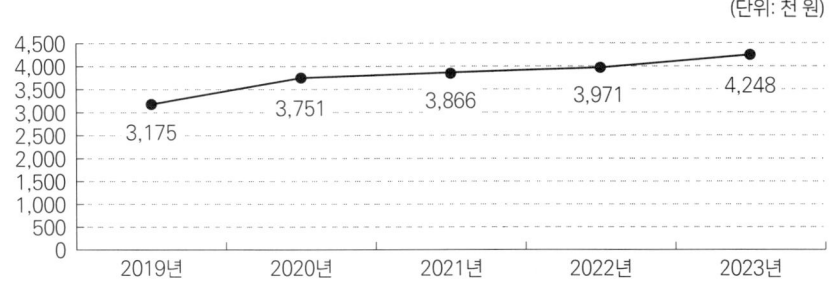

④ 2020~2023년 항문수술 1건당 수술비의 전년 대비 증가율

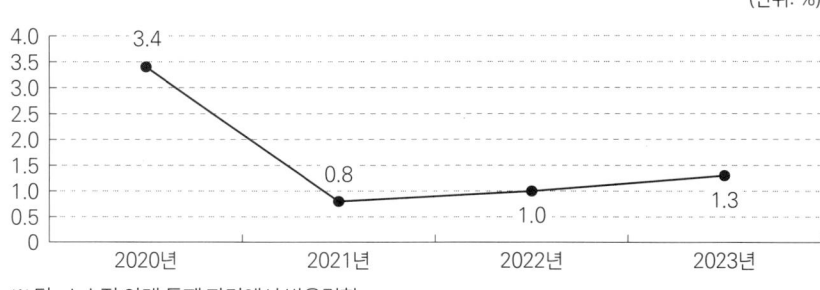

※ 단, 소수점 아래 둘째 자리에서 반올림함

[31~32] 다음 [표]는 2019~2023년 연령대별 뇌사자 장기기증자 수에 관한 자료이다. 이를 보고 물음에 답하시오.

[표] 연령대별 뇌사자 장기기증자 수

(단위: 명)

구분	2019년	2020년	2021년	2022년	2023년
합계	450	478	442	405	483
5세 이하	7	4	2	4	4
6세 이상 10세 이하	3	3	4	5	0
11세 이상 18세 이하	14	11	18	8	9
19세 이상 34세 이하	68	74	56	71	97
35세 이상 49세 이하	145	126	106	98	118
50세 이상 64세 이하	156	184	186	155	174
65세 이상	57	76	70	64	81

31 위 [표]에 대한 설명으로 옳지 않은 것은?

① 2022년 전체 뇌사자 장기기증자 수는 2020년 대비 15% 이상 감소하였다.
② 2023년 전체 뇌사자 장기기증자 중 65세 이상 비중은 2021년 대비 증가하였다.
③ 2020~2023년 중 뇌사자 장기기증자 수가 전년 대비 감소한 해가 3개년인 연령대는 1개이다.
④ 조사 기간 중 6세 이상 10세 이하 뇌사자 장기기증자 수가 가장 많은 해에 35세 이상 뇌사자 장기기증자 수는 34세 이하 뇌사자 장기기증자 수보다 219명 더 많다.

32 다음 [보고서]는 정 사원이 위 [표]를 토대로 작성한 내용 중 일부이다. ㉠~㉢에 들어갈 값을 크기가 큰 순서대로 나열하면?

[보고서]

- 2020년 전체 뇌사자 장기기증자 중 35세 이상 49세 이하의 비중은 (㉠)%이다.
- 2023년 19세 이상 34세 이하 뇌사자 장기기증자는 전년 대비 (㉡)% 증가하였다.
- 2020년 50세 이상 64세 이하 뇌사자 장기기증자는 전년 대비 (㉢)명 증가하였다.

① ㉡>㉠>㉢   ② ㉡>㉢>㉠   ③ ㉢>㉠>㉡   ④ ㉢>㉡>㉠

[33~34] 다음 [표]는 2018~2023년 정신건강 관련 기관 수에 관한 자료이다. 이를 보고 물음에 답하시오.

[표] 정신건강 관련 기관 수

(단위: 개)

구분	2018년	2019년	2020년	2021년	2022년	2023년
합계	2,415	2,562	2,661	2,759	2,844	2,949
서울	578	637	680	726	758	786
부산	178	200	206	211	214	226
대구	121	123	128	133	137	143
인천	112	119	121	122	126	130
광주	84	85	89	89	88	89
대전	116	121	123	126	132	135
울산	38	39	40	40	42	45
세종	13	14	15	15	19	21
경기	469	482	513	547	563	599
강원	74	73	70	72	71	70
충북	79	81	81	78	83	88
충남	110	111	113	110	109	114
전북	104	106	112	115	118	116
전남	83	83	83	86	88	90
경북	120	127	121	121	121	120
경남	121	123	128	130	133	133
제주	15	38	38	38	42	44

33 위 [표]에 대한 설명으로 옳지 않은 것은?

① 정신건강 관련 기관 수의 2018년 대비 2023년 증가율은 대구가 인천보다 더 높다.
② 2019~2023년 동안 매년 정신건강 관련 기관 수가 전년 대비 증가한 지역은 6곳이다.
③ 조사 기간 동안 연평균 정신건강 관련 기관 수는 대전이 제주보다 80개 이상 더 많다.
④ 2022년 정신건강 관련 기관 수 하위 5개의 지역들이 전체에서 차지하는 비중은 10% 이상이다.

34 위 [표]에 따를 때, 2023년 제주의 정신건강 관련 기관 수의 전년 대비 증가율과 2018년 대비 증가율의 합은? (단, 증가율은 소수점 아래 둘째 자리에서 반올림한다)

① 196.9%p   ② 197.5%p   ③ 198.1%p   ④ 198.6%p

[35~36] 다음 [표]는 2019~2024년 등록 장애인 건강검진 수검률 및 수검자 수에 관한 자료이다. 이를 보고 물음에 답하시오.

[표 1] 등록 장애인 건강검진 수검률

(단위: %)

구분	시각장애	청각장애	지체장애	지적장애	언어장애
2019년	64.5	63.2	68.0	54.0	58.3
2020년	66.0	64.1	67.5	55.0	57.8
2021년	65.2	65.5	68.2	56.2	58.0
2022년	67.4	64.9	69.5	57.5	59.2
2023년	66.7	65.8	70.0	57.2	58.9
2024년	67.2	66.4	69.8	58.0	59.5

[표 2] 등록 장애인 건강검진 수검자 수

(단위: 명)

구분	시각장애	청각장애	지체장애	지적장애	언어장애
2019년	96,750	88,480	136,000	48,600	49,555
2020년	102,300	91,662	138,375	50,600	50,286
2021년	103,016	95,302	143,220	52,828	51,620
2022년	107,840	96,052	149,425	55,199	53,872
2023년	110,055	98,699	154,000	56,056	54,777
2024년	112,896	101,592	157,050	57,999	56,525

35 위 [표]에 대한 설명으로 옳지 않은 것은?

① 2022년에 제시된 5가지 등록 장애인 건강검진 수검자 수에서 등록 청각장애인이 차지하는 비중은 20% 이상이다.
② 조사 기간 동안 연평균 건강검진 수검자 수는 등록 지체장애인이 등록 언어장애인보다 10만 명 이상 이상 더 많다.
③ 2024년에 제시된 5가지 등록 장애인 중에서 건강검진 수검률의 전년 대비 증가율이 가장 큰 종류는 지적장애인이다.
④ 조사 기간 중 등록 시각장애인과 등록 지적장애인 간 건강검진 수검률의 수치상 차이(%p)가 가장 큰 해는 2020년이다.

36 다음 [보고서]는 이 대리가 위 [표]를 토대로 작성한 내용 중 일부이다. ㉠~㉢에 들어갈 값을 크기가 큰 순서대로 나열하면?

[보고서]
- 2023년 등록 청각장애인 건강검진 수검률은 2019년 대비 (㉠)% 증가하였다.
- 2022년 등록 언어장애인 건강검진 수검자 수는 2020년 대비 (㉡)% 증가하였다.
- 2019년 등록 시각장애인과 등록 청각장애인 간 건강검진 수검률 차이는 (㉢)%p이다.

① ㉠＞㉡＞㉢   ② ㉠＞㉢＞㉡   ③ ㉡＞㉠＞㉢   ④ ㉡＞㉢＞㉠

[37~38] 다음 [그림]은 2018~2024년 자동이체 가입자 및 해지자 수와 가입자의 납부 금액에 관한 자료이다. 이를 보고 물음에 답하시오.

[그림 1] 자동이체 가입자 및 해지자 수

(단위: 명)

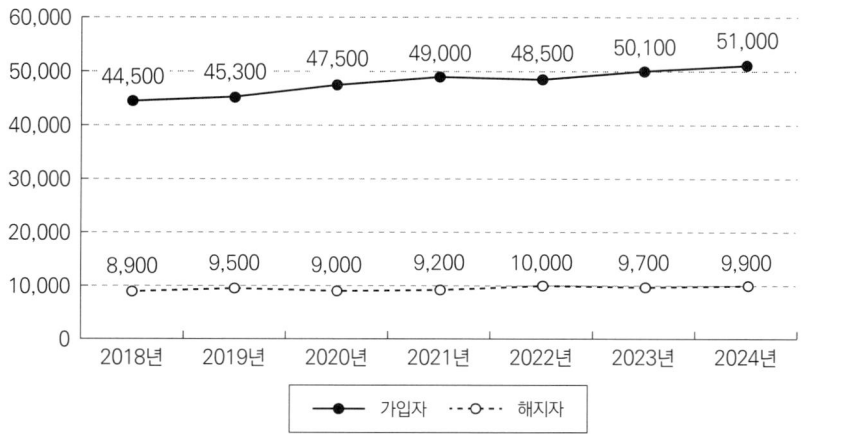

※ 1) 가입자는 당해 신규 가입자를 뜻하며, 해지자는 당해 신규 가입자 중 해지자를 뜻함
  2) 유지율(%)=(가입자-해지자)/가입자×100

[그림 2] 자동이체 가입자의 납부 금액

(단위: 억 원)

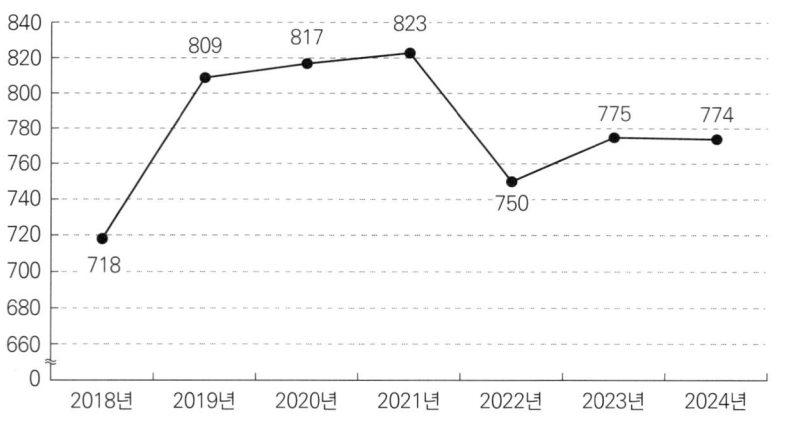

37 위 [그림]에 대한 설명으로 옳지 않은 것은?

① 2024년 자동이체 유지율은 2022년 대비 감소하였다.
② 2024년 해지자는 2018년 대비 11% 이상 증가하였다.
③ 조사 기간 동안 연평균 자동이체 가입자 수는 48,000명 이하이다.
④ 2022년 자동이체 가입자의 납부 금액은 전년 대비 감소율은 10% 이하이다.

38 위 [그림]에 대한 설명으로 옳은 것을 [보기]에서 모두 고르면?

[보기]
ㄱ. 2020년 자동이체 유지율은 전년 대비 증가하였다.
ㄴ. 2021년 자동이체 가입자의 납부 금액은 2018년 대비 14% 이상 증가하였다.
ㄷ. 2019~2024년 동안 자동이체 가입자 수와 해지자 수의 전년 대비 증감 방향은 매해 동일하다.

① ㄱ　　　　② ㄱ, ㄴ　　　　③ ㄴ, ㄷ　　　　④ ㄱ, ㄴ, ㄷ

[39~40] 다음 [표]는 2019~2023년 요양기관별 진료비 청구 금액 및 진료 건수에 관한 자료이다. 이를 보고 물음에 답하시오.

[표 1] 요양기관별 진료비 청구 금액

(단위: 억 원)

구분		2019년	2020년	2021년	2022년	2023년
상급종합병원		149,705	152,140	169,903	173,013	216,679
	입원	97,162	98,126	108,709	108,203	138,011
	외래	52,542	54,014	61,194	64,810	78,668
종합병원		147,210	149,134	160,788	173,572	185,264
	입원	98,464	99,594	105,093	106,019	120,970
	외래	48,746	49,540	55,695	67,553	64,294
병원		75,716	77,535	82,375	90,799	92,178
	입원	48,638	50,946	52,313	53,470	59,252
	외래	27,078	26,589	30,062	37,329	32,926
요양병원		59,293	61,634	57,205	56,442	55,560
	입원	57,692	60,078	55,873	54,047	54,171
	외래	1,601	1,555	1,332	2,396	1,390
의원		168,644	170,342	187,710	231,199	246,496
	입원	14,842	15,828	16,851	17,140	16,641
	외래	153,803	154,514	170,859	214,059	229,855

[표 2] 요양기관별 진료 건수

(단위: 천 건)

구분		2019년	2020년	2021년	2022년	2023년
상급종합병원		2,566	2,568	2,822	2,833	2,990
	입원	180	198	207	223	232
	외래	2,386	2,370	2,615	2,609	2,758
종합병원		7,431	7,051	7,159	7,514	7,558
	입원	464	435	439	482	502
	외래	6,967	6,616	6,721	7,033	7,056
병원		4,579	4,255	3,805	3,672	3,435
	입원	705	674	456	290	285
	외래	3,874	3,581	3,349	3,382	3,151
요양병원		1,981	1,981	1,645	1,847	1,709
	입원	1,308	1,328	1,167	1,342	1,242
	외래	673	653	478	505	467

의원	31,659	30,412	30,658	32,272	33,375
입원	63	71	79	89	92
외래	31,596	30,341	30,579	32,183	33,283

39 위 [표]에 대한 설명으로 옳지 않은 것은?

① 2021년 요양병원 진료 건수 중 입원의 비중은 65% 이상이다.
② 2022년 진료 1건당 청구 금액이 가장 높은 요양기관은 요양병원이다.
③ 2020년 모든 요양기관의 입원 진료비 청구 금액은 전년 대비 증가하였다.
④ 2023년 상급종합병원 외래 진료 건수는 2019년 대비 12% 이상 증가하였다.

40 위 [표]를 토대로 작성한 그래프로 옳지 않은 것은?

① 2020~2023년 의원 진료 건수의 전년 대비 증가량

② 2021년 요양기관별 입원과 외래의 진료비 청구 금액 차이

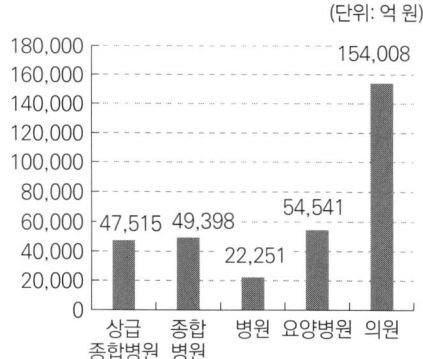

③ 2020~2023년 상급종합병원 입원 진료 건수의 전년 대비 증가율

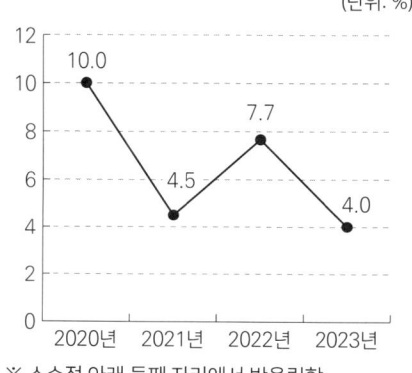

※ 소수점 아래 둘째 자리에서 반올림함

④ 2020~2023년 요양병원 외래 진료비 청구 금액의 전년 대비 증가량

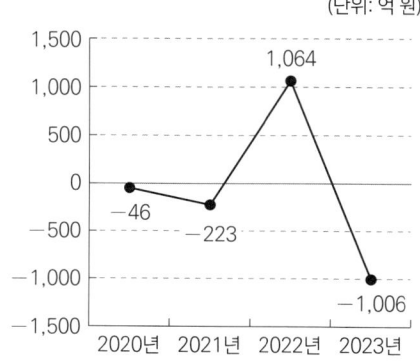

[41~42] 다음은 '미숙아 및 선천성이상아 의료비 지원'에 관한 자료이다. 이를 읽고 물음에 답하시오.

1. 지원 대상

   미숙아 및 선천성이상아로서 중환자실에 입원하여 치료 또는 수술을 받은 경우

2. 지원 내용

(1) 미숙아 의료비 지원
  - 미숙아: 임신 37주 미만의 출생아 또는 출생 시 체중이 2,500g 미만인 출생아
  - 지원 요건: 출생 후 24시간 이내 긴급한 수술 및 치료가 필요하여 신생아중환자실에 입원한 미숙아에 한하며, 미숙아라고 할지라도 일반신생아실 입원 시는 제외

(2) 선천성이상아 의료비 지원
  - 선천성이상아: 출생 후 2년 이내 선천성이상(Q코드)으로 진단받은 경우
  - 지원 요건: 선천성이상 질환을 치료하기 위해 출생 후 2년 이내 입원하여 수술한 경우에 한해 그에 따른 치료 비용에 한하여 지원하며, 기능상 문제로 인한 치료 목적의 수술이 아닌 외모 개선 목적의 수술은 제외
    ※ 선천성부이개(Q17.0, Q82.8 포함), 설유착증(Q38.1) 및 구개구순(Q35~Q37) 수술 시 동반한 코 성형은 지원 제외. 다만, 진단서 등에 '기능상 문제로 인해 수술이 반드시 필요하다'는 명확한 사유의 소견이 포함되어 있고, 실제로도 수술 전 구체적으로 어떠한 기능상 문제가 있었는지와 수술을 통해 정상 기능 회복 및 기능 개선 목적 등이 확인 가능한 경우 지원 가능

3. 신청 방법

   신생아 주민등록 소재지의 관할 보건소 방문 신청 또는 e보건소 공공보건포털, 아이마중 앱 등에서 온라인 신청

4. 준비물
  - 공통: 지원 신청서, 진료비 영수증, 진료비 세부 내역서, 통장 사본, 주민등록등본 각 1부
    ※ 필요시 가족관계증명서, 건강보험증 사본 및 건강보험료 납부 확인서, 소견서 각 1부
  - 미숙아: 출생 보고서 또는 출생 증명서 1부
  - 선천성이상아: 질병명과 질병 코드가 포함된 진단서, 입·퇴원 확인서 각 1부(진단서상 각각의 입·퇴원 진료 기록이 기재된 경우 생략 가능)

5. 지원 금액
  - 본인부담금 및 비급여 100만 원 이하: 전액 지원
  - 본인부담금 및 비급여 100만 원 초과: 100만 원 이하분 전액 지원, 100만 원 초과분 90% 지원
  - 출생 체중에 따라 최대 지원 금액이 정해지며, 항목 간 중복 지원은 불가능하고 최대 지원 금액이 가장 높은 항목을 기준으로 적용됨
  - 진료비의 비급여에 대한 체중별 최대 지원 금액

출생 시 체중	최대 지원 금액
선천성이상아	500만 원
2,500~2,000g, 재태 기간 37주 미만	300만 원

2,000~1,500g	400만 원
1,500~1,000g	700만 원
1,000g 미만	1,000만 원

6. 지원 제외
   - 공통: 외래 및 재활 치료, 이송비, 제증명서 발급 비용, 병실 입원료, 보호자 식대, 미숙아용 기저귀, 예방 접종비, 치료와 직접 관련이 없는 소모품(체온계 등), 외국 의료기관에서 발생한 진료비 등
   - 미숙아: 재입원 비용, 사후 처치비 등
   - 선천성이상아: 구개구순(Q35~Q37) 수술 시 동반한 코성형, 선천성부이개(Q17.0, Q82.8 포함), 설유착증(Q38.1) 등

41 위 자료를 근거로 판단할 때, '미숙아 및 선천성이상아 의료비 지원'에 대한 설명으로 옳지 않은 것은?

① 구개구순 수술과 동반한 코성형은 어떤 경우에도 선천성이상아 의료비 지원 대상이 될 수 없다.
② 미숙아 의료비 지원에 신청하기 위해서는 출생 보고서나 출생 증명서 중 하나를 반드시 준비하여야 한다.
③ 선천성이상아 의료비 지원 대상은 출생 후 2년 이내에 선천성이상으로 진단받고, 선천성이상 질환을 치료하기 위해 출생 후 2년 이내에 입원하여 수술한 경우이다.
④ 임신 37주 미만의 출생아는 출생 시 체중과 관계없이 출생 후 24시간 이내 긴급한 수술 및 치료가 필요하여 신생아중환자실에 입원한 경우 미숙아 의료비 지원 대상이 된다.

42 위 자료를 근거로 판단할 때, 다음 [상황]의 갑과 을이 '미숙아 및 선천성이상아 의료비 지원'으로 지원받을 수 있는 금액의 총합은 얼마인가? (단, 제시된 내용 외에는 고려하지 않는다)

[상황]
- 갑은 임신 34주 만에 체중 1,800g으로 태어났다. 출생 직후 호흡 곤란으로 신생아중환자실에 입원하여 40일간 치료를 받았다. 총 의료비로 850만 원이 발생했으며, 이 중 본인부담금 및 비급여 항목이 320만 원이었다.
- 을은 체중 2,700g으로 태어나, 출생 후 2개월 만에 선천성 심장질환(Q21.1)으로 진단받고 출생 후 5개월째 입원하여 심장 수술을 받았다. 총 의료비로 600만 원이 발생했으며, 이 중 본인부담금 및 비급여 항목이 280만 원이었다.

① 360만 원   ② 540만 원   ③ 560만 원   ④ 600만 원

[43~44] 다음은 '노인맞춤돌봄 특화 서비스'에 관한 자료이다. 이를 읽고 물음에 답하시오.

1. 사업 목적
   사회적 고립과 우울 위험이 높은 취약 노인을 대상으로 맞춤형 사례 관리를 제공하여 고독사 및 자살을 예방하고, 노인의 심리·정서적 안정과 사회적 관계 회복을 통해 건강한 노후 생활을 지원

2. 지원 대상
   - 기본 대상: 가족, 이웃 등과 접촉이 거의 없어 고독사 및 자살 위험이 높은 65세 이상 노인
   - 예외 적용: 고독사 및 자살 위험이 크다고 판단되는 경우 60세 이상으로 하향 조정 가능(중앙노인돌봄지원기관 승인 필요)

3. 서비스 유형
   - 은둔형 집단: 가족, 이웃 등과 관계가 단절된 노인으로서, 민·관의 복지 지원 및 사회안전망과 연결되지 않은 노인
   - 우울형 집단: 정신건강 문제로 일상생활 수행에 어려움을 겪거나 가족·이웃 등과의 관계 축소로 자살, 고독사 위험이 높은 노인

4. 우울형 집단 우선 선정 기준
   - 1순위: 자살 시도 후 생존자
   - 2순위: 우울증 진단자
   - 3순위: 척도 검사 결과 자살생각척도 7점 이상인 자
   ※ 우울증 진단자의 경우, 서비스 개시일로부터 3개월 이내에 병의원(정신과, 정신건강의학과, 신경정신과, 신경과, 내과 및 가정의학과)에 의한 우울증 진단이 필요하며, 진단 후 2년이 경과한 경우에는 재진단을 받아야 서비스를 지속해서 이용할 수 있음

5. 지원 내용
   - 개별 상담: 전문 사회복지사와의 정기적인 상담 서비스
   - 정신건강 의학 및 진료 지원: 전문 의료기관 연계 및 치료 지원
   - 집단 활동: 집단치료·상담, 집단 프로그램, 자조 모임, 나들이 등
   - 지역사회 자원 연계: 개인별 필요에 따른 지역사회 서비스 연계

6. 선정 절차
   전담 사회복지사가 신청자 및 서비스에 의뢰된 자의 초기 상담 및 척도 검사 결과 등을 종합하여 사례 실무 회의를 통해 서비스 제공이 필요한 자 중 서비스 이용자를 결정

7. 신청 방법
(1) 신청권자
   - 서비스를 희망하는 노인(신청자)
   - 신청자의 친족(배우자, 8촌 이내의 혈족 및 4촌 이내의 인척)
(2) 신청 절차
   - 직접 신청: 신청자가 특화 서비스 수행 기관에 신청서 및 개인정보 제공 동의서 제출
   - 대리 신청: 대리 신청자가 특화 수행 기관에 신청서 및 개인정보 제공 동의서 제출
   - 기관 의뢰: 노인맞춤돌봄 서비스 수행 기관, 읍·면·동 공무원, 유관 기관 등이 특화 서비스 수행 기관으로 노인을 의뢰

43 위 자료를 근거로 판단할 때, '노인맞춤돌봄 특화 서비스'에 대한 설명으로 옳은 것은?

① 65세 이상 노인만 이용 가능하며, 예외 적용은 불가능하다.
② 서비스를 희망하는 노인 또는 해당 노인의 직계 친족만이 신청할 수 있다.
③ 전담 사회복지사는 신청자의 초기 상담 결과만으로 서비스 이용자를 결정할 수 있다.
④ 우울형 집단 중 우울증 진단자는 서비스 개시일로부터 3개월 이내 진단을 받아야 한다.

44 위 자료를 근거로 판단할 때, 다음 [상황]의 갑에 대한 설명으로 옳은 것은? (단, 제시된 내용 외에는 고려하지 않는다)

[상황]

67세인 갑은 배우자와 사별한 후 혼자 살고 있으며, 자녀들은 해외에 거주하고 있어 자주 왕래하지 못한다. 최근 우울 증상을 보이고 있어, '노인맞춤돌봄 특화 서비스'에 신청하고자 하며, 아직 병의원에서 우울증 진단은 받지 않은 상태이다.

① 노인맞춤돌봄 서비스 수행 기관이 특화 서비스 수행 기관으로 갑을 의뢰할 수 있다.
② 갑이 우울형 집단으로 선정되기 위해서는 서비스 신청 전 우울증 진단을 받아야 한다.
③ 갑이 서비스 대상자로 선정되는 경우 집단 활동보다는 개별 상담 위주의 서비스를 받게 된다.
④ 갑이 직접 읍·면·동사무소에서 신청서 및 개인정보 제공 동의서를 제출하여 서비스를 신청할 수 있다.

[45~46] 다음은 '실업급여'에 관한 자료이다. 이를 읽고 물음에 답하시오.

1. 지원 목적

    실업급여란 근로자 등이 실업한 상태에 있는 경우에 근로자 등의 생활안정과 구직활동을 촉진하기 위해서 고용보험사업의 하나로 실시되고 있는 제도(「고용보험법」 제1조 및 제4조)

    ※ 1) 실업이란 근로의 의사와 능력이 있음에도 불구하고 취업하지 못한 상태에 있는 것(「고용보험법」 제2조 제3호)
    2) 고용보험사업에는 고용안정·직업능력개발 사업, 실업급여, 육아휴직 급여 및 출산전후휴가 급여 등이 실시되고 있음(「고용보험법」 제4조 제1항)

2. 지원 대상

(1) 피보험자: 실업급여는 다음과 같이 고용보험에 가입된 근로자 및 자영업자(이하 "피보험자"라 함)를 수급 대상으로 함(「고용보험법」 제2조 제1호)

    - 「고용보험 및 산업재해보상보험의 보험료징수 등에 관한 법률」 제5조 제1항·제2항, 제6조 제1항, 제8조 제1항·제2항, 제48조의2 제1항 및 제48조의3 제1항에 따라 보험에 가입되거나 가입된 것으로 보는 근로자, 예술인 또는 노무제공자
    - 「고용보험 및 산업재해보상보험의 보험료징수 등에 관한 법률」 제49조의2 제1항·제2항에 따라 고용보험에 가입하거나 가입된 것으로 보는 자영업자

(2) 미가입 사업장 근로자: 고용보험이 당연(의무) 적용되는 사업장임에도 사업주가 가입하지 않은 경우, 근로자의 신청(고용보험 피보험 자격 확인 청구)으로 3년 이내 근무 기간에 대해 소급하여 피보험 자격을 취득할 수 있음

    - 1인 이상 고용 사업장의 근로자는 고용센터에 미가입 사실을 신고하여 소급 가입 가능
    - 폐업 사업장의 경우에도 근무 증빙 자료가 있으면 사실관계 조사 후 소급 가입 가능

3. 수급 자격자

    수급 자격자란 구직급여를 지급받으려는 사람이 고용센터의 장에게 구직급여의 수급 요건을 갖추었다는 사실을 인정받은 사람(「고용보험법」 제43조 제1항·제2항·제4항 참조).

4. 실업급여의 종류

구분	종류	
구직급여	연장급여	훈련연장급여
		개별연장급여
		특별연장급여
	상병급여	
취업촉진수당	조기재취업수당	
	직업능력개발 수당	
	광역 구직활동비	
	이주비	

5. 실업급여 수급 자격 제한
   - 자발적 퇴사: 본인이 원해서 퇴사한 경우
   - 중대한 귀책 사유로 인한 해고
     - 「형법」 등 법률 위반으로 금고 이상의 형을 선고받은 경우
     - 사업에 막대한 지장이나 재산상 손해를 끼친 경우
     - 정당한 사유 없이 장기간 무단결근한 경우
   ※ 임금체불, 폭행, 질병, 사업장의 휴업 등 정당한 사유가 있는 자발적 퇴사는 예외적으로 수급을 인정

45 위 자료를 근거로 판단할 때, '실업급여'에 대한 설명으로 옳지 않은 것은 것은?

① 조기재취업수당과 직업능력개발 수당은 모두 취업촉진수당에 해당한다.
② 자영업자는 고용보험에 가입할 수는 있지만, 실업급여를 수급할 수는 없다.
③ 자발적으로 퇴사한 경우라도 임금체불, 폭행, 질병, 사업장의 휴업 등 정당한 사유가 있으면 실업급여를 받을 수 있다.
④ 고용보험이 당연 적용되는 사업장에서 근무했지만 사업주가 고용보험에 가입하지 않았더라도, 근로자의 고용보험 피보험 자격 확인 청구로 3년 이내의 근무 기간에 대해 소급하여 피보험 자격을 취득할 수 있다.

46 위 자료를 근거로 판단할 때, 실업급여 지원 대상에 해당하는 사람을 [보기]에서 모두 고르면? (단, 제시된 내용 외 요건은 모두 충족하는 것으로 본다)

───────────[보기]───────────
갑: 사업주가 3개월간 임금을 체불하여 부득이하게 근무하던 회사에서 자발적으로 퇴사하였다.
을: 함께 일하는 팀원이 마음에 들지 않는다는 이유로 장기간 무단결근하여 근무하던 회사에서 해고되었다.
병: 개인 사업자로 3년간 사업을 운영하다 폐업했으며, 사업 운영 기간 중 자영업자 고용보험에 가입하여 보험료를 납부하였다.
정: 4년 전 폐업한 회사에서 근무했던 사람으로, 해당 회사는 고용보험 의무 적용 사업장임에도 고용보험에 가입되어 있지 않았다. 현재 급여 통장 입금 내역과 동료들의 확인서를 통해 당시 해당 회사 근무 사실을 입증할 수 있다.

① 갑　　　② 갑, 병　　　③ 을, 정　　　④ 갑, 병, 정

[47~48] 다음은 '긴급지원대상자 생계비 지원'에 관한 자료이다. 이를 읽고 물음에 답하시오.

1. 긴급지원대상자의 개념
   - 위기 상황에 처한 사람으로서 지원이 긴급하게 필요한 사람
   - 국내에 체류하고 있는 외국인 중 다음의 어느 하나에 해당하는 사람이 위 기준에 부합하는 경우 긴급지원대상자가 됨
     - 대한민국 국민과 혼인 중인 사람
     - 대한민국 국민이 배우자와 이혼하거나 그 배우자가 사망한 사람으로서 대한민국 국적을 가진 직계존비속을 돌보고 있는 사람
     - 난민으로 인정된 사람
     - 본인의 귀책사유 없이 화재, 범죄, 천재지변으로 피해를 입은 사람
     - 그 밖에 보건복지부장관이 긴급한 지원이 필요하다고 인정하는 사람

2. 생계비 지원의 개념
   - 긴급지원대상자가 시장(「제주특별자치도 설치 및 국제자유도시 조성을 위한 특별법」 제11조 제2항에 따른 행정시장을 포함)·군수·구청장(자치구의 구청장을 말함)으로부터 식료품비·의복비 등 생계유지에 필요한 비용 또는 현물 지원을 받는 것
   - 「국민기초생활 보장법」 제6조에 따른 최저생계비를 최소 1개월간 100% 현금 또는 현물로 지원받는 것

3. 지원 내용
   - 긴급지원대상자에 대하여 가구 구성원의 수 등에 따라 월 단위로 다음 금액을 현금으로 지급함(단, 긴급지원대상자가 거동이 불편하여 물품 구매가 곤란한 경우 등 현금을 지급하는 것이 적절하지 않다고 판단되는 경우에는 이에 상당하는 현물을 지급할 수 있음)

가구원 수	1명	2명	3명	4명	5명	6명
지원 금액	730,500원	1,205,000원	1,541,700원	1,872,700원	2,186,500원	2,485,400원

   ※ 가구원 수가 7명 이상인 경우 1명 증가 시마다 289,700원씩 추가
   - 시장·군수·구청장은 현금을 지급하는 경우 해당 금액을 금융기관 또는 체신관서의 긴급지원대상자 계좌에 입금함(단, 긴급지원대상자가 금융기관 또는 체신관서가 없는 지역에 거주하는 등 부득이한 사유가 있는 경우에는 해당 금액을 현금으로 긴급지원대상자에게 직접 지급할 수 있음)

4. 지원 기간
   - 원칙: 3개월까지
   - 예외: 시장·군수·구청장은 위의 지원에도 불구하고 위기 상황이 계속되는 경우에는 긴급지원심의위원회의 심의를 거쳐 지원을 연장할 수 있으나, 이 경우 위의 지원 기간을 합하여 총 6개월을 초과할 수 없음

47 위 자료를 근거로 판단할 때 '긴급지원대상자 생계비 지원'에 대한 설명으로 옳지 않은 것은?

① 긴급지원대상자에는 국내에 체류하는 외국인 중 난민으로 인정된 사람도 포함된다.
② 긴급지원대상자는 요건을 충족하는 경우 최대 9개월까지 생계비를 지원받을 수 있다.
③ 긴급지원대상자에게 현금을 지급하는 경우, 해당 금액은 대상자의 계좌에 입금하는 것이 원칙이다.
④ 긴급지원대상자는 「국민기초생활 보장법」 제6조에 따른 최저생계비를 최소 1개월간 100% 현금 또는 현물로 지원받는다.

48 위 자료를 근거로 판단할 때, 다음 [상황]에서 갑과 을이 지원받는 생계비의 총합은? (단, 제시된 내용 외에는 고려하지 않는다)

[상황]

- 만 45세인 갑은 배우자와 자녀 2명(만 15세, 만 13세)과 함께 살고 있다. 최근 갑은 다니던 회사가 갑자기 폐업하여 실직하였고, 가족의 생계를 이어 갈 수 없는 상황이 되었다. 이에 갑은 긴급지원대상자로 인정받아 1개월간 생계비 지원을 받게 되었다.
- 만 38세인 을은 결혼 이민자로 한국인 배우자와 자녀 1명(만 8세)과 함께 살고 있었으나, 배우자가 갑작스러운 질병으로 사망하여 혼자서 자녀를 양육하게 되었다. 을은 긴급지원대상자로 인정받아 3개월간 생계비 지원을 받게 되었다.

① 2,746,000원
② 3,077,700원
③ 4,487,700원
④ 5,487,700원

[49~50] 다음은 '자립준비청년 자립 지원'에 관한 자료이다. 이를 읽고 물음에 답하시오.

1. 지원 목적
   보호대상아동(아동복지시설, 가정위탁)의 자립준비 역량 강화 및 보호종료 후 자립준비청년의 안정적인 사회 적응과 자립 실현

2. 지원 근거
   「아동복지법」 제38조(자립지원), 제39조(자립지원계획의 수립 등), 제39조의2(자립지원전담기관의 설치·운영), 제40조(자립지원 관련 업무의 위탁) 등

3. 지원 대상
   - 아동복지시설 및 위탁가정에서 아동 본인의 의사에 따라 18세 이후 24세까지 보호 기간을 연장한 사람
     ※ 대학 재학 등 「아동복지법」 제16조의3 및 시행령 제22조에 규정된 별도 사유가 있을 시 25세 이후에도 보호 기간 추가 연장 가능(관련 법 조항 참고)
   - 아동복지시설*, 가정위탁 보호종료 5년 이내 자립준비청년
     * 아동복지시설: 「아동복지법」 제52조의 아동양육시설, 공동생활가정, 아동일시보호시설, 학대피해아동쉼터, 아동보호치료시설. 단, 「소년법」 제32조 제1항 제6호에 따른 보호처분으로 아동복지시설에서 보호종료된 경우에는 「아동복지법」 제15조 제1항, 제3호, 제4호에 따른 보호조치 이력이 있는 자에 한정

4. 지원 기간
   - 18세 또는 연장 보호종료된 경우: 보호종료로부터 5년간 지원
   - 15세 이후 조기 보호종료된 경우: 18세가 된 때로부터 5년간 지원

5. 주요 사업
   시설이나 위탁가정을 떠난 후에도 안정적으로 사회에 정착하여 자립할 수 있도록 각종 생활, 주거, 교육, 취업, 의료, 심리·정서 등 지원

구분	내용
자립수당	아동복지시설, 가정위탁 보호종료아동 중 보호종료일 기준으로 과거 2년 이상 연속하여 보호받은 자립준비청년 대상으로, 보호종료 후 5년간 자립수당 월 50만 원 지급
자립정착금	18세 이후 보호종료된 자립준비청년 대상으로, 전국 17개 시·도에서 자립정착금 1,000만 원 이상 지급
디딤씨앗통장	0세부터 18세 미만의 보호대상아동이 매월 일정 금액을 저축하면 국가(지자체)에서 1:2 비율로 정부지원금(월 10만 원 한도)를 매칭하여 18세 이후 사회 진출 초기 비용으로 지급
국민기초생활보장	자립준비청년 대상 생계급여 수습 자격 완화 및 시설 외 거주 보호연장아동 대상 개별 급여 전환 지원 ※ 보호종료 5년간 소득 조사 시 사업근로소득에서 '60만 원 + 나머지 소득의 30%' 공제

49 위 자료를 근거로 판단할 때 '자립준비청년 자립 지원'에 대한 설명으로 옳지 않은 것은? (단, 제시된 내용 외에는 고려하지 않는다)

① 16세에 조기 보호종료되었더라도, 지원은 18세가 된 때로부터 5년간 이루어진다.
② 보호대상아동이 15세에 디딤씨앗통장에 가입하여 3년간 매월 5만 원씩 저축했다면, 18세에 지급받을 수 있는 총액은 540만 원이다.
③ 보호종료된 지 1년이 된 자립준비청년이 월 180만 원의 사업근로소득이 있는 경우, 국민기초생활보장 소득 조사 시 인정되는 월 소득은 96만 원이다.
④ 자립준비청년이 자립수당을 받기 위해서는 보호종료일 기준으로 과거 2년 이상 연속하여 보호를 받았어야 하며, 보호종료 후 5년간 매월 50만 원을 지급받을 수 있다.

50 위 자료를 근거로 판단할 때, 다음 [상황]에서 갑이 지원받을 수 있는 총액은 얼마인가? (단, 국민기초생활보장에 관한 지원은 고려하지 않는다)

[상황]
갑은 아동양육시설에서 4년간 연속하여 보호를 받은 후 18세가 되면서 보호종료되었다. 갑은 서울 지역에 거주하며, 서울시의 자립정착금은 2,000만 원이다. 갑은 과거 디딤씨앗통장에 매월 5만 원씩 총 48개월 동안 저축했고, 정부지원금도 매칭되었다.

① 3,720만 원
② 5,000만 원
③ 5,480만 원
④ 5,720만 원

[51~53] 다음은 '아동 치과 주치의 제도'에 관한 자료이다. 이를 읽고 물음에 답하시오.

1. 서비스 소개

   아동이 등록된 주치의를 학기별 1회 정기적으로 방문하여 문진·시진·검사를 통해 치아의 발육 및 건강 상태를 확인하고, 구강 검진 결과에 따라 구강 보건 교육, 예방 서비스를 받는 지속적이고 포괄적인 아동 구강 건강 관리 제도

2. 대상자

   서울특별시, 광주광역시, 대전광역시, 세종특별자치시, 강원 원주시, 전남 장성군, 경북 경주시, 경북 의성군, 경남 김해시 내 초등학교 재학 중인 1·2·4·5학년

   ※ 1) 이용 대상은 신학기(매년 3월~다음 연도 2월) 기준
      2) 2026년 3월부터는 초등학교 전 학년으로 확대

3. 서비스 기간

   2024년 7월~2027년 2월(2년 8개월)

4. 서비스 내용

   한 학기 주기로 구강 상태 평가, 위생 검사 및 예방 진료 등 구강 건강 관리 서비스 제공

   ※ 1) 1학기(3월~8월), 2학기(9월~다음 연도 2월)
      2) 아동 치과 주치의 필수 서비스: 구강 상태 평가, 구강 위생 검사(PHP), 관리 계획 수립, 충치 예방 관리(구강 교육, 치면 세마, 불소 도포)

5. 서비스 비용

   해당 진료비의 10%(의료급여수급권자, 차상위 본인부담금 경감 대상자의 경우 면제)

   ※ 아동 치과 주치의 필수 서비스 외 파노라마 검사, 치아 홈 메우기 등 진료·검사·처치 시행 시 추가 본인부담금 발생 가능

51 위 자료를 근거로 판단할 때, '아동 치과 주치의 제도'에 대한 설명으로 옳지 않은 것은?

① 2024년 7월 기준으로 일부 지역에서만 해당 서비스를 이용할 수 있다.
② 아동 치과 주치의 서비스를 이용할 경우, 필수 서비스 외 진료나 검사, 처치는 받을 수 없다.
③ 해당 사업의 필수 서비스를 모두 이용하더라도 진료비를 전혀 지불하지 않는 경우가 있을 수 있다.
④ 2026년에 초등학교에 입학하는 아동이 해당 사업을 시기마다 빠짐없이 이용할 경우 1학년 재학 중 구강 교육을 총 2회 받을 수 있다.

52 위 자료를 근거로 판단할 때, 아동 치과 주치의 서비스를 이용할 수 없는 사람은? (단, 학년은 신학기인 매년 3월~다음 연도 2월 기준이며, 제시된 내용 외에는 고려하지 않는다)

① 2024년 8월 서울특별시 내 초등학교 1학년에 재학 중인 A
② 2026년 1월 대전광역시 내 초등학교 4학년에 재학 중인 B
③ 2025년 5월 경남 김해시 내 초등학교 3학년에 재학 중인 C
④ 2027년 2월 경북 경주시 내 초등학교 6학년에 재학 중인 D

53 위 자료를 근거로 판단할 때, 아동 치과 주치의 서비스를 이용하고 본인부담금이 발생하지 않는 사람은? (단, 제시된 내용 외에는 고려하지 않는다)

① 구강 상태 평가를 받은 전남 장성군 내 초등학교 1학년에 재학 중인 학생 E
② 불소 도포를 받은 경남 김해시 내 초등학교 1학년에 재학 중인 의료급여수급권자 F
③ 치면 세마와 치아 홈 메우기 치료를 받은 광주광역시 내 초등학교 1학년에 재학 중인 학생 G
④ 구강 교육과 파노라마 검사를 받은 경기 파주시 내 초등학교 1학년에 재학 중인 차상위 본인부담금 경감 대상자 H

[54~56] 다음은 '모자보건 지원정책'에 대한 안내문이다. 이를 읽고 물음에 답하시오.

1. 마더세이프 프로그램 운영
   - 임신 중 또는 수유 중 노출된 약물, 방사선, 흡연 등 위험물질에 대한 상담운영
   - 온라인(http://www.mothersafe.or.kr), 오프라인(1588-7309)
2. 미숙아 및 선천성이상아 의료비 지원
(1) 지원대상
   - 공통: 기준 중위소득 180% 이하 가구(단, 2명 이상 다자녀 가구는 소득수준에 관계없이 지원)
   - 미숙아: 긴급한 수술 또는 치료가 필요하여 출생 후 24시간 이내에 신생아중환자실에 입원한 경우
   - 선천성이상아: 출생 후 28일 이내에 선천성이상으로 진단받고, 선천성이상 질환을 치료하기 위하여 출생 후 6개월 이내에 입원하여 수술한 경우(단, 2021년 9월 이후 출생아는 출생 후 1년 이내에 선천성이상으로 진단받고, 선천성이상 질환을 치료하기 위하여 출생 후 1년 이내에 입원하여 수술한 경우 지원)
(2) 지원내용: 요양기관에서 발급한 진료비 영수증(약제비 포함)에 기재된 급여 중 비급여 진료비를 지원
(3) 지원금액 산정방법: 지원대상 금액 중 100만 원 이하분에 대해서는 지원율 100%를, 100만 원 초과분에 대해서는 지원율 90%를 각각 적용
(4) 지원대상 금액 한도
   - 미숙아

기준	지원대상 금액 한도	기준	지원대상 금액 한도
2.0~2.5kg 미만 또는 재태기간 37주 미만	300만 원	1.5~2.0kg 미만	400만 원
1~1.5kg 미만	700만 원	1kg 미만	1,000만 원

   - 선천성이상아: 500만 원

54 위 안내문을 읽고 보인 반응으로 적절하지 않은 것은?

① 모자보건 지원정책은 임신 중, 출산 후 모두에 대한 정책이군.
② 2025년 2월에 출생한 선천성이상아가 해당 질환 치료를 위해 2025년 7월에 수술을 받았더라도 의료비 지원 대상에 해당되지 않을 수 있겠군.
③ 미숙아 의료비 지원대상이더라도 진료비 모두를 지원받을 수 있는 건 아니군.
④ 2.5kg을 초과하는 미숙아의 경우 미숙아 및 선천성이상아 의료비 지원을 받을 수 없겠군.

55. 다음 [대화]는 보건복지부 직원과 민원인의 상담내용이다. 밑줄 친 ㉠~㉣ 중 적절하지 않은 발언은?

[대화]

- 직원: 안녕하세요, 보건복지부 모자보건지원정책과 ○○○입니다.
- 민원인: 안녕하세요, 저희 아이가 미숙아로 태어났는데요, 미숙아 망막증으로 인해 수술을 해야 한다고 하더라고요. 그런데 국가에서 의료비 중 일부를 지원해 준다는 얘기를 듣고 문의했어요.
- 직원: 정확한 상담을 위해 몇 가지 여쭤볼게요, 혹시 아이가 몇 째 아이인가요?
- 민원인: 둘째 아이예요.
- 직원: 혹시 그럼 ㉠ 가족 구성원과 월소득이 어떻게 될까요? ㉡ 아이가 2명이면 다자녀에 해당되지 않아 소득에 따라 지원유무가 결정되거든요.
- 민원인: 총 4명이고 소득은 420만 원이에요.
- 직원: 네, ㉢ 미숙아의 경우 출생 후 24시간 이내에 신생아중환자실에 입원하여야만 지원 대상에 최종 해당됩니다. 출생 후 24시간 이내에 신생아중환자실에 입원하였을까요?
- 민원인: 네, 태어나자마자 바로 입원했어요.
- 직원: 혹시 산모님의 재태기간이 몇 주이며, 아이의 출생 시 체중은 어떻게 될까요?
- 민원인: 32주에 1.8kg으로 출생했어요.
- 직원: 아이의 의료비 지원금액과 관련하여 말씀드릴게요. ㉣ 아이는 미숙아 1.8kg으로 출생하였기 때문에, 지원한도 400만 원 내에서 요양기관에서 발급한 진료비 영수증에 기재된 급여 중 비급여 진료비를 지원받는데요. 그중 100만 원 이하분에 대해서는 지원율 100%, 100만 원 초과분에 대해서는 지원율 90%를 각각 적용합니다.
- 민원인: 잘 알려 주셔서 감사합니다.

① ㉠ ② ㉡ ③ ㉢ ④ ㉣

56. 다음은 미숙아 A와 선천성이상아 B의 의료비 지원 금액 산정을 위한 [표]이다. ㉠~㉣에 들어갈 금액을 큰 순서대로 바르게 나열한 것은?

[표] 의료비 지원 금액 산정

(단위: 만 원)

구분	진료비			지원대상 금액	
	급여	비급여	합계	지원받는 금액	지원받지 못하는 금액
미숙아 A	220	580	800	(㉠)	(㉡)
선천성이상아 B	300	550	850	(㉢)	(㉣)

※ 미숙아 A는 32주에 1.4kg으로 출생하였음

① ㉠>㉢>㉡>㉣   ② ㉠>㉢>㉣>㉡   ③ ㉢>㉠>㉡>㉣   ④ ㉢>㉠>㉣>㉡

[57~58] 다음은 '자동차 등의 속도 제한'에 관한 자료이다. 이를 읽고 물음에 답하시오.

1. 자동차 등의 속도 제한

    자동차와 원동기장치자전거(이하 '자동차 등'이라 함)의 도로 통행 속도는 「도로교통법」에 따른 제한을 받으며, 경찰청장이나 시·도경찰청장은 도로에서 일어나는 위험을 방지하고 교통의 안전과 원활한 소통을 확보하기 위하여 필요하다고 인정하는 경우에는 다음 구분에 따라 구역이나 구간을 지정하여 속도를 제한할 수 있음

2. 도로별 통행 속도 제한

    자동차 등의 운전자는 다음의 통행 속도에 따라 도로를 통행해야 하며, 교통이 밀리는 등의 부득이한 사유 외에 최고 속도보다 빠르게 운전하거나 최저 속도보다 느리게 운전해서는 안 됨

도로 종류		통행 속도(km/h)	
		최고	최저
고속도로	편도 1차로	80	50
	편도 2차로 이상	100 (화물자동차 등*의 경우는 80)	50
	경찰청장이 지정·고시한 노선·구간	120 (화물자동차 등의 경우는 90)	50
자동차전용도로		90	30
일반도로	주거지역·상업지역 및 공업지역의 일반도로	50 (다만, 시·도경찰청장이 원활한 소통을 위하여 특히 필요하다고 인정하여 지정한 노선 또는 구간에서는 60)	
	주거지역·상업지역 및 공업지역 외의 일반도로	60 (다만, 편도 2차로 이상의 도로에서는 80)	

    * 화물자동차 등: 화물자동차(적재중량 1.5톤을 초과하는 경우에 해당)·특수자동차·위험물운반자동차(「도로교통법 시행규칙」 별표 9에 따른 위험물 등을 운반하는 자동차를 말함) 및 건설기계를 말함

3. 통행 속도 위반 시 제재

초과 속도	범칙금(과태료)	벌점
60km/h 초과	• 승합차 등: 13만 원(14만 원) • 승용차 등: 12만 원(13만 원) • 이륜차 등: 8만 원(9만 원)	60점
40km/h 초과 60km/h 이하	• 승합차 등: 10만 원(11만 원) • 승용차 등: 9만 원(10만 원) • 이륜차 등: 6만 원(7만 원)	30점
20km/h 초과 40km/h 이하	• 승합차 등: 7만 원(8만 원) • 승용차 등: 6만 원(7만 원) • 이륜차 등: 4만 원(5만 원)	15점

| 20km/h 이하 | • 승합차 등: 3만 원(4만 원)
• 승용차 등: 3만 원(4만 원)
• 이륜차 등: 2만 원(3만 원) | — |

※ 어린이 보호구역 및 노인·장애인 보호구역에서는 오전 8시부터 오후 8시 사이의 속도 위반에 대해 다음의 가중된 범칙금(과태료)을 적용받음

초과 속도	어린이 보호구역에서의 범칙금(과태료)
60km/h 초과	• 승합차 등: 16만 원(17만 원) • 승용차 등: 15만 원(16만 원) • 이륜차 등: 10만 원(11만 원)
40km/h 초과 60km/h 이하	• 승합차 등: 13만 원(14만 원) • 승용차 등: 12만 원(13만 원) • 이륜차 등: 8만 원(9만 원)
20km/h 초과 40km/h 이하	• 승합차 등: 10만 원(11만 원) • 승용차 등: 9만 원(10만 원) • 이륜차 등: 6만 원(7만 원)
20km/h 이하	• 승합차 등: 6만 원(7만 원) • 승용차 등: 6만 원(7만 원) • 이륜차 등: 4만 원(5만 원)

57 위 자료를 근거로 판단할 때 '자동차 등의 속도 제한'에 대한 설명으로 옳지 않은 것은?

① 자동차전용도로의 최고 속도는 90km/h, 최저 속도는 30km/h이다.
② 주거지역 외의 편도 2차로 이상 일반도로의 최고 속도는 80km/h이다.
③ 고속도로 편도 2차로 이상에서 화물 자동차의 최고 속도는 80km/h이다.
④ 어린이 보호구역에서 오후 9시에 속도를 위반한 경우 가중된 범칙금이 적용된다.

58 위 자료를 근거로 판단할 때, 다음 [상황]의 갑과 을이 부과받는 범칙금을 합산하면 얼마인가?

[상황]

갑: 승용차를 운전하여 고속도로 편도 2차로(제한 속도 100km/h)에서 145km/h로 주행하다가 단속되었다.
을: 이륜차를 운전하여 어린이 보호구역(제한 속도 30km/h)에서 오후 3시에 48km/h로 주행하다가 단속되었다.

① 11만 원   ② 13만 원   ③ 15만 원   ④ 17만 원

[59~60] 다음은 '직장어린이집 지원사업'에 관한 자료이다. 이를 읽고 이어지는 물음에 답하시오.

□ 지원대상
- 고용보험에 가입한 사업장의 사업주 및 사업주 단체의 대표사업주
- 「영유아보육법」 제13조에 따라 시장·군수·구청장의 인가를 받은 직장어린이집
- 「영유아보육법」 제21조에 따른 보육교직원 자격을 가진 원장과 보육교사를 고용한 직장어린이집
- 매월 말일을 기준으로 직장어린이집을 설치·운영하는 사업장 소속의 피보험자의 자녀 수가 전체 보육 영유아 수의 3분의 1 이상이거나, 4분의 1 이상이면서 피보험자(다른 사업장 소속 피보험자를 포함)의 자녀 수가 2분의 1 이상인 직장어린이집

□ 지원수준
- 인건비 및 운영비

지원내역		지원 한도	
	월평균 근로시간	대규모기업	우선지원 대상기업
인건비 지원	주 40시간 이상	1인당 60만 원	1인당 120만 원
	주 30시간 이상	1인당 55만 원	1인당 105만 원
	주 20시간 이상	1인당 40만 원	1인당 75만 원
	주 15시간 이상	1인당 30만 원	1인당 45만 원
운영비 지원	현원	40명 미만	40~59명	60~79명	80~99명	100명 이상
	월 지원금	200만 원	280만 원	360만 원	440만 원	520만 원

- 설치비

지원내역	지원 한도	비고
시설전환비	3억 원	소요금액의 60% 지원 (단, 우선지원 대상기업 또는 영아·장애시설의 경우 80%)
유구비품비	5천만 원	교체 시 3천만 원

□ 지원신청 시기: 1개월분에 대해 매달 신청 원칙, 신청기한은 매월 다음 달 마지막 날
□ 지급절차: 신청서를 근로복지공단 직장보육지원센터에 제출 → 사실관계 확인 후 지원금 지급

59 다음 [상황]의 A직장어린이집이 신청 후 지원받는 금액은 얼마인가?

[상황]

A직장어린이집의 현원은 64명이고, 보육교사를 11명 고용 중이다. 보육교사의 월평균 근로시간은 3명은 주 45시간, 6명은 주 40시간, 2명은 주 30시간이다. A직장어린이집은 우선지원대상기업에 해당하며, 시설전환비로 6억 원을 소요하였고, 유구비품을 교체하고자 한다. A직장어린이집은 '직장어린이집 지원사업'에 신청하였다.

① 3억 4,650만 원
② 3억 8,240만 원
③ 4억 3,470만 원
④ 5억 2,650만 원

60 다음 [상황]의 A+B+C의 값은? (단, A, B, C 계산 시 소수점 첫째 자리에서 반올림한다)

[상황]

직장어린이집을 운영하는 사업장의 전체 보육 영유아 수는 150명이다. 해당 사업장 소속의 피보험자의 자녀 수가 A명 이상이거나, B명 이상이면서 다른 사업장 소속 피보험자를 포함한 피보험자의 자녀 수가 C명 이상인 경우, 해당 직장어린이집은 '직장어린이집 지원사업' 지원 대상에 해당한다.

① 161　　　　② 163　　　　③ 164　　　　④ 166

강약 패턴 분석표

📝 기출패턴 채점표

모의고사 채점 후, 맞힌 문항 번호에 ○ 표시를 하고, 패턴별로 맞힌 개수를 적어 보세요.

영역	기출패턴	문항 번호	맞힌 개수
의사소통능력	패턴 01 글의 제목·주제·목적	03 12 19	___ 문항 / 3문항
	패턴 02 내용 부합	01 04 10 13 15	___ 문항 / 5문항
	패턴 03 내용 추론·적용	02 08 09	___ 문항 / 3문항
	패턴 04 문장 삭제	11 16	___ 문항 / 2문항
	패턴 05 문단 배열	05 06	___ 문항 / 2문항
	패턴 06 접속사	07 18	___ 문항 / 2문항
	패턴 07 빈칸 추론	14 17 20	___ 문항 / 3문항
수리능력	패턴 08 자료 계산	22 24 32 34 36	___ 문항 / 5문항
	패턴 09 자료 읽기	21 23 27 31 33 35 37 38	___ 문항 / 8문항
	패턴 10 자료 연결	25 28 29 39	___ 문항 / 4문항
	패턴 11 자료 변환	26 30 40	___ 문항 / 3문항
문제해결능력	패턴 12 정보 확인	41 43 45 47 51 54 57	___ 문항 / 7문항
	패턴 13 정보 추론	44 49 55	___ 문항 / 3문항
	패턴 14 적합자 선정	46 52 53	___ 문항 / 3문항
	패턴 15 계산	42 48 50 56 58 59 60	___ 문항 / 7문항

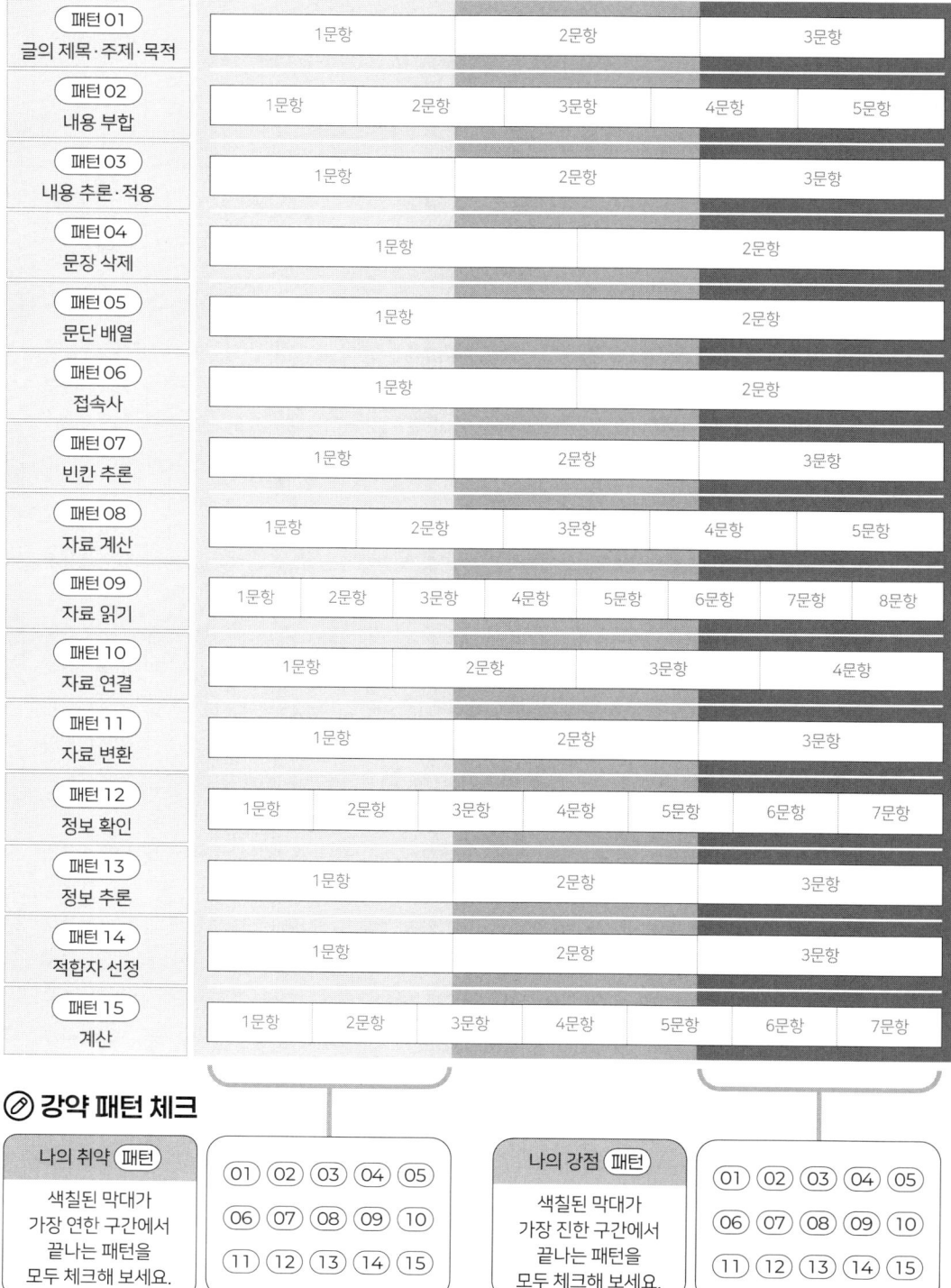

기출동형 모의고사

* 문항 개수: 60문항
* 시험 형식: 4지 선다형
* 시험 시간: 60분

※ 책 뒷부분에 삽입된 답안지를 활용해 모의고사를 풀어 보시기 바랍니다.
※ 모의고사 채점을 마친 후, [강약 패턴 분석표]를 통해 강점 패턴과 취약 패턴을 체크하시기 바랍니다.

[01~03] 다음 보도자료를 읽고 물음에 답하시오.

보 도 자 료

보도 일시	배포 즉시	배포일	2025. 3. 4.(화)
배포 기관	질병관리청	담당 부서	내분비·신장질환연구과

☐ 질병관리청 국립보건연구원(원장 박○○)은 '비만 아동·청소년에서 음식중독과 정서·행동문제 사이의 유의한 연관성'을 확인하고, 해당 연구 결과를 전문 학술지에 발표하였다. 이번 연구에서는 평균 연령 11.4세의 과체중 이상 아동·청소년* 224명을 대상으로 음식중독**과 정서·행동 문제와의 연관성을 분석하였으며, 연구 결과는 영양 및 건강 분야 국제학술지(Obesity Research & Clinical Practice)에 게재되었다.

* 체질량지수(BMI)가 85 백분위수 이상인 8~16세 아동·청소년
** 특정 음식을 조절하지 못하고 강박적으로 섭취하는 행동으로, 뇌의 보상 시스템과 관련이 있으며, 물질 중독과 유사한 특징을 보임

☐ 음식중독 여부 및 증상은 한국판 청소년용 음식중독척도(YFAS-C)* 설문지를 사용하여 평가하였고, 심리·행동 평가는 한국판 청소년 행동평가척도 자기보고용(YSR) 설문지를 사용하여 우울, 불안, 공격성, 주의력 문제 등을 측정하였다. 특히 YFAS-C는 총 25문항으로 구성되어 있으며, 음식중독의 7가지 주요 증상(의도한 양보다 많은 섭취, 지속적 섭취 욕망, 음식 획득을 위한 활동, 사회활동 감소, 부작용에도 불구하고 지속적 섭취, 내성, 금단증상)과 임상적으로 유의한 손상 증상을 평가할 수 있는 국내 유일의 표준화된 도구이다.

* 아동·청소년의 음식중독(food addiction) 여부를 평가하는 심리척도로 Yale Food Addiction Scale for Children(YFAS-C) 한국어판

☐ 비만 아동·청소년 224명 중 44명(19.6%)이 음식중독 고위험군이었으며, 음식중독 고위험군에 해당하는 아동들의 비만 정도가 더 높고 자존감은 낮고, 가족 간의 정서적 교류나 지지 등의 가족기능도 낮았다. (㉠) 우울·불안 등 감정 문제 및 충동적 행동도 높아짐을 알 수 있었다. 음식중독 증상이 많을수록 불안이나 우울 등 감정·행동 문제가 심화되는 경향이 나타났는데 비만도와 부모 양육 태도 등을 보정한 후에도, 문제행동 총점, 공격성은 높아지고, 학업수행능력점수는 낮아지는 경향을 보였다.

☐ 국내외 연구에 따르면, 음식중독은 단순한 식습관의 문제를 넘어 뇌의 신경전달물질과 보상체계의 변화를 수반하는 복합적인 현상으로 이해되고 있다. 특히 고지방, 고당분 식품에 지속적으로 노출될 경우, 도파민과 세로토닌 같은 신경전달물질의 분비와 조절에 변화가 생기며, 이는 정서 조절 능력과 충동 조절 능력에 부정적 영향을 미치게 된다. 음식중독 고위험군의 경우 스트레스

상황에서 정서 조절을 위한 대처 메커니즘으로 음식에 의존하는 경향이 강하며, 이러한 부적응적 대처 방식이 악순환으로 이어질 수 있다는 점에서 조기 개입의 중요성이 강조된다.

□ 최근 증가하고 있는 아동·청소년의 비만은, 성인기까지 지속되어 심혈관질환, 당뇨병, 지방간 등의 신체적 문제뿐만 아니라, 정신건강에도 부정적인 영향을 미칠 수 있다. 이에 대해 국립보건연구원장은 "음식중독이 단순한 식습관이 아니라, 비만과 정신건강에 미치는 중요한 요소임을 고려해야 한다."라며 "비만이 동반된 아동·청소년에서 정서적 행동 문제가 동반된 아이들의 경우 음식중독의 경향성이 높아질 수 있으므로 이에 대한 세심한 이해 및 평가, 그리고 중재가 필요하다."라고 밝혔다.

01 위 보도자료의 작성 목적으로 가장 적절한 것은?

① 비만 아동·청소년에서 음식중독과 정서·행동문제 간의 연관성을 알리고 그에 대한 중재의 필요성을 강조한다.
② 음식중독 치료를 위한 새로운 임상 프로그램의 도입을 홍보하고 이에 대한 보건 당국의 정책적 지원 방향을 안내한다.
③ 아동·청소년 비만의 주요 원인이 고지방, 고당분 식품의 섭취임을 경고하고 식습관 개선을 위한 구체적인 방안을 제시한다.
④ 한국판 청소년용 음식중독척도(YFAS-C)의 개발 과정과 활용 방안을 안내하고 이를 통한 정신건강 평가의 중요성을 강조한다.

02 위 보도자료에 따를 때 '음식중독'에 대한 설명으로 옳지 않은 것은?

① 음식중독 고위험군은 연구 대상자의 약 20% 정도를 차지했다.
② 음식중독 증상이 많을수록 학업수행능력점수가 향상되는 경향이 있다.
③ 음식중독 고위험군은 정상군에 비해 가족기능이 낮은 것으로 나타났다.
④ 음식중독은 도파민과 세로토닌 같은 신경전달물질의 분비와 조절에 영향을 미친다.

03 위 보도자료의 ㉠에 들어갈 말로 가장 적절한 것은?

① 반면
② 고로
③ 또한
④ 하물며

[04~06] 다음 글은 호흡기 감염병 유행 현황을 정리한 자료이다. 이를 읽고 물음에 답하시오.

1. 인플루엔자 유행 현황
   - 의원급 의료기관 외래 환자 표본감시 결과, 2025년 7주차(25. 2. 9.~15.) 인플루엔자 의사환자* 분율**은 외래환자 1,000명당 11.6명으로, 2025년 1주차에 정점(99.8명)을 지나 6주 연속 감소 추세***이다. 전년 동기간(24.3명)보다 낮은 수준이나, 이번 절기 유행기준(8.6명)보다는 높은 수준으로 유행주의보는 아직 발효 중이다.
     * 인플루엔자 의사환자(Influenza-Like Illness: ILI): 38℃ 이상 갑작스러운 발열, 기침 또는 인후통이 있는 자
     ** ILI분율=(인플루엔자 의사환자수/외래환자수)×1,000
     *** 최근 4주 ILI분율: (4주) 36.5명 → (5주) 30.4명 → (6주) 13.9명 → (7주) 11.6명
   - 연령별로는 7~12세에서 가장 높고, 13~18세, 1~6세 순으로, 학령기 소아·청소년층에서의 발생이 상대적으로 많았다.*
     * 7~12세(24.3명) > 13~18세(24.2명) > 1~6세(17.9명) > 19~49세(14.0명) > 0세(8.2명) > 50~64세(6.7명) > 65세 이상(3.9명)

2. 코로나19 및 백일해 발생 동향
   - 코로나19 표본감시 기관* 입원환자수는 2024년 8월 유행 정점 이후 감소하다가 12월~'25년 1월 소폭 증가하였으나, 최근 4주간 증감 반복하며 80명 내외를 유지**하고 있다. 연령별로는 최근 4주간 입원환자 중 65세 이상이 52.7%로 가장 높은 비중을 보였다. 최근 발생 양상을 고려할 때, 향후 소폭의 상승세가 이어질 수 있을 것으로 전망하고 있다.
     * 상급종합병원, 공공병원, 200병상 이상 병원급 의료기관 221개소
     ** 최근 4주 입원환자: (4주) 79명 → (5주) 56명 → (6주) 66명 → (7주) 80명
   - 2025년 7주 백일해 (의사)환자는 '24년 47주(11. 17.~11. 23.) 이후 현재까지 감소추세*다.
     * (3주) 498명 → (4주) 445명 → (5주) 186명 → (6주) 314명 → (7주) 189명

3. 기타 호흡기감염병 발생 동향
   - 호흡기세포융합바이러스(RSV) 감염증: 표본감시기관 입원환자수는 2024년 52주차에 정점(2024. 12. 22.~28., 603명)을 보인 후 2025년 7주차 기준 감소추세*이다. 최근 4주간 입원환자 중 영·유아 연령층(0~6세)이 전체의 45.1%(485명)로 높은 비중을 차지**하고 있다.
     * 최근 4주 입원환자: (4주) 348명 → (5주) 227명 → (6주) 278명 → (7주) 223명
     ** 최근 4주 0~6세 입원환자: (4주) 172명 → (5주) 109명 → (6주) 126명 → (7주) 78명
   - 마이코플라즈마 폐렴균 감염증: 표본감시기관 입원환자수는 2024년 8월 정점(33주 1,179명) 이후 감소추세이다. 최근 4주간 입원환자 중 7~12세(30.4%, 91명), 1~6세(26.4%, 79명), 13~18세(17.7%, 53명) 순으로 높은 비중을 차지*하고 있다.
     * 최근 4주 입원환자: (4주) 113명 → (5주) 50명 → (6주) 65명 → (7주) 71명
   - 사람메타뉴모바이러스 감염증: 사람메타뉴모바이러스 감염증 입원환자수는 2024년 11월 이후 증가추세를 보이다가 2025년 4주 정점(254명) 이후 최근 증감 반복 추세를 보이고 있으며, 아직은 예년 동기간 대비 높은 수준이다. 최근 4주간 표본감시 기관의 입원환자 중 65세 이상 연령층이 전체의 52.3%로 가장 많은 수준*이었다.
     * 최근 4주 입원환자: (4주) 254명 → (5주) 137명 → (6주) 220명 → (7주) 232명

04 위 자료에 따를 때 의원급 의료기관 및 표본감시 기관의 호흡기 감염병의 연령별 발생 특성에 대한 설명으로 옳은 것은?

① 인플루엔자는 65세 이상 고령층에서 가장 높은 의사환자 분율을 보였다.
② 코로나19 입원환자는 최근 4주 기준으로 청소년층에서 가장 높은 비중을 차지했다.
③ 호흡기세포융합바이러스 감염증은 최근 4주간 65세 이상 연령층에서 주로 발생했다.
④ 마이코플라즈마 폐렴균 감염증은 최근 4주간 7~12세 연령층에서 가장 높은 비중을 보였다.

05 위 자료를 읽고 추론한 내용으로 적절하지 않은 것은?

① 호흡기세포융합바이러스 감염증은 영·유아층에서 주로 발생하고 있어 어린이집이나 유치원에서의 감염 관리가 중요할 것이다.
② 백일해와 마이코플라즈마 폐렴균 감염증은 모두 최근 4주간 환자 수가 지속적으로 증가하고 있어 확산 방지 대책 마련이 시급할 것이다.
③ 인플루엔자와 마이코플라즈마 폐렴균 감염증은 주로 학령기 소아·청소년층에서 높은 감염률을 보여 학교 내 전파에 주의가 필요할 것이다.
④ 코로나19와 사람메타뉴모바이러스 감염증은 65세 이상 고령층에서 높은 비중을 차지하므로 이들을 위한 별도의 예방 조치가 중요할 것이다.

06 위 자료를 근거로 할 때, 다음 글의 ㉠에 들어갈 문장으로 가장 적절한 것은?

> 최근 국내 호흡기감염병 발생 동향을 종합해 보면, 대부분의 호흡기감염병은 유행 정점을 지나 전반적으로 감소추세를 보이고 있다.
> 그러나 (㉠   )
> 따라서 마스크 착용, 손 씻기 등 개인위생 수칙 준수와 함께 특히 고위험군에 대한 지속적인 감염 예방 대책이 필요하다.

① 코로나19와 사람메타뉴모바이러스 감염증은 최근 유행이 급증하여 아직 안정화되지 않은 상태이다.
② 백일해와 마이코플라즈마 폐렴균 감염증의 발생이 최근 다시 증가 추세로 전환되는 모습을 보이고 있다.
③ 7~12세 연령층은 인플루엔자와 마이코플라즈마 폐렴균 감염증 모두에서 가장 높은 발생률을 보이고 있다.
④ 인플루엔자는 유행기준보다 여전히 높은 수준을 유지하고 있으며 사람메타뉴모바이러스 감염증은 예년 동기간 대비 높은 수준을 보이고 있다.

[07~09] 다음 글을 읽고 물음에 답하시오.

천식은 기도의 만성 염증성 질환으로, 반복적인 호흡곤란, 기침, 천명(쌕쌕거림), 가슴 답답함 등의 증상이 특징적이다. 세계보건기구(WHO)에 따르면, 전 세계적으로 약 2억 6천만 명이 천식을 앓고 있으며, 매년 약 46만 명이 천식으로 사망하고 있다(WHO, 2022). 대한천식알레르기학회가 발표한 『2022 한국 천식 백서』에 의하면, 우리나라 성인의 천식 유병률은 약 3.1%, 소아청소년은 약 5.4%로 추산되며, 특히 65세 이상 노인에서는 7.1%로 높게 나타났다. (㉠)

천식의 주요 위험 요인으로는 유전적 소인과 환경적 요인이 복합적으로 작용한다. 서울대학교병원 알레르기내과의 연구(2022)에 따르면, 천식 환자의 약 70%는 알레르겐(알레르기 반응을 유발하는 물질)에 대한 감작이 확인되었으며, 그중 집먼지진드기(56.8%)와 꽃가루(32.4%)가 가장 흔한 원인 알레르겐으로 나타났다. 환경적 요인과 관련하여, 한국환경정책평가연구원(2023)의 조사에서는 초미세먼지(PM2.5) 농도가 $10\mu g/m^3$ 증가할 때마다 천식으로 인한 응급실 방문이 약 3.1% 증가하는 것으로 분석되었다. (㉡)

천식의 효과적인 관리를 위해서는 적절한 약물치료와 함께 자가관리 교육이 중요하다. 국제 천식 가이드라인 GINA(Global Initiative for Asthma, 2023)에서는 천식 관리의 목표를 '증상 조절'과 '미래 위험 감소'로 설정하고, 이를 위한 단계적 접근법을 권고하고 있다. 대한천식알레르기학회(2022)의 연구에 따르면, 적절한 약물치료와 자가관리 교육을 받은 환자군은 그렇지 않은 환자군에 비해 천식 조절률이 43.2% 높았으며, 응급실 방문율은 58.7% 낮았다. (㉢)

최근에는 디지털 헬스케어 기술을 활용한 천식 관리 방법도 주목받고 있다. 분당서울대학교병원의 임상시험(2023)에서는 모바일 앱과 웨어러블 기기를 활용한 천식 자가관리 프로그램이 기존 관리 방법에 비해 천식 조절 검사(ACT) 점수를 평균 3.2점 향상시키고, 급성 악화 발생률을 27.6% 감소시키는 효과를 보여 주었다. (ⓐ) 인공지능 기술을 활용한 맞춤형 치료 방안도 개발되고 있는데, 한국과학기술연구원(KIST)에서는 개인의 임상적 특성과 환경 요인을 분석하여 최적의 치료법을 제시하는 알고리즘을 개발 중이다. (㉣)

07 위 글의 흐름을 고려할 때, 다음 [문장]이 들어갈 위치로 가장 적절한 곳은?

---[문장]---
또한 대기오염물질 중 이산화질소(NO_2)와 오존(O_3)도 천식 악화와 유의미한 상관관계가 있는 것으로 확인되었다.

① ㉠
② ㉡
③ ㉢
④ ㉣

08 위 글을 읽고 이해한 내용으로 가장 적절한 것은?

① 연구 결과에 따르면 초미세먼지 농도 증가와 천식으로 인한 응급실 방문 사이에는 유의미한 상관관계가 없다.
② GINA에서 권고하는 천식 관리의 단계적 접근법은 약물치료의 강도를 점진적으로 높이는 것보다 자가관리 교육을 먼저 강화하는 방식을 우선시한다.
③ 분당서울대학교병원의 임상시험 결과, 디지털 헬스케어 기술을 활용한 천식 자가관리 프로그램은 일반 약물치료에 비해 급성 악화 발생률을 감소시켰다.
④ 서울대학교병원 연구에 따르면, 천식 환자에게서 나타난 집먼지진드기와 꽃가루에 대한 알레르기 반응은 약물치료보다 환경관리를 통해 더 효과적으로 조절할 수 있다.

09 위 글의 ⓐ에 들어갈 단어로 가장 적절한 것은?

① 또한
② 요컨대
③ 그러나
④ 더욱이

[10~12] 다음 글을 읽고 물음에 답하시오.

☐ 2024년 결핵환자를 연령대별로 살펴보면, 65세 이상 결핵환자는 10,534명으로 전년(11,309명) 대비 6.9% 감소하였으나, 전체 환자(17,944명)의 58.7%를 차지하며 매년 비중*이 증가하고 있다. ㉠ 이는 인구 10만 명당 결핵환자는 65세 이상이 105.8명으로 65세 미만(18.0명/10만 명)보다 약 6배 높은 수치이다.
* 65세 이상 비중: ('20) 48.5% ('21) 51.0% ('22) 55.4% ('23) 57.9% ('24) 58.7%

☐ 외국인 결핵환자는 결핵 고위험국가 출신 장기체류자를 대상으로 결핵 검진 의무화를 추진한 2016년 이후 감소세를 보이며 2024년에는 1,077명으로 전년(1,107명) 대비 2.7% 감소하였다. 다만, 전체 환자 중 외국인 비중은 6%로 전년 대비 0.3%p 증가하였다.
* 외국인 비율: ('20) 5.2% ('21) 5.4% ('22) 5.3% ('23) 5.7% ('24) 6.0%

[국내 결핵환자 발생 주요 현황]

구분	2011년	2023년	2024년
전체 결핵환자 수	50,491명	19,540명	17,944명
65세 이상 환자 수	15,232명	11,309명	10,534명
65세 이상 환자 비율	30.2%	57.9%	58.7%
외국인 환자 수	1,213명	1,107명	1,077명
외국인 환자 비율	2.4%	5.7%	6.0%

☐ 한편 결핵환자 유형별로 살펴보면, 전체 환자 중 폐결핵 14,095명(78.5%), 폐 이외 장기에서 발생한 폐외결핵 3,849명(21.5%)이었다. 결핵 치료약제에 내성이 있어 치료가 어려운 다제내성/리팜핀내성 결핵환자는 461명으로 전년(551명) 대비 16.3% 감소하였다. ㉡ 같은 기간 동안 인근 아시아 국가 중 일부에서는 다제내성 결핵 비율이 평균 18%를 초과한 것으로 나타났다.

☐ 질병관리청은 지난 2023년 '제3차 결핵관리 종합계획('23~'27)'을 수립하여 결핵 전(全) 주기(예방·진단·치료)에 걸친 결핵 관리 정책을 추진 중이다. 고령층·외국인 환자 비중 증가 등 최근 결핵 발생 특성을 고려, 결핵환자를 조기 발견·치료하기 위한 결핵검진 및 역학조사, 환자 관리를 꼼꼼히 시행하고 있으며, 결핵 퇴치를 위한 연구도 강화하였다.

☐ 특히, 신체적·사회경제적 사유로 의료접근성이 상대적으로 낮은 노인, 노숙인 등 취약계층을 대상으로 '찾아가는 결핵검진사업'을 통해 '24년 약 18.7만 건의 검진을 시행, 총 133명의 결핵환자를 조기에 발견하여 추가 전파를 차단하였다.

☐ 결핵환자의 조기 발견, 전파방지 및 신속한 후속 조치를 위하여 2013년 구성된 결핵 역학조사반은 결핵환자의 가족과 직장 등 집단시설 접촉자 대상으로 역학조사를 실시한 결과 작년(200명) 대비 25.0% 증가한 250명을 조기 발견하였다.

☐ 또한, 민간-공공협력(Private-Public Mix: PPM) 결핵관리 사업*으로 보건소 및 의료기관에 배치된 결핵 관리 전담 인력은 철저한 환자 관리를 수행 중이다. ㉢ 이에 더하여 '24년부터는 결핵의 치료 시작부터 종료 시까지 빈틈없는 관리를 위하여 환자의 상황에 따라 진단 – 복약관리 – 사회복지 서비스 연계 – 전문치료지원을 하는 '결핵환자 맞춤형 통합관리'를 시행하였다.
* '24년 민간-공공협력 결핵관리 참여 현황: (의료기관) 174개, 294명 (보건소) 259개, 595명

□ 또한, 올해부터는 결핵 퇴치를 위한 선진화된 실용 기술개발 연구 투자를 강화한다. ㉣ 다제내성결핵의 조기 발견을 위한 신속·동시 진단 기술과 결핵 고위험군의 발병 예측 기술을 고도화하고, 장기 치료 부담을 줄일 수 있는 단기 치료법 개발을 본격 추진한다. 또한, 완치 후 환자들의 건강한 삶 유지를 위해 결핵 후유증과 건강 위험 요인 분석 연구도 추진할 예정이다.

10 위 글을 바탕으로 추론할 수 있는 내용을 다음 [보기]에서 모두 고른 것은?

[보기]
ㄱ. 2024년에는 폐결핵보다 폐외결핵 환자의 치료 성공률이 더 높았다.
ㄴ. 2024년에 결핵환자 중 65세 이상 환자가 65세 미만 환자에 비해 많았다.
ㄷ. 2024년 민간 - 공공협력 결핵관리에 참여한 의료기관 수는 보건소 수보다 더 많았다.
ㄹ. 2024년에 전년 대비 외국인 결핵환자 수는 감소했지만, 전체 환자 중 외국인 환자 비율은 증가했다.

① ㄱ, ㄴ ② ㄱ, ㄷ ③ ㄴ, ㄹ ④ ㄷ, ㄹ

11 다음 글은 2011년부터 2024년까지의 결핵환자의 변화에 관한 내용이다. 빈칸 ⓐ에 들어갈 내용으로 가장 적절한 것은?

2011년부터 2024년까지 결핵환자 구성의 가장 큰 변화는 65세 이상 고령 환자의 비중 증가이다. 2011년에는 전체 환자의 30.2%였던 65세 이상 환자 비율이 2024년에는 58.7%로 약 2배 가까이 증가했다. 이는 (ⓐ)으로 볼 수 있다.

① 65세 이상 인구층에서 새로운 결핵 감염이 급증했기 때문
② 결핵 고위험국가 출신 장기체류자가 주로 고령층이기 때문
③ 민간 - 공공협력 결핵관리가 고령층 위주로 이루어지고 있기 때문
④ 전체 결핵환자 감소율에 비해 고령층 환자의 감소율이 상대적으로 작기 때문

12 위 제시문의 흐름상 ㉠~㉣ 중 삭제되어야 하는 문장은?

① ㉠ ② ㉡ ③ ㉢ ④ ㉣

[13~14] 다음은 모기 매개 감염병과 감시사업에 관한 자료이다. 이를 읽고 물음에 답하시오.

모기가 전파하는 주요 감염병은 일본뇌염, 말라리아, 뎅기열, 황열, 지카바이러스 감염증, 웨스트나일열 등으로 알려져 있으며, 이들 감염병을 매개할 수 있는 모기는 전국적으로 서식하고 있다.

[모기 매개 질병과 환자 현황]

매개 질병	주요 매개체(국내 서식)	2024년 환자(명)	
		국내 발생	해외 유입
일본뇌염	작은빨간집모기	21	0
말라리아	얼룩날개모기류	659	54
웨스트나일열	빨간집모기	0	0
뎅기열	흰줄숲모기	0	196
황열		0	0
치쿤구니야열		0	9
지카바이러스 감염증		0	0

국내 모기 매개 감염병으로는 일본뇌염과 말라리아가 발생하고 있어 이에 대한 집중 감시를 수행하는 한편, 뎅기열 등 해외 감염병의 유입에 대비하여 전국적인 매개체 감시사업도 매년 수행하고 있다.

[매개 모기 감시사업]

사업명	대상 모기종	감시 목적
일본뇌염 매개 모기 감시사업	작은빨간집모기	일본뇌염 매개체 밀도 감시
말라리아 매개 모기 감시사업	얼룩날개모기류	말라리아 재퇴치를 위한 매개체 및 병원체 감시
기후변화 매개체 감시사업	흰줄숲모기, 빨간집모기 등	기후변화 및 해외 유입에 따른 국내 주요 매개체 및 병원체 감시
검역 구역 내 매개 모기 감시사업	이집트숲모기 등	해외 유입 매개체 감시

질병관리청에서는 매개 모기 감시를 위해 국방부, 농림축산식품부, 지자체(보건환경연구원, 보건소) 및 민간(기후변화 거점센터)과 협력하여 3월부터 10월까지 전국 169개 지점*에서 감시를 수행한다.

감시사업에서는 유문등**을 이용하여 채집된 모기를 모기 지수***로 환산하고, 발생 변화(평년, 전년, 전주 대비 변화)를 확인하여 유전자 검사를 통해 병원체 감염 여부를 조사한다.

모기 지수 및 병원체 확인 결과 등을 기준으로 모기 방제와 예방을 위한 주의보 및 경보를 발령하고, 감시사업 결과는 질병관리청 감염병 누리집(http://www.npt.kdca.go.kr)에서 '병원체 및 매개체 감시 주간 정보' 등으로 공개한다.

* 질병관리청(13개), 국방부(21개), 농림축산식품부(18개), 보건환경연구원(14개), 보건소(70개), 기후변화 거점센터(33개)
** 야행성 곤충이 좋아하는 350~370nm 파장의 빛을 내보내 모기를 유인하여 포집하는 기구
*** 모기 지수(Trap Index: TI) = 채집된 모기 수/유문등 수/채집 일수

13 위 자료의 내용과 일치하지 않는 것은?

① 이집트숲모기는 검역 구역 내 매개 모기 감시 대상으로, 해외 유입 매개체를 감시하는 데 활용된다.
② 작은빨간집모기는 국내에서 일본뇌염을 매개하며, 2024년에는 국내 발생 환자가 21명으로 보고되었다.
③ 말라리아 매개 모기 감시사업은 국내 주요 매개체와 병원체를 감시하며, 작은빨간집모기가 주요 대상이다.
④ 질병관리청은 모기 방제와 예방을 위해 모기 지수 및 병원체 확인 결과를 기준으로 주의보와 경보를 발령한다.

14 다음 글은 위 자료의 사업과 관련하여 질병관리청장이 언급한 내용이다. ㉠에 들어갈 내용으로 적절하지 않은 것은?

> 질병관리청장은 "기후변화로 인해 우리나라의 기후가 점차 아열대성으로 변화하면서, 모기의 발생 시기가 해마다 앞당겨지고 있고 그 개체 수도 꾸준히 증가하는 추세를 보이고 있다. 이는 겨울철 평균 기온 상승과 함께 강수량 및 습도 증가로 인해 모기가 서식하고 번식하기에 적합한 환경이 조성되고 있기 때문이다. 이러한 상황은 국민건강과 방역체계 전반에 새로운 도전 과제가 되고 있다."라고 밝히며, "(㉠)"라고 당부하였다.

① 질병관리청과 여러 기관의 수행하에 지역별로 모기 발생 정보를 파악하고 있으므로 각 지역의 실정에 특화된 방역 대응책 또한 적용해야 한다.
② 현재 국내에서 발생하는 매개 질병과 해외에서 유입되는 매개 질병뿐만 아니라 아직 환자가 발생하지 않은 매개 질병에 대해서도 주의해야 한다.
③ 기후변화로 인해 기존 방역 시기와 방식이 한계에 직면하고 있는 만큼, 민관의 유기적 협동을 통해 정확한 매개 모기 감시 결과를 제공해야 한다.
④ 현재 감시사업에서는 채집된 모기의 수를 바탕으로 주의보 및 경보를 발령하고 있으므로 유전자 검사 등을 통한 병원체 확인 절차도 추가해야 한다.

[15~16] 다음 글을 읽고 물음에 답하시오.

우리나라는 급격한 고령화로 2025년 65세 이상 노인 인구 비율이 20%를 넘어섰으며, 초고령사회로의 진입이 현실이 되었다. 이에 따라 치매, 파킨슨병, 근감소증 등 노인성 질환의 유병률도 빠르게 증가하고 있다. ㉠ 특히 치매 환자는 2022년 기준 약 88만 명으로, 2050년에는 300만 명을 넘어설 것으로 예측된다.

노인성 질환의 30% 이상은 생활 습관 개선과 조기 중재를 통해 예방 또는 진행 지연이 가능하다는 연구 결과가 있다. 이러한 과학적 근거를 바탕으로, 보건당국은 예방에서 돌봄까지 이어지는 전 주기적 관리체계 구축을 핵심으로 하는 '노인성 질환 극복을 위한 종합 대책'을 발표했다.

노인성 질환의 조기 발견을 위한 선별 시스템 강화는 이번 대책의 핵심 요소이다. 만 66세 국가건강검진에 인지기능 검사 항목을 추가하고, 지역 의료기관과 연계한 조기 검진 체계가 구축된다. ㉡ 이러한 조기 발견 시스템은 질환의 초기 단계에서 적절한 중재를 가능하게 하여 진행 속도를 늦추는 데 중요한 역할을 한다.

노인성 질환 연구개발에 대한 투자 확대도 종합 대책의 중요한 축이다. 위험인자 발굴, 조기 진단 기술, 치료제 개발, 디지털 관리 기술 분야에 집중 지원이 이루어진다. 특히 인공지능과 빅데이터를 활용한 예측 모델과 디지털 치료제 개발이 주목받고 있으며, 이러한 디지털 기술은 미래 노인 의료의 핵심으로 자리 잡을 전망이다.

의료 현장에서 노인 친화적 진료 환경 조성도 시급한 과제로 다루어진다. 복합 만성질환을 가진 노인 환자의 특성을 고려한 다학제적 협진 체계와 노인 전문 약사제도가 시범 운영된다. ㉢ 당뇨병과 고혈압은 청년층에서도 유병률이 증가하고 있어 전 연령대를 위한 만성질환 관리 정책도 함께 마련되어야 한다. 이러한 접근은 의약품 부작용을 줄이고 노인 환자의 의료서비스 만족도와 치료 효과를 높이는 데 기여할 것이다.

지역사회 중심의 예방 활동 강화는 장기적 관점에서 특히 중요하다. 이를 위해 경로당과 노인복지관을 활용한 인지강화 프로그램과 근력운동 교실이 확대되며, 맞춤형 영양 상담 서비스도 제공된다. 이러한 예방 활동은 건강한 노년기를 위한 기반을 마련하는 동시에, 국가 의료비 부담 경감에도 효과적이다.

돌봄 부담 경감을 위한 지원 체계 확충도 체계적으로 진행된다. 전국 치매안심센터의 기능이 강화되고, 가족 상담 및 교육 프로그램이 확대된다. 또한 'IoT 기반 스마트 케어 홈' 시범사업을 통해 원격 건강 모니터링과 돌봄 서비스가 제공된다. 이러한 지원 체계는 환자 가족의 심리적, 경제적 부담을 경감하는 데 기여할 것이다.

㉣ 노인성 질환 관리는 고령화 사회에서 필수적인 국가 과제로, 의료적 접근뿐 아니라 사회적 지원 체계 구축이 함께 이루어져야 한다. 종합 대책이 효과적으로 실행된다면 노인 인구의 건강수명이 연장되고 삶의 질이 향상될 뿐만 아니라, 국가 의료비 절감과 사회적 부담 경감에도 기여할 수 있을 것이다. 초고령사회로의 진입을 앞둔 시점에서, 이러한 선제적 대응은 미래 세대를 위한 지속 가능한 의료 및 복지 체계 구축의 중요한 토대가 될 것이다.

15 위 글에 따를 때 노인성 질환 관리체계에 대한 설명으로 옳지 않은 것은?

① 인공지능과 빅데이터 기술은 노인성 질환 예측 모델 개발과 디지털 치료제 연구에 활용된다.
② 지역 의료기관과 연계한 조기 검진 체계는 모든 연령대의 인지기능 저하를 선별하기 위해 구축된다.
③ 지역사회의 인지강화 프로그램과 근력운동 교실, 영양 상담 등을 통해 노인성 질환의 예방 활동이 이루어진다.
④ 'IoT 기반 스마트 케어 홈' 시범사업은 원격 건강 모니터링과 돌봄 서비스 제공을 통해 가족의 부담을 경감하는 데 기여한다.

16 위 글의 문맥상 ㉠~㉣ 중 삭제되어야 하는 문장은?

① ㉠
② ㉡
③ ㉢
④ ㉣

[17~18] 다음 글을 읽고 물음에 답하시오.

(가) 2022년 기준 한국전력통계에 따르면 전국에 주요 화력발전소 59개소, 원자력발전소 24기가 운영 중이며, 이들 발전소 반경 5km 이내에 약 120만 명의 주민이 거주하고 있다. 환경부와 질병관리청이 실시한 '발전소 주변지역 주민 건강영향조사' 결과, 화력발전소 인근 지역 주민들의 만성폐쇄성폐질환(COPD) 유병률은 전국 평균보다 1.2배 높았으며, 천식 발생률도 1.15배 높은 것으로 나타났다.

(나) 첫째, 건강영향조사는 기본 건강검진뿐만 아니라 폐기능검사, 중금속 노출 검사 등 발전소 특성에 맞는 특화 검진을 포함한다. 2022년 기준으로 발전소 주변지역 주민 중 약 7만 5천 명이 건강검진 본인부담금 면제 혜택을 받았으며, 3만 2천 명이 호흡기 및 심혈관질환 관련 추가 검사를 지원받았다. 둘째, 환경 모니터링 체계 구축도 중요한 정책이다. 환경부는 전국 발전소 주변 83개 지점에 실시간 대기오염 측정망을 설치하여 운영 중이며, 이 데이터는 국민건강보험공단의 건강정보와 연계 분석되고 있다. 2022년 시범사업 결과, 미세먼지(PM 2.5) 농도가 $35\mu g/m^3$ 이상인 날이 연속 3일 이상 지속될 경우, 해당 지역의 호흡기 질환 외래 방문이 평균 8.3% 증가하는 것으로 나타났다. 셋째, 건강관리 지원 프로그램은 발전소 주변지역 주민들의 건강 증진을 위한 직접적인 서비스를 제공한다. 산업통상자원부의 '2022 발전소 주변지역 지원사업 시행계획'에 따르면, 주요 지원으로는 만성질환 관리, 의료 취약계층 방문 건강관리, 건강 교실 운영, 의료비 지원 등이 있다. 특히 화력발전소 주변지역에서는 호흡기질환 예방을 위한 '클린 에어 프로그램'이 운영되고 있으며, 2022년 한 해 동안 전국 28개 발전소 주변지역에서 약 15만 명의 주민이 이러한 프로그램의 혜택을 받았다.

(다) 발전소는 국가 에너지 공급의 핵심 시설이지만, 주변지역 주민들의 건강에 미치는 영향에 대한 우려가 지속적으로 제기되어 왔다. 특히 화력발전소에서 배출되는 미세먼지와 중금속, 원자력발전소의 방사성 물질 등이 장기간 노출될 경우, 건강에 영향을 미칠 수 있다는 연구 결과들이 있으며, 세계보건기구(WHO)는 화력발전소에서 배출되는 대기오염물질이 호흡기질환과 심혈관질환의 발병률을 높일 수 있다고 보고한 바 있다.

(라) 이러한 조사 결과를 바탕으로 정부는 발전소 주변지역 주민들의 건강권 보호를 위한 정책을 강화했다. 2020년 개정된 '발전소 주변지역 지원에 관한 법률'에 따라 주민 건강영향조사와 건강증진 사업이 의무화되었으며, 이를 위해 연간 약 320억 원의 예산이 배정되고 있다. 건강관리 정책은 크게 건강영향조사, 환경 모니터링, 건강관리 지원 프로그램으로 구분된다.

(마) 발전소 주변지역 주민 건강관리 정책은 환경정의와 사회적 형평성 차원에서 중요한 의미를 갖는다. 이러한 정책의 효과적 시행을 위해서는 환경부, 보건복지부, 산업통상자원부와 지방자치단체 간의 협력이 필수적이며, 특히 국민건강보험공단은 건강정보 데이터 분석을 통해 과학적 근거에 기반한 정책 수립에 핵심적 역할을 담당한다. 국가 에너지 생산의 필요성과 지역주민의 건강권 보호라는 두 가치의 균형을 이루는 관리체계를 공고히 해 나가는 것이 앞으로의 중요한 과제라 할 수 있다.

17 위 글의 (가)~(마)를 문맥상 적절하게 배열한 것은?

① (가) – (다) – (라) – (나) – (마)
② (가) – (라) – (마) – (나) – (다)
③ (다) – (가) – (라) – (나) – (마)
④ (다) – (라) – (나) – (마) – (가)

18 위 글의 주제로 가장 적절한 것은?

① 발전소 주변지역 대기오염 측정망 확대와 데이터 기반 건강 영향 분석 체계의 정책적 활용 방안
② 발전소 주변지역 주민 건강관리 정책의 다층적 체계 및 기관 간 협력을 통한 환경정의 실현 방안
③ 주요 에너지 시설 인근 거주민의 질환별 유병률 특성과 이에 대응하는 국가 건강보장 체계의 발전 과정
④ 국가 에너지 생산시설의 환경적 영향에 대한 역학 연구 결과와 이에 따른 주민 대상 의료서비스 개선 전략

[19~20] 다음 보도자료를 읽고 물음에 답하시오.

	보 도 자 료		
보도 일시	배포 즉시	배포일	2024. 9. 5.(목)
배포 기관	보건복지부	담당 부서	보건의료데이터진흥과

인공지능 기반 의료기술 혁신으로 국민건강 증진

보건복지부는 9월 5일(목) 2024년 보건의료데이터 정책심의위원회를 개최하였다. 위원회에서는 의료 인공지능 연구개발 로드맵(2024~2028) 및 의료데이터 주요정책 추진 현황과 향후 계획에 대해 논의하였으며 주요 내용은 다음과 같다.

☐ 의료 인공지능 연구개발 로드맵(2024~2028)

○ 먼저, AI 기반 의료서비스 혁신을 도모한다. 응급의료, 중증질환, 암 등 필수의료 중심의 AI 연구개발을 확대하고, 생성형 AI를 기반으로 의료진-환자 간 소통을 지원, 진료 편의를 높일 수 있는 기술개발*을 내년부터 추진한다.

* (예시) 환자-의료진 간 상담내용을 자동으로 병원 시스템에 입력 및 환자에게 요약 제공 등

○ 또한, AI 기반 디지털치료기기와 의사와 협업 가능한 수술 로봇 등 첨단 의료기기에 대한 지원을 확대하고 후보물질 발굴, 임상연구·시험 등 신약개발 전(全) 과정에서 AI가 활용될 수 있도록 지원을 강화한다.

○ 아울러, 보건의료데이터를 AI 연구자, 기업 등이 편리하게 활용할 수 있도록 연계 플랫폼을 구축하고, 데이터 표준 지원 기술개발을 추진하는 등 AI 개발·학습에 필요한 데이터 활용 체계를 고도화하는 한편, 의료 AI가 현장에서 의미 있게 활용될 수 있도록 실증 연구를 지원하고 바이오헬스 분야 인공지능 전문인력 양성을 확대하는 등 인공지능 개발·확산을 위한 기반도 강화해 나갈 계획이다.

☐ (　　　　　　　　ⓒ　　　　　　　　)

○ 보건복지부는 지금까지 AI, 디지털 기술을 활용한 국민건강증진을 목표로 ① 의료데이터 표준화 및 상호 운용성 제고, ② 환자주도 건강·진료 정보 공유, ③ 의료 빅데이터 구축·개방, ④ 의료데이터 활용 제도적 기반 강화를 추진해 왔다.

○ 보건복지부는 지난해 병원마다 상이한 의료데이터를 표준화하고자 교류에 필수적인 항목을 정의하여 한국 핵심교류데이터(KR CDI)와 전송표준(KR Core)을 마련·고시하였으며, '건강정보 고속도로'* 사업을 가동하여 공공기관과 의료기관에 흩어진 본인의 의료정보를 '나의 건강기록 앱'을 통해 제공하고 있다.

* 여러 의료기관이 보유 중인 환자의 진료기록을 환자 본인이 열람하고, 동의 기반으로 원하는 곳에 제공할 수 있는 플랫폼(860개 의료기관 참여)

○ 올해는 '국가 통합 바이오 빅데이터'* 사업을 개시하여 임상·유전체·공공·라이프로그 데이터를 포함한 77만 명 바이오 빅데이터를 구축하고 있으며, '보건의료데이터 가이드라인'을 개정하여 의료데이터 활용을 위한 제도적 기반을 강화할 예정이다.

* 임상 정보, 유전체 등 오믹스 데이터, 공공데이터, 개인보유 건강정보 등을 통합하여 연구 목적으로 개방하는 R&D 사업 (1단계 '24~'28년, 77.2만 명 모집)

19 위 보도자료의 내용과 일치하지 않는 것은?

① 나의 건강기록 앱은 860개 의료기관이 참여하는 건강정보 고속도로 사업의 일환으로 제공된다.
② 보건의료데이터 가이드라인 개정은 의료데이터 활용을 위한 제도적 기반 강화를 목적으로 한다.
③ 의사-환자 간 상담내용 자동 입력 시스템은 2023년부터 시행 중인 AI 연구개발 사업의 성과이다.
④ 한국 핵심교류데이터와 전송표준은 의료기관 간 데이터 호환성 확보를 위해 개발된 국가 표준이다.

20 위 보도자료의 ㉠에 들어갈 소제목으로 가장 적절한 것은?

① 의료데이터 정책 추진 현황 및 향후 계획
② 첨단 의료기기 개발 지원을 위한 국제 협력 체계
③ 국가 통합 바이오 빅데이터 사업의 문제점과 개선책
④ 의료 인공지능 연구개발을 위한 법적 규제 강화 방안

[21~22] 다음 [표]는 A공사 사이트 방문자 수에 관한 자료이다. 이를 보고 물음에 답하시오.

[표] A공사 사이트 방문자 수

(단위: 명)

구분	2020년	2021년	2022년	2023년	2024년
1월	800,065	900,073	980,049	1,007,312	1,024,307
2월	840,080	870,017	960,051	965,752	947,705
3월	850,095	890,036	970,067	962,344	970,042
4월	860,080	910,021	940,024	946,866	993,634
5월	845,033	905,023	950,065	935,276	972,092
6월	880,020	895,081	935,021	957,985	969,183
7월	870,040	920,094	930,090	968,682	954,833
8월	890,093	910,029	925,064	961,647	997,013
9월	920,003	930,027	950,009	922,850	948,481
10월	910,077	935,012	960,086	941,587	924,559
11월	905,028	945,078	980,056	1,013,189	1,061,815
12월	920,048	950,031	990,038	1,025,305	1,007,714

21 위 [표]에 대한 설명으로 옳지 않은 것은?

① 2023년 월평균 사이트 방문자 수는 96만 명 이상이다.
② 2021년 상반기 사이트 방문자 중 3월의 비중은 15% 이상이다.
③ 2024년 11월 사이트 방문자 수는 전월 대비 15% 이상 증가했다.
④ 2022년 사이트 방문자 수는 12개월 모두 전년 동월 대비 증가했다.

22 위 [표]에 따를 때 2024년과 2020년의 12월 A공사 사이트 방문자 수 대비 6월 A공사 사이트 방문자 수 비율의 차이는 몇 %p인가? (단, 각 연도의 비율 계산 시 소수점 아래 둘째 자리에서 반올림한다)

① 0.4%p
② 0.6%p
③ 0.8%p
④ 1.0%p

[23~24] 다음 [표]는 연령별 차상위 및 한부모가족 수급자 수에 관한 자료이다. 이를 보고 물음에 답하시오.

[표] 연령별 차상위 및 한부모가족 수급자 수

(단위: 명)

구분	9세 이하	10대	20대	30대	40대	50대	60대	70세 이상
1월	85,307	221,340	77,498	55,278	138,815	107,295	78,555	241,655
2월	84,840	220,861	77,689	54,699	138,546	107,455	78,423	241,312
3월	84,731	219,413	75,998	54,725	137,520	106,774	78,442	241,872
4월	85,392	220,615	76,384	55,710	138,088	107,478	79,078	243,250
5월	85,838	222,532	76,952	56,226	138,367	108,273	79,255	244,635
6월	85,413	222,450	76,240	56,160	137,402	107,518	78,808	245,911
7월	84,716	222,274	75,518	55,933	136,392	106,777	78,722	247,824
8월	84,717	223,103	74,777	55,882	136,087	106,747	78,658	248,258
9월	84,396	223,443	74,252	55,884	135,589	106,807	78,699	248,505
10월	83,962	223,862	74,510	55,760	135,329	107,089	78,695	248,538
11월	83,715	224,372	74,437	55,648	134,820	107,363	78,628	248,754
12월	83,288	224,422	74,255	55,374	134,019	107,332	78,296	249,848

23 위 [표]에 대한 설명으로 옳지 않은 것은?

① 매월 차상위 및 한부모가족 수급자 수가 가장 많은 연령대는 70세 이상이다.
② 7월 30대 차상위 및 한부모가족 수급자 수는 전월 대비 0.5% 이상 감소했다.
③ 1~6월 9세 이하 차상위 및 한부모가족 수급자 수는 월 평균 85,000명 이상이다.
④ 12월에 50대 차상위 및 한부모가족 수급자 수는 10대의 45% 이상이다.

24 위 [표]에 따를 때, 조사 기간 중 40대 차상위 및 한부모가족 수급자 수가 가장 많은 달에 차상위 및 한부모가족 수급자 중 39세 이하 비중은 몇 %인가? (단, 계산 시 소수점 아래 둘째 자리에서 반올림한다)

① 43.7%
② 44.2%
③ 44.8%
④ 45.1%

[25~26] 다음 [표]는 상급종합병원 간호사 수에 관한 자료이다. 이를 보고 물음에 답하시오.

[표] 2024년 상급종합병원 간호사 수

(단위: 명)

구분	1분기	2분기	3분기	4분기
서울	28,254	28,201	28,305	28,612
부산	5,428	5,384	5,403	5,439
대구	6,548	6,533	6,517	6,500
인천	4,710	4,696	4,624	4,786
광주	2,479	2,461	2,447	2,441
대전	2,482	2,478	2,509	2,536
울산	1,620	1,620	1,620	1,651
경기	9,428	9,402	9,450	9,481
충북	1,144	1,144	1,144	1,144
충남	1,077	1,077	1,077	1,077
전남	802	802	802	802
전북	2,704	2,704	2,742	2,711
경남	3,999	3,979	3,946	3,937
경북	1,254	1,260	1,252	1,263
강원	2,319	2,319	2,319	2,340

25 위 [표]에 대한 설명으로 옳지 않은 것은?

① 서울의 상급종합병원 분기 평균 간호사 수는 인천의 5배 이상이다.
② 1분기 부산, 대구, 울산의 상급종합병원 간호사 수는 15,000명 이하이다.
③ 4분기 상급종합병원 간호사 수가 1분기 대비 증가한 지역은 9개이다.
④ 3분기 부산 상급종합병원 간호사 수의 직전 분기 대비 증가율은 같은 기간 경기의 증가율보다 높다.

26 다음 [그림]은 서울, 부산, 대구, 인천의 2024년 상급종합병원 의사 수에 관한 자료이다. 위 [표]와 다음 [그림]에 따를 때 2024년 1분기와 2024년 4분기의 서울, 부산, 대구, 인천의 상급종합병원 간호사 수 대비 상급종합병원 의사 수 비율의 차이는? (단, 각 비율 계산 시 소수점 아래 둘째 자리에서 반올림한다)

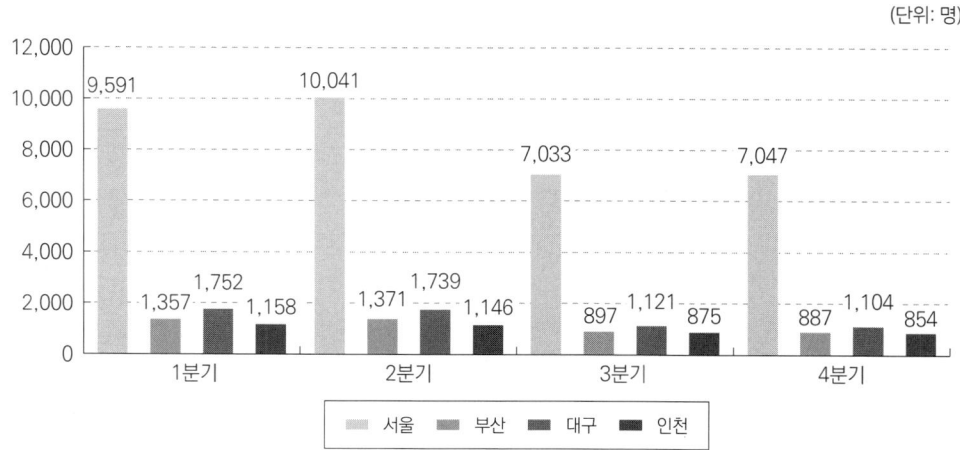

[그림] 서울, 부산, 대구, 인천의 2024년 상급종합병원 의사 수

① 8.7%p
② 9.0%p
③ 9.2%p
④ 9.5%p

[27~28] 다음 [표]는 A시술 환자 수와 건수의 현황에 관한 자료이다. 이를 보고 물음에 답하시오.

[표 1] 연령대별 A시술 환자 수

(단위: 명)

구분	2017년	2018년	2019년	2020년	2021년	2022년	2023년
합계	1,541	2,123	1,941	1,455	1,595	1,621	1,262
10세 미만	149	148	91	78	45	115	151
10대	121	190	157	120	92	86	81
20대	220	329	304	228	266	232	162
30대	315	398	358	261	288	287	178
40대	298	361	344	239	313	304	213
50대	252	376	342	261	272	252	250
60대	132	223	257	181	230	258	177
70대	40	79	75	67	72	72	39
80세 이상	14	19	13	20	17	15	11

[표 2] 연령대별 A시술 건수

(단위: 회)

구분	2017년	2018년	2019년	2020년	2021년	2022년	2023년
합계	4,332	6,007	5,204	3,923	6,028	6,038	4,567
10세 미만	264	322	212	202	172	225	281
10대	265	459	338	284	253	330	259
20대	582	959	750	565	937	728	570
30대	841	1,106	991	703	1,200	1,190	763
40대	817	1,121	1,027	742	1,254	1,312	816
50대	874	960	992	660	1,083	952	999
60대	459	804	653	483	841	977	688
70대	146	215	203	241	250	262	156
80세 이상	84	61	38	43	38	62	35

27 위 [표]에 대한 설명으로 옳지 않은 것은?

① 조사 기간 중 A시술 환자 수가 전년 대비 감소한 해는 4개년이다.
② 2017년 A시술 건수 중 20세 이상 60세 미만의 비중은 70% 이상이다.
③ 2019년 40대 A시술 건수의 전년 대비 감소율은 같은 해 40대 A시술 환자 수의 전년 대비 감소율의 2배 이하이다.
④ 2018~2021년에 매해 40대까지는 연령이 높을수록 A시술 건수가 많고, 50대 이후부터 연령이 높을수록 A시술 건수가 적다.

28 위 [표]에 따를 때, 10대~40대 연령대 중 2023년 A시술 환자 1명당 시술 건수가 2017년 대비하여 가장 큰 증가량을 보인 연령대는? (단, 각 계산 시 소수점 아래 둘째 자리에서 반올림한다)

① 10대
② 20대
③ 30대
④ 40대

[29~30] 다음 [표]는 다빈도 상병별 입원 및 외래에 관한 자료이다. 이를 보고 물음에 답하시오.

[표 1] 다빈도 상병별 입원 현황

(단위: 명, 원, 일)

순위	명칭	입원인원	1인당 진료비	1인당 입원일수
1	응급사용	339,272	2,231,141	7.51
2	노년백내장	320,061	1,709,343	1.56
3	폐렴	252,369	3,390,983	11.26
4	위장염 및 결장염	243,775	1,058,824	3.92
5	특수선별검사	238,261	111,132	5.58
6	추간판장애	218,431	1,793,001	6.96
7	치핵 및 항문주위정맥혈전증	143,039	1,256,281	2.35
8	원인미상의 열	133,701	642,434	2.84
9	척추병증	128,107	2,629,338	9.84
10	치매	126,959	14,055,629	163.11

※ 순위는 입원인원 순임

[표 2] 다빈도 상병별 외래 현황

(단위: 명, 원, 일)

순위	명칭	외래인원	1인당 진료비	1인당 외래일수
1	치은염 및 치주질환	18,836,481	113,204	2.18
2	급성 기관지염	16,681,047	66,134	3.53
3	응급사용	9,939,090	60,422	1.53
4	비염	7,427,964	47,591	2.42
5	고혈압	7,184,269	162,609	6.63
6	치아우식	6,268,887	96,252	1.72
7	급성 상기도감염	6,082,786	38,746	1.9
8	등 통증	5,732,221	221,394	4.19
9	위염 및 십이지장염	5,179,799	66,372	1.7
10	급성 인두염	4,950,581	39,237	1.93

※ 순위는 외래인원 순임

29 위 [표]에 대한 설명으로 옳은 것은?

① 입원인원의 수가 많을수록 1인당 입원일수도 많다.
② 고혈압과 급성 기관지염의 외래인원 합은 2,200만 명 이하이다.
③ 폐렴 입원인원 1인당 진료비는 치매 입원인원 1인당 진료비의 23% 이상이다.
④ 입원인원 상위 10개 상병 중 외래인원 상위 10개 내에 포함되는 상병은 2개이다.

30 위 [표]에 따를 때, 추간판장애 입원인원의 총 입원일수를 (㉠)일, 비염 외래인원의 총 외래일수를 (㉡)일이라고 할 때, ㉡−㉠의 값은? (단, ㉠과 ㉡ 계산 시 소수점 아래 첫째 자리에서 반올림한다)

① 16,447,981
② 16,455,393
③ 16,461,521
④ 16,473,843

[31~32] 다음 [표]는 투여경로별 의약품 청구 건수와 청구 금액에 관한 자료이다. 이를 보고 물음에 답하시오.

[표 1] 투여경로별 의약품 청구 건수

(단위: 천 건)

구분	합계	내복제	주사제	외용제
2014년	769,547	491,353	176,406	101,788
2015년	765,756	487,880	175,414	102,462
2016년	788,836	504,698	175,872	108,266
2017년	790,119	508,084	173,624	108,411
2018년	807,803	517,364	180,062	110,377
2019년	812,557	519,777	179,702	113,078
2020년	701,663	443,452	159,353	98,858
2021년	675,550	427,053	151,057	97,440
2022년	760,347	495,799	158,579	105,969
2023년	842,636	545,046	181,473	116,117

[표 2] 투여경로별 의약품 청구 금액

(단위: 억 원)

구분	합계	내복제	주사제	외용제
2014년	132,818	95,155	30,512	7,151
2015년	139,255	99,670	31,963	7,622
2016년	152,899	109,043	35,365	8,491
2017년	162,174	116,547	36,515	9,112
2018년	178,754	126,532	42,428	9,794
2019년	193,181	135,602	46,530	11,049
2020년	199,900	140,495	48,093	11,312
2021년	212,957	149,656	51,480	11,821
2022년	230,314	163,248	54,224	12,842
2023년	258,022	178,049	65,591	14,382

31 위 [표]에 대한 설명으로 옳지 않은 것은?

① 2022년 외용제 청구 건수는 2019년 대비 8% 이상 감소했다.
② 2023년 의약품 청구 건수 1건당 청구 금액이 가장 큰 투여경로는 주사제이다.
③ 2015~2023년 중 주사제 의약품 청구 건수가 전년 대비 감소한 해는 5개년이다.
④ 2014년 의약품 청구 금액 중 내복제 비중은 2014년 의약품 청구 건수 중 내복제 비중보다 크다.

32 위 [표]에 따를 때, 다음 글의 ㉠~㉢에 들어갈 수치의 대소 비교로 옳은 것은? (단, 계산 시 소수점 아래 첫째 자리에서 반올림한다)

- 2019년 의약품 청구 건수 중 외용제의 비중은 (㉠)%이다.
- 2014년 내복제 청구 금액은 같은 해 외용제 청구 금액의 (㉡)배이다.
- 2021년 주사제 청구 금액은 2019년 대비 (㉢)% 증가했다.

① ㉠ > ㉡ > ㉢
② ㉡ > ㉠ > ㉢
③ ㉡ > ㉢ > ㉠
④ ㉢ > ㉠ > ㉡

[33~34] 다음 [표]는 노인 복지 생활 시설 수와 입소 정원에 관한 자료이다. 이를 보고 물음에 답하시오.

[표 1] 노인 복지 생활 시설 수

(단위: 개소)

구분			2020년	2021년	2022년	2023년
합계			75,082	74,981	76,163	76,891
노인주거복지시설			352	337	308	297
	양로시설		209	192	180	175
	노인공동생활가정		107	107	89	82
	노인복지주택		36	38	39	40
노인의료복지시설			5,725	5,821	6,069	6,139
	노인요양시설		3,844	4,057	4,346	4,525
	노인요양공동생활가정		1,881	1,764	1,723	1,614
노인여가복지시설			69,005	68,823	69,786	70,455
	노인복지관		398	357	366	438
	경로당		67,316	67,211	68,180	68,792
	노인교실		1,291	1,255	1,240	1,225

[표 2] 노인 복지 생활 입소 정원

(단위: 명)

구분			2020년	2021년	2022년	2023년
합계			223,572	234,066	251,590	262,343
노인주거복지시설			20,497	19,383	19,355	19,369
	양로시설		11,619	9,962	9,752	9,653
	노인공동생활가정		953	930	763	710
	노인복지주택		7,925	8,491	8,840	9,006
노인의료복지시설			203,075	214,683	232,235	242,974
	노인요양시설		186,289	199,134	216,784	228,495
	노인요양공동생활가정		16,786	15,549	15,451	14,479
노인여가복지시설			0	0	0	0
	노인복지관		0	0	0	0
	경로당		0	0	0	0
	노인교실		0	0	0	0

33 위 [표]에 대한 설명으로 옳은 것은?

① 조사 기간 중 노인복지주택 입소 정원이 가장 많은 해는 2022년이다.
② 2021년 노인의료복지시설 입소 정원은 노인주거복지시설 입소 정원의 12배 이상이다.
③ 노인여가복지시설에 속하는 하위 시설의 시설 수를 기준으로 한 순위는 매년 동일하다.
④ 2021~2023년 노인 복지 생활 시설 수와 노인 복지 생활 입소 정원의 전년 대비 증감 방향은 동일하다.

34 위 [표]를 토대로 작성한 그래프로 옳지 않은 것은?

① 노인주거복지시설 1개소당 입소 정원

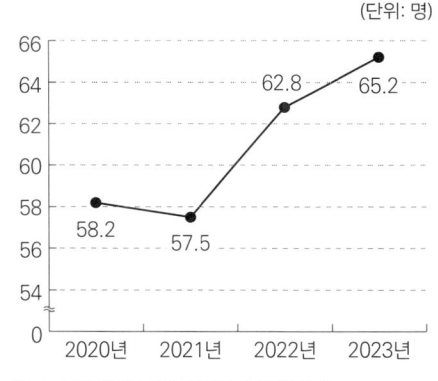

※ 소수점 아래 둘째 자리에서 반올림함

② 2022년 노인여가복지시설 하위 시설 수의 전년 대비 증가율

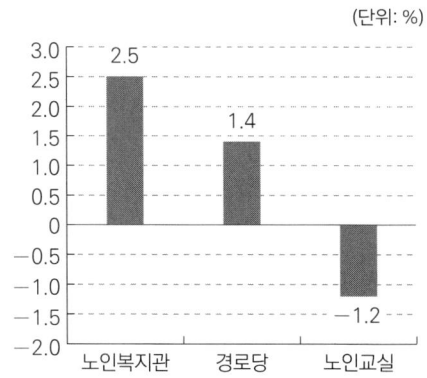

※ 소수점 아래 둘째 자리에서 반올림함

③ 노인요양시설과 노인요양공동생활가정 입소 정원의 차이

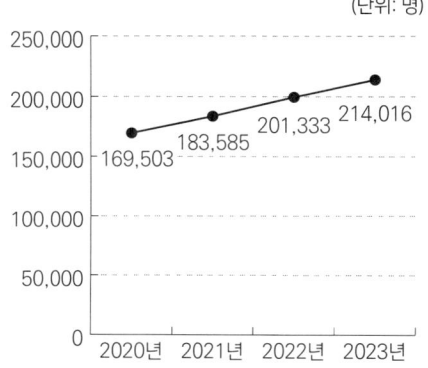

④ 노인 복지 생활 시설 수의 전년 대비 증가량

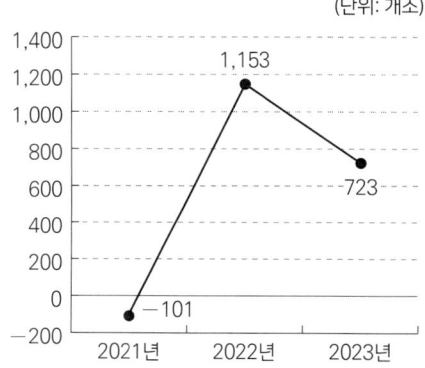

[35~36] 다음 [표]는 연령대별 A질병 환자 수와 내원 일수에 관한 자료이다. 이를 보고 물음에 답하시오.

[표 1] 연령대별 A질병 환자 수

(단위: 명)

구분	2019년	2020년	2021년	2022년	2023년
합계	8,896	10,043	11,770	5,573	2,871
10세 미만	2,754	3,539	4,141	1,962	1,009
10대	62	74	77	48	29
20대	502	535	576	277	155
30대	1,223	1,315	1,325	572	289
40대	2,134	2,272	2,627	1,134	482
50대	1,541	1,661	2,130	968	484
60대	462	505	708	424	281
70대	167	106	141	130	104
80세 이상	51	36	45	58	38

[표 2] 연령대별 A질병 환자 내원 일수

(단위: 일)

구분	2019년	2020년	2021년	2022년	2023년
합계	60,183	50,992	79,321	24,559	11,870
10세 미만	21,084	18,102	27,837	8,753	4,417
10대	312	282	265	118	64
20대	3,451	2,298	3,346	934	458
30대	7,244	6,484	8,480	2,505	952
40대	15,054	12,256	19,121	5,303	2,319
50대	9,051	8,473	15,115	4,658	2,120
60대	3,212	2,505	4,348	1,747	1,170
70대	540	454	597	377	244
80세 이상	235	138	212	164	126

35 위 [표]에 대한 설명으로 옳지 않은 것은?

① 2019년 A질병 환자 1명당 내원 일수는 2021년의 경우보다 많다.
② 2020년 A질병 환자 내원 일수는 모든 연령대에서 전년 대비 감소했다.
③ 2022년 A질병 환자 내원 일수 중 10세 미만의 비중은 전년 대비 증가했다.
④ 2023년 30대 A질병 환자 수의 2020년 대비 감소율은 같은 기간 30대 A질병 환자 내원 일수의 감소율보다 더 높다.

36 2019년 A질병 환자 내원 일수가 전년 대비 5% 증가했을 때, 2018년 A질병 환자 내원 일수는 (㉠)일이고, 2024년 A질병 환자 수의 2019년 대비 감소율은 (㉡)%이다. 위 [표]에 따를 때, ㉠과 ㉡의 합은? (단, ㉠과 ㉡ 계산 시 소수점 아래 첫째 자리에서 반올림한다)

① 56,932
② 57,152
③ 57,385
④ 57,571

[37~38] 다음 [표]는 경로별, 방법별 장애인 학대 신고접수 건수를 정리한 자료이다. 이를 보고 물음에 답하시오.

[표 1] 경로별 장애인 학대 신고접수 건수

(단위: 건)

구분	2019년	2020년	2021년	2022년	2023년
합계	4,376	4,208	4,957	4,958	5,497
신고	3,539	3,531	4,055	4,008	4,270
인지	249	197	186	216	317
이관	45	40	60	41	127
연계	127	133	157	123	48
경찰통보	416	307	499	570	735

[표 2] 방법별 장애인 학대 신고접수 건수

(단위: 건)

구분	2019년	2020년	2021년	2022년	2023년
합계	4,376	4,208	4,957	4,958	5,497
전화	3,524	3,115	3,566	3,372	3,541
온라인	223	256	368	781	976
문자	12	10	24	52	57
팩스	64	313	466	281	236
우편	16	7	14	5	11
내방	235	260	234	216	301
인지	249	197	186	216	317
기타	53	50	99	35	58

37 위 [표]에 대한 설명으로 옳지 않은 것은?

① 조사 기간 중 전화 방법으로 장애인 학대 신고접수를 한 건수가 가장 많은 해와 가장 적은 해의 전화 건수 차이는 451건이다.
② 2021년 장애인 학대 신고접수 건수 중 온라인과 내방 방법의 건수 차이는 전년 대비 130건 증가했다.
③ 조사 기간 중 경찰통보 경로로 장애인 학대 신고접수를 한 건수가 가장 많은 해는 2023년이다.
④ 2023년 장애인 학대 신고접수 건수 중 신고 경로의 비중은 전년 대비 증가했다.

38 위 [표]를 토대로 작성한 그래프로 옳지 않은 것은?

① 2019년 경로별 장애인 학대 신고접수 건수의 구성비

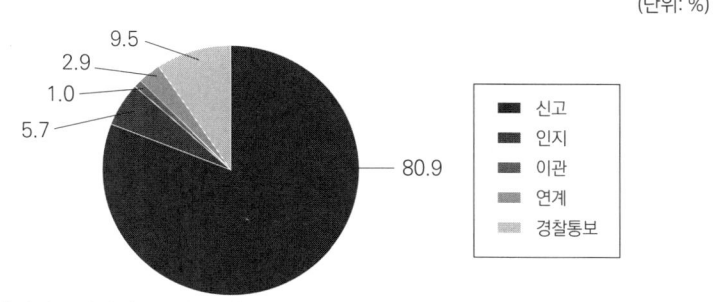

※ 소수점 아래 둘째 자리에서 반올림함

② 전체 장애인 학대 신고접수 건수의 전년 대비 증가량

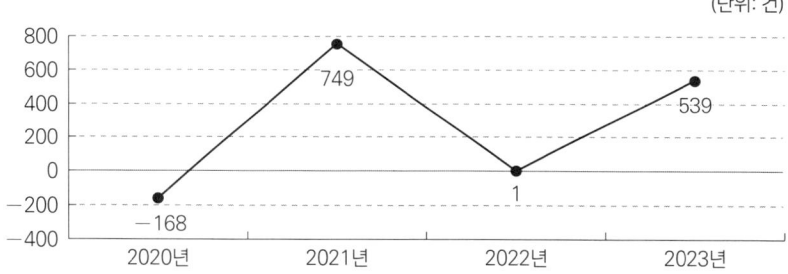

③ 팩스와 우편 방법의 장애인 학대 신고접수 건수의 합

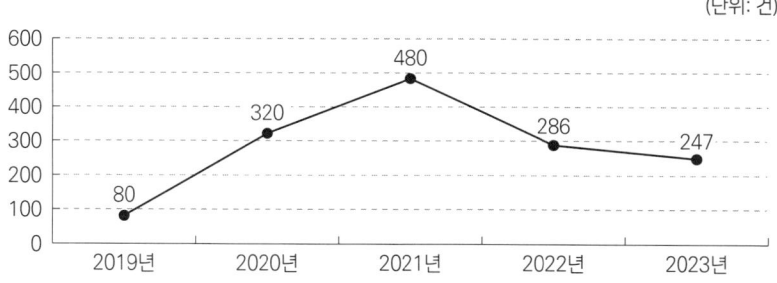

④ 2021년 경로별 장애인 학대 신고접수 건수의 전년 대비 증가율

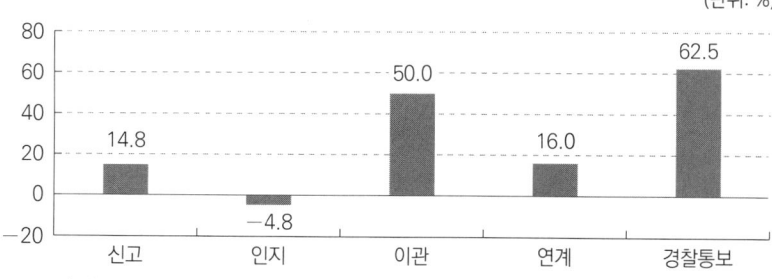

※ 소수점 아래 둘째 자리에서 반올림함

[39~40] 다음 [표]는 퇴직연금 가입 대상 근로자와 가입 근로자 수에 관한 자료이다. [표]를 보고 물음에 답하시오.

[표 1] 퇴직연금 가입 대상 근로자 수

(단위: 명)

구분	2019년	2020년	2021년	2022년	2023년
20세 미만	20,993	21,525	17,645	18,569	17,957
20대	1,424,656	1,465,572	1,396,059	1,369,844	1,394,769
30대	2,840,393	2,868,875	2,781,979	2,763,475	2,833,490
40대	3,078,834	3,155,106	3,150,675	3,196,303	3,229,521
50대	2,666,290	2,777,980	2,885,644	3,015,783	3,138,685
60세 이상 64세 이하	783,255	832,326	916,070	993,843	1,058,615
65세 이상	694,437	743,956	808,452	923,396	1,049,154

[표 2] 퇴직연금 가입 근로자 수

(단위: 명)

구분	2019년	2020년	2021년	2022년	2023년
20세 미만	3,330	4,563	4,007	4,272	3,684
20대	681,726	731,699	709,479	686,671	699,692
30대	1,698,101	1,724,398	1,696,974	1,681,233	1,715,171
40대	1,703,919	1,771,214	1,806,768	1,854,067	1,882,546
50대	1,338,760	1,426,421	1,514,375	1,592,627	1,658,786
60세 이상 64세 이하	298,320	328,230	373,195	410,557	441,042
65세 이상	205,317	232,972	263,029	304,403	346,963

※ 퇴직연금 가입 대상 근로자만 퇴직연금에 가입할 수 있음

39 위 [표]에 대한 설명으로 옳지 않은 것은?

① 2020년 65세 이상 퇴직연금 가입 대상 근로자 중 미가입 근로자 수는 전년 대비 증가했다.
② 2022년 퇴직연금 가입 근로자 수가 전년 대비 증가한 연령대는 5개이다.
③ 2021년 40대 퇴직연금 가입 근로자 수는 2019년 대비 8% 이상 증가했다.
④ 2023년에 20대 퇴직연금 가입 대상 근로자 수는 50대 퇴직연금 가입 대상 근로자 수의 42% 이상이다.

40 위 [표]에 따를 때, 40대 이상 연령대 중 퇴직연금 가입 근로자 수의 2019년 대비 2023년의 증가율이 가장 큰 연령대는?

① 40대
② 50대
③ 60세 이상 64세 이하
④ 65세 이상

[41~42] 다음은 '금연치료 지원사업'에 관한 안내문이다. 이를 읽고 물음에 답하시오.

1. 지원 대상
   금연치료를 희망하는 모든 국민(건강보험 가입자)에 대해 지원

2. 프로그램 구성
   - 국민건강보험공단: 금연 참여자 등록(연 3차수 허용, 2017. 1. 1. 등록자부터)
   - 의료기관 및 약국
     - 차수당 8~12주 이내 최대 6회 상담 및 진료
     - 상담 및 진료 회차당 2주 이내의 금연치료 의약품 또는 금연보조제 처방 및 조제

3. 프로그램 상세
   - 지원 내용
     - 의사의 전문적인 상담, 진료 및 처방
     - 금연치료 의약품 구입비용 지원
     - 금연보조제(니코틴 패치, 껌, 사탕) 구입비용 지원
   - 금연치료 지원 금액 및 본인 부담
     - 1~2회 금연치료 상담료 및 금연치료 의약품 구입비용의 80%를 국민건강보험공단에서 지원(금연보조제는 별도로 정한 상한액 이내)하며, 나머지 20%는 본인 부담
       ※ 저소득층(건강보험료 하위 20% 해당자: 국민건강보험공단 80%, 국고 지원금 20% 지원) 및 의료급여 수급권자(국고 지원금 100% 지원)는 1~2회 본인부담금 전액 지원(금연보조제는 별도로 정한 상한액 이내)
     - 3~6회 금연치료 상담료 및 금연치료 의약품 구입비용 전액 지원
   - 프로그램 이수 인센티브: 금연치료 프로그램을 모두 이수한 참여자에게는 1~2회 본인부담금 환급
     ※ 2019. 1. 1.부터 금연치료 프로그램 이수자 대상 건강관리물품 지급제도 폐지
   - 이수 기준: 6회 상담 또는 처방 치료제별 투약 일수 만족
     - 부프로피온: 56일 이상 투약
     - 바레니클린: 84일 이상 투약
     - 보조제(패치, 껌, 사탕): 84일 이상 투약

4. 제공 기관
   공단에 금연치료 참여 신청을 마친 병·의원, 보건소, 보건지소 및 약국
   ※ 금연치료 의료기관은 공단 홈페이지에서 확인 가능

5. 참여 방법

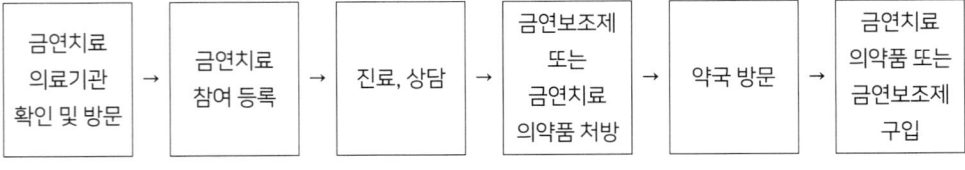

41 위 안내문을 근거로 판단할 때, '금연치료 지원사업'에 대한 설명으로 옳지 않은 것은?

① 연간 최대 12주의 금연치료 의약품 처방이 가능하다.
② 바레니클린을 처방받은 경우 최소 84일 이상 투약해야 프로그램 이수 기준을 충족한다.
③ 2019년 1월 1일부터는 프로그램 이수자에 대한 건강관리물품 지급이 중단되었다.
④ 저소득층(건강보험료 하위 20% 해당자)의 경우, 1~2회 상담 시 본인부담금 전액을 지원받을 수 있다.

42 위 안내문에 따를 때, 금연치료 의약품(바레니클린) 지원비용 계산 예시를 나타내는 다음 [표]의 ㉠~㉣에 들어갈 금액의 합은?

[표] 금연치료 의약품(바레니클린) 지원비용 계산 예시

구분		건강보험 가입자	저소득층	의료급여 수급권자
상담 회차		1회	1회	1회
의약품 비용		30,800원	30,800원	30,800원
본인부담금		(㉠)원	(㉡)원	없음
지원	국민건강보험공단	(㉢)원	(㉣)원	없음
	국고 지원금	없음	6,160원	30,800원

① 54,000원
② 55,440원
③ 60,000원
④ 61,600원

[43~44] 다음은 '가정 양육수당'에 관한 자료이다. 이를 읽고 물음에 답하시오.

1. 지원 대상
   - 어린이집, 유치원(특수학교 포함), 종일제 아이돌봄서비스 등을 이용하지 않고 가정에서 양육되는 영유아로서 초등학교 미취학 24개월 이상 86개월 미만인 아동
   - 위 요건을 충족하면서 장애인으로 등록된 영유아에게는 장애아동 양육수당을, 위 요건을 충족하면서 농어촌 지원 자격 요건을 갖춘 영유아에게는 농어촌 양육수당을 지원하되, 일반 양육수당과 장애아동 양육수당, 농어촌 양육수당을 중복하여 지급하지 않음

2. 지원 금액
   아동의 월령에 따라 다음과 같이 월 10~20만 원씩 정액 지원

구분	양육수당	장애아동 양육수당	농어촌 양육수당
24개월 이상 35개월 이하	10만 원	20만 원	15만 6천 원
36개월 이상 47개월 이하	10만 원	10만 원	12만 9천 원
48개월 이상 86개월 미만	10만 원	10만 원	10만 원

3. 신청 방법
   - 양육수당을 신청하려는 영유아의 보호자는 다음의 서류(전자문서를 포함)를 관할 특별자치시장·특별자치도지사·시장·군수·구청장에게 제출
     - 사회복지서비스 및 급여 제공(변경)신청서
     - 아동 명의 또는 부모 명의 통장 사본 1부
     - 신청자 신분증(주민등록증, 운전면허증 등)
   - 양육수당 수급권자의 주소지 관할이 아닌 특별자치시장·특별자치도지사·시장·군수·구청장이 양육수당 지원신청서를 제출받은 경우에는 그 신청서와 관련 서류를 양육수당 수급권자의 주소지 관할 특별자치시장·특별자치도지사·시장·군수·구청장에게 지체 없이 이송

4. 관련 참고 사항
   - 국가와 지방자치단체는 어린이집을 이용하지 않는 영유아에 대하여 영유아의 연령을 고려하여 양육에 필요한 비용을 지원
   - 국가와 지방자치단체는 양육에 필요한 비용을 지원받는 영유아가 90일 이상 지속하여 해외에 체류하는 경우에는 그 기간 동안 양육에 필요한 비용의 지원을 정지, 이 경우 교육부장관 및 지방자치단체의 장은 서면으로 그 이유를 분명하게 밝혀 영유아의 보호자에게 통지해야 함

43 위 자료를 근거로 판단할 때, '가정양육수당'에 대한 설명으로 옳지 않은 것은?

① 24개월 미만 영유아는 지원 대상이 아니다.
② 36개월 이상 47개월 이하인 영유아에 대한 농어촌 양육수당은 월 12만 9천 원이다.
③ 장애아동 양육수당을 지원받는 경우 월령에 관계없이 지원 금액이 동일하다.
④ 양육수당 지원 대상이 해외에 60일 체류하는 경우 양육비용 지원이 정지되지 않는다.

44 위 자료를 토대로 할 때, 다음 [상황]에서 갑~정에게 2025년 5월부터 7월까지 3개월간 지급되는 '가정 양육수당'의 총액은? (단, 제시된 내용 외에는 고려하지 않는다)

[상황]

갑: 2025년 5월 1일 기준 만 2세(28개월)이며, 장애인으로 등록되어 있고, 어린이집을 이용하지 않는 상태에서 가정에서 양육 중이다.
을: 2025년 5월 1일 기준 만 3세(37개월)이며, 농어촌 지원 자격이 있고, 어린이집을 이용하지 않는 상태에서 가정에서 양육 중이다.
병: 2025년 5월 1일 기준 만 1세(22개월)이며, 어린이집을 이용하지 않고 있고, 2025년 6월 10일에 24개월이 된다.
정: 2025년 5월 1일 기준 만 3세(40개월)이며, 농어촌 지원 자격이 있고, 어린이집을 이용하다가 2025년 6월 1일부터 가정에서 양육하기로 하였다.

① 124만 5천 원
② 134만 5천 원
③ 144만 5천 원
④ 154만 5천 원

[45~46] 다음은 '청년월세지원 사업'에 관한 자료이다. 이를 읽고 물음에 답하시오.

1. 지원 내용: 월 20만 원 임차료 지원(최대 12개월, 생애 1회)
2. 선정 인원: 25,000명
3. 지원 방법: 서울주거포털 내 '청년월세지원'란에서 지원 신청 후 마이페이지에서 신청 내역 확인
4. 지원 기준: 신청일 기준 다음 조건을 만족하는 사람
   - 가구당 기준 중위소득 150% 이하인 자(건강보험료 부과액 기준)
     ※ 1) 신청인이 속한 가구의 건강보험료 부과액(최근 3개월('24년 1~3월) 평균액)이 '24년 기준 중위소득 150% 이하의 건강보험료 부과액을 충족해야 함
     2) 신청인의 건강보험이 피부양자(건강보험상 부모 등의 세대원으로 등록)인 경우 주민등록이 별도 분리되어 있어도 부양자 부과액 기준 적용
     3) 건강보험료 부과액 조회가 어려운 경우 별도의 소득 증빙자료를 요청할 수 있음
   - 서울에 거주하는 만 19~39세 이하인 청년 1인 가구
   - 임차보증금 8천만 원 이하 및 월세 60만 원 이하 건물에 월세로 거주하는 무주택자
     ※ 1) 단, 월세 60만 원 초과자 중, 보증금 월세 환산액(보증금×5.5%/12)과 월세액을 합산하여 96만 원 이하인 경우 신청 가능(「주택임대차보호법」에 의거 환산율은 5.5% 적용)
     2) 임차건물 소재지에 주민등록이 등재되어 있어야 함
5. 선정 기준
   임차보증금, 월세 및 소득 기준을 4개 구간으로 나누고 기준을 충족하는 신청 인원이 선정 인원을 초과할 경우 구간별 전산 무작위 추첨

구간	임차보증금	월세	소득 기준	선정 인원
1구간	5백만 원 이하	월세 40만 원 이하	기준 중위소득 120% 이하	11,250명
2구간	1천만 원 이하	월세 50만 원 이하	기준 중위소득 120% 이하	7,500명
3구간	2천만 원 이하	월세 60만 원 이하	기준 중위소득 120% 이하	3,750명
4구간	8천만 원 이하	월세 60만 원 이하	기준 중위소득 150% 이하	2,500명

   ※ 월세 60만 원 초과자 중 보증금 월세 환산액과 월세액을 합산하여 96만 원 이하인 경우 신청 가능하며(이 경우에도 임차보증금은 8천만 원 이하여야 함), 「주택임대차보호법」에 의거 환산율은 5.5%를 적용

6. 지원 신청 제외자
   - 국토교통부 청년월세 한시 특별지원금 수급 중이거나 수급 이력이 있는 사람
   - 서울시 청년월세지원금 기선정자로 수급 이력이 있는 사람
   - (신청자 본인) 주택 소유자(분양권 또는 조합원 입주권 등 포함)
   - (신청자 본인) 일반재산 총액 1억 3천만 원을 초과하는 사람
     ※ 포함 항목: 토지과세표준액, 건축물과세표준액, 임차보증금, 차량시가표준액
   - (신청자 본인) 차량시가표준액 2,500만 원 이상의 자동차를 소유한 사람
   - 국민기초생활수급을 받고 있는 사람(생계, 의료, 주거급여 대상자)
   - 서울시 청년수당을 받고 있는 사람, '24년 은평형 청년월세지원자로 선정된 사람
     ※ '사업 신청일' 기준으로, 청년수당 수급 등이 종료된 경우 신청 가능

- LH공사, SH공사 등 공공에서 공급하거나 매입하여 제공한 공공임대주택*에 거주하는 사람
  * 영구임대, 공공임대, 국민임대, 매입임대, 행복주택, 청년안심주택(역세권청년주택), 장기안심주택, 특화형 매입임대주택(사회적주택), 도시형생활주택, 희망하우징, 전세임대주택, 공무원임대주택 등
  ※ 민간임대주택 거주자는 신청 가능
- 임대인(임차건물 집주인)이 신청인의 '부모'인 경우
- 공동임차인 모두 신청하는 경우
- 기타 사업 취지에 부합하지 않다고 판단되는 경우

45 위 자료를 근거로 판단할 때, '청년월세지원 사업'에 대한 설명으로 옳지 않은 것은? (단, 제시된 내용 외 요건은 모두 충족하는 것으로 본다)

① 기준 중위소득이 120%이고, 임차보증금이 1,500만 원이면서 월세는 55만 원인 신청자는 3구간에 선정될 수 있다.
② 청년월세지원 사업 신청일 2년 전에 1년 동안만 지급되는 서울시 청년수당을 받은 경험이 있는 청년은 이 사업을 신청할 수 있다.
③ 가구 소득, 연령, 임차보증금과 월세 금액 등 필요한 조건을 모두 총족하고 지원 신청 제외자에도 해당되지 않는 청년이라도 선정되지 않을 수 있다.
④ 1인 가구인 청년은 주민등록이 분리되어 있는 부친이 차량시가표준액 3,000만 원의 자동차를 소유한 경우에 청년월세지원 사업 신청에서 제외될 것이다.

46 위 자료를 근거로 판단할 때, 다음 [상황] 속 갑~정의 청년월세지원 선정 가능 구간을 옳게 짝지은 것은? (단, 제시된 요건 외에는 모두 충족하는 것으로 본다)

[상황]

갑: 만 25세 청년으로, 서울의 임차보증금 2천만 원, 월세 55만 원 주택에 거주하고 있다. 기준 중위소득 115% 수준이며, 자동차(시가표준액 2천만 원)를 소유하고 있다.
을: 만 40세 회사원으로, 서울의 임차보증금 3천만 원, 월세 45만 원 주택에 거주하고 있다. 무주택자이며, 기준 중위소득 130% 수준이다.
병: 만 35세 청년으로, 서울의 임차보증금 7천만 원, 월세 70만 원 주택에 거주하고 있다. 무주택자이며, 기준 중위소득 140% 수준이다.
정: 만 22세 대학생으로, 서울의 임차보증금 4백만 원, 월세 35만 원 주택에 거주하고 있다. 무주택자이며, 건강보험 피부양자로 부모의 소득이 기준 중위소득 125% 수준이다.

	갑	을	병	정
①	3구간	신청 불가	4구간	2구간
②	3구간	신청 불가	신청 불가	4구간
③	3구간	신청 불가	신청 불가	1구간
④	신청 불가	신청 불가	신청 불가	3구간

[47~48] 다음은 '결혼이민자의 간이귀화 요건'을 정리한 자료이다. 이를 읽고 물음에 답하시오.

1. 국민인 배우자와 결혼한 상태일 것
   국민인 배우자와 반드시 법률상으로 혼인신고가 되어 있어야 함
   ※ 사실혼인 경우 귀화 방법: 사실혼 상태라도 귀화 허가 신청을 할 수 있는데, 다만 이 경우는 간이귀화가 아니라 일반 귀화에 해당되므로 국내에 계속해서 5년 이상 거주해야 신청 가능

2. 대한민국에 계속해서 거주할 것
   (1) 2년 거주 또는 3년 경과 1년 거주
      결혼한 상태로 2년 이상 계속 대한민국에 주소가 있어야 하며, 2년 이상 계속 주소가 없어도 결혼한 후 3년이 지나고 결혼한 상태로 대한민국에 1년 이상 주소가 있으면 가능
   (2) 거주기간의 계산
      위 거주기간의 시작은 적법하게 입국해서 외국인등록을 마친 날, 그날부터 2년 동안 계속 체류해야 하지만, 다음의 어느 하나에 해당하는 경우에는 계속 대한민국에 체류한 것으로 보아 전후(前後)의 거주기간을 합산
      • 대한민국에서 체류 중 체류기간이 끝나기 전에 재입국 허가를 받고 출국한 후 그 허가 기간 내에 재입국한 경우
      • 대한민국에서 체류 중 체류기간 연장이 불가능한 사유 등으로 일시 출국했다가 1개월 이내에 입국사증을 받아 재입국한 경우
      • 위에 준하는 사유로 전후의 체류기간을 통틀어 합산하는 것이 상당하다고 법무부장관으로부터 인정을 받은 경우
   (3) 거주기간 요건의 예외: 배우자 사망·실종, 이혼·별거 및 자녀 양육
      거주기간 요건을 채우지 못했더라도 다음의 어느 하나에 해당하면 위 기간의 잔여기간을 채우고 난 후 법무부장관의 인정에 의해 간이귀화 허가신청이 가능
      • 국민인 배우자와 결혼생활을 하던 중, 배우자의 사망이나 실종 또는 그 밖에 자신에게 책임이 없는 사유로 정상적인 혼인 생활을 할 수 없었던 경우
      • 국민인 배우자와의 사이에서 출생한 미성년의 자녀를 양육하고 있거나 양육하여야 할 경우

3. 그 밖의 필요 요건
   (1) 대한민국의 「민법」상 성년(19세)일 것
   (2) 다음을 준수하는 등 품행이 단정할 것
      • 귀화허가를 받으려는 외국인이 어느 하나에도 해당하지 않은 경우로서 법무부장관이 해당 외국인의 법령 위반행위를 한 경위·횟수, 법령 위반행위의 공익 침해 정도, 대한민국 사회에 기여한 정도, 인도적인 사정 및 국익 등을 고려해 품행이 단정한 것으로 인정하는 경우
         – 금고 이상의 형의 선고를 받은 사람이 그 형의 집행이 끝나거나 집행을 받지 않기로 한 날부터 10년이 지나지 않은 경우
         – 금고 이상의 형의 선고를 받고 그 형의 집행을 유예받은 사람이 그 유예기간이 끝난 날부터 7년이 지나지 않은 경우
         – 벌금형의 선고를 받은 사람이 그 벌금을 납부한 날부터 5년이 지나지 않은 경우

- 형의 선고유예나 기소유예의 처분을 받은 사람이 형의 선고유예를 받거나 기소유예의 처분을 받은 날부터 2년이 지나지 않은 경우
- 「출입국관리법」 제59조 제2항에 따른 강제퇴거명령을 받은 사람이 출국한 날부터 10년이 지나지 않은 경우
- 「출입국관리법」 제68조 제1항에 따른 출국명령을 받은 사람이 출국한 날부터 5년이 지나지 않은 경우
- 국세·관세 또는 지방세를 납부하지 않은 경우
- 그 밖에 위의 규정에 준하는 사유에 해당한다고 법무부장관이 인정하는 경우
• 귀화허가를 받으려는 외국인이 위의 어느 하나에 해당하는 경우에도 불구하고 법무부장관이 해당 외국인의 위의 어느 하나에 해당하게 된 경위나 그로 인한 공익 침해 정도, 대한민국 사회에 기여한 정도, 인도적인 사정 및 국익 등을 고려해 품행이 단정한 것으로 인정하는 경우

47 위 자료를 근거로 판단할 때, '결혼이민자의 간이귀화 요건'에 대한 설명으로 옳은 것은?

① 거주기간은 비자를 발급받은 날을 시작 시점으로 하여 계산한다.
② 벌금형의 선고를 받은 사람은 법무부장관의 별도 인정이 없는 한 벌금을 납부한 날부터 5년이 지나기 전까지는 귀화허가를 받을 수 없다.
③ 국민인 배우자와의 사이에서 출생한 미성년 자녀를 양육하는 경우에는 거주기간 요건이 면제된다.
④ 출국명령을 받고 출국한 외국인은 출국일로부터 10년이 지나야 품행이 단정한 것으로 인정받을 수 있다.

48 위 자료를 근거로 판단할 때, '결혼이민자의 간이귀화 요건'을 충족하는 사람은? (단, 제시된 내용 외에는 고려하지 않는다)

① 브라질 국적으로 한국인 배우자와 사실혼 관계를 유지하고 있으며, 대한민국에 3년 동안 거주하고 있는 갑
② 필리핀 국적으로 한국인 배우자와 결혼한 지 2년 6개월이 되었고, 대한민국에 7개월 동안 주소를 두고 있는 을
③ 베트남 국적으로 한국인 배우자와 결혼한 지 1년 8개월이 되었고, 그 기간 동안 계속해서 대한민국에 거주하고 있는 병
④ 중국 국적으로 한국인 배우자와 결혼한 지 3년 2개월이 되었고, 대한민국에 1년 3개월 동안 주소를 두고 있는 정

[49~50] 다음은 '기초연금 사업'에 관한 자료이다. 이를 읽고 물음에 답하시오.

1. 지원 목적
   노인에게 기초연금을 지급하여 안정적인 소득기반을 제공함으로써 노인의 생활안정을 지원하고 복지를 증진함

2. 정의
   - 기초연금 수급권: 기초연금을 받을 권리
   - 기초연금 수급권자: 기초연금 수급권을 가진 사람
   - 기초연금 수급자: 기초연금을 지급받고 있는 사람
   - 소득인정액: 본인 및 배우자의 소득평가액과 재산의 소득환산액을 합산한 금액[계산 결과가 음(-)의 값이 경우는 '0'으로 처리하여 계산]
     - 소득평가액: 근로소득*과 기타소득을 합산한 금액[= {0.7×(상시근로소득-108만 원)}+기타소득]
       * 근로소득: 상시근로소득에서 108만 원 공제 후 추가로 30% 공제
     - 재산의 소득환산: [{(일반재산-기본 재산액*)+(금융재산-2,000만 원)-부채}×재산의 소득환산율÷12월]+P**
       * 기본 재산액: 기본적 생활 유지에 필요하다고 인정되어 보건복지부장관이 정하여 고시하는 금액으로 소득환산에서 제외되는 재산가액
       ** P: 고급자동차 및 회원권의 가액으로 월 100%의 소득환산율을 적용(대도시 1억 3천5백만 원, 중소도시 8천5백만 원, 농어촌 7천2백5십만 원)

3. 수급권자의 범위
   - (연령 요건) 만 65세 이상인 자
   - (소득인정액 요건) 가구의 소득인정액이 선정기준액 이하인 자

구분	단독가구	부부가구
선정기준액	2,020,000원	3,232,000원

   - (직역연금 수급권자 제외요건) 공무원, 사립학교교직원, 군인, 별정우체국직원 등 직역연금의 수급권자와 그 배우자는 기초연금 지급대상에서 제외

4. 기초연금의 감액
   - 기초연금 수급자와 비수급자 간의 형평성 제고를 위해 감액 적용
   - 본인과 그 배우자가 모두 수급권자인 경우에는 각각의 기초연금액에서 기초연금액의 20%를 감액

5. 재산 조사
   - 공적 자료 조회결과에 따른 일시금은 금융재산으로 보유 여부를 우선 확인
   - 동 일시금의 전부 또는 일부를 사용한 경우는 기타(증여)재산으로 산정하고, 기타(증여)재산의 경우 부동산 매매, 부채 상환 등의 사용처를 명백히 제시하는 경우 외 직계존비속에게 무상 양도 또는 단순 명의 변경 등을 통해 재산을 양도하는 경우 기타(증여)재산으로 산정
   - 기타(증여)재산 또는 처분재산은 자연적 소비금액*을 적용하여 공제함

* 자연적 소비금액(기준 중위소득의 50%)은 일정 금액을 기본적인 생활유지에 사용한 것으로 간주하여 재산을 처분한 날이 속하는 달부터 보장기관이 확인한 날이 속하는 달까지를 반영한 금액을 차감함

[연도별 적용 자연적 소비금액]

구분	3인 가구(단독가구)	4인 가구(부부가구)
2020년	월 1,935,288원	월 2,374,587원
2021년	월 1,991,975원	월 2,438,145원
2022년	월 2,097,351원	월 2,560,540원
2023년	월 2,217,408원	월 2,700,482원

49 위 자료를 근거로 판단할 때, '기초연금 사업'에 대한 설명으로 옳지 않은 것은?

① 부부가 동시에 기초연금 수급자인 경우 각각의 기초연금액에서 20%가 감액된다.
② 2023년 기준 중위소득은 3인 가구의 경우 4,434,816원, 4인 가구는 5,400,964원이다.
③ 남편이 군인으로 퇴직하여 직역연금을 수령하는 경우 배우자는 기초연금 신청 대상이 아니다.
④ 소득평가액 산정 시 근로소득은 상시근로소득에서 108만 원 공제 후 20% 추가 공제하여 반영한다.

50 위 자료를 근거로 판단할 때, 단독가구 A가 2021년 11월에 주택을 매각한 후 매각대금을 자녀의 주택구입 비용으로 사용하고, 2023년 3월에 기초연금을 신청하여 보장기관이 확인한 경우, 자연적 소비금액으로 산정되는 금액은 얼마인가? (단, 제시되지 않은 상황은 고려하지 않는다)

① 6,652,224원
② 25,168,212원
③ 31,887,600원
④ 35,804,386원

[51~52] 다음 글을 읽고 물음에 답하시오.

보금자리주택 특별공급 사전예약이 진행된다. 신청자격은 사전예약 입주자 모집 공고일 현재 미성년(만 20세 미만)인 자녀를 3명 이상 두고, 서울, 인천, 경기도 등 수도권 지역에 거주하는 무주택 가구주에게 있다. 청약저축통장은 필요 없고, 당첨자는 배점기준표에 의한 점수 순으로 선정된다. 특히 자녀가 만 6세 미만의 영유아일 경우, 2명 이상은 10점, 1명은 5점을 추가로 받게 된다. 총점은 가산점을 포함하여 90점 만점이며 배점기준은 다음 [배점기준표]와 같다.

[배점기준표]

배점요소	배점기준	점수
미성년 자녀 수	4명 이상	40점
	3명	35점
가구주 연령 및 무주택 기간	가구주 연령이 만 40세 이상이고, 무주택 기간 5년 이상	20점
	가구주 연령이 만 40세 미만이고, 무주택 기간 5년 이상	15점
	무주택 기간 5년 미만	10점
당해 시·도 거주 기간	10년 이상	20점
	5년 이상 ~ 10년 미만	15점
	1년 이상 ~ 5년 미만	10점
	1년 미만	5점

※ 1) 동점자인 경우 ① 미성년 자녀 수가 많은 자, ② 미성년 자녀 수가 같을 경우 가구주의 연령이 많은 자의 순으로 선정함
2) 태아는 만 6세 미만 영유아로 간주함

51 위 글에 따를 때 다음 [보기]의 갑~정 중 최우선 순위의 당첨 대상자는? (단, 주어진 내용 이외의 조건은 고려하지 않는다)

[보기]

구분	미성년 자녀 수	가구주 연령 및 무주택 기간	당해 시·도 거주 기간
갑	만 7세 이상 만 17세 미만인 자녀 4명	14년 동안 무주택자인 만 45세의 가구주	인천에서 8년 거주
을	각각 만 1세, 만 3세, 만 7세, 만 10세인 자녀	15년 동안 무주택자인 만 37세의 가구주	서울에서 4년 거주
병	각각 만 6세, 만 8세, 만 12세, 만 21세인 자녀	20년 동안 무주택자인 만 47세의 가구주	서울에서 9년 거주
정	만 7세 이상 만 11세 미만인 자녀 3명	10년 동안 무주택자인 만 45세의 가구주	경기도 하남에서 15년 거주

① 갑   ② 을   ③ 병   ④ 정

52 보금자리주택 특별공급 사전예약 업무를 담당하는 김 대리는 [홈페이지 게시판]에 올라와 있는 다음과 같은 문의사항을 접하게 되었다. 위 글을 근거로 판단할 때, 이에 대한 답변으로 적절하지 않은 것은?

[홈페이지 게시판]

제목: 보금자리주택 특별공급 사전예약 우선순위 관련 질의

안녕하세요.
저는 보금자리주택 특별공급 사전예약을 신청하려고 합니다. 현재 만 45세이고요, 11년 전에 무주택인 상태로 결혼하여 쭉 서울에서 임대차 계약을 하여 월세를 내며 살아왔습니다. 만 8세인 아들과 만 6세인 딸이 있고 다음 주에 아내가 쌍둥이를 출산할 예정입니다. 청약저축통장은 작년에 가입하여 지금까지 11회 납입을 하였습니다. 저희 조건이면 배점항목별로 몇 점이 되는지, 당첨 가능성은 얼마나 높은지 알고 싶습니다.
수고하세요.

① 미성년 자녀 수 배점 때 태아를 포함하므로 자녀가 4명 이상이 되어 '미성년 자녀 수' 점수는 40점입니다. 또한 쌍둥이 태아는 만 6세 미만 영유아에 해당하여 가산점 10점을 받게 됩니다.
② 가구주 연령이 40세 이상이고, 무주택 기간이 5년 이상이므로 '가구주 연령 및 무주택 기간' 점수는 20점입니다.
③ 서울에 11년을 거주하여 '당해 시·도 거주 기간' 점수는 20점입니다.
④ 청약저축 가입 기간이 1년 미만이므로 5점을 받게 되어, 청약저축 가입 기간이 오래된 분들보다는 당첨 가능성이 낮을 수 있습니다.

[53~54] 다음은 '노인 일자리 및 사회활동 지원사업'에 관한 자료이다. 이를 읽고 물음에 답하시오.

1. 목적
   노인이 활기차고 건강한 노후생활을 영위할 수 있도록 공익활동, 일자리, 재능나눔 등 다양한 사회활동을 지원하여 노인복지 향상에 기여

2. 참여 대상
   - 공공형: 만 65세 이상 기초연금 수급자
   - 사회서비스형: 만 65세 이상 사업참여 가능자
     ※ 사회서비스형은 일부 유형에 한하여 만 60세 이상 사업참여 가능
   - 시장형: 만 60세 이상 사업참여 가능자

3. 사업 유형

유형		정의	예시
공공형		노인이 자기만족과 성취감 향상 및 지역사회 공익 증진을 위해 자발적으로 참여하는 봉사활동	노노케어(취약노인 안부확인) 취약계층 지원, 보육시설 봉사 등 공익 증진을 위한 프로그램
사회서비스형		노인의 경력과 활동 역량을 활용하여 사회적 도움이 필요한 영역(지역사회 돌봄, 안전 관련 등)에 서비스를 제공	가정 및 세대 간 서비스, 취약계층 전문서비스, 공공 전문서비스(공공행정업무지원) 등
사회서비스형 선도모델		지역사회가 보유한 자원과 기업 등의 외부자원을 활용하여 신규 노인 일자리 아이템 개발, 창출	돌봄, 안전, 환경문제 등 지역사회가 당면한 현안을 해소하는 일자리 등
시장형	시장형사업단	노인에게 적합한 업종 중 소규모 매장 및 전문 직종 사업단 등을 공동으로 운영하여 노인 일자리 창출	식품 제조 및 판매, 매장 운영(실버카페), 운송(실버택배) 등
	취업알선형	일정 교육을 수료하거나 관련 업무능력 있는 자를 수요처로 연계하여 근무 기간에 대한 일정 임금을 지급받을 수 있는 일자리	시험감독 보조, 경비원 시설관리자, 가사도우미 등
	시니어인턴십	노인에게 기업 인턴 연계 후 인건비 지원과 계속 고용 시 기업에 인건비 추가 지원	한식 조리, 매장관리원, 영화관 보조원, 자동차 검사대행원 등
	고령자친화기업	노인의 경륜을 활용하여 경쟁력을 갖추고 양질의 노인 일자리를 창출할 수 있는 기업의 설립 및 운영 지원	공모 심사에 따른 기업 모집

4. 참여자 공통 선발 기준
   - 당해연도 만 65세 이상(일부 유형 만 60세 이상)
   - 건강 상태: 일할 수 있는 건강 정도면 모두 가능
   - 세대주 형태: 노인독신가구 및 경제무능력자와 동거하는 노인 가구 우선

5. 선발 제외
- 「국민기초생활보장법」에 의한 생계급여 수급자
  ※ 의료급여, 교육급여, 주거급여 수급자는 신청 가능
- 국민건강보험 직장가입자(취업알선형은 제외 대상에 해당하지 않음)
  ※ 사회서비스형 및 시장형사업단은 해당 사업의 건강보험 직장가입자일 경우 제외 대상에 해당하지 않음
- 장기요양보험 등급 판정자 1~5등급 및 인지지원등급
- 정부부처 및 지자체에서 추진하는 일자리 사업에 2개 이상 참여하고 있는 자
  ※ 1) 노인 일자리 및 사회활동 지원사업 내 중복 참여 불가
     2) 그 외의 신청 제외자 해당 여부(실업급여 수급 이후 재참여 제한 등)는 2023년 직접일자리 사업 중앙-지자체 합동 지침에 따름
- 국내 거주자 중 외국민은 국적 취득자(주민등록번호 소유자)에 한하여 참여 가능

53 위 자료를 근거로 판단할 때, '노인 일자리 및 사회활동 지원사업'에 대한 설명으로 옳지 않은 것은?

① 고령자친화기업 지원사업은 만 65세 이상만 참여할 수 있다.
② 노인 일자리 사업 내에서는 공공형과 시장형에 동시에 참여할 수 없다.
③ 공공형 사업 참여자는 기초연금 수급 자격을 상실하면 참여할 수 없다.
④ 시장형사업단 참여자가 해당 사업의 건강보험 직장가입자가 된 경우 계속 참여할 수 있다.

54 위 자료를 근거로 판단할 때, 다음 [보기]의 갑~정 중 '노인 일자리 및 사회활동 지원사업'에 참여할 수 없는 사람은? (단, 제시된 요건 외에는 모두 충족하는 것으로 본다)

[보기]

갑: 만 64세의 기초연금 수급자이자 국민건강보험 지역가입자로, 시장형 사업 중에서 실버카페 운영에 참여를 희망한다.
을: 만 66세의 생계급여 수급자이자 장기요양보험 인지지원등급으로, 공공형 사업에 참여를 희망한다.
병: 만 65세의 의료급여 수급자로, 현재 정부부처 및 지자체 일자리 사업 1개에 참여하고 있으며, 사회서비스형 사업에 참여를 희망한다.
정: 만 68세의 주거급여 수급자이자 국민건강보험 직장가입자로, 취업알선형 중에서 시험감독 보조에 참여를 희망한다.

① 갑   ② 을   ③ 병   ④ 정

[55~56] 다음은 '전 국민 마음투자 지원사업'에 관한 공고문이다. 이를 읽고 물음에 답하시오.

1. 사업 목적
   우울·불안 등 정서적 어려움이 있는 국민에게 심리상담 서비스를 제공하여 국민의 마음건강 돌봄 및 정신질환 사전 예방·조기 발견

2. 서비스 대상
   우울·불안 등 정서적 어려움이 있는 국민 중 다음 기준의 하나 이상에 해당하는 자로, 나이 및 소득 기준은 없음

구분	기준
1	• 정신건강센터, 대학교상담센터, 청소년상담복지센터, Wee센터/Wee클래스 등에서 심리상담이 필요하다고 인정하는 자 • (증빙서류) 기관에서 발급하는 의뢰서(신청일 기준 3개월 이내)
2	• 정신의료기관 등에서 우울·불안 등으로 인하여 심리상담이 필요하다고 인정하는 자 • (증빙서류) 정신건강의학과 의사, 한방신경정신과 한의사가 발급하는 진단서 또는 소견서(신청일 기준 3개월 이내)
3	• 국가 건강검진 중 정신건강 검사(우울증 선별검사, PHQ-9) 결과에서 중간 정도 이상의 우울(10점 이상)이 확인된 자 • (증빙서류) 신청일 기준 1년 이내에 실시한 일반건강 검진 결과 통보서
4	• 자립준비청년 및 보호연장아동 • (증빙서류) 보호 종료된 자립준비청년은 보호종료확인서, 보호연장아동은 시설재원증명서 또는 가정위탁보호확인서
5	• '동네의원 마음건강돌봄 연계 시범사업'*을 통해 의뢰된 자 * 동네의원 이용환자 중 정신건강 위험군에 대해 의사 면담 등을 통해 선별하여 지역의 정신건강의료기관 또는 정신건강복지센터에 연계하는 시범사업('22~, 부산 등) • (증빙서류) 해당 사업 지침 별지 제4호 연계 의뢰서(신청일 기준 3개월 이내)

3. 지원 대상 제외
   • 약물·알코올 중독, 중증 정신질환(예: 조현병 등), 심각한 심리적 문제(급박한 자살 위기 등)로 정신건강의학과 진료가 우선적으로 필요한 경우
   • 지역사회서비스 투자사업의 아동·청소년 심리지원서비스, 아동·청소년 정서발달 지원서비스, 정신건강토탈케어 서비스, 성인심리지원서비스를 지원받고 있는 경우

4. 지원 내용
   전문 심리상담 서비스 총 8회(바우처)

5. 서비스 가격
   • (1회당 단가) 1급 유형 8만 원, 2급 유형 7만 원
   • (본인부담금) 이용자는 서비스 가격에서 정부지원금을 제외한 차액을 본인 부담

55 위 공고문을 읽고 판단할 때, '전 국민 마음투자 지원사업'에 대한 설명으로 옳지 않은 것은? (단, 명시하지 않은 사항은 고려하지 않는다)

① 심리상담보다 정신건강의학과 진료가 우선이라고 판단되는 경우 지원 대상에서 제외된다.
② 대학생 A가 교내의 상담센터에서 발급받은 의뢰서로 지원할 수 있다.
③ 총 8회의 심리상담 서비스를 바우처 형태로 지원받을 수 있다.
④ 만 19세 이상의 국민에 한해 지원이 가능하다.

56 위 공고문과 다음 [상황]을 근거로 판단할 때, '전 국민 마음투자 지원 사업'을 이용하고 있는 갑이 상담 8회 동안 부담해야 할 본인부담금의 총액으로 옳은 것은?

[상황]

전 국민 마음투자 지원사업의 1급 유형을 이용하고 있는 갑은 기준 중위소득 85%에 해당한다. 갑은 서비스 비용 중 자신이 부담해야 할 금액이 얼마인지 궁금하여 사업 담당자에게 문의했더니, 담당자는 갑에게 다음 [본인부담금 결정 기준]을 안내해 주었다.

[본인부담금 결정 기준]

기준 중위소득	본인부담률
기준 중위소득 70% 이하	0%
기준 중위소득 70% 초과~120% 이하	10%
기준 중위소득 120% 초과~180% 이하	20%
기준 중위소득 180% 초과	30%

① 0원
② 64,000원
③ 128,000원
④ 192,000원

[57~58] 다음은 '호스피스·완화의료 건강보험 지원 사업'에 관한 자료이다. 이를 읽고 물음에 답하시오.

1. 사업 목적

   말기환자 등과 그 가족을 대상으로 통증·증상관리 등 신체적 심리사회적, 영적 고통을 완화하여 양질의 서비스로 삶의 질 향상을 도모하고자 함

2. 지원 대상

   「국민건강보험법」에 따른 가입자 또는 피부양자 및 「의료급여법」에 의한 수급권자 중 말기환자* 및 임종과정에 있는 환자가 호스피스·완화의료 이용 동의서를 작성하여 신청한 자

   * 말기환자: 적극적인 치료에도 불구하고 근원적인 회복의 가능성이 없고 점차 증상이 악화되어 보건복지부령으로 정하는 절차와 기준에 따라 담당의사와 해당 분야의 전문의 1명으로부터 수개월 이내에 사망할 것으로 예상되는 진단을 받은 환자

3. 서비스 유형

   • 입원형

대상	말기암 환자
서비스 내용	포괄적인 초기평가 및 돌봄 계획 수립·상담, 통증·신체증상 완화, 임종관리 및 사별가족 돌봄 서비스, 환자 및 가족의 심리사회적 영적 돌봄, 음악·미술 요법 등 프로그램 등
요양급여 적용기준	입원일당정액[1] + 별도산정목록[2] 1) 입원일당정액: 입원료 + 행위료 + 약·치료재료비 + 호스피스 보조 활동비 2) 별도산정목록: 전인적 돌봄 상담료, 임종 관리료, 마약성진통제, 식대, 완화목적 시술의 행위료 및 주요 치료재료, 혈액암환자의 수혈 및 기존투석치료

   • 가정형

대상	말기(암, 후천성면역결핍증, 만성폐쇄성호흡기질환, 만성간경화)환자
서비스 내용	임종 준비교육 및 돌봄 상담, 주·야간 전화상담 등
요양급여 적용기준	행위별 수가(의사·간호사·사회복지사 방문료 + 교통비)

   • 자문형

대상	말기(암, 후천성면역결핍증, 만성폐쇄성호흡기질환, 만성간경화)환자
서비스 내용	신체증상 자문, 호스피스 입원(말기암인 경우) 및 가정형 호스피스 연계
요양급여 적용기준	행위별 수가(자문형 돌봄 상담료, 임종 관리료, 임종실료)

4. 신청 방법

   말기환자 등이 호스피스를 이용하기 위해 충분한 설명을 듣고 호스피스·완화의료 이용 동의서와 의사가 발급한 의사소견서를 호스피스 전문기관·시범기관에 제출

5. 본인 부담금

대상 질환		서비스 유형	본인 부담금
말기환자	암	입원·가정·자문형	요양급여비용 총액의 5%
	후천성면역결핍증	입원·가정·자문형	요양급여비용 총액의 10%
	만성폐쇄성호흡기질환·만성간경화	입원·자문형(입원)	요양급여비용 총액의 20%
		가정·자문형(외래)	요양급여비용 총액의 30~60%

57 위 자료를 근거로 판단할 때, '호스피스·완화의료 건강보험 지원 사업'에 대한 설명으로 옳지 않은 것은?

① 말기암 환자는 입원형, 가정형, 자문형 모두 이용 가능하다.
② 만성간경화 환자가 가정형을 신청한 경우 요양급여비용 총액의 30~60%를 본인이 부담해야 한다.
③ 말기암 환자가 자문형을 신청한 경우 호스피스 입원 및 가정형 호스피스 연계 서비스를 받을 수 있다.
④ 사업에 신청하려는 경우 호스피스·완화의료 이용 동의서와 국민건강보험공단에서 작성한 의사 소견서를 제출해야 한다.

58 위 자료와 다음 [상황]을 근거로 판단할 때, 갑에게 청구된 비용 중 갑이 지불해야 하는 금액은 얼마인가? (단, 갑에게 청구된 비용은 요양급여 적용 기준에 포함되며, 상한금액을 초과하지 않았다)

[상황]

호스피스·완화의료 건강보험 지원사업을 이용 중인 말기 간암 환자인 갑은 호스피스·완화의료 건강보험 지원사업을 통해 음악 요법 프로그램을 진행하였다. 갑이 호스피스·완화의료와 관련하여 청구받은 비용은 다음과 같다.
- 입원료: 250만 원
- 약제비: 300만 원
- 치료재료비: 170만 원
- 마약성진통제: 300만 원
- 식대: 100만 원
- 간병인 교통비: 50만 원

① 102만 원 ② 106만 원 ③ 110만 원 ④ 114만 원

[59~60] 다음은 '청년농업인 영농정착 지원사업'에 관한 안내문이다. 이를 읽고 물음에 답하시오.

1. 사업 목적
   - 영농정착지원금, 창업자금, 기술·경영 교육과 컨설팅, 농지은행 사업(임대 매매 등) 등을 연계 지원하여 건실한 경영체로 성장 유도, 영농 초기 소득이 불안정한 청년농업인에게는 최장 3년간 월 최대 110만 원의 영농정착지원금 지급
   - 이를 통해 젊고 유능한 인재의 농업 분야 진출을 촉진하는 선순환 체계를 구축하고 농가 경영주의 고령화 추세 완화 등 기여

2. 지원 자격
   - 다음 각호의 요건에 모두 해당해야 신청 가능
     - 연령: 사업 시행 연도 기준 만 18세 이상 만 40세 미만('25년 사업 기준: 1985. 1. 1. ~ 2007. 12. 31. 출생자)
     - 영농경력: 독립경영예정자 및 독립경영 3년 이하
     - 병역: 병역필 또는 병역 면제자
     - 거주지: 사업 신청을 하는 시·군·광역시에 실제 거주(주민등록 포함)
   - 위의 요건을 갖춰도 다음 각호의 요건에 해당하면 사업 신청 불가
     - 사업자 등록을 하고 사업체를 경영하는 자
     - 공공기관 및 회사 등에 상근 직원으로 채용되어 매월 보수 또는 보수에 준하는 급여를 받고 있는 자
     - 일정 수준 이상의 재산 및 소득이 있는 자
     - 고등학교·대학교 재학생과 휴학생
     - 청년농업인 영농정착 지원사업에 선정되어 영농정착지원금을 받은 사실이 있는 자
     - 진돗개를 제외한 개의 사육(사람에 의해 길러지는 가축, 실험·전시·애완동물 전반의 기르는 행위)을 하는 자

3. 지원 내용
   - 영농정착지원금: 영농경력에 따라 차등 지급
     ※ 독립경영 1년 차는 월 110만 원, 2년 차는 월 100만 원, 3년 차는 월 90만 원 지급
   - 후계농업경영인 육성자금 연계 지원(대출사업)

59 위 안내문을 근거로 판단할 때, '청년농업인 영농정착 지원사업'에 대한 설명으로 옳지 않은 것은?

① 영농정착지원금은 독립경영 경력에 따라 차등 지급되며, 독립경영 3년 차는 월 90만 원을 지원 받는다.
② 대학교를 휴학 중인 사람은 영농 경력이 1년 이내라도 청년농업인 영농정착 지원사업 신청이 불가능하다.
③ 공공기관에 상근 직원으로 근무하면서 주말에만 농사를 짓는 사람도 청년농업인 영농정착 지원사업에 신청할 수 있다.
④ 진돗개를 사육하는 사람은 청년농업인 영농정착 지원사업 지원이 가능하지만, 그 외 다른 종의 개를 사육하는 사람은 지원할 수 없다.

60 위 안내문을 근거로 판단할 때, 다음 [보기] 중 2025년 '청년농업인 영농정착 지원사업'에 신청이 가능한 사람은?

─────[보기]─────

갑: 1984년 12월 15일 출생한 군필자로, 2024년 5월부터 부모 소유 농지에서 독립적으로 영농활동 중이다. 현재 거주지는 영농활동을 하는 시·군과 동일하다.
을: 1995년 3월 20일 출생한 군필자로, 현재 대학교 4학년 재학 중이면서 주말에만 농사를 짓고 있다. 졸업 후 전업농으로 전환할 예정이다.
병: 1990년 7월 5일 출생한 군필자로, 2023년 3월부터 독립적으로 영농활동 중이다. 현재 골든리트리버 2마리를 애완용으로 사육하고 있다.
정: 2000년 1월 10일 출생한 병역 면제자로, 2024년 10월부터 독립적으로 영농활동 중이다. 현재 진돗개 1마리를 사육하고 있다.

① 갑
② 을
③ 병
④ 정

강약 패턴 분석표

📝 기출패턴 채점표
모의고사 채점 후, 맞힌 문항 번호에 ○ 표시를 하고, 패턴별로 맞힌 개수를 적어 보세요.

영역	기출패턴	문항 번호	맞힌 개수
의사소통능력	패턴 01 글의 제목·주제·목적	01 18 20	___문항 / 3문항
	패턴 02 내용 부합	02 04 13 15 19	___문항 / 5문항
	패턴 03 내용 추론·적용	05 08 10	___문항 / 3문항
	패턴 04 문장 삭제	12 16	___문항 / 2문항
	패턴 05 문단 배열	07 17	___문항 / 2문항
	패턴 06 접속사	03 09	___문항 / 2문항
	패턴 07 빈칸 추론	06 11 14	___문항 / 3문항
수리능력	패턴 08 자료 계산	22 24 28 30 32 36 40	___문항 / 7문항
	패턴 09 자료 읽기	21 23 25 27 29 33 37	___문항 / 7문항
	패턴 10 자료 연결	31 35 39	___문항 / 3문항
	패턴 11 자료 변환	26 34 38	___문항 / 3문항
문제해결능력	패턴 12 정보 확인	41 43 47 53 55 57 59	___문항 / 7문항
	패턴 13 정보 추론	45 49 52	___문항 / 3문항
	패턴 14 적합자 선정	46 48 51 54 60	___문항 / 5문항
	패턴 15 계산	42 44 50 56 58	___문항 / 5문항

기출패턴 결과 그래프

패턴별로 맞힌 개수만큼 막대의 빈칸을 색칠해 보세요.

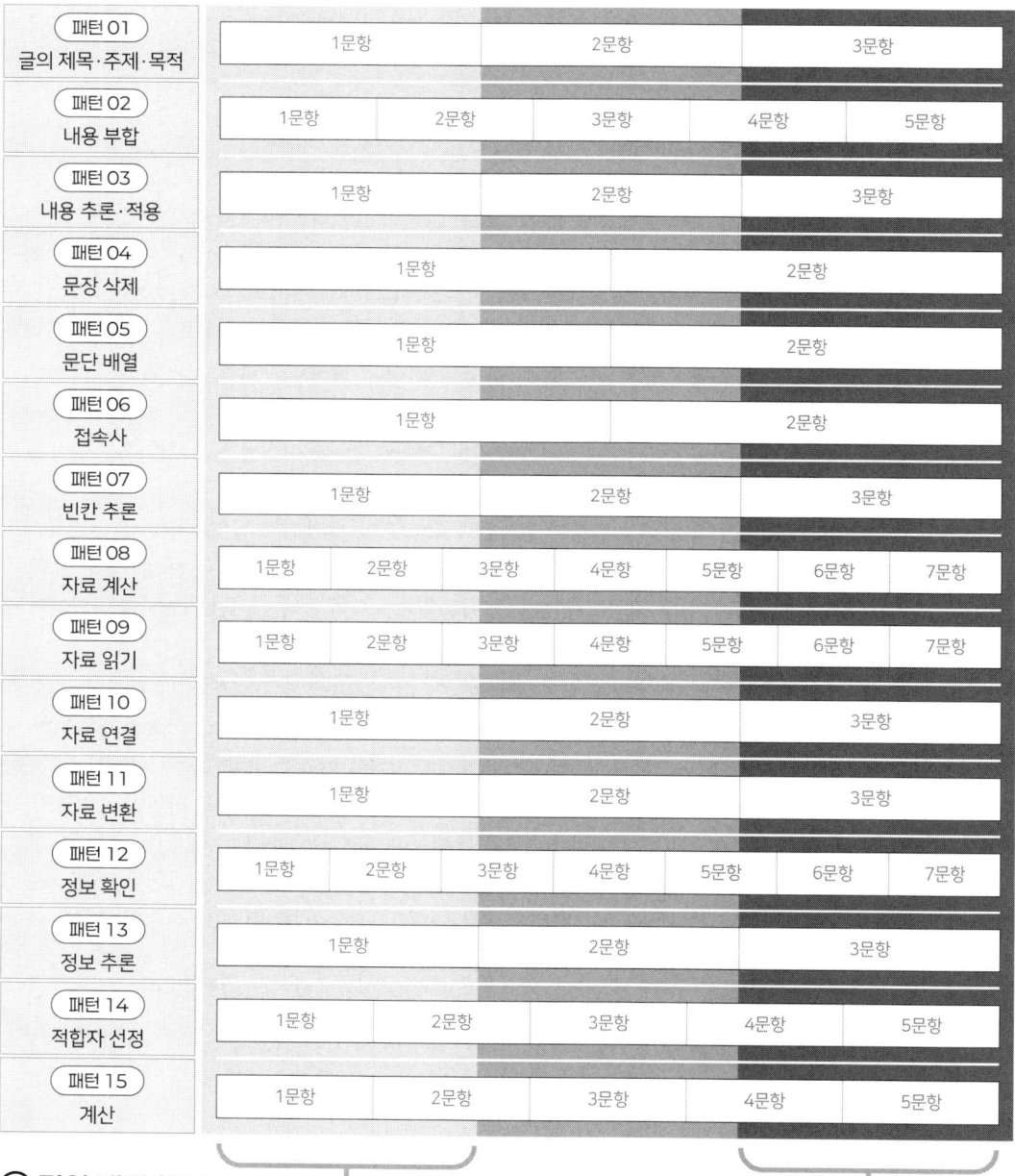

강약 패턴 체크

기출동형 모의고사

* 문항 개수: 60문항
* 시험 형식: 4지 선다형
* 시험 시간: 60분

※ 책 뒷부분에 삽입된 답안지를 활용해 모의고사를 풀어 보시기 바랍니다.
※ 모의고사 채점을 마친 후, [강약 패턴 분석표]를 통해 강점 패턴과 취약 패턴을 체크하시기 바랍니다.

[01~03] 다음 글을 읽고 물음에 답하시오.

(가) 알츠하이머병은 노인성 치매의 가장 흔한 원인으로, 기억력 감퇴와 인지기능 저하를 특징으로 하는 진행성 신경퇴행성 질환이다. 이 질환은 베타 아밀로이드(Aβ)라는 단백질이 뇌에 축적되어 형성되는 노인반과 타우 단백질의 과인산화로 인한 신경섬유다발 형성이 주요 병리학적 특징이다. 이러한 병리학적 변화는 신경세포 손상과 사멸을 초래하여 뇌 기능 저하를 가져온다.

(나) 알츠하이머병은 크게 가족성 알츠하이머병과 산발성 알츠하이머병으로 구분된다. 가족성 알츠하이머병은 전체 알츠하이머병의 약 5% 미만을 차지하며, 주로 아밀로이드 전구 단백질(APP)이나 프레세닐린 유전자의 돌연변이와 관련이 있다. 반면, 산발성 알츠하이머병은 전체의 95% 이상을 차지하며, 명확한 유전적 원인 없이 발생하는 것으로 알려져 있다.

(다) 알츠하이머병의 치료는 주로 증상 완화에 중점을 두고 있으며, 현재까지 질병의 진행을 근본적으로 막거나 되돌릴 수 있는 치료법은 제한적이다. 현재 사용되는 주요 약물로는 아세틸콜린 분해 효소 억제제와 NMDA 수용체 길항제가 있으나, 이들은 일시적인 증상 개선만 가능하다는 한계가 있다.

(라) 최근 알츠하이머병 연구에서 주목할 만한 성과 중 하나는 ErbB3 결합 단백질 1(EBP1)과 관련된 발견이다. 연구진은 EBP1이 베타 아밀로이드 단백질의 생성과 관련이 있는 것을 확인했으며, EBP1의 발현량이 알츠하이머병 환자의 뇌 조직에서 감소되어 있음을 관찰했다. 더욱 중요한 것은, EBP1의 기능을 회복시켰을 때 베타 아밀로이드 생성이 감소하고 신경세포 사멸이 줄어들며, 인지기능이 개선되는 효과가 있다는 점이 실험을 통해 증명되었다는 것이다.

이러한 연구 결과는 EBP1이 알츠하이머병의 새로운 치료 표적이 될 수 있음을 시사한다. 연구진은 EBP1의 발현을 증가시키거나 그 기능을 모방하는 약물을 개발함으로써 베타 아밀로이드의 생성을 억제하고, 알츠하이머병의 진행을 늦추거나 예방할 수 있는 가능성을 제시하고 있다.

알츠하이머병의 조기 진단 또한 중요한 연구 분야이다. 현재는 주로 임상 증상, 인지기능 검사, 뇌 영상 검사, 뇌척수액 검사 등을 통해 진단이 이루어지고 있으나, 이는 대부분 병이 상당히 진행된 후에야 가능하다. (㉠) 혈액이나 소변 등에서 발견할 수 있는 바이오마커를 통한 조기 진단 방법 개발이 활발히 연구되고 있다.

01 위 글에 따를 때, '알츠하이머병'에 대한 설명으로 옳지 않은 것은?

① 가족성 알츠하이머병은 전체 알츠하이머병의 5% 미만을 차지한다.
② EBP1의 발현량은 알츠하이머병 환자의 뇌 조직에서 감소되어 있다.
③ 현재 사용되는 알츠하이머병 약물은 질병의 진행을 근본적으로 막을 수 있다.
④ 알츠하이머병은 베타 아밀로이드 단백질과 타우 단백질의 이상이 주요 병리학적 특징이다.

02 위 글의 논리적 흐름을 고려할 때, 다음 [문단]이 들어갈 위치로 적절한 것은?

[문단]

산발성 알츠하이머병의 원인은 아직 명확히 규명되지 않았으나, 노화, 환경적 요인, 생활 습관, 만성 질환 등 다양한 요인들이 복합적으로 작용하는 것으로 여겨진다. 최근 연구에 따르면, 베타 아밀로이드 단백질의 축적과 타우 단백질의 과인산화 외에도 신경염증, 산화 스트레스, 미토콘드리아 기능 이상 등이 알츠하이머병의 발병과 진행에 중요한 역할을 한다는 사실이 밝혀지고 있다.

① (가) 바로 뒤
② (나) 바로 뒤
③ (다) 바로 뒤
④ (라) 바로 뒤

03 위 글의 ㉠에 들어갈 말로 가장 적절한 것은?

① 반면
② 이에 따라
③ 그리고
④ 더구나

[04~06] 다음 글을 읽고 물음에 답하시오.

　　소뇌실조증은 소뇌 및 관련 신경계의 손상으로 인해 발생하는 신경퇴행성 질환으로, 운동 협응 장애와 균형 감각 상실을 주요 증상으로 한다. 이 질환은 정확한 동작을 수행하는 능력이 점진적으로 손상되며, 보행 장애, 사지 떨림, 안구 운동 이상, 구음 장애 등 다양한 임상 증상을 나타낸다. 소뇌실조증은 유전적 요인, 환경적 요인, 또는 두 가지가 복합적으로 작용하여 발생할 수 있으며, 현재까지 근본적인 치료법이 제한적인 난치성 질환으로 알려져 있다.

(가) 현재까지 소뇌실조증에 대한 치료는 주로 증상을 완화하는 대증 요법에 초점을 맞추고 있으며, 질병의 진행을 근본적으로 막거나 되돌릴 수 있는 치료법은 제한적이다. 그러나 최근 줄기세포 기반 치료법이 소뇌실조증을 포함한 다양한 신경퇴행성 질환의 새로운 치료 접근법으로 주목받고 있다.

(나) 최근 연구에 따르면, 인간 유래 중간엽 줄기세포(human bone Marrow-derived mesenchymal Stem Cells: hMSCs)를 이용한 치료가 SCA2에서 신경보호 효과를 보이는 것으로 나타났다. 이 연구에서는 인간 골수에서 추출한 중간엽 줄기세포를 SCA2 질환 모델에 이식하였을 때, 손상된 소뇌 신경세포의 기능이 일부 회복되고 운동 협응 능력이 개선되는 것을 확인하였다.

(다) 소뇌실조증은 크게 유전성과 후천성으로 분류할 수 있다. 유전성 소뇌실조증은 다시 상염색체 우성, 상염색체 열성, X 연관, 미토콘드리아 유전 등으로 세분화되며, 각 유형에 따라 다양한 유전자 변이가 관련되어 있다. 특히 상염색체 우성 소뇌실조증(Spinocerebellar Ataxia: SCA)은 40여 가지 이상의 아형이 있으며, 이 중 소뇌실조증 제2형(SCA2)은 소뇌에서 주로 퓨르킨예 세포와 과립 세포의 소실로 인해 발생하는 신경퇴행성 질환이다.

(라) SCA2는 ATXN2 유전자의 CAG 반복 서열 확장으로 인해 발생하며, 이로 인해 비정상적으로 긴 폴리글루타민 사슬을 가진 아택신-2 단백질이 생성된다. 이 비정상 단백질은 소뇌 내 신경세포에 축적되어 세포 독성을 일으키고, 결국 신경세포의 사멸을 초래한다. SCA2 환자들은 대개 30~40대에 증상이 나타나기 시작하며, 진행성 보행 장애, 사지의 운동실조, 언어 장애 등을 겪게 된다.

　　인간 유래 중간엽 줄기세포는 자가 재생 능력과 다양한 세포로 분화할 수 있는 능력을 가지고 있어, 손상된 조직의 재생과 복구에 중요한 역할을 할 수 있다. (　㉠　) 이들은 신경영양인자의 분비를 통해 신경세포의 생존을 촉진하고, 항염증 작용을 통해 신경보호 효과를 나타낸다. 연구진은 중간엽 줄기세포가 분비하는 다양한 성장인자와 사이토카인이 소뇌의 손상된 신경회로를 복구하는 데 중요한 역할을 할 것으로 추정하고 있다.

04 위 글의 내용이 자연스럽게 이어지도록 (가)~(라)를 순서대로 배열한 것은?

① (가) - (나) - (다) - (라)
② (가) - (다) - (라) - (나)
③ (다) - (가) - (라) - (나)
④ (다) - (라) - (가) - (나)

05 위 글을 근거로 유추한 내용으로 적절하지 않은 것을 [보기]에서 모두 고르면?

[보기]

ㄱ. 인간 유래 중간엽 줄기세포는 소뇌실조증 이외의 다른 신경퇴행성 질환 치료에도 활용될 가능성이 있다.
ㄴ. 소뇌실조증 제2형(SCA2)은 비정상적인 아택신-2 단백질이 소뇌 신경세포에 축적되어 세포 독성을 일으키는 것이 주요 발병 기전이다.
ㄷ. 인간 유래 중간엽 줄기세포 치료는 소뇌실조증의 모든 유형에 대해 동일한 수준의 치료 효과를 보일 것으로 예상된다.
ㄹ. 소뇌실조증은 대부분 노년기에 발병하며, 유전적 요인보다 환경적 요인이 더 큰 영향을 미친다.
ㅁ. 소뇌실조증의 증상 중 보행 장애, 사지 떨림, 구음 장애 등은 소뇌가 운동 협응에 중요한 역할을 하기 때문에 나타난다.

① ㄱ, ㄴ
② ㄷ, ㄹ
③ ㄷ, ㅁ
④ ㄱ, ㄹ, ㅁ

06 위 글의 ⓛ에 들어갈 말로 가장 적절한 것은?

① 또한
② 그래서
③ 하지만
④ 예를 들어

[07~09] 다음 글을 읽고 물음에 답하시오.

□ 국내 연구진이 중환자실(ICU) 환자의 섬망* 예방을 위한 인공지능(AI) 기반의 혁신적인 약물 투여량 최적화 모델을 개발해 세계적으로 주목받고 있다.
  * 섬망(delirium): 중환자실에서 흔히 발생하는 급성 정신혼란 증상으로, 주의력과 인지기능이 급격히 저하되어 환자의 생존율과 예후에 부정적 영향을 미치는 증상

□ 한국보건산업진흥원은 서울대병원 연구팀이 중환자실 섬망 예방을 위한 덱스메데토미딘(중환자실에서 섬망 예방을 위해 사용되는 진정제) 약물의 투여량을 최적화하는 인공지능 모델 개발에 성공했다고 밝혔다. 중환자실에서 섬망은 환자의 20~80% 정도로 발생하는 중대한 합병증으로, 환자의 장기적 인지기능 저하, 기계호흡 기간 연장, 재원 기간 증가 등을 초래한다. ⊙ 최근 덱스메데토미딘이 섬망 예방에 효과적인 것으로 알려졌으나, 그동안 투여량 결정은 의사의 경험에 의존하기에 일관성이 부족하다는 문제가 지적되었다. 환자에게 약물이 과잉 투여되었을 때 맥박이 지나치게 느려지거나 저혈압이 발생하는 등 부작용을 일으킬 수 있으므로 신중한 용량 조절은 매우 중요하다. ⓒ 따라서 해외 주요 대학병원들은 덱스메데토미딘 사용을 금지하거나 제한하는 추세에 있고 국내 대학병원들도 이를 따르는 실정이다.

□ 서울대병원 중환자의학과 및 데이터사이언스연구부 공동연구팀은 이런 문제를 해결하기 위해 환자 2,416명의 데이터를 바탕으로 개별 환자에게 최적화된 맞춤형 약물 투여량을 제시하는 AI 모델을 개발했다. 이 AI 모델은 개별 환자의 활력징후, 혈액검사 결과 등 35가지 상태 정보를 실시간으로 분석해 6시간마다 약물 투여량을 정확하게 제시한다.
  ○ 환자 270명의 데이터로 성능을 검증한 결과, AI 모델이 제안한 투여량(섬망 발생 환자군 평균 0.117mcg/kg/h)은 기존 의사 처방(섬망 발생 환자군 평균 0.236mcg/kg/h)보다 더 낮은 용량으로도 효과적인 섬망 예방이 가능함을 입증했다.
  ○ ⓒ AI 모델 개발로 환자는 서맥, 저혈압 같은 약물 부작용 위험이 줄어들고, 상태 정보에 맞춰 분석된 최적의 약물 투여량을 받을 수 있게 된 것이다.

□ 서울대병원 중환자의학과 이○○ 교수는 "이번에 개발된 AI 모델은 섬망 예방 약물 투여량을 객관적이고 과학적으로 결정할 수 있다는 강점을 가졌다."라며 "특히 (ⓐ)에서 환자의 부작용 위험을 줄일 수 있을 것으로 기대된다."라고 설명했다.

□ 서울대병원 데이터사이언스연구부 이○○ 교수는 "이번 연구는 한국형 의료 빅데이터를 활용한 AI 기술의 성공적 개발 사례"라며 "의료 AI 분야에서의 국가 경쟁력을 확보하고 향후 다양한 임상 분야에서의 AI 기술 적용 가능성을 제시했다."라고 평가했다.

□ 이번 연구는 보건복지부와 한국보건산업진흥원이 추진하는 '환자 특화 빅데이터 구축 및 AI기반 CDSS(Clinical Decision Support System: 임상의사결정지원시스템) 개발 사업'의 지원으로 수행됐으며, 세계적 과학 학술지인 『네이처 디지털 메디슨(npj Digital Medicine)』 11월호에 게재되었다. ⓔ 향후 보건산업진흥원은 본 연구의 성과를 바탕으로 관련 기술의 확산 및 실증 적용을 적극 지원할 계획이다.

07 위 글의 내용과 부합하지 않는 것은?

① 이번 연구는 세계적 과학 학술지인 『네이처 디지털 메디슨』에 게재되었다.
② 덱스메데토미딘은 중환자실에서 섬망 예방을 위해 사용되는 진정제이다.
③ AI 모델 개발을 위해 전국 5개 대학병원의 중환자 데이터가 활용되었다.
④ 중환자실 섬망은 환자의 인지기능 저하와 기계호흡 기간 연장 등을 초래할 수 있다.

08 위 글의 ⓐ에 들어갈 내용으로 가장 적절한 것은?

① 더 낮은 약물 용량으로도 효과적인 예방이 가능하다는 점
② 제한적이던 약물의 사용기한 문제를 해결할 수 있다는 점
③ 의사보다 더 빠르게 환자의 상태 변화 감지가 가능하다는 점
④ 약물의 효과를 더 높일 수 있는 투여량 처방이 가능하다는 점

09 위 글의 문맥상 ㉠~㉣ 중 삭제되어야 하는 문장은?

① ㉠
② ㉡
③ ㉢
④ ㉣

[10~12] 다음은 '2023년도 건강보험환자 진료비 실태조사'에 관한 자료이다. 이를 읽고 물음에 답하시오.

▢ '2023년도 건강보험환자 진료비 실태조사' 분석 결과 2023년도 상급종합·종합병원·병원·의원의 독감 관련 검사* 및 치료 주사** 비급여 진료비는 각각 2,350억 원과 3,103억 원으로 전년 대비 113%, 213% 증가하였다.
  * 독감(주상병 J09-J11) 환자의 감염증검사, 감염증기타검사, 분자병리검사
  ** 페라미플루주, 페라원스주 등 페라미비르 제제 정맥주사

▢ 코로나19로 감소했던 독감 진료 건수가 증가한 가운데, '18년도 대비 "급여 경구 치료제" 진료비는 감소('18년 180억 원 → '23년 142억 원)한 반면, "비급여 주사 치료제"는 크게 증가('18년 626억 원 → '23년 3,103억 원)하였다.
  ※ 독감 진료 건수(만 건): ('18) 733 → ('19) 499 → ('20) 195 → ('21) 3 → ('22) 195 → ('23) 865

▢ 독감 검사와 치료 주사 비급여 진료비 증가는 주로 의원급에서 나타났다. '23년도 의원 비급여 독감 검사와 치료 주사 진료비는 각각 2,064억 원과 2,498억 원으로, 전체 비급여 독감 검사의 87.8%, 비급여 치료 주사의 80.5%를 차지했다. 증가율 역시 의원 비급여 독감 검사는 116%, 치료 주사는 231%로, 전체 증가율(검사 113%↑, 치료주사 213%↑)을 상회했다. 이러한 독감 비급여 검사 및 치료 주사 급증은 '23년도 의원의 건강보험 보장률 하락(57.3%, 전년 대비 3.4%p 하락)에 영향을 미친 것으로 보인다.
  ※ 의원 보장률(%): ('18) 57.9 → ('19) 57.2 → ('20) 59.6 → ('21) 55.5 → ('22) 60.7 → ('23) 57.3
  ○ '23년도 의원의 독감 질환 비급여율은 71.0%로, '22년(59.4%), '18년(54.0%) 대비 각각 11.6%p, 17.0%p 증가하였다.
    ※ 의원 독감 비급여율(%): ('18) 54.0 → ('19) 61.6 → ('20) 42.1 → ('21) 37.3 → ('22) 59.4 → ('23) 71.0
  ○ 의원 비급여 진료비 중 독감 진료비 비중도 7.2%로 전년 대비 4.5%p 상승하였다.
    ※ 의원 비급여 중 독감 비중(%): ('18) 4.3 → ('19) 2.8 → ('20) 0.0 → ('21) 0.0 → ('22) 2.7 → ('23) 7.2

▢ 독감 비급여 증가 원인은 (　　　　　　㉠　　　　　　) 즉, 독감 진단 확정 후 항바이러스제 처방 시 보험금을 지급하는 '독감보험'의 판매 증가 및 보장한도 증액으로 관련 비급여가 증가한 것으로 추정된다. 또한 독감 주사 치료제가 다양화되고, 경구 치료제는 5일간 복용해야 하는 반면, 주사 치료제는 1회 투약만으로 치료가 가능하다는 편의성이 수요 증가의 요인으로 파악된다.
  ※ '독감보험' 등 일부 보험상품의 과도한 보장한도 증액 경쟁과 관련한 금융감독원의 간담회 개최(2023. 11. 2.) 이후 독감보험의 특약 판매가 중단되거나 보장한도가 축소된 바 있음

10 위 글의 작성 목적으로 가장 적절한 것은?

① 독감 관련 비급여 진료비 증가 현황과 원인 파악 및 정보 제공
② 코로나19 이후 독감 환자 수 증가로 인한 의료 시스템 부담 증가 경고
③ 의원급 의료기관의 비급여 치료 증가로 인한 건강보험 보장률 하락 개선
④ 독감보험 판매 증가와 보장한도 증액이 의료비 증가에 미치는 부정적 영향 비판

11 위 글을 읽고 난 후의 반응으로 적절하지 않은 것은?

① 2023년 독감 진료 건수는 코로나19 이전인 2018년보다 증가했다.
② 주사 치료제가 경구 치료제보다 선호되는 이유 중 하나는 사용의 편의성이다.
③ 비급여 주사 치료제 처방 증가로 인한 환자 부작용 사례가 전년 대비 증가했다.
④ 독감 관련 비급여 진료비 증가는 의원의 건강보험 보장률에 부정적 영향을 미쳤다.

12 위 글의 ㉠에 들어갈 내용으로 가장 적절한 것은?

① 코로나19 이후 독감 환자 수 급증과 의료기관의 비급여 항목 확대에 있다.
② 진단 기술의 발달과 환자들의 건강에 대한 관심 증가로 인한 조기 치료 경향에 있다.
③ 일회성 주사 치료제 선호 현상과 의료기관 간의 과도한 마케팅 경쟁에서 비롯된 것이다.
④ 민간보험사의 독감보험 판매 증가와 주사 치료제의 공급 및 수요 증가에 있는 것으로 보인다.

[13~14] 다음 글을 읽고 물음에 답하시오.

낭비되는 혈액! 15,834명분 수준으로 확인 … 초과 채혈량 연간 6,334L
- 제주도 내 400ml 전혈헌혈* 실적의 83.6% 수준으로 시급한 관리 필요 -

*전혈헌혈: 혈액의 모든 성분(적혈구, 백혈구, 혈장, 혈소판)을 헌혈

□ 국민건강보험공단은 건강보험 진료데이터를 활용하여 2023년 입원환자의 일반혈액검사* 현황에 대해 분석한 결과를 발표하였다. 2023년 30건 이상의 입원이 발생한 병원급 이상 의료기관(상급종합병원, 종합병원, 병원) 1,719개소를 대상으로 의료기관별 입원 30일당 일반혈액검사 횟수**를 산출하여 비교하였다. 또한 일반혈액검사 시행 빈도에 영향을 미칠 수 있는 요인들을 보정***하여 평균 수준을 초과한 검사 횟수를 분석하였다.

  * 일반혈액검사: 채혈을 통해 혈액에서 백혈구, 적혈구, 혈소판, 혈색소 수를 측정하여 혈액의 상태를 파악하는 검사
  ** 입원 30일당 일반혈액검사 횟수 = (연간 총 일반혈액검사 시행횟수 ÷ 연간 총 입원일수) × 30일
  *** 보정 내용: 성별, 연령, 요양기관종별, 주 상병, 수술 여부, 응급실 방문 여부 보정

□ 분석 결과, 2023년 병원급 이상 의료기관에서 입원환자에게 평균을 초과하여 시행한 일반혈액검사 횟수는 총 211만 회로 최소 6,334L의 혈액이 낭비되고 있는 것으로 나타났다. 연간 15,834명의 헌혈량은 일반혈액검사 1회당 3mL 채혈(최소 채혈량)을 가정하여 산출하였으며, 일반혈액검사 횟수는 상급종합병원일수록 많아지나 같은 종별 내 의료기관 간의 편차는 작아지는 경향을 보였다. 종별이 병원인 경우에는 일반혈액검사 횟수가 병원 평균보다 많은 의료기관이 일부 존재하였다.

□ 보정을 통해 의료기관마다 입원 30일당 일반혈액검사 횟수가 평균을 초과한 빈도를 산출한 결과, 일반혈액검사 횟수가 평균 대비 1.5배 이상 높은 요양기관은 120개소(6.0%), 2배 높은 요양기관은 17개소(1.0%)로 나타났다. 상급종합병원의 경우, 평균 대비 1.5배 이상 일반혈액검사를 시행하는 기관은 1개소(2.2%)이며, 종합병원은 8개소(2.4%)였다. 의료기관 종별이 병원인 경우, 111개소(8.3%)가 1.5배 이상 시행하고 있었으며, 2배 이상 시행 기관은 17개소(1.3%)로 확인되었다.

□ 한편, 보험자 의료기관인 '국민건강보험공단 일산병원'은 입원 30일당 8.7회의 일반혈액검사를 시행하였으며, 유사한 특성을 가진 의료기관의 평균보다 낮은 수준(평균 대비 0.76배)으로 일반혈액검사를 수행하였다(2023년 기준). 검사 결과 2023년 평균 대비 2배 이상 일반혈액검사를 많이 시행하는 의료기관 종별은 모두 병원이었으며, 입원 시 일반혈액검사 횟수가 가장 많은 것으로 나타난 A병원은 병원급 의료기관의 평균 대비 1.50배(보정 전) 많으나, 유사한 진료 형태의 의료기관과 비교하여 11.66배(보정 후) 높은 것으로 평가되었다.

□ 국민건강보험공단 관계자는 "입원환자의 일반혈액검사 현황분석을 통해 일부 의료기관에서 과도한 검사를 시행하는 사례를 확인하였다."라며, "특히, 병원급 의료기관은 입원 시 일반혈액검사를 많이 시행하는 기관과 적게 시행하는 기관의 격차가 크고, 평균 대비 2배 이상 시행하는 의료기관도 있어 시급한 관리가 필요하다."라고 밝혔다. 또한, "앞으로 과다 의료이용의 문제들을 개선하기 위해 분석 대상과 항목을 지속적으로 발굴하고, 다양한 진료행태에 대한 모니터링 강화를 통해 과다한 의료행위로 인한 국민 불편 해소와 의료비 절감 및 의료서비스의 신뢰도를 높이는 데 기여할 것이다."라고 덧붙였다.

13 위 글의 작성 목적으로 가장 적절한 것은?

① 국민건강보험공단 일산병원의 효율적인 일반혈액검사 운영 사례를 홍보
② 헌혈량 부족으로 인한 의료현장의 혈액 수급 문제를 알리고 헌혈 참여를 독려
③ 일부 의료기관의 과도한 일반혈액검사 시행 실태를 알리고 개선 필요성을 강조
④ 의료기관 종별에 따른 일반혈액검사 비용 차이를 비교하여 의료비 부담 완화 방안 제시

14 위 글의 내용을 바탕으로 추론할 수 없는 것은?

① 불필요한 일반혈액검사를 줄이면 의료비 절감 효과가 있을 것이다.
② A병원이 속한 지역은 다른 지역보다 혈액 관련 질환 환자 비율이 높을 것이다.
③ 일반혈액검사 시행 횟수는 의료기관의 진료 형태와 환자 특성에 따라 달라질 수 있다.
④ 혈액검사 과다 시행은 불필요한 혈액 낭비로 이어질 수 있으므로 이에 대한 지속적인 모니터링이 요구된다.

[15~16] 다음 보도자료를 읽고 물음에 답하시오.

보 도 자 료			
보도 일시	배포 즉시	배포일	2025. 2. 26.(화)
배포 기관	질병관리청	담당 부서	만성질환관리과

질병관리청은「지역보건법」제4조에 근거, 지난 2008년부터 매년 전국 17개 시·도 및 258개 보건소와 함께 지역사회건강조사를 실시하여 지역주민의 건강실태를 파악하고 지역보건 의료계획의 기초자료로 활용하고 있다. 조사 결과는 지자체별 현황인『지역사회 건강통계』(각 지자체별 발간)와 전국 현황인『지역건강통계 한눈에 보기』(질병관리청 발간) 통계집으로 매년 제공된다.

[지역사회건강조사 개요]
- (대상) 전국 만 19세 이상 성인 약 23만 명(시·군·구별 약 900명×258개 지역)
- (조사 기간) 매년, 2024. 5. 16. ~ 7. 31.(약 2.5개월)
- (조사 내용) 건강행태(흡연, 음주, 안전의식, 신체활동, 식생활 등) 및 만성질환 이환(고혈압, 당뇨병 등), 사고 및 중독, 삶의 질, 의료 이용 등 172개 문항
- (조사 방법) 조사원이 조사가구 방문, 태블릿PC 내 전자조사표를 이용한 1대1 면접조사

[2024년 지역사회건강조사 주요 결과]

구분	주요 결과
흡연율	• '24년 현재 흡연율의 시·군·구 중앙값은 18.9%로, 전년 대비 1.4%p 감소 • 시·군·구별로는 경기 용인시 수지구에서 9.1%로 가장 낮게, 강원 정선군에서 34.9%로 가장 높게 나타남
고위험 음주율	• '24년 고위험 음주율의 시·군·구 중앙값은 12.6%로, 전년 대비 0.6%p 감소 • '24년 시·군·구별 고위험 음주율은 경기 과천시에서 5.2%로 가장 낮게, 인천 옹진군에서 23.4%로 가장 높게 나타남
비만율	• '24년 비만율의 시·군·구 중앙값은 34.4%로, 전년 대비 0.7%p 증가 • '24년 시·군·구별 비만율은 대구 수성구, 대전 서구에서 22.5%로 가장 낮게, 충북 단양군에서 48.4%로 가장 높게 나타남
걷기실천율	• '24년 걷기실천율의 시·군·구 중앙값은 49.7%로, 전년 대비 1.8%p 증가 • '24년 시·군·구별로는 경남 합천군에서 24.1%로 가장 낮게, 서울 용산구에서 80.3%로 가장 높게 나타남

통계집과 함께 공개되는「2024년 지역사회건강조사 원시자료」는 전국 조사참여자 231,728명이 응답한 데이터로, 흡연·음주·비만·신체활동 등 건강행태, 의료 이용, 삶의 질 등 참여자당 총 153개 문항에 대한 응답 자료를 포함하고 있다. 지○○ 질병관리청장은 "지역사회건강조사는「지역보건법」제4조에 근거한 전국적으로 표준화된 건강조사로, 국가와 각 지자체가 공동으로 수행하며 지

역단위 건강통계 생산의 핵심적 역할을 담당하고 있다."라며, "이번 통계 결과와 원시자료를 토대로 각 지자체가 지역별 건강 문제를 면밀히 분석하여, 지역 특성에 맞는 효과적인 보건정책을 수립하는 데 폭넓게 활용되기를 기대한다."라고 강조했다.

15 위 보도자료에 따를 때, '2024년 지역사회건강조사'에 대한 설명으로 옳은 것은?

① 걷기실천율은 농촌 지역보다 도시 지역에서 더 높은 것으로 분석되었다.
② 중앙값을 기준으로 흡연율, 고위험 음주율, 비만율은 모두 전년 대비 감소했다.
③ 시·군·구 단위 비만율 측정 결과, 가장 높은 지역과 가장 낮은 지역의 격차는 25.9%p이다.
④ 건강행태 영역 지표 중 전년 대비 유일하게 개선된 것은 걷기실천율이다.

16 위 보도자료의 내용을 바탕으로 한 추론으로 가장 적절한 것은?

① 지역 간 건강지표 격차 해소를 위해 지자체별 맞춤형 보건정책 수립이 필요하다.
② 충북 단양군과 같이 비만율이 높은 지역은 걷기실천율 또한 낮을 가능성이 높다.
③ 지역사회건강조사에서 조사 문항의 수는 2024년에 172개에서 향후 153개로 감소할 예정이다.
④ 2024년 지역사회건강조사 결과, 전국적으로 건강행태가 전반적으로 악화되는 추세를 보이고 있다.

[17~18] 다음 글을 읽고 물음에 답하시오.

(가) 요추간판탈출증은 흔히 '허리디스크'로 알려진 대표적 척추질환이다. 이는 척추를 연결하는 관절인 디스크에 문제가 생기는 현상을 일컫는데, 인체의 허리뼈 다섯 개 사이에 위치한 디스크는 관절 운동을 가능하게 하고 충격을 흡수하는 역할을 한다. 그러나 지속적인 충격이나 노화로 인해 디스크 내부 구조인 수핵이 섬유륜이라는 외부 막을 뚫고 빠져나와 신경을 압박하면서 염증을 유발하게 된다.

(나) 경추간판탈출증은 일반적으로 '목디스크'라 불리며, 7개의 경추와 그 사이 추간판으로 구성된 목 부위에서 발생한다. 해부학적 특성으로 인해 주로 3~7번 경추 사이에서 발생하며, 특히 5~6번 경추 사이에서 발병률이 높다. 이 질환은 부적절한 자세가 주된 원인으로, 특히 장시간 컴퓨터를 사용하는 직업군에서 빈번히 나타난다. 과거에는 주로 40대 이상의 중장년층 질환으로 인식되었으나, 최근에는 디지털 기기 사용 증가로 인해 젊은 세대에서도 발병률이 증가하고 있다. 2020년 통계에 따르면 목과 어깨 통증 관련 의료기관 방문자가 233만 명을 넘어섰으며, 특히 MZ세대에서 큰 증가세를 보이고 있다.

(다) 거북목증후군은 현대인의 생활 패턴에서 비롯된 질환으로, 목뼈가 앞쪽으로 기울어진 상태를 의미한다. 정상적인 경추는 'C'자 형태로 곡선을 이루며 성인 두부 무게(약 4~6kg)를 지지하고 외부 충격을 완화하는 기능을 수행한다. 그러나 잘못된 자세가 지속되면 경추가 'I'자 형태로 변형되어 전체적인 척추 균형이 무너지고, 이로 인해 목과 어깨 통증, 두통, 어지럼증, 현기증, 눈 피로 등 다양한 증상이 나타날 수 있다. 이 증후군은 방치할 경우, 목디스크로 진행될 위험이 있으므로 예방이 중요하다. 바른 자세 유지, 특히 앉을 때 등을 펴고 턱을 안쪽으로 가볍게 당기는 습관이 도움이 된다.

(라) 척추관협착증은 요추간판탈출증과 종종 혼동되는 질환이다. 척수가 통과하는 경로인 척추관의 위치에 따라 경추관협착증, 흉추관협착증, 요추관협착증으로 구분된다. 이 질환은 척추관이 좁아져 신경을 압박하는 상태로, 디스크의 수분 감소로 인해 척추 간격이 줄어들고 관절과 주변 조직이 비대해지면서 발생한다. 주로 50세 이상에서 발생하는 대표적인 퇴행성 척추질환으로 분류된다.

척추측만증은 '척추옆굽음증'이라고도 하며, 척추가 옆으로 휘는 현상으로 주로 성장기 청소년에게서 발생한다. ㉠ 2021년 통계에 따르면 이 질환으로 치료받은 전체 환자 중 10대가 41.6%로 가장 높은 비율을 차지했으며, 성별로는 여성 청소년이 남성보다 약 2배 많은 것으로 나타났다. ㉡ 같은 해 척추교정용 보조기기 판매량은 전년 대비 18% 증가하였고 여성 청소년 사용자 비율이 35%를 차지했다. ㉢ 의학계에서는 이러한 성별 차이의 원인으로 여성호르몬의 영향을 주목하고 있다. ㉣ 여성의 경우 호르몬 작용으로 인해 인대와 근육 조직이 상대적으로 유연하고 강도가 낮아 척추 변형에 취약할 수 있다는 견해가 제시되고 있다.

17 위 글을 읽고 각 문단의 내용을 요약한 것으로 적절하지 않은 것은?

① (가) 요추간판탈출증은 디스크의 수핵이 섬유륜을 뚫고 나와 신경을 압박하는 질환으로, 반복적 충격이나 허리 관절의 퇴행성 변화로 발생한다.
② (나) 경추간판탈출증은 최근 젊은 세대의 발병률이 증가하고 있으며, 7개 경추 중 특히 5~6번 경추 사이에서 발병 빈도가 높다.
③ (다) 거북목증후군은 경추가 I자 형태로 변형되는 현상으로, 목과 어깨 통증뿐 아니라 두통, 어지럼증 등의 증상을 유발하며, 바른 자세 유지를 통해 예방이 가능하다.
④ (라) 척추관협착증은 척추관이 좁아져 신경을 압박하는 질환으로, 주로 젊은 층에서 발생하며 약물치료만으로 완치가 가능하다.

18 위 글의 문맥상 ㉠~㉣ 중 삭제되어야 하는 문장은?

① ㉠
② ㉡
③ ㉢
④ ㉣

[19~20] 다음 보도자료를 읽고 물음에 답하시오.

보도자료

보도 일시	배포 즉시	배포일	2024. 4. 29.(월)
배포 기관	보건복지부	담당 부서	요양보험제도과

장기요양기관 지정갱신제, 2025년 6월부터 본격 시행

□ 보건복지부는 장기요양기관의 서비스 질 관리 및 운영역량 제고를 위해 2025년 첫 심사를 시작하는 장기요양기관 지정갱신제 추진계획을 보고하였다.

　○ 복지부는 2025년 1월부터 시행한 노인요양시설 요양보호사 한시적 가산 제도의 보완 방안을 논의하였다. 이는 잦은 수급자 변동에 따른 유연한 요양보호사 인력 운영이 어려운 현장의 애로사항을 반영한 것이다. 제도 보완에 따라 2.1:1 요양보호사 인력배치 기준을 준수하는 노인요양시설의 수급자가 전월 대비 감소하여 의무 배치 인원보다 요양보호사를 초과로 보유하게 되는 경우 수급자 감소가 발생한 달을 포함하여 최대 3개월까지 가산을 적용(연 최대 6개월 지원)할 예정이다.

　　※ (기존) 2.1:1 배치기준을 충족한 기관의 전월 대비 현원 감소 시 1개월 가산(연 6회)

　○ 2018년 12월 「노인장기요양보험법」 개정으로 장기요양기관의 지정의 유효기간(6년) 및 지정갱신제가 도입*되었으며, 개정법 시행('19. 12.) 이전 지정받은 기관은 유효기간 만료('25. 12.)까지 지정의 갱신을 받아야 한다.

　　* (기존) 지정 유효기간이 존재하지 않음 → (개정) 지정 유효기간(6년) 및 갱신제 도입

□ 지정갱신 대상, 심사 절차 및 심사지표 등 주요 내용은 아래와 같다.

대상	유효기간 이후에도 지정 효력을 유지하려는 장기요양기관 ※ 2025년 12월 기준 전체 장기요양기관 중 약 16,944개소가 대상
신청 기간	지정 유효기간이 끝나기 180일 전부터 90일 전까지 신청
심사 기준	① 설치·운영자 및 종사자의 서비스 제공 능력(행정처분 이력·장기요양기관평가결과 등), ② 서비스 제공 계획의 충실성(사업운영 계획·수급자 인권 보호·직원교육 등), ③ 자원관리의 건전성 및 성실성(회계·재정 운영 준수 등), ④ 인력관리의 체계성 및 적절성(근로계약·급여 적정성 및 직원 복지), ⑤ 기타 지자체장이 필요하다고 인정하는 사항 등을 포함
사후 처리	갱신심사 부적격 기관은 ① 갱신 부적격 내용을 수급자·보호자에게 통보, ② 다른 장기요양기관을 이용하도록 조치하여야 하며 운영 의사가 없는 경우 폐업 절차 진행

□ 복지부는 2025년 갱신심사 시행에 대비하여 장기요양기관협회 등 공급자단체의 의견을 수렴하였으며, 지자체·지정심사위원 대상 갱신심사 관련 설명회를 지난해 12월과 올 4월, 두 차례에 걸쳐 진행한 바 있다. 향후 심사 진행 상황을 지자체 및 국민건강보험공단과 함께 모니터링하여 제도의 원활한 시행을 위해 노력할 예정이다.

19 위 보도자료에 따를 때, '장기요양기관 지정갱신제'에 대한 설명으로 옳지 않은 것은?

① 지정갱신 심사 신청은 지정 유효기간이 끝나기 90일 전까지 완료해야 한다.
② 2025년 12월 기준으로 약 16,944개소의 장기요양기관이 지정갱신 심사 대상이다.
③ 장기요양기관 지정갱신제는 2018년 12월 「노인장기요양보험법」 개정으로 도입되었다.
④ 갱신심사에서 부적격 판정을 받은 기관은 즉시 운영을 중단하고 폐업 절차를 진행해야 한다.

20 위 보도자료에 따를 때, 다음 [상황]에서 ㉠에 들어갈 내용으로 적절한 것은?

[상황]

장기요양기관 A를 운영하는 갑은 2019년 10월 1일에 기관 지정을 받았다. 최근 지정갱신제에 대해 알아보던 중 A의 직원 을과 다음과 같은 대화를 나눴다.
갑: 장기요양기관 지정갱신제에 대해 알고 있지요?
을: 들어는 보았는데, 정확히 알지는 못합니다. 우리 기관도 지정갱신을 받아야 하나요?
갑: 우리 기관의 경우 (㉠)

① 지정의 유효기간이 끝나기 60일 전까지 지정갱신 신청을 해야 합니다.
② 2018년 법 개정 이후에 지정받았으므로 지정갱신 신청 대상이 아닙니다.
③ 개정법 시행 이전에 지정받았으므로 2025년 12월까지 지정갱신을 받아야 합니다.
④ 지정의 유효기간이 6년이므로 2025년 10월 1일 전까지 지정갱신을 받아야 합니다.

[21~22] 다음 [그림]은 혈액관리본부의 서울 지사별 헌혈 실적에 관한 자료이다. 이를 보고 물음에 답하시오.

[그림 1] 320ml 헌혈 실적

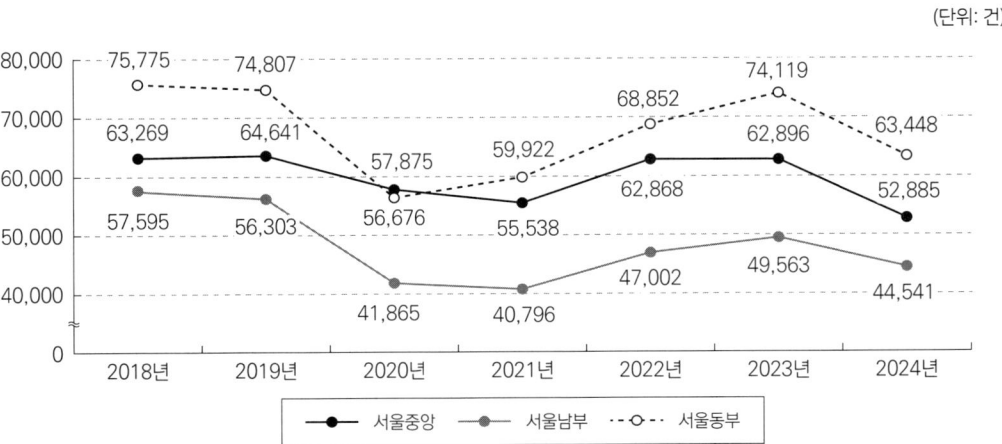

[그림 2] 400ml 헌혈 실적

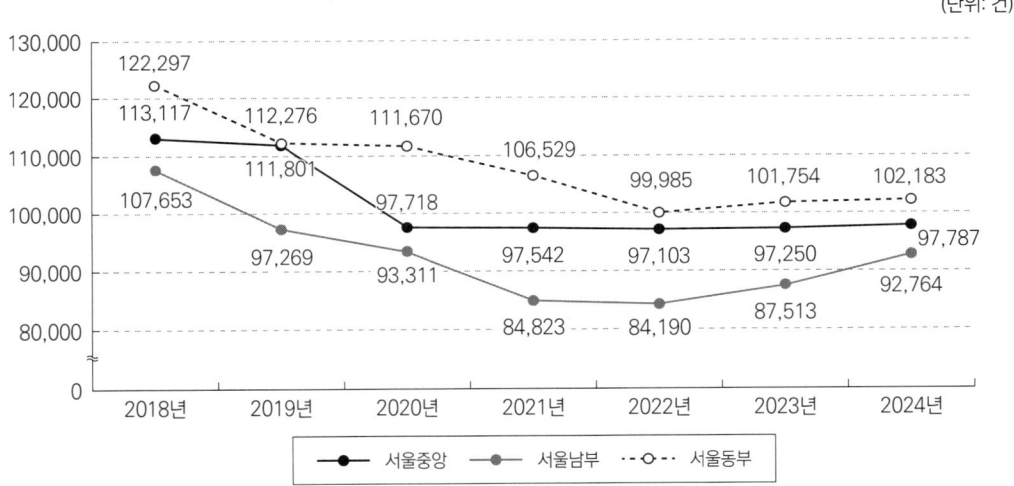

21 위 [그림]에 대한 설명으로 옳지 않은 것은?

① 2019년 세 지사의 320ml, 400ml 총 헌혈 실적은 전년 대비 2만 건 이상 감소했다.
② 2019~2024년 동안 320ml 헌혈 실적과 400ml 헌혈 실적의 전년 대비 증감 방향이 매해 동일한 지사는 1개이다.
③ 조사 기간 중 서울남부지사의 320ml 헌혈 실적과 400ml 헌혈 실적이 가장 적은 해는 서로 다르다.
④ 2023년 서울동부지사의 320ml 헌혈 실적은 서울남부지사보다 2020년 대비 더 높은 비율로 증가했다.

22 위 [그림]에 따를 때, 2024년 세 지사의 320ml 헌혈 실적 중 서울동부지사의 비중이 (㉠)%, 2018년 세 지사의 400ml 헌혈 실적 중 서울남부지사의 비중이 (㉡)%라면, ㉠+㉡의 값은? (단, ㉠과 ㉡ 계산 시 소수점 아래 첫째 자리에서 반올림한다)

① 70
② 71
③ 73
④ 75

[23~24] 다음 [표]는 수술 건수 및 입원 일수에 관한 자료이다. 이를 보고 물음에 답하시오.

[표 1] 수술 건수

(단위: 건)

구분	2019년	2020년	2021년	2022년	2023년	2024년
서울	517,267	571,350	580,905	643,827	618,133	558,643
부산	172,094	182,533	182,548	203,732	189,739	169,786
대구	111,859	119,863	113,343	124,981	122,414	120,313
인천	101,481	102,694	98,227	100,524	101,399	106,576
광주	69,234	74,658	71,384	75,634	76,880	72,592
대전	65,691	70,455	65,443	67,633	69,250	68,819
울산	39,006	40,440	39,684	40,352	39,616	40,107

[표 2] 입원 일수

(단위: 일)

구분	2019년	2020년	2021년	2022년	2023년	2024년
서울	2,810,873	2,955,416	2,806,653	3,014,954	3,004,352	3,015,416
부산	1,029,034	1,064,740	1,044,332	1,116,912	1,090,835	1,081,306
대구	693,012	724,415	665,638	738,341	711,374	721,532
인천	588,135	605,108	567,746	571,170	538,826	582,121
광주	452,649	458,619	435,296	451,340	449,780	467,101
대전	400,219	430,968	390,617	412,322	413,071	407,875
울산	220,786	225,867	218,084	218,991	224,231	232,678

23 위 [표]에 대한 설명으로 옳지 않은 것은?

① 조사 기간 중 인천의 입원 일수가 가장 많은 해는 2020년이다.
② 2020~2024년 동안 수술 건수가 매해 전년 대비 증가한 지역은 없다.
③ 2021년 울산의 수술 건수는 2019년 대비 1.5% 이상 증가했다.
④ 2022년 수술 건수가 가장 많은 지역과 가장 적은 지역의 수술 건수의 합은 70만 건 이상이다.

24 위 [표]에 따를 때, 다음 [보기]의 ㉠~㉢에 들어갈 수치의 대소 비교로 옳은 것은? (단, 계산 시 소수점 아래 첫째 자리에서 반올림한다)

[보기]

- 2022년 서울의 수술 건수 1건당 입원 일수는 (㉠)일이다.
- 2019년 서울의 수술 건수 대비 울산의 수술 건수의 비율은 (㉡)%이다.
- 2021년 인천의 입원 일수는 전년 대비 (㉢)% 감소했다.

① ㉠＞㉡＞㉢
② ㉡＞㉠＞㉢
③ ㉡＞㉢＞㉠
④ ㉢＞㉠＞㉡

[25~26] 다음 [표]는 대구의 기초자치단체별 주관적 건강인지율 설문조사 자료이다. 이를 보고 물음에 답하시오.

[표] 대구 기초자치단체별 주관적 건강인지율

(단위: %)

구분	2019년	2020년	2021년	2022년	2023년	2024년
합계	37.7	38.3	53.4	43.5	44.6	42.1
남구	40.5	38.3	40.9	35.9	36.7	38.2
달서구	36.1	37.0	58.4	45.2	45.7	43.9
달성군	40.2	37.4	53.9	46.8	49.8	43.6
동구	38.5	31.6	55.2	40.5	43.1	40.5
북구	32.0	36.4	47.6	40.4	39.9	35.0
서구	30.4	26.9	41.4	33.9	34.1	34.3
수성구	42.5	54.9	61.5	51.4	51.6	50.0
중구	57.5	32.0	51.7	47.2	53.1	55.0

※ 주관적 건강인지율(%) = 주관적 건강인지자/설문조사 응답자 × 100

25 위 [표]에 대한 설명으로 옳지 않은 것은?

① 2019년 기초자치단체별 주관적 건강인지율 순위는 2024년과 다르다.
② 2023년 동구의 주관적 건강인지율은 2021년 대비 20% 이상 감소했다.
③ 2022~2024년 동안 주관적 건강인지율이 대구 합계보다 매년 낮은 기초자치단체는 4개이다.
④ 2020년 주관적 건강인지율이 가장 높은 기초자치단체와 가장 낮은 기초자치단체의 차이는 23.3%p이다.

26 다음 [그림]은 2024년 대구의 기초자치단체별 건강인지율 설문조사 응답자 수이다. 위 [표]와 다음 [그림]에 따를 때, 2024년 대구 전체 주관적 건강인지자 중 설문조사 응답자 수 상위 4개 기초자치단체의 주관적 건강인지자의 비중은 얼마인가? (단, 주관적 건강인지자 수는 소수점 아래 첫째 자리에서, 상위 4개 기초자치단체의 주관적 건강인지자 비중은 소수점 아래 둘째 자리에서 반올림한다)

[그림] 2024년 대구 기초자치단체별 설문조사 응답자 수

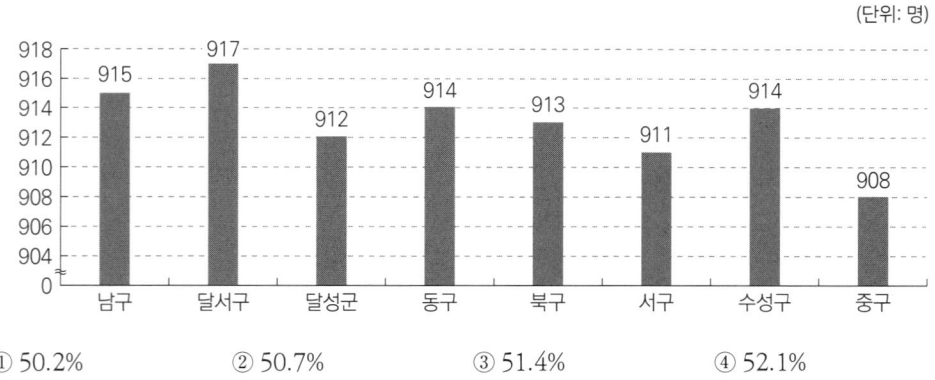

① 50.2%　② 50.7%　③ 51.4%　④ 52.1%

[27~28] 다음 [표]는 연령대별 장애인 응답자 중 흡연자 수에 관한 자료이다. 이를 보고 물음에 답하시오.

[표] 연령대별 장애인 응답자 중 흡연자 수

(단위: 명)

구분	2020년	2021년	2022년	2023년
19세 이하	14	10	16	10
20대	2,252	2,086	2,191	2,143
30대	8,825	7,160	6,890	6,122
40대	29,069	24,326	26,129	24,722
50대	44,805	37,818	40,987	39,673
60대	36,755	33,056	38,999	39,587
70대	13,990	12,178	13,650	14,620
80세 이상	3,139	2,496	3,101	3,543

27 위 [표]에 대한 설명으로 옳지 않은 것은?

① 2022년 전체 장애인 응답자 중 흡연자 수는 13만 명 이상이다.
② 조사 기간 동안 매년 장애인 응답자 중 흡연자 수가 가장 많은 연령대는 50대이다.
③ 2021년에 20대 장애인 응답자 중 흡연자 수는 전년 대비 8% 이상 감소했다.
④ 2021~2023년 동안 장애인 응답자 중 흡연자 수가 전년 대비 증가한 해가 2개년인 연령대는 3개이다.

28 위 [표]에 따를 때, 2024년 전체 장애인 응답자 중 흡연자 수가 전년 대비 5% 증가하고, 2024년 전체 장애인 응답자 중 흡연자 비중이 42%라면, 2024년 전체 장애인 응답자는 몇 명인가?

① 326,050명
② 327,760명
③ 328,120명
④ 329,540명

[29~30] 다음 [표]는 지역별 급성심장정지 발생 건수에 관한 자료이다. 이를 보고 물음에 답하시오.

[표] 지역별 급성심장정지 발생 건수

(단위: 건)

구분	2021년	2022년	2023년	2024년
서울	4,387	4,576	4,642	4,505
부산	2,092	2,419	2,499	2,361
대구	1,340	1,254	1,264	1,278
인천	1,684	1,796	1,840	1,816
광주	640	680	766	717
대전	720	824	865	793
울산	636	676	737	714
세종	117	161	187	158
경기	7,282	7,638	8,035	7,944

29 위 [표]에 대한 설명으로 옳지 않은 것은?

① 9개 지역 중 대구를 제외한 8개 지역은 2022년과 2023년 모두 급성심장정지 발생 건수가 전년 대비 증가했다.
② 2024년 광주의 급성심장정지 발생 건수는 부산보다 2021년 대비 더 높은 비율로 증가했다.
③ 조사 기간 중 경기의 급성심장정지 발생 건수가 가장 많은 해는 2023년이다.
④ 2022년에 서울의 급성심장정지 발생 건수는 인천의 2.2배 이상이다.

30 위 [표]를 토대로 작성한 그래프로 옳지 않은 것은?

① 서울의 급성심장정지 발생 건수의 전년 대비 증가량

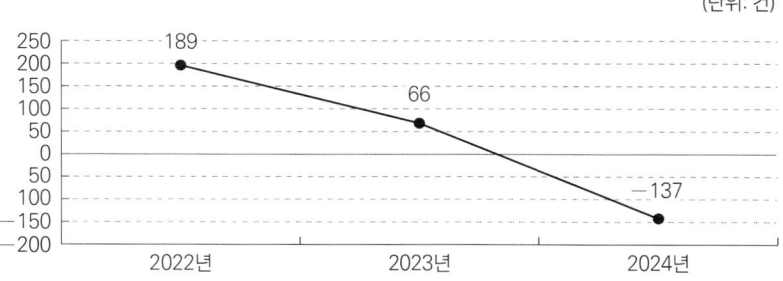

② 경기와 부산의 급성심장정지 발생 건수 차이

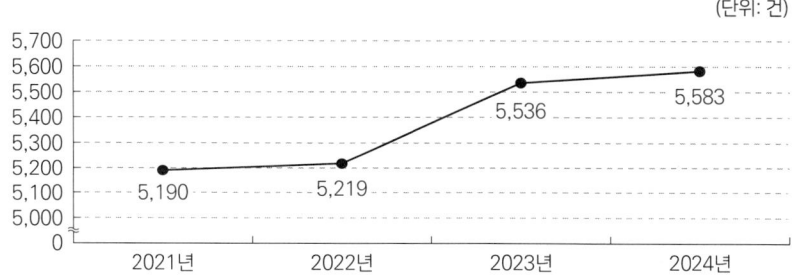

③ 울산의 급성심장정지 발생 건수의 전년 대비 증가율

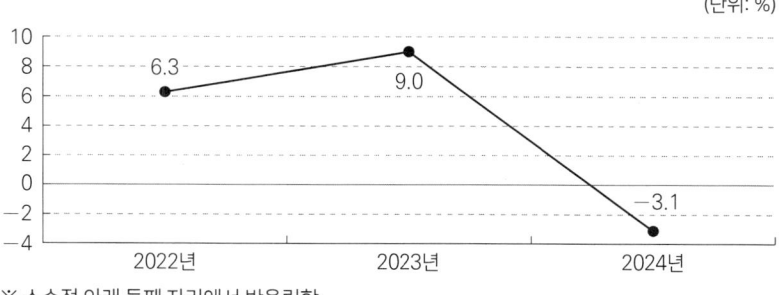

※ 소수점 아래 둘째 자리에서 반올림함

④ 9개 지역 중 급성심장정지 발생 건수 하위 2개 지역의 발생 건수 합

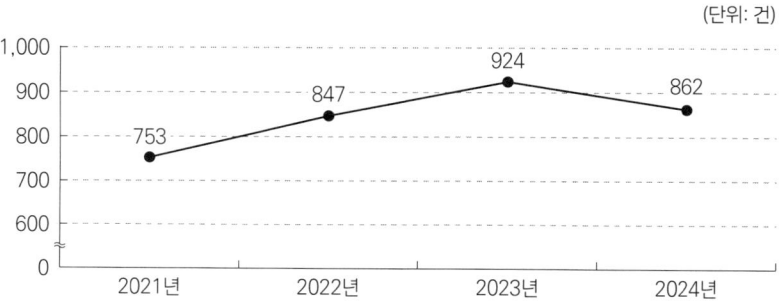

[31~32] 다음 [그림]과 [표]는 장애유형별 응답자 수와 이들 중 운동을 하지 않는 비중에 관한 설문조사 결과이다. 이를 보고 물음에 답하시오.

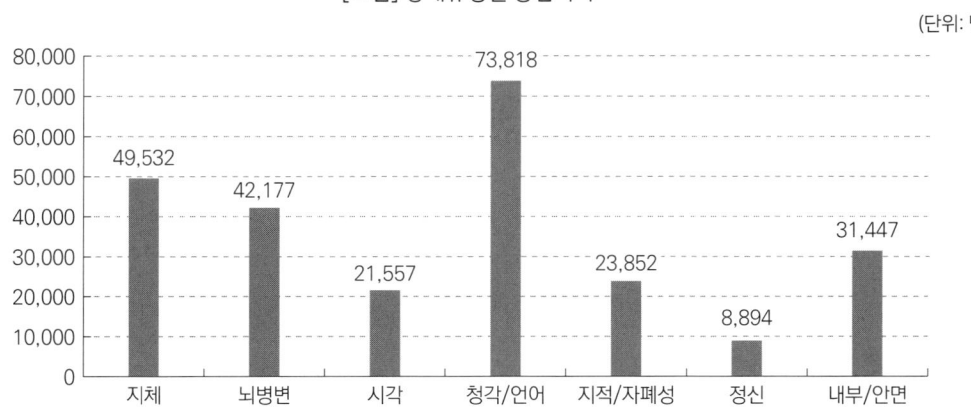

[그림] 장애유형별 응답자 수 (단위: 명)

[표] 장애유형별 응답자 중 운동을 하지 않는 비중

(단위: %)

구분	2020년	2021년	2022년	2023년	2024년
지체	40.7	42.3	41.4	41.8	43.6
뇌병변	39.1	48.0	44.0	43.6	45.8
시각	41.8	41.2	38.3	38.4	39.4
청각/언어	35.9	41.2	41.0	36.3	37.2
지적/자폐성	45.0	51.9	52.0	48.7	43.8
정신	49.0	59.0	51.5	50.0	51.7
내부/안면	37.3	41.9	37.7	38.0	39.8

※ 매년 장애유형별 응답자 수는 동일함

31 위 [그림]과 [표]에 대한 설명으로 옳은 것은?

① 전체 응답자 중 지체 장애 응답자의 비중은 20% 이상이다.
② 조사 기간 동안 응답자 중 운동을 하지 않는 비중이 가장 높은 장애유형은 매해 동일하다.
③ 2022년에 장애유형별 응답자 중 운동을 하지 않는 비중의 평균보다 비중이 낮은 장애유형은 4개이다.
④ 2023년 청각/언어 장애 응답자 중 운동을 하지 않는 비중은 2021년 대비 10% 이하 감소했다.

32 위 [그림]과 [표]에 따를 때, 응답자 수가 많은 상위 2개 장애유형의 경우에 2024년 운동을 하지 않는다고 응답한 응답자가 총 (㉠)명, 응답자가 가장 적은 장애유형의 경우에 2023년 운동을 하지 않는다고 응답한 응답자가 (㉡)명이라면, ㉠-㉡의 값은? (단, ㉠과 ㉡의 값은 소수점 아래 첫째 자리에서 반올림한다)

① 44,480   ② 44,525   ③ 44,609   ④ 44,810

[33~34] 다음 [그림]은 도별 어린이집 미설치 지역 수에 관한 자료이다. 이를 보고 물음에 답하시오.

[그림] 도별 어린이집 미설치 지역 수

(단위: 개)

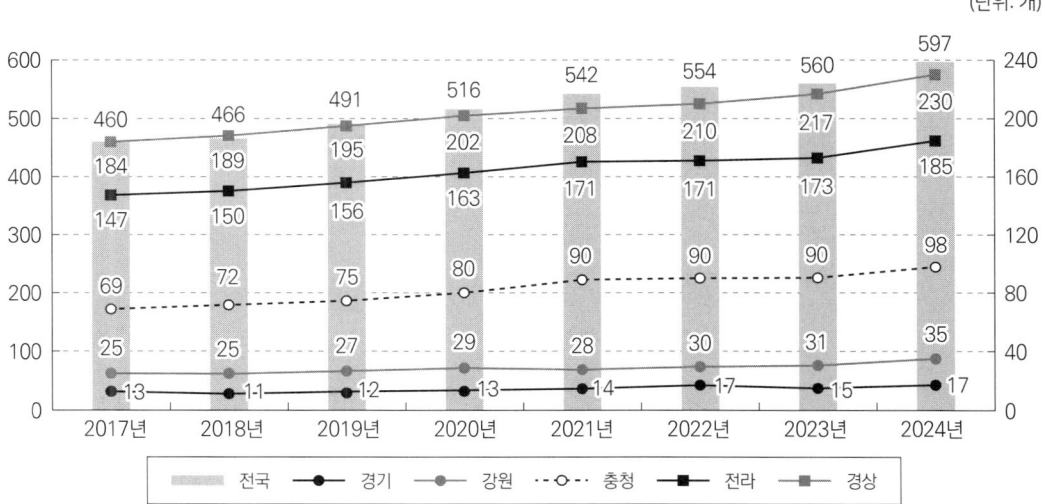

33 위 [그림]에 대한 설명으로 옳지 않은 것은?

① 조사 기간 동안 경기의 연평균 어린이집 미설치 지역 수는 14개이다.
② 2021년 전국 어린이집 미설치 지역 수 중 전라의 비중은 전년 대비 10%p 이상 증가했다.
③ 2018~2024년 중 5개 도 모두에서 어린이집 미설치 지역 수가 전년 대비 증가한 해는 3개년이다.
④ 조사 기간 중 강원과 충청의 어린이집 미설치 지역 수의 합이 처음으로 100개 이상이 되는 해는 2019년이다.

34 위 [그림]에 따를 때, 2024년 어린이집 미설치 지역 수의 전년 대비 증가율이 전국보다 낮은 지역은?

① 강원
② 충청
③ 전라
④ 경상

[35~36] 다음 [그림]은 업무유형별 심사 건수 및 취하 건수에 관한 자료이다. 이를 보고 물음에 답하시오.

[그림 1] 업무유형별 심사 건수

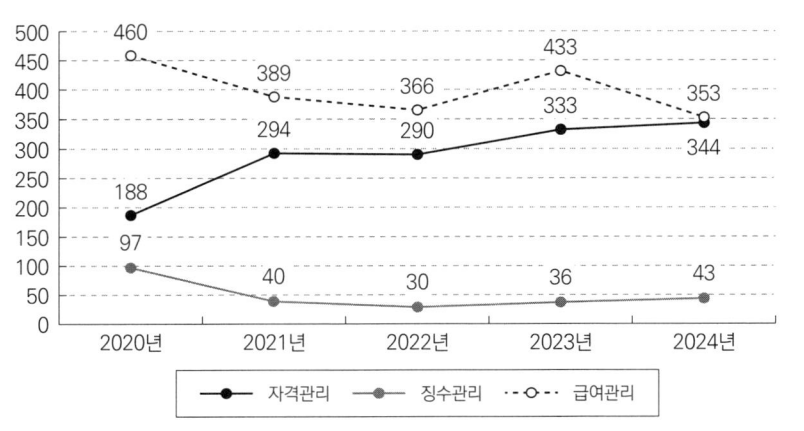

[그림 2] 업무유형별 취하 건수

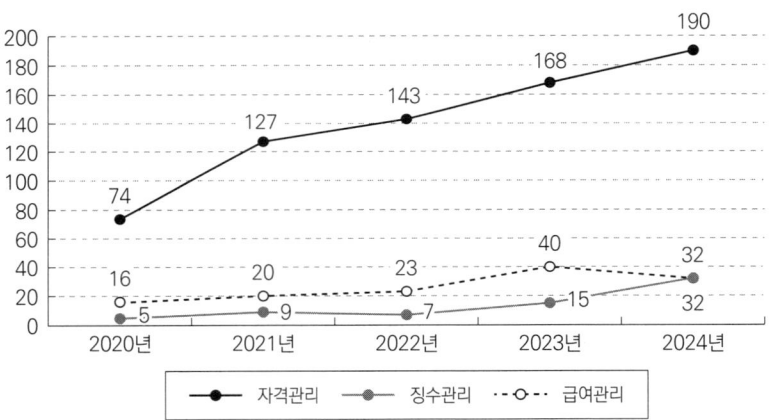

35 위 [그림]에 대한 설명으로 옳지 않은 것은?

① 조사 기간 동안 자격관리의 연평균 취하 건수는 145건 이상이다.
② 조사 기간 중 업무유형별로 심사 건수가 가장 적은 해는 모두 다르다.
③ 2021~2024년 동안 심사 건수와 취하 건수의 전년 대비 증감 방향이 매해 동일한 업무는 없다.
④ 2022년 급여관리와 징수관리 심사 건수 차이는 전년 대비 13건 감소했다.

36 위 [그림]을 토대로 작성한 그래프로 옳지 않은 것은?

① 징수관리 심사 건수의 전년 대비 증가량

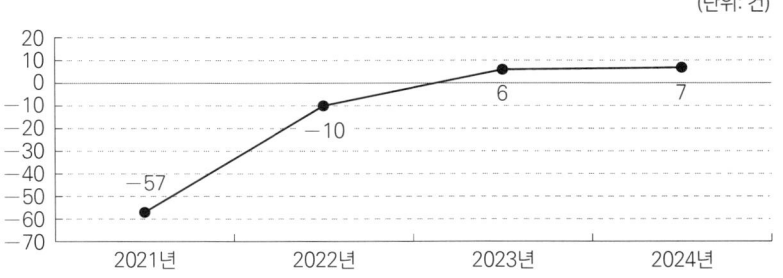

② 2023년 업무유형별 취하 건수의 전년 대비 증가율

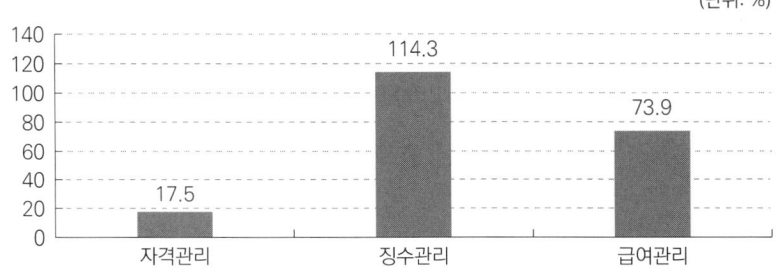

③ 2024년 3개 업무유형의 총 심사 건수 대비 업무유형별 심사 건수 비중

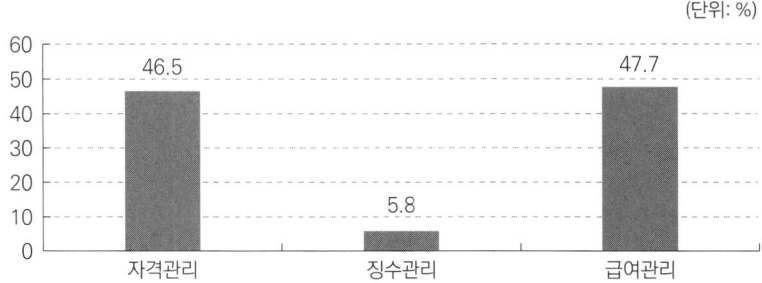

④ 징수관리와 급여관리의 취하 건수 차이

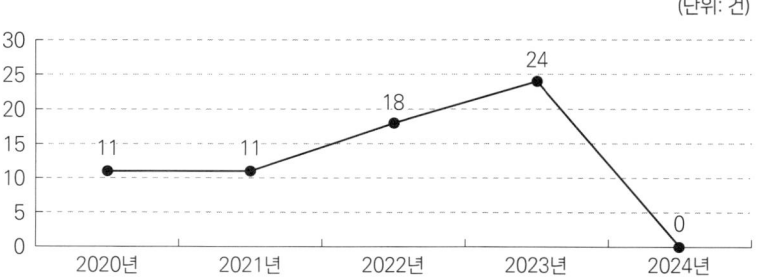

[37~38] 다음 [표]는 법정감염병 종류별 발생 건수 및 사망자 수에 관한 자료이다. 이를 보고 물음에 답하시오.

[표 1] 법정감염병 종류별 발생 건수

(단위: 건)

구분	2020년	2021년	2022년	2023년
파상풍	30	21	23	24
급성B형간염	382	453	332	315
일본뇌염	7	23	11	17
C형간염	11,850	10,116	8,308	7,249
말라리아	385	294	420	747
레지오넬라증	368	383	415	476
비브리오패혈증	70	52	46	69
발진열	1	9	4	21
쯔쯔가무시증	4,479	5,915	6,235	5,663
렙토스피라증	114	144	125	59
브루셀라증	8	4	5	5

[표 2] 법정감염병 종류별 사망자 수

(단위: 명)

구분	2020년	2021년	2022년	2023년
파상풍	2	0	2	1
급성B형간염	3	1	3	1
일본뇌염	2	5	0	2
C형간염	6	8	11	14
말라리아	1	0	0	0
레지오넬라증	28	10	16	28
비브리오패혈증	25	22	18	29
발진열	0	0	1	0
쯔쯔가무시증	7	11	20	19
렙토스피라증	0	0	1	0
브루셀라증	0	0	0	0

37 위 [표]에 대한 설명으로 옳지 않은 것은?

① 2020년 쯔쯔가무시증 발생 건수 대비 사망자 수 비율은 0.5% 이상이다.
② 조사 기간 동안 누적 사망자 수가 10명 미만인 법정감염병은 7종이다.
③ 2021년과 2022년에 사망자 수가 가장 많은 4개 법정감염병의 순위는 동일하지 않다.
④ 2022년 렙토스피라증 발생 건수는 비브리오패혈증보다 전년 대비 높은 비율로 감소했다.

38 위 [표]를 토대로 작성한 그래프로 옳지 않은 것은?

① C형간염 발생 건수의 전년 대비 감소율

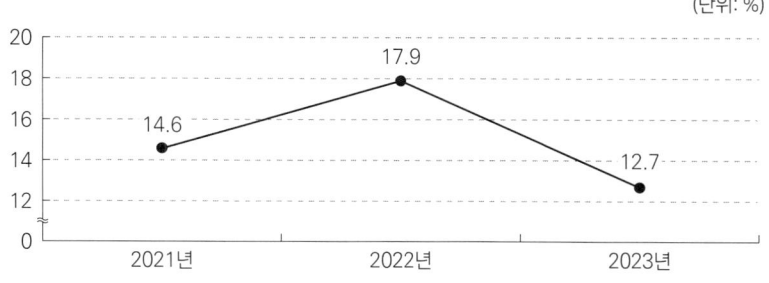

※ 소수점 아래 둘째 자리에서 반올림함

② 말라리아 발생 건수의 전년 대비 증가량

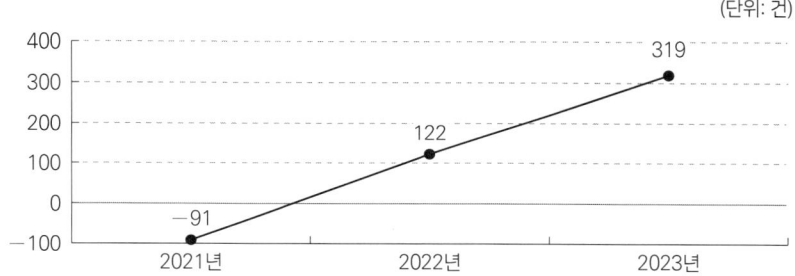

③ 사망자 수가 0명인 법정감염병 종류의 수

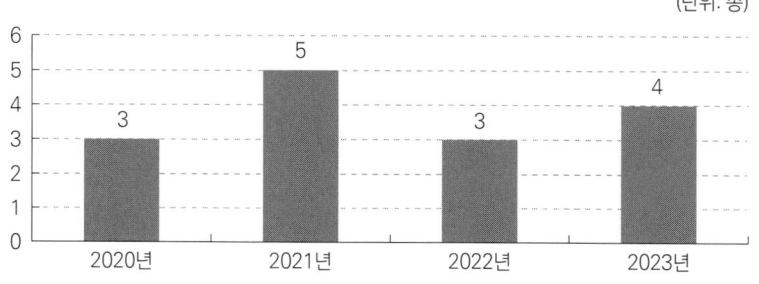

④ 급성B형간염과 레지오넬라증 발생 건수 차이

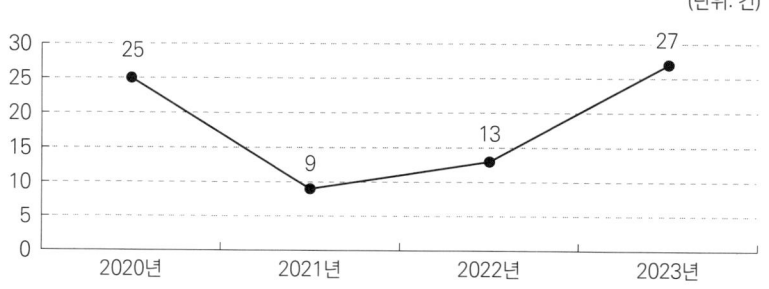

[39~40] 다음 [표]는 업종별 업체 수와 시설법 위반 업체 수에 관한 자료이다. 이를 보고 물음에 답하시오.

[표 1] 업종별 업체 수

(단위: 개소)

구분	2019년	2020년	2021년	2022년	2023년
합계	892,825	914,934	940,847	957,637	966,217
휴게음식점	164,251	176,267	190,353	199,087	201,656
제과점	18,348	18,480	19,177	19,433	19,351
일반음식점	657,727	669,050	681,165	689,572	695,786
단란주점	13,418	12,805	12,416	12,174	12,099
유흥주점	28,265	27,384	26,718	26,264	26,094
위탁급식영업	10,816	10,948	11,018	11,107	11,231

[표 2] 업종별 시설법 위반 업체 수

(단위: 개소)

구분	2019년	2020년	2021년	2022년	2023년
합계	6,099	4,285	3,305	4,223	4,451
휴게음식점	487	348	380	532	559
제과점	93	44	32	38	39
일반음식점	4,809	3,401	2,690	3,427	3,617
단란주점	318	205	118	88	105
유흥주점	370	278	70	126	119
위탁급식영업	22	9	15	12	12

39 위 [표]에 대한 설명으로 옳은 것은?

① 조사 기간 동안 매년 업체 수가 많은 업종일수록 시설법 위반 업체 수도 많다.
② 2020~2023년 동안 전체 업체 수와 전체 시설법 위반 업체 수의 전년 대비 증감 방향은 매년 동일하다.
③ 2021년 일반음식점의 업체 수 대비 시설법 위반 업체 수의 비율은 0.5% 이하이다.
④ 2024년 휴게음식점 업체 수가 전년 대비 7% 증가했다면 2024년 휴게음식점은 21만 개소 이하이다.

40 위 [표]에 따를 때, [보기]의 ㉠~㉢에 들어갈 수치의 대소 비교로 옳은 것은? (단, 계산 시 소수점 아래 둘째 자리에서 반올림한다)

[보기]
- 2022년 휴게음식점 업체 수의 전년 대비 증가율은 (㉠)%이다.
- 2019년 일반음식점 업체 수는 휴게음식점의 (㉡)배이다.
- 2023년 시설법 위반 업체 수 중 유흥주점의 비중은 (㉢)%이다.

① ㉠>㉡>㉢
② ㉡>㉠>㉢
③ ㉡>㉢>㉠
④ ㉢>㉠>㉡

[41~42] 다음은 '보건소 모바일 헬스케어 사업'에 관한 자료이다. 이를 읽고 물음에 답하시오.

1. 사업 목적
   국민의 건강관리에 대한 접근성을 높이고 만성 질환 예방 및 건강생활 실천을 유도하기 위해 보건소를 중심으로 모바일 기기를 활용한 맞춤형 건강관리 서비스를 제공하여 국민 건강증진에 기여

2. 운영 방법
   - 모바일앱 가입 및 활동량계(스마트밴드) 대여
   - 보건소 방문 검진(총 3회, 최초/중간/최종) 및 영역별 상담 서비스(혈액 검사, 체성분 검사, 혈압 측정, 복부둘레 측정)
   - 모바일 앱 기반 건강관리 서비스 제공(24주)

3. 운영 내용
   서비스 이용자가 모바일 앱을 통해 활동 내용을 전송하고, 보건소 전문가가 웹을 통해 맞춤형 건강 상담을 제공하는 방식

모바일 헬스케어 앱	모바일 헬스케어 웹
• 활동내역: 걸음 수, 심박 수, 소비칼로리 등 • 식사내역: 식사량, 영양소 섭취량 등 • 운동내역: 운동시간, 소모칼로리 등 • 건강수치 측정 내역: 체중, 혈압·혈당 수치 등	• 활동정보 모니터링 • 분야별(영양, 운동, 건강) 전문가 상담 • 건강정보 콘텐츠 제공 • 건강생활 실천을 위한 미션 제공

4. 사업 대상
   다음에 제시된 건강위험요인에 대해 질환을 보유하지 않고, 하나 이상의 요인에 대해 위험군 판정을 받은 성인(단, 위험군으로 판정받은 건강위험요인이 많을수록 우선 등록 가능)

   [건강위험요인 및 판정 수치]

건강위험요인		위험군		질환자 판정 기준
		판정 기준	분류	
수축기혈압		130mmHg 이상 140mmHg 미만	고혈압 전단계	140mmHg 이상
이완기혈압		85mmHg 이상 90mmHg 미만	고혈압 전단계	90mmHg 이상
공복혈당		100mg/dL 이상 126mg/dL 미만	공복혈당 장애	126mg/dL 이상
허리둘레	남	90cm 이상	위험	—
	여	85cm 이상	위험	—
중성지방		150mg/dL 이상 200mg/dL 미만	경계역 중성지방혈증	200mg/dL 이상
HDL-콜레스테롤	남	40mg/dL 미만	위험	—
	여	50mg/dL 미만	위험	—

41 위 자료를 근거로 판단할 때, '보건소 모바일 헬스케어 사업'에 대한 설명으로 옳지 않은 것은? (단, 제시된 내용 외에는 고려하지 않는다)

① 중성지방 수치가 190mg/dL인 사람은 경계역 중성지방혈증 위험군으로 분류되며 사업 대상자에 해당한다.
② 남성의 경우 HDL-콜레스테롤이 40mg/dL 미만이면 위험군으로 분류되나 질환자 판정 기준은 별도로 제시되어 있지 않다.
③ 보건소 방문 검진을 총 3회 실시하며 24주간 모바일 앱 기반 건강관리 서비스를 제공한다.
④ 질환자를 대상으로 하며, 건강위험요인 중 위험군 판정 개수가 많을수록 우선 등록이 가능하다.

42 위 자료를 근거로 판단할 때, 다음 갑~정 중에서 '모바일 헬스케어 사업' 대상자로 가장 우선 등록될 수 있는 사람은?

구분	갑(남, 45세)	을(여, 38세)	병(남, 52세)	정(여, 61세)
수축기혈압	142mmHg	135mmHg	138mmHg	128mmHg
이완기혈압	92mmHg	87mmHg	86mmHg	83mmHg
공복혈당	115mg/dL	128mg/dL	122mg/dL	98mg/dL
허리둘레	92cm	83cm	89cm	86cm
중성지방	165mg/dL	145mg/dL	155mg/dL	160mg/dL
HDL-콜레스테롤	45mg/dL	48mg/dL	38mg/dL	52mg/dL

① 갑
② 을
③ 병
④ 정

[43~44] 다음은 '아동수당'에 관한 자료이다. 이를 읽고 물음에 답하시오.

1. 지원 대상: 신청일 기준 만 8세 미만(0~95개월)이면서, 다음 (1)과 (2)의 요건을 모두 충족하는 모든 아동에게 아동수당을 지급
(1) 대한민국 국적을 보유한 아동
   - 부모가 외국인이어도 아동이 한국 국적이면 요건 충족
   - 「국적법」에 따른 복수국적자 포함
   - 「난민법」에 따른 난민 인정 아동 포함
   - 「재한외국인처우기본법」에 따른 특별기여자 포함
(2) 「주민등록법」에 의한 주민등록번호가 정상적으로 부여된 아동
   - 사회복지 전산관리번호(의료급여 전산관리번호) 부여 대상자 포함
   - 「주민등록법」에 따른 거주 불명자 중 실제 거주지가 확인되는 자 포함

2. 지원 내용
   신청일이 속하는 달부터 매달 25일에 대상 아동 1인당 10만 원을 지급
   ※ 1) 25일이 토·일요일·공휴일인 경우 그 직전 평일에 지급
   　 2) 수급을 받던 아동이 90일(출국일 포함) 이상 국외에 체류하는 경우 지급 정지
   　 3) 보육료, 양육수당 등 다른 복지급여를 받고 있는지와 상관없이, 지급 연령·국적 및 주민등록 요건이 충족되면 아동수당 지급

3. 신청 방법
(1) 방문 신청: 보호자 또는 대리인이 아동의 주민등록상 주소지 또는 거주지 등 전국 읍·면·동 주민센터에 방문하여 신청
(2) 온라인 신청
   - 복지로 홈페이지(http://www.bokjiro.go.kr) 또는 모바일 '복지로' 앱으로 신청
   - 정부24 홈페이지(http://www.gov.kr)로 신청
   ※ 온라인 신청은 아동의 보호자가 부모인 경우에만 가능하며, 그 외의 경우에는 방문 신청이 필요
(3) 신청 기간
   - 출생 신고 후 언제든지 신청 가능
   - 출생일 포함 60일 이내 신청 시, 출생일이 속하는 달부터 소급하여 지급

4. 접수 기관: 주민센터

5. 지원 형태: 현금(지자체장이 조례로 정한 경우 지역화폐로도 지급 가능)

6. 제출 서류
   - 공통서류: 아동수당 신청서, 신청인 신분증
   - 대리신청인 구비서류: 위임장 및 대리인 신분증, 보호자 신분증(사본) 지참
   - 추가 제출 서류(해당자에 한함): 난민인정증명서, 외국인등록증 등

43 위 자료를 근거로 판단할 때 '아동수당'에 대한 설명으로 옳지 않은 것은? (단, 제시된 내용 외 요건은 모두 충족하는 것으로 본다)

① 아동수당을 지급받던 대한민국 국적 보유 아동이 90일 이상 해외에 체류하더라도 부모가 동행하는 경우 수당 지급은 유지된다.
② 아동의 보호자가 부모인 경우에는 복지로 홈페이지 또는 모바일 앱, 정부24 홈페이지로 신청이 가능하다.
③ 「주민등록법」에 따른 거주 불명자라도 실제 거주지가 확인되면 지급 대상이 될 수 있다.
④ 출생일 포함 60일 이내에 신청하면 출생일이 속하는 달부터 소급하여 지급된다.

44 위 자료를 근거로 판단할 때 다음 중 '아동수당'을 지급받을 수 있는 아동은? (단, 신청일은 2025년 7월 1일이며, 제시된 요건 외에는 고려하지 않는다)

① 2016년 12월 28일생인 대한민국 국적을 보유한 아동으로, 현재 주민등록상 주소지에 거주 중인 갑
② 2022년 9월 5일생인 외국 국적이지만 「난민법」에 따른 난민 인정을 받은 아동으로, 현재 한국에 거주 중인 을
③ 2019년 5월 15일생인 외국 국적을 보유한 아동으로, 부모는 대한민국 국적자이며, 한국에 1년째 거주 중인 병
④ 2022년 3월 12일생인 대한민국 국적을 보유한 아동으로, 주민등록상 거주 불명자로 등록되어 있으며 실제 거주지도 확인되지 않은 정

[45~46] 다음은 '국가장학금 Ⅰ유형'에 관한 자료이다. 이를 읽고 물음에 답하시오.

1. 지원 목적: 소득수준에 연계하여 경제적으로 어려운 학생들에게 보다 많은 혜택이 주어지도록 장학금을 설계하여 지원

2. 대상자
   신입생·편입생·재입학생·복학생·재학생 등 모든 학적
   ※ 재학생은 원칙적으로 1차 신청 기간에만 신청 가능하며, 2차 신청자는 재학 중 2회에 한하여 구제신청 자동 적용 및 심사 후 지원 가능(구제신청 적용 여부 선택 불가)

3. 지원 자격
   대한민국 국적으로 국내 대학에 재학 중인 학자금 지원 9구간 이하 대학생 중 성적 기준 충족자로, 해당 학기 국가장학금 신청 절차(가구원 동의, 서류 제출)를 완료하여 소득수준이 파악된 학생

4. 학자금 지원 구간
   사회보장정보시스템을 통해 확인한 가구원 소득, 재산, 금융자산, 부채 등을 반영하여 소득인정액을 산정하여 결정

구분	학자금 지원 구간	학기별 최대 지원 금액	연간 최대 지원 금액
Ⅰ유형	기초/차상위	전액	전액
	1구간	285만 원	570만 원
	2구간	285만 원	570만 원
	3구간	285만 원	570만 원
	4구간	210만 원	420만 원
	5구간	210만 원	420만 원
	6구간	210만 원	420만 원
	7구간	175만 원	350만 원
	8구간	175만 원	350만 원
	9구간	50만 원	100만 원

5. 심사 기준

구분		심사기준	유의 사항
성적 기준 심사	신입생, 편입생, 재입학생	첫 학기에 한해 성적 기준 미적용	—
	재학생	직전 학기 12학점 이상 이수하여 80점 이상 취득(100점 만점 기준) • 기초/차상위: 직전 학기 12학점 이상 이수하여 70점 이상 취득(100점 만점 기준) • 장애인: 성적 기준(이수학점 및 백분위 점수) 미적용 • 자립준비 청년(보호아동 포함): 백분위 점수 기준 미적용(단, 이수학점 기준은 적용) • C학점 경고제: 1~3구간은 직전 학기 70점 이상~80점 미만이라도 2회에 한해 경고 후 수혜 가능	—

재단 정보 심사	중복 지원	과거 학기 중복 지원자 지원 불가	—
	수혜 횟수	(학제별 최대 수혜 횟수) 장학금 수혜 횟수가 소속 학과의 정규 학기 횟수를 초과할 경우 지원 불가 ※ 1) 2년제(4회), 3년제(6회), 4년제(8회), 5년제(10회), 6년제(12회) 2) 초과 학기자와 단순 졸업유예자 모두 수혜 횟수 범위 내에서 지원 가능	• 한국장학재단의 등록금 지원 장학금은 수혜 횟수로 합산 • 현재 학교 수혜 실적만 합산
	등록 휴학	국가장학금 수혜 후 등록 휴학한 자는 복학 첫 학기 지원 불가	국가장학금을 신청 하더라도 미지원

45 위 자료를 근거로 판단할 때 '국가장학금 I유형'에 대한 설명으로 옳지 않은 것은?

① 학자금 지원 9구간인 학생은 연간 최대 100만 원까지만 지원 받을 수 있다.
② 재학생이 국가장학금 I유형을 신청하려면 원칙적으로 1차 신청 기간에 신청해야 하며, 2차 신청 시에는 재학 중 최대 2회까지 구제신청이 자동 적용된다.
③ 정규학기 내에서만 지원되며, 학기를 초과하여 재학 중인 학생은 초과 학기에 대한 지원을 받을 수 없을 것이다.
④ 직전 학기 성적이 76점이고 이수학점이 12학점인 학자금 지원 4구간 학생은 C학점 경고제를 적용받아 국가장학금 I유형 지원이 가능하다.

46 위 자료를 근거로 판단할 때, 다음 [상황]의 갑이 받을 수 있는 2025학년도 국가장학금 I유형의 총액은?

[상황]

갑은 4년제 대학교 3학년 재학생으로, 2024학년도 2학기에 14학점을 이수하고 평균 78점을 받았으며, 2025학년도 1학기에는 12학점을 이수하고 평균 85점을 받았다. 국가장학금 I유형을 기준으로 학자금 지원 2구간에 해당하는 갑은 2023학년도 1학기에 C학점 경고제를 한 번 적용받아 국가장학금 I유형을 받은 적이 있으며, 2023학년도 2학기와 2024학년도 1, 2학기에는 성적 기준을 충족하여 정상적으로 국가장학금 I유형을 받았다. 또한 갑은 이전에 휴학한 적이 없으며, 2025학년도 2학기에도 계속 재학할 예정으로 2025학년도 1, 2학기 등록금은 각각 350만 원이다.

① 0원
② 285만 원
③ 350만 원
④ 570만 원

[47~48] 다음은 '치매 치료관리비 지원'에 관한 자료이다. 이를 읽고 물음에 답하시오.

1. 지원 목적: 치매를 조기에, 지속적으로 치료·관리함으로써 효과적으로 치매 증상을 호전시키거나 증상 심화를 방지하여 노후 삶의 질 제고 및 사회경제적 비용 절감에 기여

2. 지원 내용
   치매 약제비 본인부담금 + 약 처방 당일의 진료비 본인부담금
   ※ 치매 치료관리비, 비급여항목(상급병실료 등)은 제외

3. 지원 금액: 월 3만 원(연 36만 원) 상한 내 본인부담금 실비 지원

4. 지급 방식
   • 치료제 복용 개월 수에 따른 약제비와 진료비를 월 한도 내 일괄 지급
     ※ 예를 들어, 9월 10일에 90일분 약을 8만 원에 구입 시, 9월부터 12월까지 처방된 4개월의 상한금액인 12만 원
       (4개월 × 월 상한 3만 원)이 한도가 되며, 실비인 8만 원을 대상자에게 일괄지급
   • 신청일이 속한 월에 발생한 약 처방 및 진료비에 한하여 지원

5. 지원 대상자
   해당 지역 주민(주민등록 기준) 중 보건소(치매안심센터)에 치매 환자로 등록된 자로서 치매 치료관리비 지원을 받고자 하는 자

6. 신청 방법
   • 관할 보건소(치매안심센터)에 치매 치료관리비 지원 신청서 서식 6-4를 작성하여 해당 구비서류와 함께 제출(방문, 우편, 팩스, 전자우편 제출)
   • 타 지역 주민이 신청할 경우, 신청인 정보와 신청서류를 주소지 관할 보건소(치매안심센터)로 공문으로 이송(필요시 구비서류는 우편, 팩스 또는 전자우편으로 전달 가능)하고 신청자에게 안내할 것
     ※ 이첩을 받은 주소지 관할 보건소(치매안심센터)는 신청자에게 접수 결과(필요시 보완서류 요청), 지원 대상자 선정 결과 통보 및 치매 치료관리비 지원 대상자 등록(건강보험공단 요양기관 정보마당 등록 포함)·지급 등 필요한 행정 처리 실시
   • 치매 치료관리비 지원을 필요로 하는 본인, 가족 또는 그 밖의 관계인, 보건소 치매안심센터 담당 공무원 및 사회복지 담당 공무원이 신청 가능

7. 선정 기준
   • 연령 기준: 만 60세 이상인 자(만 60세 미만이더라도 조기발병 치매 환자인 경우 선정 가능)
   • 진단 기준: 의료기관에서 치매(상병코드 중 하나 이상 포함)로 진단을 받은 치매 환자
   • 치료 기준: 치매치료제 성분, 혈관성치매 치료제 성분이 포함된 약을 처방받은 경우
   • 소득 기준: 기준 중위소득 140% 이하인 경우(권고, 기타 보건소장이 치매 치료관리비가 필요하다고 인정하는 자는 시·군·구별로 소득 기준 등 자체 기준을 정하여 지자체 예산으로 시행 가능)
     - (기준 중위소득 130% 이하) 강원특별자치도 양구군
     - (기준 중위소득 140% 이하) 인천광역시, 강원특별자치도 평창군·동해시·화천군, 충청북도 진천군·괴산군

- (소득 기준 폐지) 경기도 안성시·양평군, 강원도 태백시, 전북특별자치도 전주시·군산시·남원시·완주군·진안군·순창군·부안군, 전라남도 목포시·순천시·광양시·함평군·영광군, 경상남도 창녕군·합천군, 충청남도 예산군

[2025년도 가구 규모별 소득 기준]

가구원 수	1인	2인	3인	4인	5인
기준 중위소득 140%	3,349,000원	5,506,000원	7,036,000원	8,537,000원	9,952,000원

※ 기초생활수급자(생계급여, 의료급여, 주거급여, 교육급여 등), 차상위계층 자격이 있는 경우는 소득 기준을 충족하는 것으로 판정

47 위 자료를 근거로 판단할 때, '치매 치료관리비 지원'에 대한 설명으로 옳지 않은 것은?

① 소득 기준은 지자체마다 다를 수 있으며, 경기도 안성시와 양평군은 소득 기준을 적용하지 않는다.
② 신청은 환자 본인, 가족뿐만 아니라 보건소 치매안심센터 담당 공무원이나 사회복지 담당 공무원이 대행할 수 있다.
③ 치매 약제비와 약처방 당일 진료비의 본인부담금을 지원하지만, 비급여항목인 상급병실료는 지원 대상에서 제외된다.
④ 치매 진단을 받고 치매치료제를 처방받은 55세 환자는 연령 기준을 충족하지 못해 치매 치료관리비 지원 대상에서 제외된다.

48 위 자료를 근거로 판단할 때, 다음 [상황]에서 대상자 갑~정이 받을 수 있는 치매 치료관리비의 총액은? (단, 이들은 2025년에 치매 치료관리비를 한 번만 신청한다)

[상황]

인천광역시에 거주하는 4명의 치매 환자가 2025년 9월에 치매안심센터에 등록하고 치매 치료관리비를 신청한 사례이다. 모든 대상자는 연령, 진단, 치료, 소득 기준을 충족한다.
갑: 9월 10일에 90일분 치매치료제를 처방받았으며, 약제비 본인부담금은 8만 원, 처방 당일 진료비 본인부담금은 없었다.
을: 9월 5일에 60일분 치매치료제를 처방받았으며, 약제비 본인부담금은 5만 원, 처방 당일 진료비 본인부담금은 1만 원이었다.
병: 9월 15일에 30일분 치매치료제를 처방받았으며, 약제비 본인부담금은 2만 원, 처방 당일 진료비 본인부담금은 8천 원이었다.
정: 9월 20일에 90일분 치매치료제를 처방받았으며, 약제비 본인부담금은 15만 원, 처방 당일 진료비 본인부담금은 1만 5천 원이었다.

① 28만 8천 원   ② 30만 3천 원   ③ 31만 3천 원   ④ 32만 3천 원

[49~50] 다음은 '에너지바우처 제도'에 관한 자료이다. 이를 읽고 물음에 답하시오.

1. 에너지바우처란?
    국민 모두가 시원한 여름, 따뜻한 겨울을 보낼 수 있도록 에너지 취약계층을 위해 에너지바우처(이용권)을 지급하여 전기, 도시가스, 지역난방, 등유, LPG, 연탄을 구입할 수 있도록 지원하는 제도
2. 신청 대상: 소득 기준과 세대원 특성 기준을 모두 충족하는 세대
(1) 소득 기준: 「국민기초생활 보장법」에 따른 생계급여, 의료급여, 주거급여, 교육급여 수급자
(2) 세대원 특성 기준: 주민등록표 등본상 기초생활수급자(본인) 또는 세대원이 다음 어느 하나에 해당
    - 노인: 주민등록기준 1960. 12. 31. 이전 출생자
    - 영유아: 주민등록기준 2018. 1. 1. 이후 출생자
    - 장애인: 「장애인복지법」에 따라 등록한 장애인
    - 임산부: 임신 중이거나 분만 후 6개월 미만인 여성
    - 중증질환자, 희귀질환자, 중증난치질환자: 「국민건강보험법 시행령」 제19조 제1항에 따라 보건복지부장관이 정하여 고시하는 중증질환, 희귀질환, 중증난치질환(「본인일부부담금 산정특례에 관한 기준」)을 가진 사람
    - 한부모가족: 「한부모가족지원법」 제4조에 따른 "모" 또는 "부"로서 아동인 자녀를 양육하는 사람
    - 소년소녀가정: 보건복지부에서 정한 아동 분야 지원대상에 해당하는 사람(「아동복지법」 제3조에 의한 가정위탁보호 아동 포함)
(3) 지원 제외 대상
    - 세대원 모두가 보장시설 수급자
    - 「긴급복지지원법」에 따라 동절기 연료비(2024. 10. 1.~)를 지원받은 자(세대)의 경우 동절기 에너지바우처 중복지원 불가
    - 한국에너지공단의 2024년도 등유 바우처를 발급받은 자(세대)의 경우 동절기 에너지바우처 중복지원 불가
    - 한국광해광업공단의 2024년 연탄쿠폰을 발급받은 자(세대)의 경우 동절기 에너지바우처 중복지원 불가
    ※ 1) 하절기 에너지바우처를 사용한 수급자가 동절기에 위 사업들을 신청할 경우 동절기 에너지바우처를 중지 처리 후 신청
       2) 단, 동절기 에너지바우처를 일부 사용한 경우, 위 사업들은 신청 불가
4. 바우처 지원 금액

구분	1인 세대	2인 세대	3인 세대	4인 이상 세대
하절기	40,700원	58,800원	75,800원	102,000원
동절기	254,500원	348,700원	456,900원	599,300원

※ 1) 세대원 수를 고려하여 세대당 금액을 차등 지급
  2) 세대원 수 산정은 주민등록표 등본에 포함되는 세대원으로 산정
  3) 에너지바우처 지원 금액은 수급자의 소득산정에 반영되지 않음
  4) 하절기 바우처 사용 후 남은 잔액은 동절기에 사용 가능

5. 신청 및 사용 기간
(1) 신청 기간: 2025. 5. 29. ~ 2025. 12. 31.
(2) 사용 기간: 2025. 7. 1. ~ 2026. 5. 25.

구분	사용 기간
하절기	2025. 7. 1. ~ 2025. 9. 30.
동절기	(실물카드) 2025. 10. 4. ~ 2026. 5. 25. (가상카드) 2025. 10. 1. ~ 2026. 5. 25.

※ 가상카드는 7월 1일부터 9월 말까지(하절기), 10월 1일부터 익년 5월 25일까지(동절기) 발행되는 발행 고지서에서 요금 차감 실시
※ 희망 세대에 한해 동절기 바우처 중 45,000원을 하절기에 당겨쓰기 가능하며, 하절기 바우처 사용 기간 내 신청 가능

49 위 자료를 근거로 판단할 때, '에너지바우처 제도'에 대한 설명으로 옳지 않은 것은?

① 3인 세대가 연간 지원받을 수 있는 바우처는 1인 세대보다 20만 원 이상 더 많다.
② 하절기에 동절기 바우처를 당겨쓰기 하고자 하는 세대는 7월부터 9월 내에 신청해야 한다.
③ 동절기에 가상카드를 이용하는 경우 실물카드를 이용하는 경우보다 3일간 사용기간이 더 길다.
④ 2인 세대가 하절기에 동절기의 바우처를 당겨쓰기 하더라도 4인 이상 세대 하절기 기본 바우처 금액보다 적다.

50 위 자료를 근거로 판단할 때, 다음 [보기]의 갑~정 중 하절기와 동절기에 '에너지바우처 제도' 지원을 모두 받을 수 있는 사람은? (단, 현재는 2025년 8월 1일이며, 제시된 내용 외에는 고려하지 않는다)

[보기]

구분	소득 기준	세대원 특성 기준	기타
갑	생계급여 수급자	1957년 4월 1일 출생자	세대원 모두가 보장시설 수급자
을	교육급여 수급자	중증난치질환 환자	—
병	의료급여 수급자	2025년 1월 5일에 출산한 여성	—
정	생계급여 수급자	소년소녀가정	2024년 연탄쿠폰 수령

① 갑　　② 을　　③ 병　　④ 정

[51~52] 다음은 '중장년 내일센터'에 관한 자료이다. 이를 읽고 물음에 답하시오.

1. 중장년 내일센터란
   40세 이상 중장년층에게 생애설계, 재취업 및 창업 지원, 특화서비스 등의 종합 고용지원 서비스를 제공하여 고용안정 및 재취업을 촉진·도모하는 지원 사업

2. 운영 기관
   전국 31개소(민간센터 19개소, 노사발전재단 12개소)

3. 지원 대상
   만 40세 이상의 중장년 재직(퇴직예정)자, 구직자 및 사업주

4. 지원 내용
   - 생애경력설계: 참여자 연령, 취업 여부, 종사 업종 등을 고려하여 경력점검, 미래설계 등을 통해 체계적 재취업 활동 및 경력관리 지원(전국 31개소)
     ※ 5단계 진행: 기초·심층상담으로 경력 특성 파악 → 개인 목표별 서비스 유형 분류 → 생애경력설계 프로그램 제공 → 일자리, 직무교육, 훈련 연계 → 사후관리
   - 전직·재취업 지원: 중장년 유형에 따라 전직지원 프로그램 또는 재도약 프로그램 제공(전국 31개소)
     - 퇴직예정자 전직지원 프로그램: 심층상담 → 전직준비도 검사 → 역량진단 → 교육 및 훈련 → 취·창업 정보 제공 등
     - 구직자 재도약 프로그램: 심층상담 → 교육 및 훈련 → 취·창업 정보 제공 → 취업 알선 → 취업 동아리 → 사후관리
   - 지자체 연계 특화서비스: 지자체의 예산 대응지원 등을 통해 취업연계 프로그램, 직무교육, 직업훈련, 중장년 고용기업 지원금 지원 등 지역별 특성화 프로그램 운영(민간 19개소)
   - 산업별 특화서비스: 지역별 중점산업을 반영, 관련 산업별 협회 등과 함께 직업정보 제공, 직무훈련, 취업지원 서비스 등 제공(재단 12개소)
   - 중장년 청춘문화공간 운영: 중장년센터 내 청춘문화공간을 마련하여 인문, 여가, 문화 등 중장년층을 위한 다양한 프로그램 운영(전국 17개소)
     ※ 독서·글쓰기 등 자기계발, 여가문화, 정체성 탐색, 자존감 회복, 심리 치유, 관계 개선, 인생 설계, 직종별 인문역량 강화 프로그램 제공(강연·체험·탐방·세미나·멘토링 방식, 문체부 협업)

51 위 자료를 근거로 판단할 때, '중장년 내일센터'에 대한 설명으로 옳지 않은 것은?

① 만 40세 이상 사업주도 참여 가능하다.
② 생애경력설계는 5단계로 진행된다.
③ 산업별 특화서비스는 12곳의 민간센터에서 진행한다.
④ 전직·재취업 지원의 경우 두 가지 프로그램 모두 심층상담을 진행한다.

52 다음 [대화]는 '중장년 내일센터'에 대해 민원인 갑과 담당자 을이 나눈 이야기이다. 위 자료를 근거로 판단할 때, [대화]의 ㉠에 들어갈 내용으로 적절하지 않은 것은?

[대화]

갑: 만 50세의 퇴직예정자입니다. 전직지원 프로그램에 관심이 있어 연락드렸습니다.
을: 전직지원 프로그램은 '심층상담, 전직준비도 검사, 역량진단, 교육 및 훈련, 취·창업 정보 제공 등을 지원하는 프로그램입니다. 전국 31개소에서 진행하므로 근처 민간센터 또는 노사발전재단에서 신청해 주세요.
갑: 중장년 청춘문화공간은 무엇인가요?
을: 전국 17개소의 중장년센터 내 청춘문화공간에서 인문, 여가, 문화 등 중장년층을 위한 다양한 프로그램을 운영합니다. 예를 들어, (㉠) 프로그램이 포함됩니다.

① 독서·글쓰기 등 자기계발
② 직종별 인문역량강화
③ 자존감 회복, 심리 치유
④ 직무훈련

[53~54] 다음은 '건강보험 특강 프로그램'에 대한 안내문이다. 이를 읽고 이어지는 물음에 답하시오.

국민건강보험공단이 국민을 위해 하는 일이 무엇인지 알리고, 건강보험 및 노인장기요양보험 제도의 우수성을 알리고자 합니다. 미래사회의 주역이며 향후 건강보험의 주 고객이 될 대학생에게 폭넓은 이해의 장을 마련하고자 합니다.

☐ 개요
  ○ 운영 일정: 매월 둘째 주, 넷째 주 수요일(월 2회)
  ○ 운영 시간: 오전 10:00~12:00, 오후 3:00~5:00
  ○ 신청 대상: ① 최소 30인 이상, ② 대학교 및 대학원의 학생과 직원, ③ 공공기관 등 공단 관련 업무 수행기관의 임직원과 가족
    ※ 신청 대상 조건 중 1가지 이상 만족 시 신청 가능

☐ 프로그램 진행 순서
  건강보험 역사 소개 → 건강보험 제도 안내 → 홍보 동영상 시청 → 설문조사

☐ 신청 절차
  1) 신청: 신청서 양식 다운로드 후 이메일(220788@nhis.or.kr)로 신청
  2) 특강 일정 확인: 신청서 확인 후 담당자 유선 안내(033-736-1413)
  3) 공문 신청: FAX(033-749-6313)로 신청
  4) 참석자 명단 제출: 신청한 이메일로 제출

---

53 위 안내문을 근거로 판단할 때, '건강보험 특강 프로그램'에 대한 설명으로 옳지 않은 것은?

① 본 프로그램은 월 2회 진행된다.
② 프로그램의 마지막 순서로 설문조사를 진행한다.
③ 본 프로그램은 담당자 이메일 혹은 유선으로 신청이 가능하다.
④ 본 프로그램은 국민건강보험공단의 홍보 목적과 더불어 건강보험 및 노인장기요양보험 제도를 알리고자 진행된다.

54 위 안내문을 근거로 판단할 때, '건강보험 특강 프로그램'에 참여할 수 없는 단체는? (단, 제시된 내용 외에는 고려하지 않는다)

① 둘째 주 목요일에 참여하길 원하는 ☐☐초등학교 5학년 학생 50인
② 넷째 주 수요일에 참여하길 원하는 △△단체 40인
③ ▽▽공공기관 직원 및 가족 15인
④ ◇◇대학교 1학년 학생 20인

[55~56] 다음은 '특별재난지역 노인틀니, 장애인보조기기 추가 지원'에 관한 자료이다. 이를 읽고 물음에 답하시오.

> 국민건강보험공단, 경남 산청군 등 특별재난지역 8곳에 추가 급여 지원
> 대형 산불로 분실·훼손된 노인틀니, 장애인보조기기 추가 지원
>
> □ 국민건강보험공단(이사장 정○○)은 지난 21일부터 이어진 대형 산불로 인해 특별재난지역으로 선포된 경남 산청군 등 8개 지차체* 피해 주민의 빠른 일상 회복을 돕기 위하여 필수 급여를 추가 지원한다고 밝혔다.
> * 경남 산청군·하동군, 경북 의성군·안동시·청송군·영양군·영덕군, 울산광역시 울주군
>   ○ 이에 공단은 대형 산불로 긴급히 대피하면서 노인틀니, 장애인보조기기(보청기 등)를 분실, 훼손한 대상자에게 재난발생일부터 추가로 급여 지원하게 된다.
>   ○ 노인틀니는 급여 후 7년, 장애인보조기기는 6개월~6년이 경과되어야 재급여가 가능하지만, 특별재난지역 거주자 중 피해 사실이 확인되면 교체 주기 또는 내구연한 이내라도 추가 급여를 받을 수 있다.
>   ○ 공단은 특별재난지역 거주 어르신과 장애인의 일상생활 회복을 위해 노인틀니, 장애인보조기기를 지자체의 피해 사실이 확인되는 대로 즉시 지원하고, 장애인보조기기의 경우에는 처방전과 사전 승인 절차를 생략할 수 있다고 밝혔다.
> □ 공단 김○○ 급여상임이사는 "산불로 피해를 입은 어르신과 장애인의 불편함을 최소화하기 위하여 대상자 모두가 신속하게 지원받을 수 있도록 지속적으로 노력하겠다."라고 덧붙였다.

55 위 자료를 근거로 판단할 때 '특별재난지역 노인틀니, 장애인보조기기 추가 지원'에 관한 설명으로 옳지 않은 것은? (단, 제시된 내용 외에는 고려하지 않는다)

① 지원 대상 지자체에는 영양군과 영덕군이 포함된다.
② 교체 주기 또는 내구 연한이 지난 노인틀니와 장애인 보조기기에 한해 추가 급여를 받을 수 있다.
③ 노인틀니와 달리 장애인보조기기의 경우 처방전과 사전 승인 절차를 생략할 수 있다.
④ 노인틀니와 장애인보조기기 추가 지원은 산불로 피해를 입은 어르신과 장애인의 불편함을 최소화하기 위해 시행되고 있는 조치이다.

56 위 자료를 근거로 판단할 때, 추가 급여 지원을 받을 수 없는 경우는? (단, 해당 주민들은 모두 지난 21일에 발생한 대형 산불로 인해 특별재난구역으로 선포된 지역의 주민이며, 제시된 내용 외에는 고려하지 않는다)

① 급여 후 만 3년이 지난 노인틀니를 대피 중에 분실한 어르신 갑
② 급여 시기를 알 수 없는 장애인보조기기가 산불로 인해 훼손된 장애인 을
③ 내구연한 이내인 장애인보조기기를 대피 중 분실한 장애인 병
④ 급여 후 2주가 지난 장애인보조기기의 피해 여부를 확인하지 않은 장애인 정

[57~58] 다음은 '급여정지 및 해제'에 관한 자료이다. 이를 읽고 물음에 답하시오.

□ 급여정지 및 해제에 따른 신고 안내
「국민건강보험법」 제54조에 의거 군입대, 특수시설수용자, 국외출국자는 군복무, 수용, 국외체류 기간 동안 급여정지 및 해제 대상이므로 해당되는 분은 사유가 발생된 날부터 가까운 공단에 신고해야 함

□ 출입국으로 인한 급여정지 해제 신고

구분	출국으로 인한 급여정지 신고 안내	입국으로 인한 급여정지 해제 신고 안내
대상	• 국외에 3개월 이상 출국(급여정지)하는 경우 보험료 면제(2020. 7. 8. 출국자부터 적용) • 직장가입자의 경우 국내 피부양자가 있으면 보험료 50% 감면, 피부양자가 없을 경우 보험료 면제	• 국외 출국(3개월 이상)으로 급여정지 중 국내 1개월 미만 일시 체류 후 재출국하는 경우(진료받지 않은 경우) 계속적으로 급여정지 유지 • 1개월 미만 일시 체류 중 보험급여를 받고자 할 경우 급여정지 해제 신고하여야 함 • 1개월 이상 국내에 체류하는 경우 또는 최종 입국 시 공단에 급여정지 해제 신고하여야 함
신고 방법	유선, 방문, 팩스, 모바일 애플리케이션, 홈페이지	
구비 서류	• 출국 전: 여권과 비행기표 사본 • 출국 후: 출입국사실증명서 또는 여권과 비행기표 사본	출입국사실증명서, 여권과 비행기표 사본

※ 비행기표 사본만 제출 시, 신고서 기재가 필요함

□ 유형별 급여정지 및 해제일자

유형	급여정지일	급여정지 해제일
현역 군복무	입대일의 다음 날 [사관생도는 입교(입학)일]	전역일의 다음 날 (사관생도는 임관일)
보충역 훈련 기간	입대일의 다음 날	교육소집해제일의 다음 날
특수시설 수용자	입소일의 다음 날	출소일, 가석방일, 형집행정지일, 구속집행정지일
국외출국자	출국일의 다음 날	입국일
	• 2020. 7. 7. 이전: 출국사유 불문하고 1개월 이상 출국하여야 급여정지 대상임 • 2020. 7. 8. 이후: 국외에 3개월 이상 체류하는 경우 급여정지 대상임	

57 위 자료를 근거로 판단할 때 '급여정지 및 해제'에 대한 설명으로 옳지 않은 것은?

① 입국으로 인한 급여정지 해제 신고는 모바일 애플리케이션으로 가능하다.
② 출국으로 인한 급여정지 신고와 입국으로 인한 급여정지 해제 신고 시 제출하는 서류의 수는 다를 수 있다.
③ 피부양자가 없는 직장가입자가 출국으로 인해 급여정지를 신고할 경우 보험료가 면제된다.
④ 2025년 8월부터 2개월 동안 국외에서 체류해야 하는 경우 급여정지 대상에 해당한다.

58 위 자료를 근거로 판단할 때, 다음 [상황]에서 갑의 A의 급여정지 일수는 총 며칠인가?

[상황]
갑은 보충역 훈련 기간 동안 급여정지 대상자이다. 갑은 2024년 10월 3일에 입대하여, 10월 30일에 교육소집해제가 된다고 한다.

① 26일　　　② 27일　　　③ 28일　　　④ 29일

[59~60] 다음은 '노인 무릎인공관절 수술 지원 사업'에 관한 자료이다. 이를 읽고 물음에 답하시오.

1. 노인 무릎인공관절 수술 지원 사업
   무릎관절증으로 지속적인 통증에 시달리나, 경제적 이유로 수술을 받지 못하는 노인들의 고통을 경감하여 삶의 질을 개선, 무릎관절수술 지원을 통한 노인 건강 보장 및 의료비 부담 경감

2. 지원 대상
   - 연령: 만 60세 이상
   - 대상 질환: 건강보험급여 '인공관절 치환술(무릎관절)' 인정기준에 준하는 질환자
   - 소득 기준: 「국민기초생활 보장법」에 따른 수급자 또는 차상위계층, 「한부모가족 지원법」에 따른 지원대상자

3. 지원 내용
   - 수술비 지원액: 한쪽 무릎 기준 120만 원 한도 실비 지원
   - 지원 범위: 본인부담금에 해당하는 검사비, 진료비 및 수술비
   - 지원 제외
     - 간병비, 상급병실료, 선택진료비, 보호자 식대, 무릎인공관절 수술과 관련이 없는 검사비, 치료비, 입원료 등
     - 지원 대상자 통보 전 발생한 검사비, 진료비 및 수술비, 통원치료비, 제증명료
     - 긴급복지의료지원 등 타 기관과의 지원 중복 수령
   - 중복지원 제외: 노인 무릎인공관절수술 지원 사업의 대상자로서 의료비 지원을 받은 경우, 실손보험금 수령 및 기타 타 기관과의 지원 중복 수령(긴급복지의료지원 등)이 발생할 경우, 지원 선정 취소 및 향후 지원 사업 참여 제한, 지원금 환수 조치 등 불이익을 받을 수 있음

4. 신청 방법
   수술받기 전, 보건소에 서류 접수

5. 기관별 지원·집행 업무
   1) 보건소: 노인의료나눔재단에 대상자 추천
   2) 노인의료나눔재단: 보건소에서 추천받은 자 중 예산 범위 내 지원 가능 대상자에게 수술 가능 여부 통보
   3) 의료기관: 재단으로부터 '수술 가능' 통보를 받은 대상자에 대해 3개월 기한 내 수술을 시행하고, 수술비 청구서, 진료비 영수증 및 통장 사본을 첨부하여 재단에 수술비 청구
   4) 노인의료나눔재단: 지원 가능 수술비를 의료기관에 청구 다음 달 10일까지 은행 계좌로 송금

6. 제출 서류
   - 무릎관절증 의료지원 신청서(노인 의료나눔재단 홈페이지에서 다운로드 가능)
   - 수술할 병원의 진단서(소견서)(수술명 기재)
   - 기초생활수급자·차상위계층·한부모가족 증명서
   - 개인정보수집 및 이용제공 동의서
   - 자격 확인을 위한 행정정보 공동이용 사전동의서 1부
   ※ 모든 서류는 최근 1개월 이내 발급된 증명서

59 위 자료를 근거로 판단할 때, '노인 무릎인공관절 수술 지원 사업'에 대한 설명으로 옳지 않은 것은?

① 수술명이 기재된, 수술할 병원의 진단서 또는 소견서를 제출해야 한다.
② 실손 보험금을 별도로 수령한다면 지원금이 환수되거나 향후 사업 참여가 제한될 수 있다.
③ 의료기관은 재단으로부터 '수술 가능' 통보를 받은 대상자에 대해 3개월 이내에 수술을 시행하고, 보건소에 수술비를 청구해야 한다.
④ 만 62세 차상위계층 노인이 '인공관절 치환술(무릎관절)' 인정기준에 해당하면, 수술 전에 보건소에 서류를 접수하여 신청할 수 있다.

60 다음 [표]는 왼쪽 무릎인공관절 수술을 앞둔 갑(만 70세, 기초생활수급자)의 예상 본인부담금 내역이다. 갑이 '노인 무릎인공관절 수술 지원 사업'에 따라 지원받을 수 있는 금액은? (단, 제시된 내용 외에는 고려하지 않는다)

[표] 갑의 본인부담금 예정액

항목	본인 부담 예정액
수술비	890,000원
검사 및 진료비	190,000원
상급병실료 차액	230,000원
간병비	400,000원
외래 MRI 검사비*	225,000원

* 외래 MRI 검사는 재단 지원 대상자 통보 전에 이용함

① 750,000원
② 1,080,000원
③ 1,200,000원
④ 1,320,000원

강약 패턴 분석표

✏️ 기출패턴 채점표

모의고사 채점 후, 맞힌 문항 번호에 ○ 표시를 하고, 패턴별로 맞힌 개수를 적어 보세요.

영역	기출패턴	문항 번호	맞힌 개수
의사소통능력	패턴 01 글의 제목·주제·목적	10 13 17	___ 문항 / 3문항
	패턴 02 내용 부합	01 07 15 19	___ 문항 / 4문항
	패턴 03 내용 추론·적용	05 11 14 16	___ 문항 / 4문항
	패턴 04 문장 삭제	09 18	___ 문항 / 2문항
	패턴 05 문단 배열	02 04	___ 문항 / 2문항
	패턴 06 접속사	03 06	___ 문항 / 2문항
	패턴 07 빈칸 추론	08 12 20	___ 문항 / 3문항
수리능력	패턴 08 자료 계산	22 24 28 32 34 40	___ 문항 / 6문항
	패턴 09 자료 읽기	21 23 25 27 29 31 33 35	___ 문항 / 8문항
	패턴 10 자료 연결	26 37 39	___ 문항 / 3문항
	패턴 11 자료 변환	30 36 38	___ 문항 / 3문항
문제해결능력	패턴 12 정보 확인	41 43 47 51 53 55 57 59	___ 문항 / 8문항
	패턴 13 정보 추론	45 49 52	___ 문항 / 3문항
	패턴 14 적합자 선정	42 44 50 54 56	___ 문항 / 5문항
	패턴 15 계산	46 48 58 60	___ 문항 / 4문항

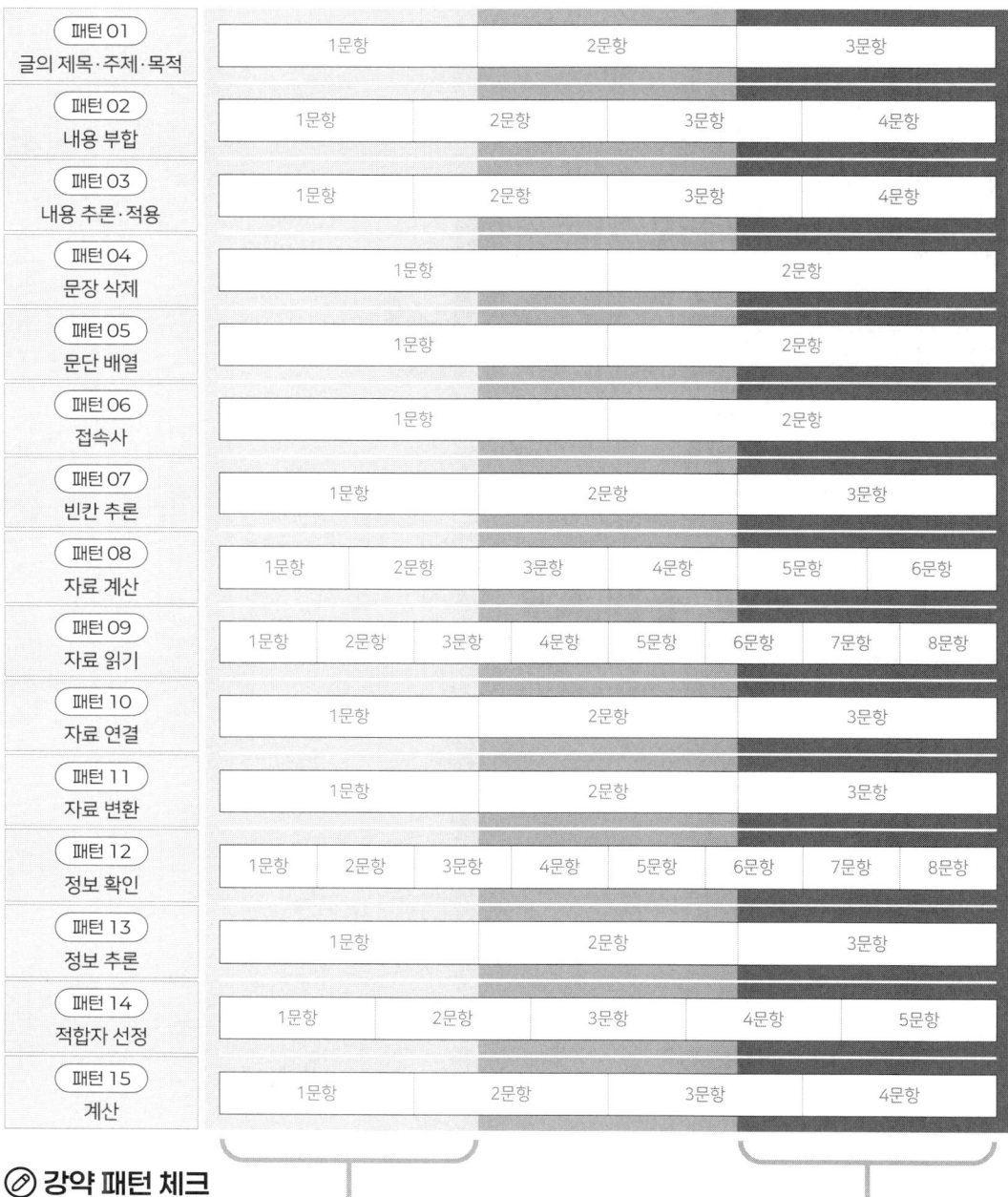

국민건강보험공단
NCS 직업기초능력
기출 트레이닝 260제

정답 및 해설

[정답 및 해설] PDF 제공

스마트한 학습을 위해 [정답 및 해설]을 PDF 파일로도 무료 제공해 드립니다. 로그인 후 이용하실 수 있습니다.

다운로드 바로가기
혼JOB 홈페이지(honjob.co.kr)
→ 자료실 → 학습자료실

나만의 성장 엔진, 혼JOB | www.honjob.co.kr

제1회 기출동형 모의고사

정답표

01	02	03	04	05	06	07	08	09	10
④	②	②	③	①	③	④	③	③	②
11	12	13	14	15	16	17	18	19	20
④	①	③	①	④	③	③	②	②	④
21	22	23	24	25	26	27	28	29	30
④	②	②	③	③	③	①	④	③	①
31	32	33	34	35	36	37	38	39	40
①	③	④	③	②	④	③	②	①	②
41	42	43	44	45	46	47	48	49	50
②	①	③	④	①	②	①	①	④	②
51	52	53	54	55	56	57	58	59	60
②	②	①	④	③	④	②	③	④	④

01 의사소통능력 정답 ④

패턴 02 내용 부합
소재 장기요양 통합재가서비스

① (X) 2문단에서 "국민건강보험공단은 2019년부터 '통합재가서비스 시범사업'을 시작하여 수급자 중심의 맞춤형 서비스 제공 모델을 개발하기 시작했다."라고 하였다.
② (X) 4문단에서 "2024년 1월 「노인장기요양보험법」 개정(2025년 1월 시행)을 통해 본격 시행의 근거가 마련되었다."라고 하였다.
③ (X) 4문단에서 "이후 1년여 간의 준비 기간을 거쳐 최종 190개소(가정방문형 87개소, 주·야간보호형 103개소)가 참여하기로 확정했으며"라고 하였다.
④ (○) 3문단에서 "그러나 2024년 12월 조사에 따르면 재가수급자의 79.6%가 하나의 급여만 이용하고 있으며"라고 하였다. 즉, 재가수급자의 100−79.6=20.4%는 하나 이상의 급여를 이용하고 있음을 확인할 수 있다.

> **패턴 실전화 TIP**
> '내용 부합' 패턴에서는 제시문에 등장하는 숫자를 활용하여 선택지를 구성하는 경우가 많다. 연도, 개수, 비율 등이 이에 해당하는데, 이 문항에서도 선택지 ①, ③, ④가 숫자를 이용하여 구성되었다. 따라서 제시문을 읽을 때 숫자에 별도의 표시를 해 두는 것도 좋은 방법이다.

02 의사소통능력 정답 ②

패턴 07 빈칸 추론
소재 장기요양 통합재가서비스

㉠의 바로 앞에는 '장기요양 수급자'가 주어로 나타나 있고, ㉠의 뒤에서는 다양한 장기요양 서비스의 복합적 이용의 필요성을 설명하고 있다. 즉, 장기요양 수급자가 '무엇'을 위해 다양한 서비스를 복합적으로 이용할 필요가 있는지를 파악하는 것이 관건이다.
여기서 주목할 것은 제시문에서 설명하는 제도의 목적이다. 제시문은 '장기요양 통합재가서비스', 다시 말해 '가정'에서 받는 통합적인 장기요양 서비스를 설명하는 글이다. 특히 5문단의 "공단은 (…) 가정에서 충분히 서비스를 받을 수 있도록 통합재가서비스의 확산을 위해 힘쓰며, 어르신들이 원하는 시간, 원하는 장소에서 다양한 재가서비스를 복합적으로 이용할 수 있도록 통합재가서비스 제공 인프라를 지속적으로 확대해 나가겠다고 전했다."라는 문장은 '가정'에서의 통합적 장기요양 서비스 이용이라는 이 제도의 요점을 잘 나타내고 있다.
따라서 ㉠에는 "본인이 살던 곳에서 계속 생활하기"라는 말이 들어가는 것이 가장 적절하다.

03 의사소통능력 정답 ②

패턴 02 내용 부합
소재 한랭질환 응급실 감시 체계

① (X) 2문단에서 "이번 겨울철(2024년 12월 1일부터 2025년 2월 28일까지)에 감시 체계로 신고된 한랭질환자는 총 334명(사망 8명)으로, 전년(한랭질환자 400명, 사망 12명) 대비 환자는 16.5% 감소하였고, 사망자는 33.0% 감소하였다."라고 하였다. 즉, 전년 대비 16.5% 감소한 것은 사망자가 아니라 한랭질환자이며, 사망자의 전년 대비 감소율은 33.0%이다.
② (○) 4문단의 "추정 사망자(8명)의 경우도 사인이 주로 저체온증(87.5%, 7명)이었다."를 통해 추정 사망자가 8명임을 확인할 수 있고, "80세 이상의 고령층이 30.8%(103명)의 환자 발생과 75.0%(6명)의 추정 사망을 보이고 있어"를 통해 추정 사망자 중에서 80세 이상이 차지하는 비중은 75.0%임을 확인할 수 있다.

③ (X) 5문단에서 "65세 이상 연령층(183명)의 주요 증상 발생 장소는 길가(27.9%, 51명), 집(26.8%, 49명), 주거지 주변(20.2%, 37명)으로"라고 하였다. 즉, 발생 장소에서 길가가 차지하는 비중이 집이 차지하는 비중보다 높게 나타났다.

④ (X) 6문단에서 "지역별 발생 분포로는 경기지역(19.5%, 65명)이 한랭질환자가 가장 많았고, (…) 인구 10만 명당 발생은 강원(2.8명), 경북(1.5명), 충북(1.4명), 전북(1.3명) 순이었다."라고 하였다. 즉, 인구 10만 명당 발생 인원의 경우 강원, 경북, 충북, 전북 순으로 많았다.

04 의사소통능력   정답 ③

패턴 03 내용 추론·적용
소재 한랭질환 응급실 감시 체계

갑: (O) 4문단에서 "80세 이상의 고령층이 30.8%(103명)의 환자 발생과 75.0%(6명)의 추정 사망을 보이고 있어, 고령층일수록 한랭질환 위험도가 높은 것으로 확인되었다."라고 하였으므로, 고령층일수록 한랭질환에 더 취약하여 특별한 예방 조치가 필요하다는 것은 적절한 추론이다.

을: (O) 1문단에서 '한랭질환 응급실 감시 체계'에 대해 "한파로 인한 건강 피해 발생을 감시하는 체계"라고 그 목적을 설명하고 있으며, 2문단에서 전년에 비해 한파 일수 증가와 평균 일 최저 기온이 감소했음에도 한랭질환자와 사망자가 감소했다는 사실을 보여 주고 있으므로, 한랭질환 감시 체계가 한파로 인한 건강 피해를 줄이는 데 기여할 수 있다는 것은 적절한 추론이다.

병: (O) 6문단에서 "한랭질환이 주로 발생하는 시간은 6시~9시(20.1%, 67명), 9시~12시(16.8%, 56명)로, 밤사이 낮아진 온도가 한랭질환의 영향이 될 수 있어 오전 시간 활동 시 주의가 필요하다."라고 하였으므로, 오전 시간대에 외출할 경우에는 한랭질환에 걸리지 않도록 특별히 더 유의해야 한다는 것은 적절한 추론이다.

정: (X) 4문단에 따르면, 한랭질환자의 성별은 남성이 여성보다 약 2.3배 더 많지만, 고령층일수록 한랭질환 위험도가 높아진다. 따라서 '젊은' 남성층에서 집중적으로 발생한다는 추론은 적절하지 않다.

05 의사소통능력   정답 ①

패턴 06 접속사
소재 한랭질환 응급실 감시 체계

㉠ 앞의 문장은 65세 이상 노인층에서 한랭질환자와 사망자가 많이 발생했다는 내용이다. 그 뒤를 이어 노인층 중에서도 80세 이상 고령층의 발생과 사망 비율을 더 강조하여 설명하고 있다.

① (O) '특히'는 앞서 언급한 내용 중 특정 부분을 더 강조하거나 구체적인 예시를 들 때 사용하기에 적절하다. 따라서 ㉠에는 '특히'가 들어가는 것이 가장 적절하다.

②, ④ (X) '그러나'와 '반면에'는 앞뒤 문장이 서로 상반될 때 사용하므로 문맥상 적합하지 않다.

③ (X) '따라서'는 인과 관계를 나타낼 때 사용하므로 문맥상 적합하지 않다.

06 의사소통능력   정답 ③

패턴 01 글의 제목·주제·목적
소재 청소년건강패널조사

① (X) 청소년건강패널조사의 통계 결과 분석에 관하여는, 2024년 7월에 청소년건강패널조사 1~5차 통계 결과를 바탕으로 시사점을 알렸다는 내용 정도만 있을 뿐이다. 또한 향후 연구 방향에 관한 내용도 구체적으로 나타나 있지 않다.

② (X) 청소년 흡연 및 음주 행태는 조사 항목으로 언급되어 있지만, 그 변화 추이에 대한 내용은 제시되어 있지 않다. 건강 증진 방안 역시 보도자료에 나타나 있지 않다.

③ (O) 보도자료는 청소년건강패널조사의 목적(청소년의 건강 행태 변화 양상과 관련 선행 요인을 파악함), 조사의 의의(동일한 조사 대상을 장기간 추적 조사하여 변화된 건강 행태의 시간적 선·후 관계를 알 수 있으며, 건강 행태 변화에 영향을 미치는 개인, 가족, 친구 및 사회 환경 등 결정 요인을 확인할 수 있음), 2025년도 조사 계획(조사 기간, 내용, 방법 등)을 중심으로 내용이 구성되어 있다. 따라서 보도자료의 중심 내용으로 "청소년건강패널조사의 목적과 의의 및 2025년도 조사 실시 계획"이 가장 적절하다.

④ (X) 청소년 건강 행태 변화에 영향을 미치는 요인에 대한 언급은 있지만 이에 대한 구체적인 분석 내용은 제시되어 있지 않다. 또한 정책적 시사점은 2024년 7월 발표 내용의 일부로만 간략히 언급되었을 뿐이다.

> **패턴 실전화 TIP**
> '글의 제목·주제·목적' 패턴에서 주의할 점은 글 전체를 아우르는 내용을 정답으로 골라야 한다는 것이다. 따라서 글에 나와 있지 않은 내용의 선택지, 글의 설명 혹은 주장과 충돌하는 내용의 선택지뿐만 아니라 글의 일부만 언급하는 내용의 선택지도 정답 후보에서 제외하여야 한다.

07 의사소통능력 정답 ④

패턴 02 내용 부합
소재 청소년건강패널조사

① (X) 제시문 속 [청소년건강패널조사 개요]에 따르면, 조사 기간은 2019~2028년으로, 10년간 추적 조사된다.
② (X) 제시문 속 [청소년건강패널조사 개요]에 따르면, 조사 대상은 2019년 조사 참여 초등학교 6학년 5,051명 및 보호자로, 3문단에서 올해(2025년)는 조사 참여 학생 대부분이 고등학교 3학년이 된다고 하였다.
③ (X) 3문단에 따르면 학생 설문은 100문항이 아니라 200문항이다.
④ (O) 3문단에 따르면 학생 설문은 신체 활동, 식생활, 흡연, 음주 등 건강 행태 및 관련 요인에 대한 내용으로 구성되어 있고, 보호자 설문은 가정 환경에 대한 내용으로 구성되어 있다.

08 의사소통능력 정답 ③

패턴 04 문장 삭제
소재 청소년건강패널조사

ⓒ (X) 우리나라 성인 흡연율과 금연 성공률에 대한 내용으로, 보도자료의 주제인 청소년건강패널조사와는 직접적인 연관성이 없다. 앞뒤 문장과의 논리적 흐름을 고려할 때도, 앞 문장은 지난 조사의 시사점을, 뒤 문장은 올해 조사의 실시 내용을 설명하고 있으므로, ⓒ은 글의 흐름상 삭제하는 것이 적절하다.

09 의사소통능력 정답 ③

패턴 02 내용 부합
소재 사회복지시설 평가

① (O) 2문단에서 "2024년에는 사회복지관 287개소, 노인복지관 240개소, 양로시설 153개소를 대상으로 최근 3년간('21. 1. 1.~'23. 12. 31.) 운영에 대해 평가했다."라고 하였으므로, 해당 3개 유형의 수를 합하면 680개소가 된다.
② (O) 5문단에서 "지난 평가와 대비하여 A등급(△4.5%p), F등급(△1.4%p)이 각각 감소하였으며, 대신 B등급(5.0%p), C등급(0.6%p), D등급(0.2%p)이 증가하였다."라고 하였다. 즉, 지난 평가에 비해 A등급 비율이 감소하고, B등급 비율이 증가하였음을 확인할 수 있다.
③ (X) 제시된 [시설 유형별 평가 등급 현황]에 따를 때, 사회복지관 중 A등급의 비중은 82.2%이고, 노인복지관 중 A등급의 비중은 73.3%이다. 따라서 사회복지관 중 A등급의 비중은 노인복지관 중 A등급의 비중에 비해 높다.
④ (O) 제시된 [시설 유형별 평가 등급 현황]에 따를 때, 양로시설 중 F등급의 비중은 20.3%로, 사회복지관 중 F등급의 비중 3.1%, 노인복지관 중 F등급의 비중 4.6%와 비교해 볼 때 가장 높다.

10 의사소통능력 정답 ②

패턴 03 내용 추론·적용
소재 사회복지시설 평가

갑: (O) 2문단의 "다만, 사회복지관 및 노인복지관은 코로나19로 평가가 유예된 바 있어 최근 2년간('22. 1. 1. ~'23. 12. 31.) 운영에 대해 평가를 실시했다."에 따를 때 적절한 추론이다.
을: (X) 7문단의 "아울러 평가 점수가 상위 5%에 해당하는 우수시설과 지난 평가 대비 평가 점수 상승 폭이 상위 3%인 개선시설에는 포상금을 지급할 예정이다."에 따를 때 적절하지 않은 추론이다. 상위 5%에 해당하는 시설뿐만 아니라 평가 점수 상승 폭이 상위 3%인 시설도 포상금을 지급받을 수 있다.
병: (O) 5문단의 "2024년부터는 사회복지시설의 재정 자립도를 높이기 위해 엄격한 기준으로 재정 영역 평가를 실시했다."와 6문단의 "재정 평가 기준의 상향은 각 시설의 자체 사업비 확대를 유도하기 위한 것으로"에 따를 때 적절한 추론이다.
정: (X) 3문단의 "평가는 안정적인 시설 운영 여부, 서비스의 질적 수준 등을 점검하고자 5개 평가 영역을 기준으로 이루어졌고"에 따를 때 적절하지 않은 추론이다. 안정적인 시설 운영과 서비스의 품질 향상 모두 평가 점수에 영향을 미친다.

11 의사소통능력 정답 ④

패턴 07 빈칸 추론
소재 사회복지시설 평가

㉠ 앞에는 미흡 등급(D, F등급)을 받은 시설들이 맞춤형 컨설팅을 받은 후 평균 점수가 상승했다는 내용이 제시되어 있고, ㉠ 뒤에서는 이에 따라 이번 평가에서 점수가 낮은 시설의 품질 개선을 위해 역량 강화 교육 및 맞춤형 컨설팅을 제공할 예정이라고 언급하고 있다. 따라서 ㉠에는 미흡 등급 시설에 대한 사후 관리의 필요성을 언급하는 내용이 들어가는 것이 가장 적절하다.

12 의사소통능력 정답 ①

| 패턴 | 01 글의 제목·주제·목적 |
| 소재 | 치매 |

제시문은 치매 유병률의 감소 추세와 그 원인, 치매 고위험군 특성, 치매 환자의 생활 현황, 치매 환자 가족의 돌봄 부담, 치매 관리 비용, 정책 체감도와 지원 욕구 등 치매 실태의 전반적인 내용을 포괄하고 있다. 따라서 제시문의 중심 내용으로는 "치매 유병률과 위험 요인 및 치매 환자의 생활과 가족의 돌봄 부담"이 가장 적절하다.

13 의사소통능력 정답 ③

| 패턴 | 07 빈칸 추론 |
| 소재 | 치매 |

㉠에는 고령자 중에서도 특히 치매 고위험군으로 확인된 인구 집단이 들어가야 한다. 이 인구 집단은 ㉠이 포함된 문장에 이어지는 문장들을 통해 유추할 수 있다.

ㄱ. (○) "특히 80세 이상에서는 여성의 치매 유병률(28.34%)이 남성(11.36%)보다 2.5배 이상 높게 나타났다"를 통해 고령자 중에서도 '여성'이 고위험군에 해당한다는 사실을 유추할 수 있다.

ㄴ. (○) "가구 형태별로는 독거 가구(10%)가 배우자와 거주하는 가구(4.9%)보다 유병률이 높았으며"를 통해 고령자 중에서도 '독거노인'이 고위험군에 해당한다는 사실을 유추할 수 있다.

ㄷ. (X) "지역별로는 농어촌(9.4%)이 도시(5.5%)보다 (…) 유병률이 높았으며"를 통해 고령자 중에서도 '농어촌 거주자'가 고위험군에 해당한다는 사실을 유추할 수 있다.

ㄹ. (X) "교육 수준별로는 무학(21.3%)이 대학교 이상 졸업자(1.4%)보다 15배 이상 높은 유병률을 보였다."를 통해 고령자 중에서도 '교육 수준이 낮은 집단'이 고위험군에 해당한다는 사실을 유추할 수 있다.

14 의사소통능력 정답 ①

| 패턴 | 05 문단 배열 |
| 소재 | 치매 |

제시된 [문단]은 경도인지장애 유병률 증가와 치매 환자 수 예측에 관한 내용으로, (가)의 앞 문단에서 다룬 치매 유병률 감소 내용과 대비되는 '반면'으로 시작하고 있다. 또한 전체 치매 유병률과 경도인지장애의 전반적인 추세를 설명한 후 이어지는 (가)의 뒤 문단에서 인구 집단별 치매 위험 차이를 다루고 있어, 내용의 흐름상 (가)에 위치하는 것이 가장 적절하다.

15 의사소통능력 정답 ④

| 패턴 | 03 내용 추론·적용 |
| 소재 | 고요산혈증 |

① (○) 3문단의 "이 연구 결과에 따르면, 한국인의 경우 고요산혈증의 유전적 위험도가 매우 큰 상위 10%의 고위험군은 하위 10%의 저위험군과 비교하면 통풍 발병은 7배, 고혈압 발병은 1.5배가 높은 것으로 나타났다."에 따를 때 적절한 추론이다.

② (○) 4문단의 "이번 연구는 유전체 연구를 통해서 고요산혈증 발병 가능성이 매우 높은 고위험군 선별이 가능한 방법을 제시했다는 점에서 의미가 크다."에 따를 때 적절한 추론이다.

③ (○) 1문단의 "고요산혈증은 단백질의 일종인 퓨린이 많은 식품(육류, 어류, 맥주 등)을 과다하게 섭취하면 체내에 요산이 축적되어 발생하게 된다"라는 설명은, 유전적 위험도와 관계없이 퓨린 함량이 높은 식품의 과다 섭취는 고요산혈증 발생에 영향을 미칠 수 있음을 시사한다.

④ (X) 3문단의 "이번 연구를 통해 351개의 유전 요인을 발굴하였고, 그중 기존에 고요산혈증과의 관계가 알려지지 않은 17개의 유전 요인을 새롭게 보고하였다."에 따를 때, 이번 연구에서 발견된 유전 요인 중 기존에 고요산혈증과의 관련성이 확인되지 않은 것은 351개 중에서 17개에 불과하다는 것을 알 수 있다.

패턴 실전화 TIP

'내용 부합'이나 '내용 추론·적용' 패턴에서는 선택지 ④와 같이 '모두', '전부', '전혀', '절대', '반드시' 등의 전면적인 표현은 유의해서 볼 필요가 있다. 항상 그런 것은 아니지만, 이러한 표현들은 예외를 인정하지 않는다는 점에서 옳지 않은 진술일 가능성이 높다.

16 의사소통능력 정답 ③

| 패턴 | 06 접속사 |
| 소재 | 고요산혈증 |

㉠의 앞 문장은 최근 연구의 주요 보고 내용을 설명하고 있고, ㉠이 포함된 문장은 이러한 연구가 갖고 있는 한계점을

언급하고 있다. 따라서 ㉠에는 역접의 경우에 사용하는 '그러나'가 들어가는 것이 가장 적절하다.

17 의사소통능력   정답 ③

패턴 05 문단 배열
소재 만성질환 현황과 이슈

(다) 「2022 만성질환 현황과 이슈」에 대해 소개하고 있는 첫 문단의 내용을 이어받아, 해당 보고서에 따른 국내 만성질환의 사망 현황과 주요 만성질환별 사망자 수 및 비율을 구체적으로 제시하고 있다.
(나) '이러한'이라는 표현으로 시작하여 만성질환의 추세를 설명하고 있다. 고혈압, 당뇨병, 이상지질혈증, 만성폐쇄성폐질환의 유병률이 전년 대비 증가했다는 내용을 담고 있어, (다)에서 제시한 만성질환 현황을 시간적 흐름에 따른 변화 추세로 연결하고 있다.
(가) '또한'으로 시작하여 심뇌혈관질환의 선행 질환 유병률 증가와 함께 건강위험요인의 관리 수준에 대해 설명하고 있다. 이는 (나)에서 언급한 만성질환 유병률 증가와 연결되며, 만성질환과 관련된 건강위험요인으로 논의를 확장하고 있다.
(라) '이처럼'으로 시작하여 앞서 설명한 만성질환과 위험요인의 증가에 따른 결과로서 진료비 증가와 질병 부담 증가를 제시하고 있다. 이는 65세 이상 노인의 만성질환 진료비 증가를 설명하는 마지막 문단으로 연결된다.

따라서 (다) - (나) - (가) - (라)의 순서로 배열하는 것이 문맥상 가장 적절하다.

18 의사소통능력   정답 ②

패턴 02 내용 부합
소재 만성질환 현황과 이슈

① (O) (라)에서 "2020년 기준, 우리나라 만성질환으로 인한 진료비는 전년 대비 1.4% 증가한 71조 원으로, 전체 진료비의 85.0%를 차지하였다."라고 하였다.
② (X) (가)에서 "구체적으로 2020년의 성인 현재 흡연율은 20.6%로 2010년 대비 6.9%p 감소하였으나, 성인 고위험 음주율은 14.1%로 지난 10년간 12~14%대를 유지하고 있으며"라고 하였다. 즉, 2020년 기준 성인 현재 흡연율이 2010년에 비해 감소한 것은 맞지만, 성인 고위험 음주율도 2010년에 비해 감소하였는지 여부는 알 수 없다.
③ (O) 마지막 문단에서 "특히, 주요 만성질환에 대한 65세 이상 노인의 진료비는 2020년 기준, 전년 대비 약 1조 원이 증가하여"라고 하였다.
④ (O) (다)에서 "특히 2021년 기준, 악성신생물(암)으로 인한 사망은 82,688명으로, 전체 사망의 26.0%이며, 심뇌혈관질환은 54,176명(17.0%) (…) 나타났다."라고 하였다.

19 의사소통능력   정답 ③

패턴 04 문장 삭제
소재 사무실 환경 위험 요소

㉠ (O) 2문단에서는 사무실 위험 요소의 종류를 설명하고 있다. ㉠은 이러한 위험 요소들을 전반적으로 관리하기 위한 방법을 제시하는 문장으로, 해당 문단의 중심 내용과 직접적으로 관련이 있다.
㉡ (O) 3문단에서는 사무실 환경의 물리적 위험 요소를 설명하고 있다. ㉡은 물리적 위험 요소 중 미끄러짐과 넘어짐의 발생 원리를 구체적으로 설명하는 문장으로, 해당 문단의 중심 내용과 직접적으로 관련이 있다.
㉢ (X) 4문단에서는 생물학적 위험 요소를 설명하고 있다. 그런데 ㉢은 사무실 의자와 책상의 높이 조절이 근골격계 질환 예방에 중요하다는 내용으로, 이는 생물학적 위험 요소와 관련 없는 인체 공학적 요소에 대한 설명이다. 따라서 해당 문단의 중심 내용 및 논리적 흐름과 맞지 않아 삭제되어야 한다.
㉣ (O) 5문단에서는 전기 위험 요소를 설명하고 있다. ㉣은 전기 위험 요소를 관리하기 위한 방법을 제시하는 문장으로, 해당 문단의 중심 내용과 직접적으로 관련이 있다.

20 의사소통능력   정답 ③

패턴 01 글의 제목·주제·목적
소재 사무실 환경 위험 요소

① (X) 정기적인 위험성 평가는 사무실 위험 요소들을 관리하기 위한 여러 방법 중 하나로 언급되고 있다. 하지만 이는 글의 일부 내용이며 글 전체의 중심 내용으로 보기에는 범위가 제한적이다.
② (X) 사무실 환경의 위험 요소들을 물리적, 생물학적, 전기, 화재로 구분한 내용은 글의 핵심 주장이라기보다는 설명을 위한 구조적 정보에 해당한다.

③ (○) 제시문 전체를 통해 사무실 환경이 상대적으로 안전해 보이지만 실제로는 물리적, 생물학적, 전기, 화재 등 다양한 위험 요소가 존재하며, 이를 체계적으로 관리해야 한다는 내용을 일관되게 다루고 있다.

④ (X) 「중대재해처벌법」 시행과 직업병 예방 활동 확대는 글의 도입부에서 배경 정보로 언급되고 있을 뿐, 글 전체의 중심 내용으로 보기는 어렵다. 이는 현재 상황에 대한 설명이며 글의 주요 논점이 아니다.

21 수리능력　　　　　　　　　　　정답 ④

패턴 ⑨ 자료 읽기
소재 국민건강보험 가입자 수

① (○) 2023년 부산의 국민건강보험 가입자 수는 2019년 대비 (4,280−4,230)/4,230×100≒1.2% 증가하였다.

② (○) 제시된 6개 지역의 2021년과 2022년 국민건강보험 가입자 수는 서울 10,320 → 10,310, 경기 11,550 → 11,520, 부산 4,260 → 4,250, 대구 3,140 → 3,150, 광주 2,050 → 2,030, 대전 1,950 → 1,940으로, 증가한 지역은 대구뿐이다.

③ (○) 2020년과 2021년의 제시된 6개 지역 외 전국의 국민건강보험 가입자 수는 다음과 같다.
 • 2020년: 50,600−(10,250+11,480+4,210+3,090+2,000+1,920)=17,650천 명
 • 2021년: 51,020−(10,320+11,550+4,260+3,140+2,050+1,950)=17,750천 명
따라서 2021년은 2020년 대비 17,750−17,650=100천 명, 즉 10만 명이 증가하였음을 알 수 있다.

④ (X) 2020년과 2024년의 전국 국민건강보험 가입자 수에서 광주 가입자가 차지하는 비중은 다음과 같다.
 • 2020년: 2,000/50,600×100≒3.95%
 • 2024년: 2,060/51,120×100≒4.03%
따라서 광주가 차지하는 비중은 2024년이 2020년보다 높다.

패턴 실전화 TIP
선택지 ④는 분수의 증가율 비교를 통해 쉽게 해결할 수 있다. 2020년 대비 2024년의 분자, 분모를 각각 살펴보면, 분자는 2,000 → 2,060으로 정확히 3%가 증가하였다. 반면, 분모도 3%가 증가하였다면, 2024년의 분모는 2020년 50,600에 3%(=1,518)를 더한 52,118이 되어야 하는데 여기에 미치지 못한다. 즉, 분모의 증가율은 3% 미만이라는 것을 알 수 있고, 분모의 증가율보다 분자의 증가율이 크므로 계산 값은 증가하였음을 확인할 수 있다.

22 수리능력　　　　　　　　　　　정답 ②

패턴 ⑨ 자료 읽기
소재 국민건강보험 가입자 수

ㄱ. (○) 조사 기간 동안 부산의 연평균 국민건강보험 가입자 수는 (4,220+4,230+4,210+4,260+4,250+4,280+4,270)/7≒4,245.7천 명이다.

ㄴ. (X) 2019~2024년 중 전국 국민건강보험 가입자가 전년 대비 증가한 해는 2019년, 2021년, 2023년으로 총 3개년이다.

ㄷ. (○) 제시된 6개 지역의 2020년과 2021년 국민건강보험 가입자 수는 다음과 같다.
 • 2020년: 10,250+11,480+4,210+3,090+2,000+1,920=32,950천 명
 • 2021년: 10,320+11,550+4,260+3,140+2,050+1,950=33,270천 명
2021년에 전국과 6개 지역의 국민건강보험 가입자 수 전년 대비 증가율은 다음과 같다.
 • 전국: (51,020−50,600)/50,600×100≒0.8%
 • 6개 지역: (33,270−32,950)/32,950×100≒1.0%
따라서 6개 지역의 증가율이 전국 증가율보다 높다.

23 수리능력　　　　　　　　　　　정답 ②

패턴 ⑨ 자료 읽기
소재 건강검진 수검률

① (○) 조사 기간 동안 40대의 연평균 건강검진 수검률은 (72.8+73.4+74.1+75.4+70.1+75.4+76.7)/7≒74.0%이다.

② (X) 2022년 30대의 건강검진 수검률은 2018년 대비 (68.2−66.0)/66.0×100≒3.3% 증가하였다.

③ (○) 조사 기간 동안 매년 건강검진 수검률이 가장 높은 연령대는 2016년 75.9%, 2017년 76.5%, 2018년 77.2%, 2019년 78.5%, 2020년 73.0%, 2021년 78.7%, 2022년 80.0%인 50대이다.

④ (○) 2016년과 2019년의 20대와 60대 이상의 건강검진 수검률 차이는 다음과 같다.
 • 2016년: 72.5−52.3=20.2%p
 • 2019년: 74.8−55.2=19.6%p
따라서 건강검진 수검률 차이는 2016년 대비 2019년 20.2−19.6=0.6%p 감소하였다.

24 수리능력   정답 ③

패턴 08 자료 계산
소재 건강검진 수검률

[표]의 주석(※)에 따를 때 '건강검진 수검률(%)=(건강검진 수검자 수/건강검진 대상자 수)×100'이므로, '건강검진 대상자 수=건강검진 수검자 수/건강검진 수검률(%)×100'이다. 이 산식에 따라 2022년 연령대별 건강검진 대상자 수를 계산하면 다음과 같다.
- 20대: 1,858/56.8×100≒3,271.1천 명
- 30대: 2,833/68.2×100≒4,154.0천 명
- 40대: 3,728/76.7×100≒4,860.5천 명
- 50대: 3,871/80.0×100≒4,838.8천 명
- 60대 이상: 4,913/76.3×100≒6,439.1천 명

따라서 건강검진 수검자 수가 두 번째로 많은 연령대는 40대, 세 번째로 많은 연령대는 50대이다.

25 수리능력   정답 ①

패턴 10 자료 연결
소재 세대원 수별 건강보험료와 소득

① (X) 2020년에 1인 가구의 평균 건강보험료는 4인 가구의 78,200/163,000×100≒48.0%이다.
② (○) 2024년 5인 이상 가구의 평균 소득은 2020년 대비 (10,669−9,561)/9,561×100≒11.6% 증가하였다.
③ (○) 2022년에 3인 가구의 평균 소득은 2인 가구의 평균 소득의 6,912/5,188≒1.3배이다.
④ (○) 2018년 1인 가구의 평균 소득 대비 평균 건강보험료의 비율은 76,000/(2,562×10,000)×100≒0.3%이다.

패턴 실전화 TIP
선택지 ④를 계산할 때는 단위에 주목하여야 한다. [표 1]의 단위는 '원'이고 [표 2]의 단위는 '만 원'이기 때문에 2,562에 10,000을 곱해 준 것이다. 자칫 이 과정을 건너뛰면 평균 소득 대비 평균 건강보험료의 비율이 약 2,966%까지 나오는 상황이 발생할 수 있으니, 단위 통일에 항상 유의하도록 하자.

26 수리능력   정답 ③

패턴 11 자료 변환
소재 세대원 수별 건강보험료와 소득

① (○) 2018~2024년 5인 이상 가구의 평균 건강보험료는 [표 1]의 '5인 이상 가구' 행을 통해 쉽게 확인할 수 있다. 2018~2024년 순으로 165,000 → 167,500 → 169,000 → 171,500 → 174,000 → 176,500 → 179,000이다.
② (○) 2018~2024년 1인 가구와 2인 가구의 평균 소득 차이는 다음과 같다.
- 2018년: 4,746−2,562=2,184만 원
- 2019년: 4,803−2,672=2,131만 원
- 2020년: 4,927−2,702=2,225만 원
- 2021년: 4,900−2,740=2,160만 원
- 2022년: 5,188−2,744=2,444만 원
- 2023년: 5,266−2,845=2,421만 원
- 2024년: 5,348−2,936=2,412만 원

③ (X) 2019~2024년 4인 가구 평균 소득의 전년 대비 증가량은 다음과 같다.
- 2019년: 7,730−7,528=202만 원
- 2020년: 7,910−7,730=180만 원
- 2021년: 8,096−7,910=186만 원
- 2022년: 8,357−8,096=261만 원
- 2023년: 8,384−8,357=27만 원
- 2024년: 8,697−8,384=313만 원

따라서 2021년, 2022년, 2023년의 그래프가 잘못되었다.

④ (○) 2024년 세대원 수별 평균 건강보험료의 전년 대비 증가율은 다음과 같다.
- 1인 가구: (83,500−82,000)/82,000×100≒1.8%
- 2인 가구: (127,000−125,500)/125,500×100≒1.2%
- 3인 가구: (155,500−153,000)/153,000×100≒1.6%
- 4인 가구: (173,000−170,500)/170,500×100≒1.5%
- 5인 이상 가구: (179,000−176,500)/176,500×100≒1.4%

27 수리능력   정답 ③

패턴 10 자료 연결
소재 공단 지사별 재정 수입 및 지출

① (○) 2023년과 2024년의 서울지사의 재정 수입 대비 재정 지출 비율은 다음과 같다.
- 2023년: 53,500/54,100×100≒98.9%
- 2024년: 53,200/53,900×100≒98.7%

따라서 2024년의 재정 수입 대비 재정 지출 비율은 전년 대비 감소하였다.

② (○) 조사 기간 동안 대구지사의 재정 수입과 재정 지출의 차이는 다음과 같다.
- 2018년: 10,300−9,800=500억 원
- 2019년: 10,500−10,200=300억 원
- 2020년: 10,900−10,700=200억 원
- 2021년: 10,700−10,400=300억 원
- 2022년: 11,000−10,900=100억 원
- 2023년: 11,200−11,100=100억 원
- 2024년: 11,050−10,950=100억 원

따라서 재정 수입과 재정 지출의 차이가 가장 큰 해는 2018년이다.

③ (×) 조사 기간 동안 인천지사와 광주지사의 연평균 재정 수입은 다음과 같다.
- 인천지사: (11,100+11,400+12,000+12,100+12,400+12,600+12,300)/7≒11,985.7억 원
- 광주지사: (7,000+6,900+7,100+7,100+7,200+7,300+7,250)/7≒7,121.4억 원

따라서 인천지사가 광주지사보다 11,985.7−7,121.4=4,864.3억 원 정도 더 많다.

④ (○) 조사 기간 중 A공단 부산지사의 재정 지출이 가장 큰 해는 2023년이다. 2023년에 5개 지사의 재정 수입은 54,100+19,000+11,200+12,600+7,300=104,200억 원이다.

패턴 실전화 TIP

선택지 ③에서 연평균 재정 수입의 차이를 계산할 때는, 연도별도 인천지사와 광주지사의 차이를 구한 다음, 각 계산 값을 5,000억 원과 비교해 보는 편이 훨씬 간편할 수 있다.
- 2018년: 11,100−7,000=4,100 → −900
- 2019년: 11,400−6,900=4,500 → −500
- 2020년: 12,000−7,100=4,900 → −100
- 2021년: 12,100−7,100=5,000 → 0
- 2022년: 12,400−7,200=5,200 → +200
- 2023년: 12,600−7,300=5,300 → +300
- 2024년: 12,300−7,250=5,050 → +50

여기서 5,000억 원을 기준으로 마이너스 값은 −1,500억 원이고, 플러스 값은 +550억 원이므로, 그 연평균 재정 수입의 차이는 5,000억 원 미만이라는 것을 알 수 있다.

28 수리능력   정답 ①

패턴 08 자료 계산
소재 공단 지사별 재정 수입 및 지출

㉠ 2023년 A공단 5개 지사의 총 재정 수입에서 서울지사가 차지하는 비중은 54,100/(54,100+19,000+11,200+12,600+7,300)×100≒52%이다.

㉡ 2018년과 2024년 A공단 5개 지사의 총 재정 지출은 다음과 같다.
- 2018년: 47,800+16,500+9,800+10,700+6,800=91,600억 원
- 2024년: 53,200+18,300+10,950+12,150+7,100=101,700억 원

2024년은 2018년 대비 (101,700−91,600)/91,600×100≒11% 증가하였다.

따라서 ㉠과 ㉡을 더하면 52+11=63이다.

29 수리능력   정답 ④

패턴 09 자료 읽기
소재 건강보험료 체납

① (○) 조사 기간 동안 6월의 전월 대비 건강보험료 체납 건수의 변화는 다음과 같다.
- 2020년: 12,020 → 11,900
- 2021년: 11,970 → 11,950
- 2022년: 12,030 → 12,000
- 2023년: 12,080 → 12,050

따라서 조사 기간 동안 매해 전월 대비 감소한다.

② (○) 12월의 건강보험료 체납 건수는 2021년 12,250건, 2022년 12,180건, 2023년 12,200건으로, 12월은 2021~2023년 동안 매해 체납 건수가 가장 많다.

③ (○) 2020년의 건강보험료 총 체납 건수는 12,000+11,700+11,800+11,950+12,020+11,900+12,100+12,050+11,970+11,980+12,040+12,010=143,520건이다. 이 중에서 7~12월의 체납 건수는 12,100+12,050+11,970+11,980+12,040+12,010=72,150건으로, 2020년 총 체납 건수 중 7~12월 체납 건수의 비중은 72,150/143,520×100≒50.3%이다.

④ (×) 조사 기간 동안 2월과 10월의 평균 체납 건수는 다음과 같다.
- 2월: (11,700+12,050+11,900+11,980)/4=11,907.5건
- 10월: (11,980+12,100+12,050+12,130)/4=12,065건

따라서 2월의 평균 체납 건수는 10월보다 12,065−11,907.5=157.5건 더 적다.

30 수리능력   정답 ①

패턴 08 자료 계산
소재 건강보험료 체납

연도별 건강보험료 체납 건수 상위 3개월과 하위 3개월 간의 체납 건수 차이는 다음과 같다.
- 2020년: (12,100+12,050+12,040)−(11,900+11,800+11,700)=790건
- 2021년: (12,250+12,200+12,180)−(11,980+11,970+11,950)=730건
- 2022년: (12,180+12,110+12,100)−(12,000+11,920+11,900)=570건
- 2023년: (12,200+12,190+12,150)−(12,050+12,000+11,980)=510건

따라서 상위 3개월과 하위 3개월 간의 체납 건수 차이가 가장 큰 해는 2020년이다.

31 수리능력   정답 ①

패턴 09 자료 읽기
소재 출산 전후 진료비 지원금

① (X) 2021년 출산 전후 진료비 지원금 신청 건수는 2019년 대비 (17,350−15,400)/15,400×100≒12.7% 증가하였다.
② (O) 2019~2022년 동안 출산 전후 진료비 지원금의 승인 건수는 15,100 → 15,920 → 17,050 → 18,100, 재심사 건수는 40 → 42 → 45 → 60으로, 2020~2022년 동안 각각 전년 대비 매해 증가하였다.
③ (O) 연도별 출산 전후 진료비 지원금 승인 금액 대비 실제 지급 금액 비율은 다음과 같다.
- 2019년: 1,488/1,510×100≒98.5%
- 2020년: 1,580/1,590×100≒99.4%
- 2021년: 1,689/1,705×100≒99.1%
- 2022년: 1,790/1,810×100≒98.9%
- 2023년: 1,758/1,790×100≒98.2%

따라서 승인 금액 대비 실제 지급 금액 비율이 가장 높은 해는 2020년이다.
④ (O) 2022년 출산 전후 진료비 지원금 승인 금액과 실제 지급 금액의 전년 대비 증가율은 다음과 같다.
- 승인 금액: (1,810−1,705)/1,705×100≒6.2%
- 실제 지급 금액: (1,790−1,689)/1,689×100≒6.0%

따라서 승인 금액의 증가율이 실제 지급 금액의 증가율보다 높다.

32 수리능력   정답 ③

패턴 08 자료 계산
소재 출산 전후 진료비 지원금

[표]의 주석(※)에 따를 때 '재심사 비율(%)=재심사 건수/미승인 건수×100'이다. 이 공식에 따라 연도별 출산 전후 진료비 지원금 재심사 비율을 계산해 보면 다음과 같다.
- 2019년: 40/300×100≒13.3%
- 2020년: 42/280×100≒15.0%
- 2021년: 45/300×100≒15.0%
- 2022년: 60/400×100≒15.0%
- 2023년: 55/380×100≒14.5%

따라서 출산 전후 진료비 지원금 재심사 비율이 가장 높은 해와 가장 낮은 해의 재심사 비율 차이는 15.0−13.3=1.7%p이다.

33 수리능력   정답 ④

패턴 10 자료 연결
소재 국민건강보험공단 고객센터 상담

① (O) 2020년 고객센터 상담 문의 건수는 240,000+100,200+80,500+70,800=491,500건이고, 상담 완료 건수는 223,191+92,965+73,337+63,212=452,705건이다. 따라서 미완료 건수는 491,500−452,705=38,795건이다.
② (O) 2024년 건강검진 관련 상담 완료 건수는 2022년 대비 |(81,891−82,315)|/82,315×100≒0.5% 감소하였다.
③ (O) 2021년과 2023년의 고객센터 상담 문의 건수 중 자격 취득·상실 관련 상담 문의 건수의 비중은 다음과 같다.
- 2021년: 102,500/(245,000+102,500+82,400+71,300)×100≒20.5%
- 2023년: 104,400/(261,000+104,400+85,900+73,500)×100≒19.9%

따라서 상담 문의 건수 중 자격 취득·상실 관련 상담 문의 건수의 비중은 2021년 대비 2023년에 감소하였다.
④ (X) 2021년과 2022년의 보험료 산정 관련 상담 문의 건수 대비 보험료 산정 관련 상담 완료 건수 비율은 다음과 같다.
- 2021년: 239,134/245,000×100≒97.6%
- 2022년: 251,621/262,500×100≒95.9%

따라서 2022년 보험료 산정 관련 상담 문의 건수 대비 보험료 산정 관련 상담 완료 건수 비율은 전년 대비 감소하였다.

34 수리능력　　정답 ③

패턴 ⑧ 자료 계산
소재 국민건강보험공단 고객센터 상담

㉠ 2020년과 2024년의 고객센터 상담 문의 건수는 다음과 같다.
- 2020년: 240,000+100,200+80,500+70,800=491,500건
- 2024년: 269,500+107,200+89,100+76,700=542,500건

따라서 2024년은 2020년 대비 상담 문의 건수가 (542,500−491,500)/491,500×100≒10% 증가하였다.

㉡ 2024년 고객센터 상담 완료 건수 중 보험료 산정 관련 상담 완료 건수가 차지하는 비중은 245,913/(245,913+102,419+81,891+69,059)×100≒49%이다.

따라서 ㉠과 ㉡을 더하면 10+49=59이다.

35 수리능력　　정답 ②

패턴 ⑨ 자료 읽기
소재 지역별 건강검진 기관

① (○) [표]에 제시된 17개 지역 모두 2021년 대비 2022년에 건강검진 기관 수가 증가하였다.
② (X) 2021년 건강검진 기관 수 하위 5개 지역은 세종, 제주, 강원, 울산, 충북이다. 이 5개 지역의 2021년 건강검진 기관 수의 합은 80+140+165+185+190=760개소이다.
③ (○) 조사 기간 동안 전북지역과 전남지역 건강검진 기관 수의 합과 경남지역 건강검진 기관 수를 비교해 보면 다음과 같다.

구분	전북지역+전남지역	경남지역
2020년	190+250=440개소	425개소
2021년	195+255=450개소	430개소
2022년	200+260=460개소	440개소
2023년	210+270=480개소	450개소
2024년	215+267=482개소	445개소

따라서 조사 기간에 해당하는 5개년 모두 전북지역과 전남지역 건강검진 기관 수의 합이 경남지역 건강검진 기관 수보다 많다.

④ (○) 서울지역과 부산지역의 2020년 대비 2024년의 건강검진 기관 수 증가율은 다음과 같다.
- 서울지역: (1,375−1,300)/1,300×100≒5.8%
- 부산지역: (450−430)/430×100≒4.7%

따라서 서울지역의 증가율이 부산지역의 증가율보다 높다.

36 수리능력　　정답 ④

패턴 ⑪ 자료 변환
소재 지역별 건강검진 기관

① (○) [표]의 '충남' 행을 보면 2020~2024년 순으로 210→220→230→240→238이다.
② (○) 2021~2024년 대전지역 건강검진 기관 수의 전년 대비 증가량은 다음과 같다.
- 2021년: 210−205=5개
- 2022년: 215−210=5개
- 2023년: 225−215=10개
- 2024년: 223−225=−2개

③ (○) 2021~2024년 경기지역 건강검진 기관 수의 전년 대비 증가율은 다음과 같다.
- 2021년: (1,040−1,010)/1,010×100≒3.0%
- 2022년: (1,080−1,040)/1,040×100≒3.8%
- 2023년: (1,120−1,080)/1,080×100≒3.7%
- 2024년: (1,115−1,120)/1,120×100≒−0.4%

④ (X) 연도별로 건강검진 기관 수가 가장 많은 지역은 매해 서울, 가장 적은 지역은 매해 세종이다. 이 두 지역의 건강검진 기관 수의 차이는 다음과 같다.
- 2020년: 1,300−75=1,225개소
- 2021년: 1,320−80=1,240개소
- 2022년: 1,350−85=1,265개소
- 2023년: 1,380−90=1,290개소
- 2024년: 1,375−92=1,283개소

따라서 2022년, 2023년, 2024년의 그래프가 잘못되었다.

37 수리능력　　정답 ③

패턴 ⑨ 자료 읽기
소재 공단 정보 공개 현황

ㄱ. (X) 조사 기간 동안 연평균 이의신청 건수는 (18+20+22+30+35+40+40+45+48+50)/10=34.8건이다.
ㄴ. (○) 2023년 부분공개 건수는 2015년 대비 (110−70)/70×100≒57.1% 증가하였다.
ㄷ. (○) 2016~2024년 중 청구 건수가 전년 대비 감소한 해는 2020년 1개년이다.

ㄹ. (X) 2015년과 2021년의 청구 건수 중 비공개 건수 비중은 다음과 같다.
- 2015년: 30/1,150×100≒2.6%
- 2024년: 65/1,630×100≒4.0%

따라서 청구 건수 중 비공개 건수 비중은 2015년 대비 2024년에 증가하였다.

38 수리능력   정답 ②

패턴 ⑪ 자료 변환
소재 공단 정보 공개 현황

① (○) 2016~2020년 공개 건수의 전년 대비 증가량은 다음과 같다.
- 2016년: 1,080-1,050=30건
- 2017년: 1,130-1,080=50건
- 2018년: 1,210-1,130=80건
- 2019년: 1,270-1,210=60건
- 2020년: 1,260-1,270=-10건

② (X) 2021~2024년 비공개 건수 대비 이의신청 건수의 비율은 다음과 같다.
- 2021년: 40/40×100=100.0%
- 2022년: 45/55×100≒81.8%
- 2023년: 48/60×100=80.0%
- 2024년: 50/65×100≒76.9%

2023년과 2024년의 수치가 서로 바뀌었으므로 잘못 그려진 그래프이다.

③ (○) 2015년 청구 건수 중 공개, 부분공개, 비공개 건수의 구성비는 다음과 같다.
- 공개: 1,050/1,150×100≒91.3%
- 부분공개: 70/1,150×100≒6.1%
- 비공개: 30/1,150×100≒2.6%

④ (○) 2024년 청구, 공개, 부분공개, 비공개 건수의 전년 대비 증가율은 다음과 같다.
- 청구: (1,630-1,590)/1,590×100≒2.5%
- 공개: (1,450-1,420)/1,420×100≒2.1%
- 부분공개: (115-110)/110×100≒4.5%
- 비공개: (65-60)/60×100≒8.3%

패턴 실전화 TIP
'자료 변환' 패턴에서 오답 그래프를 만들 때에는 완전히 잘못된 수치를 넣는 경우도 있지만, 선택지 ②처럼 교묘하게 수치의 순서를 바꾸어 넣는 경우도 있다. 따라서 항목의 차례에 맞게 수치가 정확하게 들어갔는지 꼼꼼히 대조하는 것이 필요하다.

39 수리능력   정답 ①

패턴 ⑨ 자료 읽기
소재 지원금 신청

ㄱ. (X) 2022년 지원금 신청 건수는 2019년 대비 (16,000-15,200)/15,200×100≒5.3% 증가하였다.

ㄴ. (X) 2021년 지원금 방문 신청 건수는 2018년 대비 |(190-420)|/420×100≒54.8% 감소하였다.

ㄷ. (○) 조사 기간 동안 지원금 온라인 신청의 연평균 건수는 (12,030+12,312+12,787+13,114+13,456+13,942+14,450)/7≒13,155.9건이다.

ㄹ. (○) 2018년과 2024년의 지원금 신청 건수 중 우편 신청 건수의 비중은 다음과 같다.
- 2018년: 2,550/15,000×100=17.0%
- 2024년: 2,346/17,000×100≒13.8%

2024년 지원금 신청 건수 중 우편 신청 건수의 비중은 2018년 대비 |13.8-17.0|=3.2%p 감소하였다.

40 수리능력   정답 ②

패턴 ⑧ 자료 계산
소재 지원금 신청

연도별 지원금 신청 건수 대비 선정 건수의 비율은 다음과 같다.
- 2018년: 12,750/15,000×100=85%
- 2019년: 13,680/15,200×100=90%
- 2020년: 12,400/15,500×100=80%
- 2021년: 13,430/15,800×100=85%
- 2022년: 14,080/16,000×100=88%
- 2023년: 14,190/16,500×100≒86%
- 2024년: 14,280/17,000×100=84%

지원금 선정 건수의 비율이 가장 높은 해와 가장 낮은 해의 차이는 90-80=10%p이다.

41 문제해결능력   정답 ②

패턴 ⑫ 정보 확인
소재 청년 마음건강 지원사업

① (○) '3. 지원 내용'의 '(1) 맞춤형 심리상담'에서 온라인 사전검사로 간이정신진단검사와 기질·성격검사를 열거하고 있다.

② (X) '3. 지원 내용'의 '(1) 맞춤형 심리상담'에서 기본 6회를 제공하지만, 위기군은 추가 4회를 지원하여 최대 10회까지 지원한다고 하였다. 따라서 모든 참여자에게 동일하게 6회까지만 제공된다는 설명은 옳지 않다.

③ (O) '2. 지원 대상'에서 복무 기간이 2년 이상인 경우 최장 42세(1982년생)까지 신청 가능하다고 하였다.

④ (O) '5. 사업 효과'에서 2024년 참여자 기준 평균적으로 증가한 항목으로 자아존중감(13%↑), 회복탄력성(17%↑), 삶의 만족도(22%↑)를 열거하고 있고, 감소한 항목으로 우울감(18%↓), 불안감(19%↓), 스트레스(11%↓), 외로움(12%↓)을 열거하고 있다.

42 문제해결능력 　　　　　정답 ①

패턴 ⑭ 적합자 선정
소재 청년 마음건강 지원사업

'2. 지원 대상'의 내용을 바탕으로, 연령 기준과 거주지 기준을 모두 충족하는지를 따져 보면 된다. 이때 연령 기준은 '만 19~39세'(의무복무 기간이 있는 경우 예외), 거주지 기준은 '서울'이다.

갑: (X) 만 32세(1992년생)로 연령 기준은 충족하지만, 경기도 성남시에 거주하고 있으므로 거주지 기준을 충족하지 못한다.

을: (O) 만 38세(1986년생)로 연령 기준을 충족하고, 서울시 종로구에 거주하고 있으므로 거주지 기준도 충족한다.

병: (X) 서울시 강남구에 거주하고 있으므로 거주지 기준은 충족한다. 하지만 의무복무 기간이 1년 8개월인 경우 1983년생까지 지원이 가능한데 1982년생이므로 연령 기준은 충족하지 못한다.

정: (X) 서울시 마포구에 거주하고 있으므로 거주지 기준은 충족한다. 하지만 의무복무 기간이 2년 2개월인 경우 1982년생까지 지원이 가능한데 1981년생이므로 연령 기준은 충족하지 못한다.

43 문제해결능력 　　　　　정답 ③

패턴 ⑫ 정보 확인
소재 임신 사전 건강관리 지원사업

① (O) '4. 지원 내용'에 따르면, 남성에 대해서는 정액검사(정자정밀형태검사)를 지원하며, 지원 금액은 최대 5만 원이다.

② (O) '2. 지원 대상'에 따르면, 임신 희망(준비) 부부(사실혼, 예비 부부 포함)가 그 대상인데, 이때 여성의 연령이 가임 연령인 15~49세여야 한다.

③ (X) '6. 검사비 청구 절차'에 따르면, 지자체 난임 진단비 지원 사업을 통해 별도 비용 지원을 받은 경우 청구가 불가하다.

④ (O) '3. 사업 내용'에 따르면, 검사 의뢰서를 지참하여 발급일로부터 3개월 이내에 사업 참여 의료기관에서 검사를 받아야 한다.

> **패턴 실전화 TIP**
> '정보 확인' 또는 '정보 추론' 패턴에서는 제시문 중 특히 주석(※)의 내용을 유심히 살펴보아야 한다. 주석에서는 보통 본문에 관한 상세한 정보나 예외적인 사항을 설명하는데, 출제자들은 이 내용을 매력적인 오답 선택지로 활용하곤 한다. 선택지 ③ 역시 주석의 내용을 이용한 오답 진술에 해당한다.

44 문제해결능력 　　　　　정답 ④

패턴 ⑭ 적합자 선정
소재 임신 사전 건강관리 지원사업

검사비 청구가 가능하기 위해서는 다음의 3가지 요건을 모두 충족하여야 한다.
- 검사 의뢰서 발급일로부터 3개월 이내 검사
- 검사일로부터 3개월 이내 검사비 청구
- 보건소 방문 청구 또는 e-보건소 온라인 청구

갑: (O) 검사 의뢰서 발급일(2024년 5월 10일)로부터 검사일(2024년 7월 30일)은 3개월 이내이며, 검사일로부터 청구일(2024년 10월 25일) 역시 3개월에 이내이므로 기한 요건을 충족한다. 보건소에 방문하여 청구하는 경우이므로 청구 방법 요건도 충족한다.

을: (O) 검사 의뢰서 발급일(2024년 6월 5일)로부터 검사일(2024년 7월 10일)은 3개월 이내이며, 검사일로부터 청구일(2024년 10월 9일) 역시 3개월에 이내이므로 기한 요건을 충족한다. e-보건소에서 온라인으로 청구하는 경우이므로 청구 방법 요건도 충족한다.

병: (X) e-보건소에서 온라인으로 청구하는 경우이므로 청구 방법 요건은 충족한다. 하지만 검사 의뢰서 발급일(2024년 6월 10일)로부터 검사일(2024년 9월 5일)은 3개월 이내인 반면, 검사일로부터 청구일(2024년 12월 10일)은 3개월이 지난 시점이므로 기한 요건은 충족하지 못한다.

정: (✕) 검사 의뢰서 발급일(2024년 7월 1일)로부터 검사일(2024년 8월 20일)은 3개월 이내이며, 검사일로부터 청구일(2024년 11월 5일) 역시 3개월에 이내이므로 기한 요건을 충족한다. 하지만 검사비 청구는 보건소에 직접 방문하거나 e-보건소에서 온라인으로 청구하여야 하므로 청구 방법 요건은 충족하지 못한다.

45 문제해결능력   정답 ①

패턴 ⑫ 정보 확인
소재 첫만남 이용권 지원사업

① (✕) '4. 신청 방법'에서 관할 읍·면·동 행정복지센터에 직접 방문하거나 복지로(www.bokjiro.go.kr) 또는 정부24(www.gov.kr)에서 온라인으로 신청해야 한다고 하였다. 즉, 온라인으로 신청하기 위해서는 행정복지센터 홈페이지가 아니라, 복지로 또는 정부24를 이용하여야 한다.
② (○) '3. 지원 내용'의 '(1) 지원 금액'의 주석(※)에서 2024년 1월 1일 이후 출생한 아동부터 첫째아는 200만 원, 둘째아 이상 출생아는 300만 원을 지급한다고 하였다.
③ (○) '2. 지원 대상'에서 "출생아로서 출생신고되어 정상적으로 주민등록번호를 부여받은 아동(2024년 이후 출생아로서 주민등록상 생년월일부터 2년이 초과되지 않은 출생아)"을 명시하고 있다.
④ (○) '3. 지원 내용'의 '(2) 지급 방식'에서 바우처 형식의 지급을 원칙으로 한다고 하면서, 신청 시 등록한 1개 카드사의 국민행복카드 또는 기존 국민행복카드에 이용권(포인트)을 지급한다고 하였다.

46 문제해결능력   정답 ②

패턴 ⑬ 정보 추론
소재 첫만남 이용권 지원사업

ㄱ. (✕) 첫만남 이용권은 갑의 국민행복카드가 아니라 위탁부모의 국민행복카드로 지급되는 것이 원칙이다.
ㄴ. (✕) 아동복지심의위원회의 심의는 출생아의 보호자가 수형자인 경우로서, 수형 시설 내 양육으로 수감 기간 동안 신청한 경우에 아동복지심의위원회의 심의를 거쳐 그 보호자 명의의 통장에 현금으로 입금이 가능하다. 갑의 경우는 아동복지심의위원회의 심의를 거칠 필요가 없다.
ㄷ. (○) 위탁부모의 국민행복카드로 첫만남 이용권이 지급되는 것이 원칙이지만, 아동 명의의 디딤씨앗통장으로 지급을 희망하는 경우 해당 계좌로 현금 입금이 가능하다.

47 문제해결능력   정답 ①

패턴 ⑫ 정보 확인
소재 의료취약지 소아청소년과 지원사업

① (✕) '3. 지원 자격'에서 "소아청소년과 의료취약지 22개 시·군에 소재한, 지자체 또는 공공 부문에서 설치·운영하거나 비영리법인에 의해 설치된 병원급 이상 의료기관(보건의료원 포함)"이라고 하면서 '보건의료원'을 명시하고 있다.
② (○) '6. 사업계획서 제출 방법'에서 사업을 수행하고자 하는 의료기관 및 기초자치단체(시·군)는 사업계획서를 작성하고, 광역자치단체(시·도)를 경유하여 보건복지부에 제출해야 한다고 설명하고 있다.
③ (○) '5. 선정 방법'에서 의료취약지 소아청소년과 지원사업 선정평가위원회를 구성하여 사업계획서를 평가한다고 설명하면서, 주석(※)을 통해 1차 서면 및 구두 발표 평가, 2차 현지 평가(필요시)를 거쳐 최종 선정한다고 명시하고 있다.
④ (○) '5. 선정 방법'에서 "사업수행 의료기관 선정 시, 해당 지자체는 지역거점 공공병원, 그 외 병원급 이상 의료기관 순으로 우선하여 선정할 것"이라고 기준을 명시하고 있다.

48 문제해결능력   정답 ①

패턴 ⑮ 계산
소재 의료취약지 소아청소년과 지원사업

'5. 지원 내용'에 따르면 1차 년도에는 개소당 시설·장비비 192백만 원, 운영비 125백만 원이 지원되고, 2차 년도 이후에는 개소당 운영비 250백만 원이 지원된다. 각 비용에 대한 보조율은 국비 50%, 지방비 50%이다. 이 기준에 따라 B 병원이 국비로 지원받게 될 운영비를 계산하면 다음과 같다.
• 1차 년도: 125백만 원×0.5=62.5백만 원
• 2차 년도: 250백만 원×0.5=125백만 원
따라서 B 병원이 국비로 지원받게 될 운영비는 62.5+125=187.5백만 원, 즉 1억 8,750만 원이다.

> **패턴 실전화 TIP**
> 문제에서 묻고 있는 것은 단순 지원 금액이 아니라, '국비'로 지원받게 될 '운영비'라는 점에 유의하여야 한다. 다른 패턴도 마찬가지이지만, 특히 '계산' 패턴에서는 질문지에서 요구하는 조건을 정확히 파악한 후 이에 맞는 계산을 하여야 한다.

49 문제해결능력　정답 ④

패턴 ⑬ 정보 추론
소재 산후조리비 지원사업

① (○) '6. 지급 시기'에 따르면, 매월 16일~말일 신청자는 익월 15일에 지원급을 지급받는다.
② (○) '5. 지급 방법'에 따르면, 수원페이 소지자는 기존 사용하고 있는 수원페이 카드로 지원금이 지급된다.
③ (○) '1. 지원 대상'에 따르면, 부 또는 모가 아기 출생일 및 신청일 현재 경기도에 주민등록되어 있고 신청일 현재 실제 경기도에 거주하고 있는 출산 가정이어야 한다. 따라서 적어도 C와 D 둘 중 한 명은 경기도에 거주하고 있어야 하는데, 둘 다 강원도에 거주하고 있으므로 지원 대상에 해당하지 않는다.
④ (×) '1. 지원 대상'에 따르면, 배우자 확인이 어려운 외국인 출산자(모)의 경우 출산자(모)가 영주권자(체류 자격 F-5)이고 출생일 및 신청일 현재 경기도에 거주하고 있다면 지원 대상에 해당하지만, 주석(※)에 따를 때 온라인 신청이 아닌 방문 신청을 하여야 한다.

50 문제해결능력　정답 ②

패턴 ⑮ 계산
소재 산후조리비 지원사업

갑의 가정은 네쌍둥이를 출산하였으므로, 지원 금액은 50만 원×4인=200만 원이다.
- 산모신생아 건강관리 서비스 제공 기관: '경기도'에 소재하고 있으므로, 지출 비용 120만 원 전액을 지원금을 통해 충당할 수 있다.
- 음식점: 수원시에 소재하고 있고, 연 매출이 10억 원 이하이므로, 지출 비용 30만 원 전액을 지원금을 통해 충당할 수 있다.
- 대형마트: 백화점, 대형마트, 복합쇼핑몰, 온라인쇼핑몰은 지원금 사용이 불가하다.
- 미용실: 서울특별시에 소재하고 있으므로 연 매출과 관계없이 지원금 사용이 불가하다.

따라서 갑의 지출 계획 중 지원금으로 충당할 수 있는 최대 금액은 120+30=150만 원이다.

패턴 실전화 TIP
갑의 가정이 지원받은 금액은 200만 원이고, 지원금을 사용할 수 있는 곳에 대한 지출 비용은 150만 원이므로, 정답은 150만 원이다. 하지만 만약 지원금을 사용할 수 있는 곳에서의 지출 비용이 200만 원을 초과한 210만 원이라고 가정해 보면, 정답은 지원금의 액수인 200만 원이 된다. 이처럼 '계산' 패턴에서 '최대'나 '최소' 수치를 구하는 경우에는 상한선이나 하한선 기준이 있는지를 먼저 살펴보는 것이 필요하다.

51 문제해결능력　정답 ②

패턴 ⑫ 정보 확인
소재 희망저축계좌

① (○) '4. 지원 용도'에서 주택구입·임대, 본인·자녀의 고등교육·기술훈련, 사업의 창업·운영자금, 그 밖의 자립·자활에 활용해야 한다고 하였으므로, 자녀의 대학 등록금으로 사용 가능하다.
② (×) '3. 해지 조건'의 '(3) 환수해지'에서 "본인적립금 12개월 누적 미납"이라고 명시하고 있다.
③ (○) '3. 해지 조건'의 '(2) 일부지급해지'에서 본인적립금+근로소득장려금(5%)을 지급하며, 재가입이 가능하다고 하였다.
④ (○) '1. 신청 대상'의 표에서 3인 가구의 가입 및 유지 기준(소득 하한)이 1,206,085원이라고 하였으므로, 가구 전체 근로·사업소득이 월 120만 원 미만이라면 가입할 수 없다.

52 문제해결능력　정답 ②

패턴 ⑮ 계산
소재 희망저축계좌

갑의 경우는 '지급해지'에 해당한다. 갑이 탈수급하면서 수령한 금액은 다음과 같다.
- 본인적립금: 10만 원×36개월=360만 원
- 근로소득장려금: 30만 원×36개월=1,080만 원
- 추가지원금: 50만 원

따라서 갑이 탈수급 시 수령한 금액은 360+1,080+50=1,490만 원이다.

53 문제해결능력　정답 ①

패턴 ⑭ 적합자 선정
소재 희망저축계좌

A: (○) '1. 신청 대상'의 [표]에서 3인 가구 소득 하한은 1,206,085원, 소득 상한은 월 5,025,353원인데, 가구 전체 근로·사업소득이 월 130만 원이므로 조건을 충족

한다. 디딤씨앗통장은 '5. 주의 사항'의 '유사 자산형성'에 해당하지 않기 때문에 부모의 희망저축계좌 신청에는 영향이 없다.

B: (X) '5. 주의 사항'에서 청년 내일채움공제에 참여하고 있는 경우 중복 참여가 불가하다고 하였다.

C: (X) '1. 신청 대상'의 주석(※)에서 육아휴직수당의 경우 가입 불가라고 명시하고 있다.

D: (X) '5. 주의 사항'에서 공공근로 등 국가나 지자체가 인건비 전액을 직접 지급하는 사업 소득은 근로소득 범위에서 제외된다고 하였다. 따라서 이 소득을 제외하면 소득이 없기 때문에 신청이 불가하다.

54 문제해결능력   정답 ④

패턴 ⑫ 정보 추론
소재 장애인 공공요금 감면 제도

① (X) 장애인명의 또는 장애인과 (그 '가족'이 아닌) '장애인과 주민등록상 같이 거주하는 보호자 1인'과 공동명의로 등록한 보철용 '비사업용 승용자동차, 15인승 이하 승합차, 2.5톤 미만 소형화물차' 중 1대만 도시철도채권을 면제받는다. 가족이더라도 주민등록상 같이 거주하지 않는 경우에는 해당 감면 제도를 적용받을 수 없을 것이다.

② (X) '국·공립 박물관·미술관·공원 요금 감면'을 보면 장애인등록증(복지카드) '제시'를 통해서 감면 혜택을 받을 수 있음이 명시되어 있다.

③ (X) '공용주차장 주차요금 감면'을 보면 장애인등록증을 부착한 차량이 아닌, 장애인인 자가 운전하거나 장애인이 승차한 차량에 한해 장애인등록증 또는 복지카드 제시 시 주차요금을 감면받을 수 있다.

④ (○) 자동차검사 할인 수수료율은 중증장애인은 50%, 경증장애인 30%이나, 할인 한도는 정기검사 25,000원, 종합검사 61,000원으로 동일하다.

55 문제해결능력   정답 ①

패턴 ⑭ 적합자 선정
소재 장애인 공공요금 감면 제도

ㄱ. (X) 승용자동차를 택시 영업(사업용) 용도로 구입하였으므로 도시철도채권 구입 면제 차량에 해당하지 않는다.

ㄴ. (X) 장애인 본인명의 또는 장애인과 주민등록상 같이 거주하는 보호자 1인과 공동명의로 등록한 경우에만 비사업용 승용자동차 등 차량 구입 시 도시철도채권 구입

면제를 받을 수 있다. ㄴ의 경우에는 공동명의가 아닌 배우자 본인 명의로 차량을 구매하였으므로 도시철도채권 구입 면제 대상에 해당하지 않는다.

ㄷ. (○) 도시철도채권 구입 면제에는 장애 등급의 구분이 없으며, 비사업용인 승용자동차, 15인승 이하 승합차, 2.5톤 미만 소형화물차 중 한 대만 장애인명의 또는 장애인과 주민등록상 같이 거주하는 보호자 1인과 공동명의로 등록한 경우 도시철도채권 구입의무 면제를 받을 수 있다. C는 이를 만족하므로 면제받을 수 있다.

56 문제해결능력   정답 ②

패턴 ⑮ 계산
소재 장애인 공공요금 감면 제도

A 부부가 지출한 금액과 감면금액을 살펴보면 다음과 같다.

- 고속도로 통행료 왕복 10,000원(=5,000원×2회): 장애인 자동차등록표지 부착 차량이어야만 통행료를 할인받을 수 있으므로, 감면금액이 없다.
- 공용주차장 주차요금 총 10,000원(=2,000원×5시간): A가 장애인 복지카드를 소지하고 있고, 장애인인 자가 운전하거나 장애인이 승차한 차량에 한해 주차요금의 50%를 할인받을 수 있으므로, 감면된 금액은 총 5,000원이다.
- 지하철 요금 2인 왕복 10,000원(=2,500원×2인×2회): A가 장애인 복지카드를 소지하고 있고, 등록장애인 본인에 한해 지하철 요금의 100%를 할인받을 수 있으므로, 감면된 금액은 총 5,000원이다.
- 뮤지컬 관람료 2인 200,000원(=100,000원×2인): A는 경증장애인에 해당하므로 국립 공연장은 본인만 50%를 할인받을 수 있다. 따라서 감면된 금액은 50,000원이다.
- 식사비 50,000원: 식사비는 감면 사항에 해당하지 않는다.

따라서 A 부부가 감면받은 총 금액은 5,000+5,000+50,000=60,000원이다.

57 문제해결능력   정답 ④

패턴 ⑫ 정보 확인
소재 취업성공패키지

① (○) '2. 참여 대상'의 '(1) 청년층'에서 청년취업맞춤특기병의 연령을 만 18세 이상 24세 이하로 명시하고 있다.

② (○) '3. 사업 내용'에 제시된 표에 따르면 1.5단계(2~4주)에서는 취업상담, 알선(구직 활동, 취업 알선, 자영업활동계획서 작성)이 이루어진다.

③ (○) '3. 사업 내용'의 '(2) 2단계'에서 최대 28.4만 원의 훈련참여지원수당을 지급하고, 훈련장려금 11.6만 원까지 포함하여 6개월간 월 최대 40만 원을 지원한다고 하였다.

④ (×) '4. 참여 수당 지급액'에 따르면, I유형 참여자가 생애경력설계프로그램을 20시간 이상 수료한 경우 받는 수당은 기본 지급액 15만 원에 추가지급액 10만 원으로 총 25만 원이다.

58 문제해결능력   정답 ③

패턴 ⑬ 정보 추론
소재 취업성공패키지

갑과 을이 받는 참여 수당은 다음과 같다.

구분	기본 지급액	추가 지급액	참여 수당
갑(I유형)	15만 원	10만 원	25만 원
을(II유형)	15만 원	3만 원	18만 원

ㄱ. (×) 갑이 받는 추가 지급액은 10만 원이다.
ㄴ. (○) 갑과 을이 받는 기본 지급액은 각각 15만 원으로 서로 동일하다.
ㄷ. (○) 갑이 받는 참여 수당은 25만 원으로, 을이 받는 참여 수당 18만 원보다 많다.

59 문제해결능력   정답 ④

패턴 ⑫ 정보 확인
소재 탄소중립포인트

① (○) '2. 지급 방법'의 주석(※)에서 과거 2년간 월 사용량 수집 불가 시 1년간 월 사용량을 기준 사용량을 한다고 하였다.
② (○) '3. 지급 기준'의 '(2) 상업·학교'에 따르면, 전기 사용량을 10% 이상 15% 미만 감축할 때 지급받는 감축 인센티브는 40,000P이다.
③ (○) '3. 지급 기준'의 '(1) 개인'에 따르면, 특정 에너지 항목에 대해 2회 이상 연속으로 에너지 사용량을 5% 이상 감축하여 인센티브를 받은 참여자가 이어서 해당 에너지 항목에 대해 0% 초과 5% 미만의 감축률을 유지할 경우 유지 인센티브를 지급한다.
④ (×) '3. 지급 기준'의 '(2) 상업·학교'에 따르면, 특정 에너지 항목에 대해 4회 이상 연속으로 에너지 사용량을 5% 이상 감축하여 인센티브를 받은 참여자가 이어서 해당 에너지 항목에 대해 0% 초과 5% 미만의 감축률을 유지할 경우 유지 인센티브를 지급한다.

60 문제해결능력   정답 ④

패턴 ⑮ 계산
소재 탄소중립포인트

갑(개인 시설 참여자)과 을(개인 시설 참여자)은 감축 인센티브를 지급받게 되고, 병(상업 시설 참여자)은 5회 연속(4회 이상 연속 요건 충족) 5% 이상 감축 인센티브를 받은 후 0% 초과 5% 미만의 감축률을 유지하였으므로 유지 인센티브를 지급받게 된다. 갑, 을, 병이 부여받는 포인트를 정리해 보면 다음과 같다.

구분	전기	상수도	도시가스	합계
갑	5,000P	1,500P	8,000P	14,500P
을	10,000P	750P	3,000P	13,750P
병	12,000P	1,800P	7,200P	21,000P

따라서 갑, 을, 병이 지급받은 포인트의 총합은 14,500+13,750+21,000=49,250P이고, 이것을 현금으로 환산하면 49,250P×2원=98,500원이다.

> **패턴 실전화 TIP**
> 이 문항에서 중요한 점은 갑, 을, 병이 포인트를 현금으로 지급받는다는 것이다. 따라서 포인트를 현금으로 환산하는 과정이 필요한데, 개별 포인트를 각각 현금으로 환산한 뒤에 합산하기보다는, 먼저 개별 포인트를 모두 합산한 뒤, 맨 마지막에 2를 한 번만 곱해 주는 편이 수월하다.

제2회 기출동형 모의고사

정답표

01	02	03	04	05	06	07	08	09	10
②	③	④	②	②	④	①	①	④	③
11	12	13	14	15	16	17	18	19	20
①	①	③	④	②	③	②	①	④	②
21	22	23	24	25	26	27	28	29	30
②	④	④	②	②	①	①	③	①	①
31	32	33	34	35	36	37	38	39	40
④	②	④	②	③	①	②	②	②	④
41	42	43	44	45	46	47	48	49	50
①	③	④	①	②	②	④	③	④	②
51	52	53	54	55	56	57	58	59	60
②	③	②	④	②	①	④	②	①	②

01 의사소통능력 정답 ②

패턴 02 내용 부합
소재 의료데이터 활용

① (○) 2문단에서 "보건복지부는 2020년부터 임상데이터가 안전하게 디지털 헬스케어 혁신·연구에 활용될 수 있도록 의료데이터 중심병원 지원사업을 추진하고 있다."라고 하였다.
② (✗) 3문단에서 "2020년 5개 컨소시엄, 25개였던 의료데이터 중심병원은 2024년 7개 컨소시엄, 43개로 확대되었다."라고 하였다. 즉, 2024년 기준으로 의료데이터 중심병원은 7개의 컨소시엄으로 구성되어 있다.
③ (○) 2문단에서 "의료데이터 중심병원은 기관별로 표준화된 데이터를 구축하고 데이터심의위원회를 운영하여, 폐쇄 분석 환경을 통해 연구자에게 데이터를 제공한다."라고 하였다.
④ (○) 1문단의 '의료데이터 중심병원'에 관한 주석(*)에서 "전자의무기록 등 병원에 축적된 의료데이터를 디지털 의료 연구에 활용할 수 있도록 지원하는 사업에 참여하는 7개 컨소시엄"이라고 하였다.

02 의사소통능력 정답 ③

패턴 03 내용 추론·적용
소재 의료데이터 활용

갑: (✗) 6문단에서 K-CURE 암 임상·공공 라이브러리에 올해는 지난해 추가된 췌장·폐암 2종에 이어 신장·전립선암의 임상데이터를 신규로 구축할 계획이라고 설명하면서, 두 번째 주석(**)을 통해 2023년에는 유방암, 위암, 대장암, 간암, 2024년에는 췌장암, 폐암의 임상데이터가 구축되었음을 명시하고 있다. 따라서 간암에 대한 임상데이터는 2023년에 이미 구축되었음을 알 수 있다.
을: (○) 2문단의 "또한 이들 데이터를 활용한 연구는 생성형 인공지능의 소화기 내시경 진단 지원, 응급실 퇴실 기록지와 같은 의무 기록지를 자동으로 생성해 주는 대형 언어모델(LLM) 개발을 비롯하여 지난 5년간 751건 수행되었다."에 따를 때 적절한 추론이다.
병: (○) 5문단의 "여러 기관이 보유한 데이터를 활용하기 위하여 각 기관의 데이터심의위원회를 거치는 불편을 완화하고 표준화된 데이터 활용 절차를 수립한다. 최종적으로 여러 기관별 절차 대신 통합된 심의만 거치도록 하여 다양한 임상데이터를 활용한 연구 가치를 제고하도록 할 예정이다."에 따를 때 적절한 추론이다.
정: (✗) 4문단의 "먼저, 의료데이터 중심병원 내·외부 협력을 촉진할 계획이다. 그 일환으로 외부 연구자와의 협업을 활성화하는 '의료데이터 공동활용연구 프로젝트'를 확대 추진한다."와 주석(*)의 "산업계·학계 등 연구 수요에 부합하는 데이터 제공 병원을 연계하여 데이터 개방과 활용을 지원"이라는 내용에 따를 때, 의료데이터 공동활용연구 프로젝트는 산업계·학계 등의 외부 연구자에게 데이터를 개방하여 이들과의 협업을 활성화하는 것이 주요 목적이라는 것을 알 수 있다.

03 의사소통능력 정답 ④

패턴 01 글의 제목·주제·목적
소재 갑상선기능항진증 치료

제시문은 갑상선기능항진증에 대한 저용량 방사성 요오드 치료의 효과와 안전성을 중점적으로 다루고 있다. 특히 (가)에서는 방사성 요오드 치료가 항갑상선제 복용군에 비해 관해율이 두 배가량 높다는 점과 심각한 부작용이 확인되지 않았다는 내용을 언급하고 있다. 따라서 제시문의 제목으로는 "방사성 요오드 치료, 부작용 최소화하며 갑상선기능항진증 조절에 효과적"이 가장 적절하다.

04 의사소통능력 정답 ②

패턴 02 내용 부합
소재 갑상선기능항진증 치료

① (○) 1문단에서 "갑상선기능항진증은 갑상선의 과다 활동으로 인해 발열, 체중 감소, 피로감 등이 유발되는 질환이다."라고 하였다.
② (X) (가)의 "또한 방사성 요오드 치료군은 항갑상선제 복용군과 비교했을 때 암 발생률, 모든 원인에 의한 사망률, 암으로 인한 사망률이 증가하지 않아, 치료에 따른 심각한 부작용도 확인되지 않았다."에 따를 때, 방사성 요오드 치료가 항갑상선제 복용에 비해 암 발생률과 암으로 인한 사망률 측면에서 더 위험하지 않다는 것을 확인할 수 있다.
③ (○) (나)에서 "2002년부터 2020년까지 국내 갑상선기능항진증 환자 452,001명 중 98.0%가 항갑상선 약물 치료를 1차 치료로 선택한 것으로 나타났다."라고 하였다.
④ (○) (라)에서 "치료 후 갑상선 호르몬제를 장기간 복용해야 할 가능성에 대한 부담, 방사성 물질에 노출될 우려, 방사성 동위원소를 취급할 수 있는 의료기관의 제한 등으로 인해 국내에서 이 치료법이 다소 과소 이용되고 있음을 지적했다."라고 하였다.

> **패턴 실전화 TIP**
> 선택지 ②는 (가)의 "또한 방사성 요오드 치료군은 항갑상선제 복용군과 비교했을 때 암 발생률, 모든 원인에 의한 사망률, 암으로 인한 사망률이 증가하지 않아, 치료에 따른 심각한 부작용도 확인되지 않았다."라는 문장과도 충돌하지만, 방사성 요오드 치료의 효과와 안정성을 부각하는 글의 전반적인 흐름과도 맞지 않다는 것을 알 수 있다. 특정 문장과의 대조를 통해 선택지의 정오를 판단하는 것이 가장 확실한 방법이지만, 글의 주제와 상반되는 선택지는 좀 더 쉽고 빠르게 정오를 가릴 수 있다.

05 의사소통능력 정답 ②

패턴 05 문단 배열
소재 갑상선기능항진증 치료

(나) 갑상선기능항진증 환자들의 치료법 선택 현황에 대한 통계를 제시하고 있다. 즉, 98.0%의 환자가 항갑상선제 약물 치료를 선택하고 방사성 요오드 치료는 0.7%에 불과하다는 현황을 보여 준다. 이는 문제 상황을 제시하는 도입부로 적합하다.
(가) '그러나'로 시작하여 방사성 요오드 치료가 항갑상선제 복용보다 관해율이 두 배가량 높다는 연구 결과를 제시한다. 이는 (나)에서 언급한 낮은 선택률과 대비되는 내용으로, 방사성 요오드 치료의 효과성을 강조한다.
(라) 전문가들이 방사성 요오드 치료가 과소 이용되는 이유를 설명하고 있다. 이는 (나)와 (가)를 통해 효과는 좋은데 왜 잘 사용되지 않는지에 대한 원인을 분석하는 내용이다.
(다) 재발 환자에게 방사성 요오드 치료가 적극적으로 시행될 수 있다는 권고와 환자-의사 간 공유의사결정의 중요성을 강조하며 앞으로의 방향성을 제시한다. 따라서 결론부에 해당하는 내용이다.
이러한 흐름을 고려할 때, (나) - (가) - (라) - (다)의 순서가 가장 자연스럽다.

06 의사소통능력 정답 ④

패턴 05 문단 배열
소재 홍역 감염

(라) 홍역의 기본적인 정의와 증상, 전파 경로 등을 설명하고 있어, 글의 시작 부분에 적합하다.
(다) 세계적인 홍역 유행 현황을 설명하고 있어, 홍역에 대한 기본 설명 다음에 이어지는 것이 자연스럽다.
(나) 우리나라의 홍역 현황을 다루고 있어, 세계 현황 다음에 국내 상황으로 범위를 좁혀 설명하는 흐름이 적합하다.
(가) 홍역의 합병증과 예방법을 언급하고 있어, 홍역의 정의와 현황 설명 후 대응 방안으로 글을 마무리하는 것이 자연스럽다.
따라서 (라) - (다) - (나) - (가) 순서로 배열하는 것이 가장 논리적이고 자연스러운 흐름이다.

07 의사소통능력 정답 ①

패턴 06 접속사
소재 홍역 감염

㉠의 앞 문장에서는 홍역은 백신으로 예방 가능한 질병이며, 백신 효과가 높다는 정보를 제시하고 있고, ㉠ 이후에서는 이러한 사실에 근거하여, 출국 전 백신 접종 여부 확인, 영유아 방문 자제라는 행동 지침을 제시하고 있다. 그러므로 ㉠에는 원인과 결과를 연결하는 접속 부사인 '따라서'가 들어가는 것이 가장 적절하다.

08 의사소통능력   정답 ①

패턴 03 내용 추론·적용
소재 홍역 감염

갑: (X) 마지막 문단에서 "홍역 확진 시에는 발진 발생 전후 4일간 격리가 필요하다."라고 하였으므로, 증상이 완전히 사라질 때까지 격리해야 한다는 추론은 적절하지 않다.

을: (X) (다)에 따르면, 전 세계적으로 홍역 환자 수는 2022년 약 17만 명, 2023년 약 32만 명, 2024년 약 33만 명으로 증가 추세에 있다. 따라서 세계적으로 홍역 환자 수는 매년 감소 추세이며, 예방 접종의 중요성이 줄어들고 있다는 추론은 적절하지 않다.

병: (○) (다)에서 홍역 환자가 많이 발생한 국가로 베트남을 언급하고 있으며, (나)에서 2024년 12월 이후 베트남 방문력을 가진 환자 13명 중 12명은 백신 접종력이 없거나 확인되지 않았으며, 4명은 1차 백신 접종 시기(생후 12~15개월) 이전의 영아였다고 설명하고 있다. 또한 (가)에서 홍역 유행 국가 방문 시에는 출국 전 백신 접종 여부를 확인해야 한다고 권고하고 있으므로, 이를 종합해 볼 때 베트남 방문 계획이 있는 사람은 여행 전 MMR 백신 접종 여부를 확인하고 필요시 백신 접종을 해야 한다는 추론은 적절하다.

정: (X) (나)에 따르면, 2024년부터 2025년 3월 초까지 발생한 국내 홍역 환자 65명은 모두 해외여행이나 환자 접촉으로 인한 감염이다. 즉, 해외에서 유입된 사례뿐만 아니라 국내에서 환자와 접촉하여 감염된 사례도 있으므로, 국내에서만 생활할 경우에도 적절한 예방 조치가 필요하다.

09 의사소통능력   정답 ④

패턴 03 내용 추론·적용
소재 간흡충 감염

① (○) 4문단의 "간흡충 감염 초기에는 대부분 무증상이나"에 따를 때, 감염 초기에는 검사 없이 감염 여부를 알기 어려울 수 있다는 추론은 적절하다.

② (○) 1문단의 "특히 5대강 주변 유행 지역(충북, 충남, 전북, 전남, 경북, 경남)에서는 민물고기 생식 문화가 있어 간흡충 감염이 높게 나타난다."에 따를 때, 민물고기 생식 문화가 있는 지역에서는 장내 기생충 감염 관리가 더욱 필요하다는 추론은 적절하다.

③ (○) 4문단의 "특히 장기간 감염 상태가 지속될 경우 담관암 발생 위험이 높아진다는 연구 결과가 있다."에 따를 때, 간흡충 감염이 장기화될수록 담관암과 같은 심각한 질병 발생 가능성이 높아진다는 추론은 적절하다.

④ (X) 3문단에 따르면, 민물고기 종류에 따라 1마리당 간흡충 피낭유충 수가 다르기 때문에, 생식 시 간흡충 감염 위험 역시 다르다는 점을 추론할 수 있다.

10 의사소통능력   정답 ③

패턴 02 내용 부합
소재 간흡충 감염

① (○) 5문단에서 "만약 간흡충 감염이 의심되면 각 지역 보건소에서 적극적으로 검사를 받아 감염 여부를 확인하고, 필요시 치료를 받아야 한다."라고 하였고, 6문단에서 "특히 양성자에게는 간흡충 양성자관리시스템(Clo-Net)을 통한 투약 및 재검사 등 감염자 관리 서비스가 지원된다."라고 하였다.

② (○) 4문단에서 "간흡충 감염 초기에는 대부분 무증상이나, 감염 정도가 심하거나 장기간 감염된 경우 소화 불량, 복부 불쾌감, 식욕 부진, 황달, 우상복부 통증(간 부위 통증) 등의 증상이 나타날 수 있다."라고 하였다.

③ (X) 1문단에서 "특히 5대강 주변 유행 지역(충북, 충남, 전북, 전남, 경북, 경남)에서는 민물고기 생식 문화가 있어 간흡충 감염이 높게 나타난다."라고 하였다. 즉, 5대강 주변 지역에서 간흡충 감염이 많이 발생하는 이유는 해당 지역의 민물고시 생식 문화 때문이다. 위생 상태나 수질 오염 정도에 대한 언급은 없다.

④ (○) 5문단에서 "90℃에서 2분 30초 이상 또는 100℃에서 10초 이상 가열해야 간흡충 피낭유충이 완전히 사멸된다."라고 하였다.

11 의사소통능력   정답 ①

패턴 04 문장 삭제
소재 간흡충 감염

㉠ (X) 1문단은 민물고기 생식 문화와 이로 인한 간흡충 감염 실태를 소개하는 문단이다. 그러나 ㉠은 간흡충의 명칭 유래를 설명하는 내용으로 삭제되는 것이 적절하다.

ⓒ (O) 간흡충이 담관암을 유발할 수 있다는 앞 문장을 뒷받침하기 위해 세계보건기구 산하 기관의 공식 분류를 제시하는 역할을 하며, 질병의 심각성과 관리의 필요성을 객관적으로 강조해 준다.

ⓒ (O) 앞에서 민물고기별 간흡충 유충 수치를 나열한 후, 이를 통해 실제 감염 위험이 높다는 점을 분명히 전달하는 역할을 한다.

ⓔ (O) 민물고기를 익혀 먹어야 한다는 예방 수칙에 이어, 주방 기구 소독까지 언급함으로써 감염 예방을 보다 철저하게 실천할 수 있도록 안내하는 역할을 한다.

12 의사소통능력   정답 ①

패턴 01 글의 제목·주제·목적
소재 한국 의료기기의 글로벌 시장 진출

① (O) 보도자료는 한국 의료기기 기업들의 글로벌 시장 진출을 위한 활동과 성과를 중심으로 기술하고 있다. 상담, 수출 계약, MOU 체결 등 구체적인 성과 수치를 제시하며 한국 의료기기의 해외 진출 가속화에 초점을 맞추고 있다.

② (X) 아랍헬스 2025가 50주년을 맞아 개최되었다는 내용은 보도자료에 포함되어 있지만, 이는 부수적인 배경 정보에 불과하다. 보도자료의 핵심 내용은 한국 의료기기의 글로벌 진출과 관련된 성과이다.

③ (X) 보도자료에서 술기 교육과 관련된 내용이 일부 언급되었지만, K-의료기기가 술기 교육 프로그램으로 중동 시장을 선도한다는 내용은 나타나 있지 않다. 술기 교육은 한국 의료기기 홍보의 한 방법으로 제시되었을 뿐이다.

④ (X) 보도자료에서 MOU 체결은 3건이 있었다고 언급했지만, 구체적으로 UAE 의료기관과의 MOU 체결에 대한 내용은 확인할 수 없다. 또한 이것이 보도자료의 핵심 주제는 아니다.

패턴 실전화 TIP
이 문항에서 아마 가장 매력적인 오답은 선택지 ②였을 것이다. 보도자료 내용이 전반적으로 '아랍헬스 2025' 행사 참여에 관한 내용을 다루고 있기 때문이다. 하지만 위 해설에서도 언급했듯이, 보도자료가 궁극적으로 전달하고 싶은 것은 '아랍헬스 2025'를 통해 한국 의료기기가 글로벌 시장 진출과 관련해 주목할 만한 성과를 이루었다는 것이다. 선택지 ②는 제목보다는 부제로 들어가기에 적절한 문구라고 할 수 있다.

13 의사소통능력   정답 ③

패턴 02 내용 부합
소재 한국 의료기기의 글로벌 시장 진출

① (O) 2문단에서 "이번 행사는 세계 최대 규모의 헬스케어 박람회 중 하나로, 50주년을 맞아 180개국 의료기기 및 헬스케어 관련 기업들과 글로벌 주요 바이어 10만 명 이상이 참여했다."라고 하였다.

② (O) 2문단에서 "부스에는 한국의 8개 혁신적인 의료기기 기업들이 참여하여 제품을 전시하며"라고 하였다.

③ (X) 3문단에서 "이 외에도 글로벌 바이어와의 비즈니스 미팅, 네트워크 구축, 수출 계약 체결을 지원하며, UAE, 사우디아라비아, 독일, 미국 등 40여 개국의 파트너들과 상담 342건, 상담액 2,007만 달러, 수출 계약액 417만 달러, MOU 3건 등의 괄목할 만한 성과를 올렸다."라고 하였다. 즉, 수출 계약액은 417만 달러로, 500만 달러 미만이다.

④ (O) 4문단에서 "셰이크 칼리파 병원(Sheikh Khalifa Specialty Hospital: SKSH)을 방문하여 현지 병원 구매 프로세스 파악하는 기회를 마련하고, 병원 주요 관계자 네트워크를 확보하였다."라고 하였다.

14 의사소통능력   정답 ④

패턴 07 빈칸 추론
소재 한국 의료기기의 글로벌 시장 진출

① (X) 보도자료에 한국 공동 전시관이 마련되었다는 내용은 있지만, 다른 나라 기업들보다 우대받았다는 내용은 나타나 있지 않았다.

② (X) 보도자료에 한국 제품의 가격 경쟁력을 강조하기 위해 무료 샘플을 대량으로 배포했다는 내용은 나타나 있지 않다.

③ (X) 보도자료에는 3건의 MOU가 체결되었다는 정보만 있을 뿐, 보건복지부와 한국보건산업진흥원이 중동 지역 병원들과 여러 MOU를 체결했다는 내용은 나타나 있지 않다. 또한 모든 참가 기업이 수출 계약에 성공했다는 내용 역시 언급되어 있지 않다.

④ (O) 3문단의 "발표 세션에서는, 한국 의료진이 제품을 활용한 경험과 임상 사례를 소개하며, 참가자들에게 신뢰감을 제공했다. 또한, 글로벌 의료 관계자들이 직접 제품을 사용해 볼 수 있는 공간을 마련하여 제품의 우수성과 기술력을 직접 경험할 기회를 제공했다."에 따를 때 적절한 답변이다.

패턴 실전화 TIP

'빈칸 추론' 패턴의 문항은 제시문 안에 빈칸을 둘 수도 있지만, 이 문항처럼 별도의 [대화]에 빈칸을 제시하는 경우도 있다. 하지만 이 경우에도 정답을 추론하는 방식은 유사하므로, 빈칸 앞이나 뒤의 문맥을 면밀히 살피는 것이 중요하다. 특히 ⓐ 앞에 제시된 병의 반응에 따르면, ⓐ에는 단순한 제품 전시를 넘어 글로벌 시장 진출에 긍정적인 영향을 준 구체적인 사례가 들어가야 한다.

15 의사소통능력   정답 ②

패턴 02 내용 부합
소재 고혈압 예방

ㄱ. (X) 4문단에서 "다만, 남녀 모두에서 저항성 운동만을 수행할 경우에는 유의한 고혈압 예방 효과가 관찰되지 않았다."라고 하였다. 즉, 저항성 운동만 수행할 경우에는 고혈압 예방 효과가 뚜렷하게 나타나지 않는다.

ㄴ. (O) 4문단에서 "저항성 운동은 유산소 신체 활동을 실천하는 여성에서 고혈압 발생 위험을 더욱 낮추었으며"라고 하였다.

ㄷ. (O) 2문단에서 "이에 연구진은 한국인 유전체 역학 조사 사업의 12년간 추적 조사 자료를 활용하여 유산소 신체 활동 및 저항성 운동과 고혈압 발생 간의 연관성을 확인했다."라고 하였다.

ㄹ. (X) 3문단에서 "세계보건기구(WHO)에서 권고하는 주당 150분 이상의 중강도 유산소 신체 활동(땀이 날 정도 혹은 숨이 차지만 옆 사람과 대화는 가능한 정도의 여가시간 신체 활동)을 실천하는 사람에게서 고혈압 발생이 유의하게 감소했는데, 남성은 약 31%, 여성은 약 35%의 감소 효과가 있었다."라고 하였다. 즉, 여성이 남성보다 감소 효과가 더 크다.

16 의사소통능력   정답 ③

패턴 04 문장 삭제
소재 고혈압 예방

㉠ (O) 도입부에서 연구의 진행 과정을 설명하며, 해당 결과의 신뢰성을 높이는 역할을 하므로 적절하다.

㉡ (O) 저항성 운동에 관한 기존 연구 한계를 설명하면서, 이번 연구의 의의를 부각하는 역할을 하므로 적절하다.

㉢ (X) 3문단은 유산소 신체 활동이 고혈압 예방에 효과가 있다는 것을 구체적인 수치와 함께 설명하고 있다. 하지만 ㉢은 세계보건기구의 고혈압 약물 투여 관련 정책 변화를 설명하는 문장으로, 3문단의 중심 내용 및 글 전체의 주제와 관련이 없다.

㉣ (O) 유산소 운동과 저항성 운동을 병행했을 때의 효과를 강조하며 글의 핵심 결과를 전달하는 역할을 하므로 적절하다.

17 의사소통능력   정답 ②

패턴 07 빈칸 추론
소재 고혈압·당뇨병 관리 서비스

ⓐ의 바로 앞에서 갑이 을에게 '건강생활실천지원금'에 대해 묻고 있다. 따라서 ⓐ에는 건강생활실천지원금에 대한 적절한 설명이 들어가야 한다.

① (X) 지급받을 수 있는 포인트는 '연간' 최대 8만 원에 상당하는 금액이라고 하였다.

② (O) 건강생활실천지원금은 걷기 등 스스로 건강 생활을 실천하거나 의원에서 제공하는 서비스에 지속적으로 참여하는 경우에 받을 수 있다고 하였다.

③ (X) 건강실천카드는 '한국조폐공사 앱(chak)'에서 신청한 후 수령받을 수 있다고 하였다. '국민건강보험공단 앱(The건강보험)'은 건강생활실천지원금 제도를 신청할 수 있는 곳 중 하나이다.

④ (X) 지급받은 포인트는 지정된 온라인 쇼핑몰에서 사용 가능하며, 전국 의원에서 진료비 결제에도 사용할 수 있다고 하였다. 만성질환 통합 관리료, 고혈압·당뇨병 관련 검사료, 재진 진찰료는 본인부담률이 경감되는 비용들이다.

18 의사소통능력   정답 ①

패턴 06 접속사
소재 고혈압·당뇨병 관리 서비스

㉠의 앞 문단에서는 본인부담률 경감 제도를 소개하고 있으며, ㉠이 포함된 문단에서는 건강생활실천지원금 제도를 설명하고 있다. 이 두 내용은 고혈압·당뇨병 관리 서비스와 관련된 각각의 독립적인 제도를 나열하는 구조로, 동등한 비중의 정보를 병렬적으로 제시하고 있다. 따라서 ㉠에는 앞의 제도에 이어 또 다른 제도를 자연스럽게 이어 주는 연결어인 '또한'이 들어가는 것이 가장 적절하다.

19 의사소통능력　정답 ④

패턴 01 글의 제목·주제·목적
소재 골다공증 치료제 급여

① (X) 고함량 철분 주사제의 신규 급여 적용에 관한 내용이 누락되어 있으므로, 제목으로 사용하기에는 부분적이다.
② (X) 골다공증 치료제 급여 확대에 관한 내용이 누락되어 있으므로, 제목으로 사용하기에는 부분적이다.
③ (X) 제시문에서 설명하는 골다공증 치료제 급여 기간 연장은 여성뿐만 아니라 일반적인 골다공증 환자 전체를 대상으로 하며, 치료 효과 분석 결과보다는 급여 정책 변화에 중점을 두고 있다.
④ (○) 제시문은 골다공증 치료제의 급여 기간 확대와 고함량 철분 주사제 신약의 급여 적용이라는 두 가지 주요 내용을 다루고 있어, 이 두 내용을 모두 포함한 제목이 가장 적절하다.

20 의사소통능력　정답 ④

패턴 07 빈칸 추론
소재 골다공증 치료제 급여

㉠에는 기존 처방 방식과 비교했을 때 고함량 철분 주사제가 갖는 장점이 들어가야 한다.

① (X) 부작용 문제로 경구용 철분제 투여가 어려운 사람의 경우 고함량 철분 주사제를 사용할 수 있다는 내용은 있지만, 이것이 고함량 철분 주사제가 경구용 철분제에 비해 부작용이 적다는 것을 의미하는 것은 아니다.
② (X) 고함량 철분 주사제 신약에 대해 급여가 적용되면서 고함량 철분 주사제를 필요로 하는 환자의 부담 수준이 줄어들게 되었다는 내용은 있지만, 경구용 철분제나 기존 철분 주사제에 비해 비용이 저렴한지 여부는 알 수 없다.
③ (X) 고함량 철분 주사제가 골다공증을 치료할 수 있다는 내용은 나타나 있지 않다. 골다공증 치료제와 고함량 철분 주사제는 각각 다른 질환을 위한 별개의 치료제이다.
④ (○) "한 차례 주사로 체내에 충분한 철분을 보충할 수 있는 장점이 있기 때문에 산부인과 제왕절개, 다양한 여성 암 수술, 정형외과 수술 등으로 인해 출혈이 발생하는 경우 수혈 대신 사용할 수 있어 이를 필요로 하는 환자에게도 큰 도움이 될 것으로 기대한다."에 따를 때 고함량 철분 주사제 신약의 장점으로 적절하다.

21 수리능력　정답 ②

패턴 09 자료 읽기
소재 중증질환 산정특례 등록자

① (○) 2021년에 산정특례 등록자 수가 전년 대비 감소한 중증질환은 뇌혈관질환, 중증화상으로 총 2개이다.
② (X) 2022년에 암 산정특례 등록자 수는 뇌혈관질환 산정특례 등록자 수의 $1,385,235/64,899≒21.3$배이다.
③ (○) 2019년에 심장질환 산정특례 등록자 수는 희귀질환 산정특례 등록자 수의 $104,909/297,119×100≒35.3\%$이다.
④ (○) 2024년 결핵 및 잠복결핵 감염 산정특례 등록자 수는 2018년 대비 $(98,000-50,000)/50,000×100=96\%$ 증가하였다.

22 수리능력　정답 ④

패턴 08 자료 계산
소재 중증질환 산정특례 등록자

㉠ 2021년에 중증치매 산정특례 등록자 수는 암 산정특례 등록자 수 대비 $56,637/1,327,385×100≒4\%$이다.
㉡ 2022년 뇌혈관질환 산정특례 등록자 수의 전년 대비 감소율은 $|(64,899-70,552)|/70,552×100≒8\%$이다.
따라서 ㉠과 ㉡에 들어갈 값을 더하면 $4+8=12$이다.

23 수리능력　정답 ④

패턴 09 자료 읽기
소재 방문건강관리 사업

① (○) 2020년 방문건강관리 사업 대상자 대비 참여자 비율은 $(196,000+35,100+13,200+26,200)/(250,400+46,700+18,000+33,400)×100≒77.6\%$이다.
② (○) 2023년 방문건강관리 사업 대상자에서 기타 취약계층 수는 2018년 대비 $(35,500-31,500)/31,500×100≒12.7\%$ 증가하였다.
③ (○) 2019~2023년 동안 방문건강관리 사업 참여자에서 장애인 수와 독거 가구 수의 전년 대비 증감 방향은 '증가 → 감소 → 감소 → 증가 → 증가'로 매해 서로 동일하다.
④ (X) 2019년 방문건강관리 사업 참여자에서 노인 수는 장애인, 독거 가구, 기타 취약계층 수를 합한 것의 $178,900/(36,000+13,300+23,200)≒2.5$배이다.

24 수리능력   정답 ②

패턴 ⑧ 자료 계산
소재 방문건강관리 사업

㉠ 2020년 방문건강관리 사업 참여자에서 노인 수는 독거가구 수의 196,000/13,200≒14.8배이다.
㉡ 2023년 방문건강관리 사업 대상자에서 장애인 수는 2018년 대비 (49,700−44,300)/44,300×100≒12.2% 증가하였다.
㉢ 2021년 방문건강관리 사업 참여자에서 기타 취약계층 수는 노인 수 대비 26,200/184,700×100≒14.2%이다.

따라서 ㉠~㉢을 크기가 큰 순서대로 나열하면 ㉠>㉢>㉡이다.

25 수리능력   정답 ②

패턴 ⑩ 자료 연결
소재 직장가입자 및 피부양자

① (○) 2022년과 2023년 E 지역의 직장가입자 수는 다음과 같다.
  • 2022년: 570/28.5×100=2,000천 명
  • 2023년: 582/28.4×100≒2,049천 명
따라서 2023년 E 지역의 직장가입자 수는 전년 대비 증가하였다.
② (×) 조사 기간 동안 A 지역의 연평균 피부양자 수는 (1,315+1,351+1,398+1,415+1,447+1,463)/6≒1,398천 명이다.
③ (○) 2018년 피부양자 수에서 A 지역의 피부양자 수와 B 지역의 피부양자 수가 차지하는 비중은 (1,315+1,620)/(1,315+1,620+840+558+505+546)×100≒54.5%이다.
④ (○) 2019~2022년 동안 직장가입자 대비 피부양자 비율이 전년 대비 감소한 적이 있는 곳은 B지역을 제외한 5개이다.

패턴 실전화 TIP
[표 1]이 나타내는 것은 직장가입자 대비 피부양자 비율로, 그 값을 x라고 하면 '$x=$(피부양자 수/직장가입자 수)×100'이 된다. 따라서 선택지 ①을 해결할 때에는 이 공식을 '직장가입자 수=(피부양자 수/x)×100'으로 변형하면 된다.

26 수리능력   정답 ①

패턴 ⑪ 자료 변환
소재 직장가입자 및 피부양자

제시된 6개 지역의 2020년과 2023년의 직장가입자 수를 구하면 다음과 같다.

구분	2020년	2023년
A 지역	1,398/26.9×100 ≒5,197천 명	1,463/26.6×100 =5,500천 명
B 지역	1,718/27.5×100 ≒6,247천 명	1,849/27.6×100 ≒6,699천 명
C 지역	878/24.4×100 ≒3,598천 명	930/24.8×100 =3,750천 명
D 지역	591/25.7×100 ≒2,300천 명	632/25.8×100 ≒2,450천 명
E 지역	535/28.2×100 ≒1,897천 명	582/28.4×100 ≒2,049천 명
F 지역	574/26.1×100 ≒2,199천 명	622/26.5×100 ≒2,347천 명

따라서 6개 지역 모두 2020년 대비 2023년에 직장가입자 수가 늘어났고, 이 6개 지역의 2023년 직장가입자 수를 옳게 나타낸 그래프는 ④이다.

패턴 실전화 TIP
직장가입자 대비 피부양자 비율을 x라고 하면, 앞서 살펴 보았듯이, '직장가입자 수=(피부양자 수/x)×100'인데, A 지역의 경우 2020년 대비 2023년에 분모는 작아지고, 분자는 커지기 때문에 결과 값 역시 커질 수밖에 없다. 따라서 A 지역이 포함되지 않은 선택지 ①과 ②는 정답에서 제외된다. 선택지 ③과 ④의 차이는 2023년 F 지역의 직장가입자 수인데, F 지역은 E 지역보다 분모는 작고, 분자는 크기 때문에 결과 값이 E 지역보다 클 수밖에 없다. 따라서 ④가 정답이 된다.

27 수리능력   정답 ①

패턴 ⑨ 자료 읽기
소재 프로그램 참여자 및 이수자

① (×) 2024년 기타를 제외한 프로그램의 이수율은 다음과 같다.
  • 금연 클리닉: 65,712/85,571×100≒76.8%
  • 비만 관리: 24,130/34,914×100≒69.1%

- 만성질환 예방: 22,262/25,471×100≒87.4%
- 스트레스 관리: 13,055/16,343×100≒79.9%
- 운동 프로그램: 16,864/20,955×100≒80.5%

따라서 기타를 제외하고 이수율이 가장 높은 프로그램은 만성질환 예방이다.

② (○) 2019~2024년 동안 만성질환 예방 참가자 수는 22,230 → 23,758 → 24,287 → 24,372 → 24,899 → 25,471로, 2020~2024년 동안 매해 참여자 수가 전년 대비 증가한 유일한 프로그램이다.

③ (○) 비만 관리 참여자 수와 스트레스 관리 참여자 수의 2020년 대비 2023년의 증가율은 다음과 같다.
- 비만 관리: (35,566−32,020)/32,020×100≒11.1%
- 스트레스 관리: (16,069−15,130)/15,130×100≒6.2%

따라서 비만 관리 참여자 수의 증가율이 스트레스 관리 참여자 수의 증가율보다 높다.

④ (○) 2020년 비만 관리, 만성질환 예방, 운동 프로그램 이수자 수의 합은 27,807+17,127+16,539=61,473명이고, 같은 해 금연 클리닉 이수자 수는 60,692명이다.

28 수리능력 정답 ③

패턴 ⑩ 자료 연결
소재 프로그램 참여자 및 이수자

ㄱ. (○) 2021년 스트레스 관리 참여자 중 미이수자는 16,161−13,643=2,518명이다.

ㄴ. (✕) 2019년과 2020년의 프로그램 이수자 중 만성질환 예방 이수자의 비중은 다음과 같다.
- 2019년: 18,357/(62,381+24,788+18,357+11,419+12,382+7,768)×100≒13.4%
- 2020년: 17,127/(60,692+27,807+17,127+10,643+16,539+7,069)×100≒12.2%

따라서 만성질환 예방 이수자의 비중은 전년 대비 감소하였다.

ㄷ. (○) 2023년 비만 관리 이수자와 금연 클리닉 이수자의 전년 대비 증가율은 다음과 같다.
- 비만 관리: (29,241−26,850)/26,850×100≒8.9%
- 금연 클리닉: (62,714−60,481)/60,481×100≒3.7%

따라서 비만 관리 이수자가 금연 클리닉 이수자보다 전년 대비 높은 비율로 증가하였다.

29 수리능력 정답 ①

패턴 ⑩ 자료 연결
소재 수술 종류별 수술비

① (✕) 2021년과 2022년 충수절제술의 건수는 다음과 같다.
- 2021년: 185,914/3,732≒49.8천 건
- 2022년: 177,817/3,869≒46.0천 건

따라서 2022년 충수절제술 건수는 전년 대비 감소하였다.

② (○) 2023년 탈장수술 수술비는 2020년 대비 (66,440−53,889)/53,889×100≒23.3% 증가하였다.

③ (○) 연도별 자궁수술과 제왕절개의 1건당 수술비 차이는 다음과 같다.
- 2019년: 3,193−2,314=879천 원
- 2020년: 3,807−2,451=1,356천 원
- 2021년: 3,970−2,574=1,396천 원
- 2022년: 4,081−2,696=1,385천 원
- 2023년: 4,224−2,790=1,434천 원

따라서 자궁수술과 제왕절개의 1건당 수술비 차이가 가장 큰 해는 2023년이다.

④ (○) 2020~2023년 동안 편도수술과 충수절제술 수술비의 전년 대비 증감 방향은 '감소 → 감소 → 감소 → 증가'로 동일하다.

30 수리능력 정답 ①

패턴 ⑪ 자료 변환
소재 수술 종류별 수술비

① (✕) 2019~2023년 수정체수술 건수는 다음과 같다.
- 2019년: 578,020/935≒618.2천 건
- 2020년: 635,205/1,035≒613.7천 건
- 2021년: 739,154/1,063≒695.3천 건
- 2022년: 736,634/1,091≒675.2천 건
- 2023년: 619,782/1,140≒543.7천 건

따라서 2021년, 2022년, 2023년의 수치가 잘못 작성된 그래프이다.

② (○) 제왕절개 수술비의 전년 대비 증가액은 다음과 같다.
- 2020년: 336,265−342,071=−5,806백만 원
- 2021년: 351,210−336,265=14,945백만 원
- 2022년: 371,229−351,210=20,019백만 원
- 2023년: 380,217−371,229=8,988백만 원

③ (○) 탈장수술과 편도수술 1건당 수술비의 합은 다음과 같다.

- 2019년: 1,924+1,251=3,175천 원
- 2020년: 2,278+1,473=3,751천 원
- 2021년: 2,365+1,501=3,866천 원
- 2022년: 2,395+1,576=3,971천 원
- 2023년: 2,520+1,728=4,248천 원

④ (○) 2020~2023년 항문수술 1건당 수술비의 전년 대비 증가율은 다음과 같다.
- 2020년: (1,147−1,109)/1,109×100≒3.4%
- 2021년: (1,156−1,147)/1,147×100≒0.8%
- 2022년: (1,168−1,156)/1,156×100≒1.0%
- 2023년: (1,183−1,168)/1,168×100≒1.3%

31 수리능력   정답 ④

패턴 09 자료 읽기
소재 뇌사자 장기기증자

① (○) 2022년 전체 뇌사자 장기기증자 수는 2020년 대비 |(405−478)|/478×100≒15.3% 감소하였다.
② (○) 2021년과 2023년의 전체 뇌사자 장기기증자 중 65세 이상 비중은 다음과 같다.
- 2021년: 70/442×100≒15.8%
- 2023년: 81/483×100≒16.8%

따라서 65세 이상 비중은 2021년 대비 2023년에 증가하였다.
③ (○) 2020~2023년 중 뇌사자 장기기증자 수가 전년 대비 감소한 해가 3개년인 연령대는 '35세 이상 49세 이하' 1개이다.
④ (×) 조사 기간 중 '6세 이상 10세 이하' 뇌사자 장기기증자 수가 가장 많은 해는 2022년이고, 2022년에 35세 이상 뇌사자 장기기증자 수는 34세 이하 뇌사자 장기기증자 수보다 (98+155+64)−(4+5+8+71)=229명 더 많다.

32 수리능력   정답 ②

패턴 08 자료 계산
소재 뇌사자 장기기증자

㉠ 2020년 전체 뇌사자 장기기증자 중 35세 이상 49세 이하의 비중은 126/478×100≒26.4%이다.
㉡ 2023년 19세 이상 34세 이하 뇌사자 장기기증자는 전년 대비 (97−71)/71×100≒36.6% 증가하였다.
㉢ 2020년 50세 이상 64세 이하 뇌사자 장기기증자는 전년 대비 184−156=28명 증가하였다.

따라서 ㉠~㉢을 크기가 큰 순서대로 나열하면 ㉡>㉢>㉠이다.

33 수리능력   정답 ④

패턴 09 자료 읽기
소재 정신건강 관련 기관

① (○) 대구와 인천의 2018년 대비 2023년의 정신건강 관련 기관 수 증가율은 다음과 같다.
- 대구: (143−121)/121×100≒18.2%
- 인천: (130−112)/112×100≒16.1%

따라서 2018년 대비 2023년 증가율은 대구가 인천보다 더 높다.
② (○) 2019~2023년 동안 매년 정신건강 관련 기관 수가 전년 대비 증가한 지역은 서울, 부산, 대구, 인천, 대전, 경기로, 총 6곳이다.
③ (○) 조사 기간 동안 대전과 제주의 연평균 정신건강 관련 기관 수는 다음과 같다.
- 대전: (116+121+123+126+132+135)/6=125.5개
- 제주: (15+38+38+38+42+44)/6≒35.8개

따라서 연평균 대전의 정신건강 관련 기관 수는 제주보다 125.5−35.8=89.7개 정도 더 많다.
④ (×) 2022년 정신건강 관련 기관 수 하위 지역 5곳은 세종, 울산, 제주, 강원, 충북으로, 이 5곳이 전체에서 차지하는 비중은 (19+42+42+71+83)/2,844×100≒9.0%이다.

34 수리능력   정답 ③

패턴 08 자료 계산
소재 정신건강 관련 기관

2023년을 기준으로 2018년과 2022년 대비 제주의 정신건강 관련 기관 수의 증가율은 다음과 같다.
- 2018년: (44−15)/15×100≒193.3%
- 2022년: (44−42)/42×100≒4.8%

증가율의 합은 193.3+4.8=198.1%p이다.

35 수리능력   정답 ②

패턴 09 자료 읽기
소재 등록 장애인 건강검진

① (○) 2022년에 5가지 등록 장애인 건강검진 수검자 수에서 등록 청각장애인이 차지하는 비중은 96,052/(107,840+96,052+149,425+55,199+53,872)×100≒20.8%이다.

② (X) 조사 기간 동안 등록 지체장애인과 등록 언어장애인의 연평균 건강검진 수검자 수는 다음과 같다.
- 지체장애인: (136,000+138,375+143,220+149,425+154,000+157,050)/6=146,345명
- 언어장애인: (49,555+50,286+51,620+53,872+54,777+56,525)/6=52,772.5명

따라서 등록 지체장애인이 등록 언어장애인보다 146,345−52,772.5=93,572.5명 더 많다.

③ (O) 2024년 5가지 등록 장애인의 건강검진 수검률의 전년 대비 증가율은 다음과 같다.
- 시각장애인: (67.2−66.7)/66.7×100≒0.7%
- 청각장애인: (66.4−65.8)/65.8×100≒0.9%
- 지체장애인: (69.8−70.0)/70.0×100≒−0.3%
- 지적장애인: (58.0−57.2)/57.2×100≒1.4%
- 언어장애인: (59.5−58.9)/58.9×100≒1.0%

따라서 건강검진 수검률의 전년 대비 증가율이 가장 큰 종류는 지적장애인이다.

④ (O) 등록 시각장애인과 등록 지적장애인 간 건강검진 수검률의 수치상 차이(%p)는 다음과 같다.
- 2019년: 64.5−54.0=10.5%p
- 2020년: 66.0−55.0=11.0%p
- 2021년: 65.2−56.2=9.0%p
- 2022년: 67.4−57.5=9.9%p
- 2023년: 66.7−57.2=9.5%p
- 2024년: 67.2−58.0=9.2%p

따라서 등록 시각장애인과 등록 지적장애인 간 건강검진 수검률의 수치상 차이(%p)가 가장 큰 해는 2020년이다.

패턴 실전화 TIP

선택지 ③을 계산할 때, 위 해설에서는 지체장애인과 언어장애인 각각 연도별 수검자 수를 모두 더한 뒤 6으로 나누어 주고, 그 결과 값의 차이가 10만 명 이상인지 여부를 확인하는 방식을 취하였다. 하지만 실전에서는 지체장애인과 언어장애인 각각 연도별 수검자 수를 모두 더한 뒤, 그 결과 값의 차이가 60만 명 이상인지 여부를 확인하는 편이 훨씬 빠를 수 있다.

36 수리능력 · 정답 ③

패턴 08 자료 계산
소재 등록 장애인 건강검진

㉠ 2023년 등록 청각장애인 건강검진 수검률은 2019년 대비 (65.8−63.2)/63.2×100≒4.1% 증가하였다.

㉡ 2022년 등록 언어장애인 건강검진 수검자 수는 2020년 대비 (53,872−50,286)/50,286×100≒7.1% 증가하였다.

㉢ 2019년 등록 시각장애인과 등록 청각장애인 간 건강검진 수검률 차이는 64.5−63.2=1.3%p이다.

따라서 ㉠~㉢에 들어갈 값을 크기가 큰 순서대로 나열하면 ㉡>㉠>㉢이다.

37 수리능력 · 정답 ①

패턴 09 자료 읽기
소재 자동이체 가입자

① (X) 2022년과 2024년의 자동이체 유지율은 다음과 같다.
- 2022년: (48,500−10,000)/48,500×100≒79.4%
- 2024년: (51,000−9,900)/51,000×100≒80.6%

따라서 2024년 자동이체 유지율은 2022년 대비 증가하였다.

② (O) 2024년 해지자는 2018년 대비 (9,900−8,900)/8,900×100≒11.2% 증가하였다.

③ (O) 조사 기간 동안 연평균 자동이체 가입자 수는 (44,500+45,300+47,500+49,000+48,500+50,100+51,000)/7≒47,985.7명이다.

④ (O) 2022년 자동이체 가입자의 납부 금액은 전년 대비 |(750−823)|/823×100≒8.9% 감소하였다.

38 수리능력 · 정답 ②

패턴 09 자료 읽기
소재 자동이체 가입자

ㄱ. (O) 2019년과 2020년의 자동이체 유지율은 다음과 같다.
- 2019년: (45,300−9,500)/45,300×100≒79.0%
- 2020년: (47,500−9,000)/47,500×100≒81.1%

따라서 2020년 자동이체 유지율은 전년 대비 증가하였다.

ㄴ. (O) 2021년 자동이체 가입자의 납부 금액은 2018년 대비 (823−718)/718×100≒14.6% 증가하였다.

ㄷ. (X) 2019~2024년 동안 자동이체 가입자 수와 해지자 수의 전년 대비 증감 방향은 다음과 같다.
- 가입자: 증가 → 증가 → 증가 → 감소 → 증가 → 증가
- 해지자: 증가 → 감소 → 증가 → 증가 → 감소 → 증가

따라서 가입자 수와 해지자 수의 전년 대비 증감 방향은 서로 다르다.

39 수리능력 정답 ②

패턴 ⑩ 자료 연결
소재 요양기관별 진료비 청구 금액 및 진료 건수

① (○) 2021년 요양병원 진료 건수 중 입원의 비중은 1,167/1,645×100≒70.9%이다.
② (✕) 2022년 진료 1건당 청구 금액은 다음과 같다.
- 상급종합병원: 173,013/2,833≒61.1십만 원
- 종합병원: 173,572/7,514≒23.1십만 원
- 병원: 90,799/3,672≒24.7십만 원
- 요양병원: 56,442/1,847≒30.6십만 원
- 의원: 231,199/32,272≒7.2십만 원

따라서 진료 1건당 청구 금액이 가장 높은 요양기관은 상급종합병원이다.
③ (○) 상급종합병원 97,162 → 98,126, 종합병원 98,464 → 99,594, 병원 48,638 → 50,946, 요양병원 57,692 → 60,078, 의원 14,842 → 15,828으로, 2020년 모든 요양기관의 입원 진료비 청구 금액은 전년 대비 증가하였다.
④ (○) 2023년 상급종합병원 외래 진료 건수는 2019년 대비 (2,758−2,386)/2,386×100≒15.6% 증가하였다.

40 수리능력 정답 ①

패턴 ⑪ 자료 변환
소재 요양기관별 진료비 청구 금액 및 진료 건수

① (✕) 2020~2023년 의원 진료 건수의 전년 대비 증가량은 다음과 같다.
- 2020년: 30,412−31,659=−1,247천 건
- 2021년: 30,658−30,412=246천 건
- 2022년: 32,272−30,658=1,614천 건
- 2023년: 33,375−32,272=1,103천 건

따라서 2021년과 2023년의 수치가 잘못 작성되어 있는 그래프이다.
② (○) 2021년 요양기관별 입원과 외래의 진료비 청구 금액 차이는 다음과 같다.
- 상급종합병원: 108,709−61,194=47,515억 원
- 종합병원: 105,093−55,695=49,398억 원
- 병원: 52,313−30,062=22,251억 원
- 요양병원: 55,873−1,332=54,541억 원
- 의원: 170,859−16,851=154,008억 원

③ (○) 2020~2023년 상급종합병원 입원 진료 건수의 전년 대비 증가율은 다음과 같다.
- 2020년: (198−180)/180×100=10.0%
- 2021년: (207−198)/198×100≒4.5%
- 2022년: (223−207)/207×100≒7.7%
- 2023년: (232−223)/223×100≒4.0%
④ (○) 2020~2023년 요양병원 외래 진료비 청구 금액의 전년 대비 증가량은 다음과 같다.
- 2020년: 1,555−1,601=−46억 원
- 2021년: 1,332−1,555=−223억 원
- 2022년: 2,396−1,332=1,064억 원
- 2023년: 1,390−2,396=−1,006억 원

41 문제해결능력 정답 ①

패턴 ⑫ 정보 확인
소재 미숙아 및 선천성이상아 의료비 지원

① (✕) '2. 지원 내용'의 '(2) 선천성이상아 의료비 지원' 주석(※)에 따르면, 진단서 등에 '기능상 문제로 인해 수술이 반드시 필요하다'는 명확한 사유의 소견이 포함되어 있고, 실제로도 수술 전 구체적으로 어떠한 기능상 문제가 있었는지와 수술을 통해 정상 기능 회복 및 기능 개선 목적 등이 확인 가능한 경우에는 구개구순 수술 시 동반한 코 성형도 지원 대상이 될 수 있다.
② (○) '4. 준비물'에 따르면, 미숙아 의료비 지원의 경우 출생 보고서 또는 출생 증명서 1부를 준비하여야 한다.
③ (○) '2. 지원 내용'의 '(2) 선천성이상아 의료비 지원'에 따르면, 선천성이상아는 출생 후 2년 이내 선천성이상(Q코드)로 진단받은 경우이며, 지원 요건은 선천성이상 질환을 치료하기 위해 출생 후 2년 이내 입원하여 수술한 경우에 한한다.
④ (○) '2. 지원 내용'의 '(1) 미숙아 의료비 지원'에 따르면, 미숙아의 범위에 임신 37주 미만의 출생아가 포함되며, 지원 요건은 출생 후 24시간 이내 긴급한 수술 및 치료가 필요하여 신생아중환자실에 입원한 미숙아에 한한다. 따라서 임신 37주 미만의 출생아는 출생 시 체중과 관계없이 요건을 충족하는 경우 지원 대상이 된다.

42 문제해결능력 정답 ③

패턴 ⑮ 계산
소재 미숙아 및 선천성이상아 의료비 지원

- 갑: 출생 시 체중이 1,800g으로 체중 구간이 2,000~1,500g에 해당하여 최대 지원 금액은 400만 원이다. 본인부담금 및 비급여 항목이 320만 원으로, 100만 원까지는 전액 지원되고, 초과분 220만 원에 대해서는 90%인 198만 원이 지원된다. 따라서 갑이 지원받을 수 있는 금액은 100만 원+198만 원=298만 원이다.
- 을: 선천성이상아로 최대 지원 금액은 500만 원이다. 본인부담금 및 비급여 항목이 280만 원으로, 100만 원까지는 전액 지원되고, 초과분 180만 원에 대해서는 90%인 162만 원이 지원된다. 따라서 을이 지원받을 수 있는 금액은 100만 원+162만 원=262만 원이다.

종합해 보면, 갑과 을이 지원받을 수 있는 금액의 총합은 298만 원+262만 원=560만 원이다.

43 문제해결능력   정답 ④

패턴 ⑫ 정보 확인
소재 노인맞춤돌봄 특화 서비스

① (X) '2. 지원 대상'에서 고독사 및 자살 위험이 크다고 판단되는 경우 60세 이상으로 하향 조정이 가능하다고 예외 적용의 경우를 명시하고 있다.
② (X) '7. 신청 방법'의 '(1) 신청권자'에서 신청할 수 있는 친족의 범위로 배우자, 8촌 이내의 혈족 및 4촌 이내의 인척을 명시하고 있다.
③ (X) '6. 선정 절차'에서 전담 사회복지사가 신청자 및 서비스에 의뢰된 자의 초기 상담 및 척도 검사 결과 등을 종합하여 사례 실무 회의를 통해 서비스 제공이 필요한 자 중 서비스 이용자를 결정한다고 하였다.
④ (O) '4. 우울형 집단 우선 선정 기준'의 주석(※)에서 우울증 진단자의 경우, 서비스 개시일로부터 3개월 이내에 병의원(정신과, 정신건강의학과, 신경정신과, 신경과, 내과 및 가정의학과)에 의한 우울증 진단이 필요하다고 하였다.

패턴 실전화 TIP

선택지 ②에서 '직계 친족'이라는 용어가 나오는데, 자격 요건의 범위에 관한 문항에서 '직계 존속', '직계 비속' 등의 표현을 종종 볼 수 있다. '직계'라는 것은 직접적으로 이어져 있는 계통을 의미하며, 부모, 조부모, 자녀, 손자녀 등이 이에 해당한다. 이 중에서 '직계 존속'은 나를 중심으로 윗세대인 부모, 조부모 등을 말하고, '직계 비속'은 아랫세대인 자녀, 손자녀 등을 가리킨다.

44 문제해결능력   정답 ①

패턴 ⑬ 정보 추론
소재 노인맞춤돌봄 특화 서비스

① (O) '7. 신청 방법'의 '(2) 신청 절차' 중 '기관 의뢰'에 따르면 노인맞춤돌봄 서비스 수행 기관, 읍·면·동 공무원, 유관 기관 등이 특화 서비스 수행 기관으로 노인을 의뢰할 수 있다.
② (X) '4. 우울형 집단 우선 선정 기준'의 주석(※)에서 우울증 진단자의 경우, 서비스 개시일로부터 3개월 이내에 병의원(정신과, 정신건강의학과, 신경정신과, 신경과, 내과 및 가정의학과)에 의한 우울증 진단이 필요하다고 하였을 뿐 서비스 신청 전 우울증 진단을 받아야 한다는 내용은 없다.
③ (X) '5. 지원 내용'에서 개별 상담, 정신건강 의학 및 진료 지원, 집단 활동, 지역사회 자원 연계를 소개하고 있을 뿐, 특정 대상자가 집단 활동보다는 개별 상담 위주의 서비스를 받게 된다는 내용은 없다.
④ (X) '7. 신청 방법'의 '(2) 신청 절차'에 따를 때 직접 신청 시 '읍·면·동사무소'가 아니라 '특화 서비스 수행 기관'에 신청서 및 개인정보 제공 동의서 제출하여야 한다.

45 문제해결능력   정답 ②

패턴 ⑫ 정보 확인
소재 실업급여

① (O) '4. 실업급여의 종류'에 따르면, 조기재취업수당, 직업능력개발 수당, 광역 구직활동비, 이주비는 취업촉진수당에 해당한다.
② (X) '2. 지원 대상'의 '(1) 피보험자'에 따르면, 실업급여는 고용보험에 가입된 근로자 및 자영업자를 수급 대상으로 한다고 하였다. 따라서 자영업자는 고용보험 가입과 실업급여 수급 모두 가능하다.
③ (O) '5. 실업급여 수급 자격 제한'의 주석(※)에서 임금체불, 폭행, 질병, 사업장의 휴업 등 정당한 사유가 있는 자발적 퇴사는 예외적으로 수급을 인정한다고 하였다.
④ (O) '2. 지원 대상'의 '2) 미가입 사업장 근로자'에서 고용보험이 당연(의무) 적용되는 사업장임에도 사업주가 가입하지 않은 경우, 근로자의 신청(고용보험 피보험 자격 확인 청구)으로 3년 이내 근무 기간에 대해 소급하여 피보험 자격을 취득할 수 있다고 하였다.

46 문제해결능력 정답 ②

패턴 ⑭ 적합자 선정
소재 실업급여

갑: (○) '5. 실업급여 수급 자격 제한'에서 '자발적 퇴사'를 명시하고 있지만, 주석(※)에서 임금체불, 폭행, 질병, 사업장의 휴업 등 정당한 사유가 있는 자발적 퇴사는 예외적으로 수급을 인정한다고 하였으므로, 실업급여 지원 대상에 해당한다.

을: (×) '5. 실업급여 수급 자격 제한'의 '중대한 귀책 사유로 인한 해고'에서 명시한 '정당한 사유 없이 장기간 무단결근한 경우'에 해당하여, 실업급여 지원 대상이 될 수 없다.

병: (○) '2. 지원 대상'에서 '고용보험에 가입하거나 가입된 것으로 보는 자영업자'를 명시하고 있으므로, 실업급여 지원 대상에 해당한다.

정: (×) '2. 지원 대상'의 '(2) 미가입 사업장 근로자'에서는 고용보험이 당연(의무) 적용되는 사업장임에도 사업주가 가입하지 않은 경우, 근로자의 신청(고용보험 피보험 자격 확인 청구)으로 3년 이내 근무 기간에 대해 소급하여 피보험 자격을 취득할 수 있다고 하면서, 폐업 사업장의 경우에도 근무 증빙 자료가 있으면 사실관계 조사 후 소급 가입 가능하다고 하였다. 하지만 정이 근무했던 회사는 4년 전에 폐업하였기 때문에 3년 이내 근무 기간에 대한 소급 적용이 불가능하므로, 실업급여 지원 대상이 될 수 없다.

47 문제해결능력 정답 ②

패턴 ⑫ 정보 확인
소재 긴급지원대상자 생계비 지원

① (○) '1. 긴급지원대상자의 개념'에서 '국내에 체류하고 있는 외국인 중 다음의 어느 하나에 해당하는 사람이 위 기준에 부합하는 경우 긴급지원대상자가 됨'이라고 명시하며 그 하위 항목으로 '난민으로 인정된 사람'을 제시하고 있다.

② (×) '4. 지원 기간'에 따르면 원칙은 3개월까지이고, 예외적으로 위기 상황이 계속되는 경우에는 긴급지원심의위원회의 심의를 거쳐 지원을 연장할 수 있다. 하지만 이 경우에도 '3개월까지'라는 원칙상 지원 기간을 '합하여' 총 6개월을 초과할 수 없다고 하였다.

③ (○) '3. 지원 내용'에서 긴급지원대상자에 대하여 가구 구성원의 수 등에 따라 다음 금액을 현금으로 지급한다고 하면서, 긴급지원대상자가 거동이 불편하여 물품 구매가 곤란한 경우 등 현금을 지급하는 것이 적절하지 않다고 판단되는 경우에는 이에 상당하는 현물을 지급할 수 있다고 단서를 붙이고 있다. 따라서 원칙적으로는 현금으로 지급한다는 것을 알 수 있다.

④ (○) '2. 생계비 지원의 개념'에서 「국민기초생활 보장법」 제6조에 따른 최저생계비를 최소 1개월간 100% 현금 또는 현물로 지원받는 것이라고 설명하고 있다.

48 문제해결능력 정답 ④

패턴 ⑮ 계산
소재 긴급지원대상자 생계비 지원

갑과 을의 가구원 수, 월 지원 금액, 지원 기간, 지원 금액 등을 정리해 보면 다음과 같다.

구분	가구원 수	월 지원 금액	지원 기간	지원 금액
갑	4명	1,872,700원	1개월	1,872,700원×1개월 =1,872,700원
을	2명	1,205,000원	3개월	1,205,000원×3개월 =3,615,000원

따라서 갑과 을이 지원받는 생계비의 총합은 1,872,700+3,615,000=5,487,700원이다.

49 문제해결능력 정답 ③

패턴 ⑬ 정보 추론
소재 자립준비청년 자립 지원

① (○) '4. 지원 기간'에서 15세 이후 조기 보호종료된 경우에 18세가 된 때로부터 5년간 지원한다고 하였다.

② (○) '5. 주요 사업' 표의 '디딤씨앗통장'에 따르면, 0세부터 18세 미만의 보호대상아동이 매월 일정 금액을 저축하면 국가(지자체)에서 1:2 비율로 정부지원금(월 10만 원 한도)를 매칭한다고 하였다. 따라서 아동이 3년(36개월) 동안 매월 5만 원씩 저축했으므로, 본인 저축액은 5만 원×36개월=180만 원이고, 정부지원금은 이것의 2배인 360만 원이며, 지급받는 총액은 180만 원+360만 원=540만 원이 된다.

③ (X) '5. 주요 사업' 표의 '국민기초생활보장'에 따르면, 보호종료 5년간 소득 조사 시 사업근로소득에 대해 '60만 원 + 나머지 소득의 30%'를 공제한다고 하였다. 따라서 사업근로소득이 180만 원이라면, 60만 원 + (120만 원 × 30%) = 96만 원이 공제되어, 인정되는 소득은 180만 원 - 96만 원 = 84만 원이 된다.

④ (○) '5. 주요 사업' 표의 '자립수당'에서 아동복지시설, 가정위탁 보호종료 아동 중 보호종료일 기준으로 과거 2년 이상 연속하여 보호받은 자립준비청년을 대상으로, 보호종료 후 5년간 자립수당 월 50만 원 지급한다고 하였다.

패턴 실전화 TIP
선택지 ③의 정오를 판단할 때에는 자료의 '공제'라는 개념에 주목해야 한다. 공제는 받은 몫에서 일정한 금액이나 수량을 뺀다는 의미이므로, 소득으로 인정되는 금액은 '공제액'이 아니라, '실제 소득에서 공제액을 뺀 금액'이다.

50 문제해결능력   정답 ③

패턴 ⑮ 계산
소재 자립준비청년 자립 지원

갑은 자립수당(보호종료일 기준 과거 2년 이상 연속 보호 요건 충족), 자립정착금, 디딤씨앗통장의 정부지원금을 받을 수 있다.
- 자립수당: 50만 원 × 12개월 × 5년 = 3,000만 원을 지원받는다.
- 자립정착금: 서울시의 자립정착금 2,000만 원을 지원받는다.
- 디딤씨앗통장 정부지원금: 본인 저축액은 5만 원 × 48개월 = 240만 원이고, 정부지원금은 이것의 2배인 480만 원이다.

따라서 갑이 지원받을 수 있는 총액은 3,000만 원 + 2,000만 원 + 480만 원 = 5,480만 원이다.

패턴 실전화 TIP
질문지에서 묻고 있는 것은 갑이 '지원'받을 수 있는 금액이다. 따라서 디딤씨앗통장의 경우 갑이 수령하는 금액, 즉 '본인 저축액 + 정부지원금'이 아니라, '정부지원금'만을 계산에 반영하여야 한다.

51 문제해결능력   정답 ②

패턴 ⑫ 정보 확인
소재 아동 치과 주치의 제도

① (○) 서비스 기간은 2024년 7월~2027년 2월이며, 해당 서비스 기간의 대상자는 서울특별시, 광주광역시, 대전광역시, 세종특별자치시, 강원 원주시, 전남 장성군, 경북 경주시, 경북 의성군, 경남 김해시 내 초등학교 재학 중인 1·2·4·5학년이다. 따라서 2024년 7월 기준으로 일부 지역에서만 해당 서비스를 이용할 수 있다.

② (X) 아동 치과 주치의 필수 서비스 외 파노라마 검사, 치아 홈 메우기 등 진료·검사·처치 시행 시 추가 본인부담금 발생 가능하다는 것이지, 필수 서비스 외 진료·검사·처치를 받을 수 없는 것은 아니다.

③ (○) 진료비의 10%를 지불하여야 하지만, 의료급여수급권자, 차상위 본인부담금 경감 대상자의 경우 면제된다고 하였다.

④ (○) 구강 교육은 필수 서비스에 포함되어 있으며, 이용 대상은 신학기(매년 3월~다음 연도 2월) 기준이므로, 2026년에 초등학교 1학년이 되는 신입생은 1학년 1기, 1학년 2학기로 최대 2회 이용할 수 있다.

52 문제해결능력   정답 ③

패턴 ⑭ 적합자 선정
소재 아동 치과 주치의 제도

① (○) 2024년 7월~2026년 2월은 서비스 실시 지역 내 초등학교에 재학 중인 1·2·4·5학년이 대상자이므로, 서울특별시 내 초등학교 1학년 학생은 서비스를 이용할 수 있다.

② (○) 2024년 7월~2026년 2월은 서비스 실시 지역 내 초등학교에 재학 중인 1·2·4·5학년이 대상자이므로, 대전광역시 내 초등학교 4학년 학생은 서비스를 이용할 수 있다.

③ (X) 2024년 7월~2026년 2월은 서비스 실시 지역 내 초등학교에 재학 중인 1·2·4·5학년이 대상자인데, 경남 김해시 내 초등학교는 서비스 실시 지역에는 해당되지만, 3학년 학생은 서비스 대상에 해당하지 않는다.

④ (○) 2026년 3월부터는 서비스 실시 지역 내 초등학교에 재학 중인 전 학년이 대상자이므로, 경북 경주시 내 초등학교 6학생 학생은 서비스를 이용할 수 있다.

53 문제해결능력   정답 ②

패턴 ⑭ 적합자 선정
소재 아동 치과 주치의 제도

① (X) 서비스 실시 지역 내 초등학교에 재학 중이지만, 서비스 비용 면제 대상자에 해당하지 않으므로, 필수 서비스인 구강 상태 평가를 받았더라도 진료비의 10%를 지불하여야 한다.
② (O) 서비스 실시 지역 내 초등학교에 재학 중이며, 서비스 비용 면제 대상자에 해당하기 때문에, 필수 서비스인 불소 도포에 대해 진료비를 면제받는다.
③ (X) 서비스 실시 지역 내 초등학교에 재학 중이지만, 서비스 비용 면제 대상자에 해당하지 않으며, 치아 홈 메우기는 필수 서비스에도 해당하지 않기 때문에 진료비가 발생한다.
④ (X) 경기 파주시는 서비스 실시 지역이 아니므로 진료비가 발생한다.

54 문제해결능력   정답 ④

패턴 ⑫ 정보 확인
소재 모자보건 지원정책

① (O) 안내문에서 임신 중 운영되는 마더세이프 프로그램과 출산 후 지원되는 미숙아 및 선천성이상아 의료비 지원제도를 포함하고 있으므로 적절한 반응이다.
② (O) '(1) 지원대상'의 선천성이상아에서 출생 후 28일 이내에 선천성이상으로 진단받고 출생 후 6개월 이내에 입원하여 수술한 경우로 규정하고 있다. 즉, 출생 후 6개월 이내에 수술을 하였더라도 28일 이내에 선천성이상으로 진단받지 않은 경우 지원 대상에 해당되지 않는다.
③ (O) '(2) 지원내용'에서 진료비 영수증에 기재된 급여 중 비급여 진료비가 지원 대상인 점, '(3) 지원금액 산정방법'에서 100만 원 초과분에 대해서는 지원율이 90%인 점을 고려하였을 때 진료비 모두를 지원받는 것은 아님을 알 수 있다.
④ (X) '(4) 지원대상 금액 한도'에서 2.5kg을 초과하더라도 재태기간이 37주 미만인 미숙아라면 의료비를 지원받을 수 있음을 확인할 수 있다.

55 문제해결능력   정답 ②

패턴 ⑬ 정보 추론
소재 모자보건 지원정책

① (O) 의료비 지원대상을 판단하기 위한 공통적인 요건이므로 질문 내용으로 적절하다.
② (X) '2. 미숙아 및 선천성이상아 의료비 지원'에서 2명 이상 다자녀일 경우에는 소득수준에 관계없이 의료비지원을 받을 수 있다. 따라서 옳지 않은 설명이다.
③ (O) '(1) 지원대상'의 미숙아에서 긴급한 수술 또는 치료가 필요하여 출생 후 24시간 이내에 신생아중환자실에 입원한 경우로 명시하고 있으므로 적절한 설명이다.
④ (O) 미숙아의 경우 출생 시 체중에 따라 지원한도가 달라진다. 따라서 민원인 A의 아이의 경우 1.8kg으로 '1.5kg~2.0kg 미만' 구간에 해당하기 때문에 400만 원 한도 내에서 의료비 지원을 받을 수 있다.

56 문제해결능력   정답 ①

패턴 ⑮ 계산
소재 모자보건 지원정책

의료비 지원 대상 금액은 '요양기관에서 발급한 진료비 영수증(약제비 포함)에 기재된 급여 중 비급여 진료비'에만 해당하므로 급여 부분은 고려할 요소가 아니다. A와 B를 구분하여 지원받는 금액과 지원받지 못하는 금액을 계산하면 다음과 같다.
1) 미숙아 A(1.4kg 출생): 지원대상 금액 한도 700만 원
 • 비급여 부분이 지원대상 금액 한도 내에 포함되기 때문에 비급여 580만 원 전액 고려대상이다.
 • 100만 원 이하분: 100% 지원으로, 지원금액 100×100%=100만 원
 • 100만 원 초과분: 90% 지원으로, 지원금액 480×90%=432만 원
따라서 지원대상금액 580만 원 중 지원받는 금액(㉠)은 532만 원이고, 지원받지 못하는 금액(㉡)은 48만 원이다.
2) 선천성이상아 B: 지원대상 금액 한도 500만 원
 • 비급여 부분이 지원대상 금액 한도를 초과하는 50만 원의 경우 고려대상이 아니며, 500만 원까지만 고려대상이다.
 • 100만 원 이하분: 100% 지원으로, 지원금액 100×100%=100만 원
 • 100만 원 초과분: 90% 지원으로, 지원금액 400×90%=360만 원
따라서 지원대상금액 500만 원 중 지원받는 금액(㉢)은 460만 원이고, 지원받지 못하는 금액(㉣)은 40만 원이다.

57 문제해결능력   정답 ④

패턴 ⑫ 정보 확인
소재 자동차 등의 속도 제한

① (O) '2. 도로별 통행 속도 제한' 표에 따를 때, 자동차전용도로의 최고 속도는 90km/h, 최저 속도는 30km/h이다.

② (○) '2. 도로별 통행 속도 제한' 표에 따를 때, 주거지역·상업지역 및 공업지역 외의 일반도로의 최고 속도는 60km/h이지만, 편도 2차로 이상 도로의 최고 속도는 80km/h이다.
③ (○) '2. 도로별 통행 속도 제한' 표에 따를 때, 고속도로 편도 2차로 이상의 최고 속도는 100km/h이지만, 화물자동차 등의 최고 속도는 80km/h이다.
④ (×) '3. 통행 속도 위반 시 제재'의 주석(※)에 따를 때, 어린이 보호구역 및 노인·장애인 보호구역에서 속도 위반에 대해 가중된 범칙금을 적용받는 시간대는 오전 8시부터 오후 8시 사이이다.

58 문제해결능력 정답 ②

패턴 ⑮ 계산
소재 자동차 등의 속도 제한

갑과 을이 부과받는 범칙금을 정리해 보면 다음과 같다.
갑: 초과 속도가 $145-100=45$km/h이므로, '3. 통행 속도 위반 시 제재'의 표에서 '40km/h 초과 60km/h 이하'의 '승용차 등'에 해당하는 9만 원의 범칙금을 부과받는다.
을: 어린이 보호구역이고 오후 3시에 속도를 위반하였으므로, '3. 통행 속도 위반 시 제재' 주석(※)의 표를 적용하여야 한다. 초과 속도가 $48-30=18$km/h이므로, '20km/h 이하'의 '이륜차 등'에 해당하는 4만 원의 범칙금을 부과받는다.
따라서 갑과 을이 부과받는 범칙금의 합은 9만 원+4만 원=13만 원이다.

59 문제해결능력 정답 ①

패턴 ⑮ 계산
소재 직장어린이집 지원사업

A직장어린이집이 지원받는 금액은 다음과 같다.
• 인건비: $120\times9+105\times2=1,290$만 원이다.
• 운영비: 현원이 64명이므로 360만 원이다.
• 시설전환비: 우선지원기업에 해당하고 소요금액의 80%이므로 $6\times0.8=4.8$억 원이지만 지원 한도가 3억 원이므로 3억 원이다.
• 유구비품비: 교체이므로 3천만 원이다.
따라서 A직장어린이집이 지원받는 금액은 1,290만 원+360만 원+3억 원+3,000만 원=3억 4,650만 원이다.

60 문제해결능력 정답 ②

패턴 ⑮ 계산
소재 직장어린이집 지원사업

'지원대상'에서 매월 말일을 기준으로 직장어린이집을 운영하는 사업장 소속의 피보험자의 자녀 수가 전체 보육 영유아 수의 3분의 1 이상이거나, 4분의 1 이상이면서 피보험자(다른 사업장 소속 피보험자를 포함)의 자녀 수가 2분의 1 이상인 직장어린이집은 지원대상에 해당한다고 하였다.
A는 $150\times\frac{1}{3}=50$명, B는 $150\times\frac{1}{4}≒38$명, C는 $150\times\frac{1}{2}=75$명이므로 A+B+C=163이다.

제3회 기출동형 모의고사

정답표

01	02	03	04	05	06	07	08	09	10
①	②	③	④	②	④	②	③	①	③
11	12	13	14	15	16	17	18	19	20
④	②	④	③	④	②	②	②	③	①
21	22	23	24	25	26	27	28	29	30
③	②	③	①	④	①	③	③	③	②
31	32	33	34	35	36	37	38	39	40
①	①	③	④	④	②	④	④	③	④
41	42	43	44	45	46	47	48	49	50
①	②	③	③	④	②	②	④	②	④
51	52	53	54	55	56	57	58	59	60
①	④	①	②	④	④	②	②	③	④

01 의사소통능력   정답 ①

패턴 01 글의 제목·주제·목적
소재 비만 아동·청소년의 음식중독

① (○) 보도자료는 비만 아동·청소년에서 음식중독과 정서·행동문제 간의 유의한 연관성을 밝히고, 이를 단순한 식습관이 아닌 정신건강 문제로 인식하여 세심한 이해와 중재가 필요함을 강조하고 있다.
② (×) 특정 치료 프로그램의 도입이나 홍보 내용은 포함되어 있지 않으며, 보건 당국의 정책적 지원 방향에 대한 구체적인 내용도 언급되지 않았다.
③ (×) 고지방, 고당분 식품이 언급되지만, 이것이 비만의 주요 원인임을 경고하는 것은 보도자료의 주목적이 아니며, 식습관 개선을 위한 구체적인 방안도 제시되어 있지 않다.
④ (×) YFAS-C에 대한 설명은 있으나, 개발 과정이나 활용 방안을 안내하는 것은 보도자료의 주목적이 아니며, 정신건강 평가의 중요성을 강조하는 것보다는 음식중독과 정서·행동문제의 연관성 자체에 초점을 맞추고 있다.

02 의사소통능력   정답 ②

패턴 02 내용 부합
소재 비만 아동·청소년의 음식중독

① (○) 비만 아동·청소년 224명 중 44명(19.6%)이 음식중독 고위험군이었다고 하였다.
② (×) 음식중독 증상이 많을수록 학업수행능력점수는 낮아지는 경향을 보였다고 하였다.
③ (○) 음식중독 고위험군에 해당하는 아동들은 가족 간의 정서적 교류나 지지 등의 가족기능도 낮았다고 하였다.
④ (○) 음식중독은 뇌의 신경전달물질과 보상체계의 변화를 수반한다고 하면서, 특히 고지방, 고당분 식품에 지속적으로 노출될 경우, 도파민과 세로토닌 같은 신경전달물질의 분비와 조절에 변화가 생긴다고 하였다.

03 의사소통능력   정답 ③

패턴 06 접속사
소재 비만 아동·청소년의 음식중독

① (×) '반면'은 앞 내용과 대조되는 내용을 이어 줄 때 사용하는데, 여기서는 대조 관계가 아니라 보충 설명이므로 적절하지 않다.
② (×) '고로'는 인과 관계를 나타내는데, 여기서는 인과 관계보다는 부가적 정보 제시이므로 적절하지 않다.
③ (○) 앞 문장에서 음식중독과 정서·행동 문제의 연관성에 대한 연구 결과를 설명한 후, 이어서 음식중독에 대한 추가적인 연구 내용을 제시하고 있다. 따라서 '또한'이 가장 적절하다.
④ (×) '하물며'는 앞의 내용이 사실이라면 뒤의 내용은 더욱 그러하다는 의미로, 이 문맥에는 적합하지 않다.

> **패턴 실전화 TIP**
> 연구 또는 조사 결과를 해석하는 문단과 문장은 주로 부정적이거나 긍정적인 방향성을 보인다. 이러한 관점에서 ㉠을 기준으로 앞의 문장도 부정적인 내용을, 뒤의 문장도 부정적인 내용을 나타내고 있다. 따라서 비슷한 내용과 논조가 반복된다는 것을 신속히 판단할 수 있다.

04 의사소통능력   정답 ④

패턴 02 내용 부합
소재 감염병 유행 현황

① (X) 인플루엔자 의사환자 분율은 연령별로 7~12세(24.3명)＞13~18세(24.2명)＞1~6세(17.9명)＞19~49세(14.0명)＞0세(8.2명)＞50~64세(6.7명)＞65세 이상(3.9명) 순으로, 65세 이상은 가장 낮다.
② (X) 코로나19 입원환자는 최근 4주간 입원환자 중 65세 이상이 52.7%로 가장 높은 비중을 차지했다.
③ (X) 호흡기세포융합바이러스 감염증은 최근 4주간 입원환자 중 영·유아 연령층(0~6세)이 전체의 45.1%(485명)으로 높은 비중을 차지했다.
④ (O) 마이코플라즈마 폐렴균 감염증은 최근 4주간 입원환자 중 7~12세(30.4%, 91명)가 가장 높은 비중을 차지한다.

05 의사소통능력 정답 ②

패턴 03 내용 추론·적용
소재 감염병 유행 현황

① (O) 호흡기세포융합바이러스 감염증은 최근 4주간 입원환자 중 영·유아 연령층(0~6세)이 전체의 45.1%(485명)으로 높은 비중을 차지한다고 기술되어 있어, 어린이집이나 유치원에서의 감염 관리가 중요하다는 추론은 적절하다.
② (X) 백일해는 지속적으로 감소하고 있다고 하였고, 마이코플라즈마 폐렴균 감염증도 2024년 8월 정점(33주 1,179명) 이후 감소 추세라고 되어 있다. 최근 4주간의 수치를 보면 두 감염병 모두 증감을 반복하지만 지속적인 증가 추세는 아니므로, 이 추론은 적절하지 않다.
③ (O) 인플루엔자는 7~12세에서 가장 높고, 13~18세, 1~6세 순으로, 학령기 소아·청소년층에서의 발생이 상대적으로 많았다고 했다. 마이코플라즈마 폐렴균 감염증도 7~12세(30.4%, 91명), 1~6세(26.4%, 79명), 13~18세(17.7%, 53명) 순으로 높은 비중을 보이므로 학교 내 전파에 주의가 필요하다는 추론은 적절하다.
④ (O) 코로나19는 최근 4주간 입원환자 중 65세 이상이 52.7%로 가장 높은 비중을 차지하고, 사람메타뉴모바이러스 감염증도 최근 4주간 표본감시 기관의 입원환자 중 65세 이상 연령층이 전체의 52.3%로 가장 많았다고 언급되어 있어 고령층을 위한 예방 조치가 중요하다는 추론은 적절하다.

06 의사소통능력 정답 ④

패턴 07 빈칸 추론
소재 감염병 유행 현황

① (X) 코로나19는 최근 4주간 증감을 반복하며 80명 내외를 유지하고 있다고 하였다. 사람메타뉴모바이러스 감염증 또한 급증한다고 볼 수 없다.
② (X) 제시문에 따르면 백일해와 마이코플라즈마 폐렴균 감염증도 모두 감소추세라고 하였다.
③ (X) 이 내용은 사실이지만, 호흡기 감염병의 전반적 동향과 예방 필요성을 연결하는 핵심 문장으로는 적절하지 않다.
④ (O) 빈칸 앞에서는 호흡기 감염병의 유행이 감소추세라고 하였으나 뒤이어 '그러나'의 접속사가 이어지고 있다. 문맥상 빈칸에는 여전히 인플루엔자와 사람메타뉴모바이러스의 감염증이 높은 수준을 유지하고 있으므로 감염 예방 대책이 필요하다는 내용으로 이어지는 상황이 제시되는 것이 적절하다. 따라서 빈칸에는 "인플루엔자는 유행기준보다 여전히 높은 수준을 유지하고 있으며 사람메타뉴모바이러스 감염증은 예년 동기간 대비 높은 수준을 보이고 있다."가 들어가는 것이 가장 적절하다.

07 의사소통능력 정답 ②

패턴 05 문단 배열
소재 천식의 위험 요인과 관리

ⓒ이 위치한 2문단은 천식의 주요 위험 요인으로 유전적 소인(알레르겐)과 환경적 요인(초미세먼지)를 언급하고 있다. 이산화질소(NO_2)와 오존(O_3)은 초미세먼지와 같은 대기오염물질로, 이들이 천식에 미치는 영향을 언급하는 것은 환경적 요인에 대한 설명을 보완하고 확장하는 데 효과적이다. 따라서 [문장]은 ⓒ에 배치하는 것이 가장 자연스럽다.

> **패턴 실전화 TIP**
> 이 문항은 '문단'이 아닌 '문장'을 배열하는 유형이지만, '문단 배열' 패턴과 풀이 원리는 동일하다. 제시된 문장의 핵심어와 관련 있는 내용을 다룬 문단을 찾는 방법, 제시된 문장의 연결어에 주목하는 방법 등을 활용할 수 있다.

08 의사소통능력 정답 ③

패턴 03 내용 추론·적용
소재 천식의 위험 요인과 관리

① (X) 한국환경정책평가연구원(2023)의 조사에 따르면 초미세먼지(PM2.5) 농도가 $10\mu g/m^3$ 증가할 때마다 천식으로 인한 응급실 방문이 약 3.1% 증가하였다.

② (X) 국제 천식 가이드라인인 GINA에서는 천식 관리의 목표를 '증상 조절'과 '미래 위험 감소'로 설정하고, 이를 위한 단계적 접근법을 권고하고 있다고 하였으나, 자가관리 교육을 약물치료보다 우선시한다는 내용은 제시되어 있지 않다.

③ (O) 분당서울대학교병원의 임상시험(2023)에서는 모바일 앱과 웨어러블 기기를 활용한 천식 자가관리 프로그램이 기존 관리 방법에 비해 천식 조절 검사(ACT) 점수를 평균 3.2점 향상시키고, 급성 악화 발생률을 27.6% 감소시키는 효과를 보여 주었다고 하였다.

④ (X) 천식 환자의 약 70%는 알레르겐에 대한 감작이 확인되었으며, 그중 집먼지진드기(56.8%)와 꽃가루(32.4%)가 가장 흔한 원인 알레르겐으로 나타났다고 하였으나, 환경관리가 약물치료보다 더 효과적이라는 비교 내용은 제시되어 있지 않다.

09 의사소통능력   정답 ①

패턴 06 접속사
소재 천식의 위험 요인과 관리

① (O) '또한'은 비슷한 종류의 내용이나 정보를 추가할 때 사용한다. 모바일 앱과 웨어러블 기기를 활용한 자가관리 프로그램에 이어 인공지능 기술을 활용한 맞춤형 치료 방안이라는 또 다른 디지털 헬스케어 기술의 사례를 추가하고 있으므로 문맥상 ⓐ에 '또한'이 들어가는 것이 가장 적절하다.

② (X) '요컨대'는 앞서 설명한 내용을 요약하거나 정리할 때 사용한다. 인공지능 기술을 활용한 치료 방안은 앞서 언급한 내용의 요약이 아니라 디지털 헬스케어 기술의 또 다른 예시이므로 적절하지 않다.

③ (X) '그러나'는 앞의 내용과 상반되거나 대조되는 내용을 이어 줄 때 사용한다. 여기서는 모바일 앱과 웨어러블 기기의 효과와 인공지능 기술을 활용한 치료 방안이 상반되는 내용이 아니라 디지털 헬스케어 기술의 두 가지 사례로 병렬적으로 제시되고 있으므로 적절하지 않다.

④ (X) '더욱이'는 앞서 제시된 내용에 더해 강조하거나 정도가 심함을 나타낼 때 사용한다. 인공지능 기술을 활용한 치료 방안은 모바일 앱과 웨어러블 기기의 효과를 강조하거나 심화시키는 내용이 아니라 별개의 디지털 헬스케어 기술로 제시되고 있으므로 문맥상 적절하지 않다.

10 의사소통능력   정답 ③

패턴 03 내용 추론·적용
소재 결핵환자 발생 현황

ㄱ. (X) 제시문에서 폐결핵과 폐외결핵 환자의 치료 성공률에 대한 비교 정보는 제공되지 않았다.

ㄴ. (O) 2024년 결핵환자 중 65세 이상 결핵환자가 10,534명으로, 전체 환자(17,944명)의 58.7%를 차지했다고 하였다.

ㄷ. (X) 2024년 민간-공공협력 결핵관리 참여 현황은 의료기관 174개, 294명, 보건소 259개, 595명이다. 따라서 의료기관 수(174개)는 보건소 수(259개)보다 적음을 알 수 있다.

ㄹ. (O) 제시문에 따르면 외국인 결핵환자는 2024년에는 1,077명으로 전년(1,107명) 대비 2.7% 감소하였으나, 전체 환자 중 외국인 비중은 6%로 전년 대비 0.3%p 증가하였다.

> **패턴 실전화 TIP**
> 제시문이 연도와 연령대 등에 따른 연속적인 수치를 다양하게 제시하는 경우 [보기]에서 어떤 방향으로 제시문을 읽어야 하는지를 먼저 파악하는 것이 필수이다. 특히 해당 제시문과 같이 거의 모든 문단이 수를 다루고 있다면 오히려 [보기]를 기준으로 잡고 제시문에서 해당 내용이 있는지 없는지를 확인해 나가는 것이 방법이 될 수 있다.

11 의사소통능력   정답 ④

패턴 07 빈칸 추론
소재 결핵환자 발생 현황

① (X) 제시문에 65세 이상 인구층에서 새로운 결핵 감염이 급증했다는 내용은 없다. 오히려 65세 이상 결핵환자는 전년 대비 6.9% 감소했다고 명시되어 있다.

② (X) 결핵 고위험국가 출신 장기체류자가 주로 고령층이라는 내용은 없다.

③ (X) 민간-공공협력 결핵관리가 고령층 위주로 이루어지고 있다는 내용은 없다.

④ (O) 제시문의 자료를 보면, 2011년 전체 결핵환자는 50,491명에서 2024년 17,944명으로 크게 감소했다(약 64.5% 감소). 같은 기간 65세 이상 환자는 15,232명에서 10,534명으로 감소했지만, 그 감소율(약 30.8%)은 전체 환자 감소율보다 작다. 따라서 전체 환자 중 65세 이상 환자가 차지하는 비율이 증가한 것으로 볼 수 있다.

12 의사소통능력 정답 ②

패턴 04 문장 삭제
소재 결핵환자 발생 현황

㉠ (○) ㉠의 이전 문장에서 65세 이상 결핵환자의 증감과 전체 환자에 대한 비중을 언급하고 있고 ㉠에서는 인구 10만 명당 65세 이상 결핵환자의 수를 언급하고 있으므로 흐름이 자연스럽다.

㉡ (×) ㉡의 이전 문장에서는 다제내성 결핵환자의 증감에 대해 언급하고 있어 ㉡이 보충하고 있다고 보이지만, 해당 문단뿐만 아니라 글 전반이 국내 결핵환자에 대해 다루고 있으므로 인근 아시아 국가에 대한 내용은 글의 흐름상 적절하지 않다.

㉢ (○) ㉢의 이전 문장에서 "철저한 환자 관리를 수행 중"이라고 언급하고, ㉢은 결핵 환자 관리를 위한 세부적인 절차를 기술하고 있어 적절하다.

㉣ (○) ㉣의 이전 문장에서 "기술개발 연구 투자를 강화한다"라고 하고, ㉣은 결핵 발병 예측 기술의 고도화와 치료법 개발을 언급하고 있으므로 자연스럽다.

패턴 실전화 TIP
이러한 문항은 난도가 낮을 경우 문장 내에서 사용되는 단어까지 흐름에 맞지 않지만, 난도가 높아질수록 단어는 흐름에 맞추되 실질적인 의미에서 차이를 보이도록 교묘하게 구성하기 때문에 단순히 단어의 차이만으로 판단해서는 안 된다.

13 의사소통능력 정답 ③

패턴 02 내용 부합
소재 모기 매개 감염병과 감시사업

① (○) [매개 모기 감시사업]에 따르면 이집트숲모기 등이 검역 구역 내 매개 모기 감시 대상이며, 해외 유입 매개체 감시가 목적이다.

② (○) [모기 매개 질병과 환자 현황]에 따르면 작은빨간집모기가 일본뇌염을 매개하며, 2024년 국내 발생 환자가 21명으로 기록되어 있다.

③ (×) [매개 모기 감시사업]에 따르면 말라리아 매개체 감시사업의 대상 모기종은 얼룩날개모기류이며 목적은 말라리아 재퇴치를 위한 매개체 및 병원체 감시라고 명시되어 있다.

④ (○) 모기 지수 및 병원체 확인 결과 등을 기준으로 모기 방제와 예방을 위한 주의보 및 경보를 발령한다고 하였다.

14 의사소통능력 정답 ④

패턴 07 빈칸 추론
소재 모기 매개 감염병과 감시사업

① (○) 3문단에서 전국 169개 지역에서 감시를 수행하고 있다고 하였으므로 각 지역에 특화된 방역 대응책을 적용해야 한다는 추론이 가능하다.

② (○) [모기 매개 질병과 환자 현황]에서 황열 등의 매개 질병은 아직 환자가 없는 것으로 나타나 있으므로 해당 질병 또한 주의해야 한다는 추론이 가능하다.

③ (○) 3문단에서 질병관리청과 국방부, 농림축산식품부, 지자체(보건환경연구원, 보건소) 및 민간(기후변화 거점센터)이 협력한다고 하였으므로 이들의 유기적 관계를 촉구할 수 있다.

④ (×) 4문단에서 채집된 모기를 모기 지수로 환산하고 발생 변화를 확인하여 유전자 검사를 통해 병원체 감염 여부를 조사한다고 명시되어 있다. 따라서 병원체 확인 절차를 추가해야 한다는 것은 적절하지 않다.

15 의사소통능력 정답 ②

패턴 02 내용 부합
소재 노인성 질환 대응 방안

① (○) 인공지능과 빅데이터를 활용한 예측 모델과 디지털 치료제 개발이 주목받고 있으며, 이러한 디지털 기술은 미래 노인 의료의 핵심으로 자리 잡을 전망이라고 하였다.

② (×) 만 66세 국가건강검진에 인지기능 검사 항목을 추가하고, 지역 의료기관과 연계한 조기 검진 체계가 구축된다고 하였으나, 이는 특별히 노인성 질환 관리를 위한 것이며, 모든 연령대를 대상으로 한다는 내용은 명시되어 있지 않다. 오히려 만 66세 국가건강검진에 인지기능 검사를 추가한다고 언급하여 노인 대상임을 확인할 수 있다.

③ (○) 6문단에서 "경로당과 노인복지관을 활용한 인지강화 프로그램과 근력운동 교실이 확대되며, 맞춤형 영양상담 서비스도 제공된다."라고 하였다.

④ (○) 7문단에서 "'IoT 기반 스마트 케어 홈' 시범사업을 통해 원격 건강 모니터링과 돌봄 서비스가 제공되며, 이러한 지원 체계는 환자 가족의 심리적, 경제적 부담을 경감하는 데 기여할 것"이라고 하였다.

16 의사소통능력   정답 ③

패턴 ④ 문장 삭제
소재 노인성 질환 대응 방안

㉠ (○) 첫 문단의 중심 내용인 노인성 질환 유병률 증가에 관한 구체적인 사례로 제시되어 있어 글의 흐름에 부합한다.
㉡ (○) 조기 발견 시스템의 중요성과 효과를 설명하는 것으로 문단의 내용을 강화한다.
㉢ (×) 노인성 질환 관리체계라는 글의 주제에서 벗어나 청년층의 만성질환으로 초점을 이동시키고 있어, 문단의 통일성과 글 전체의 일관성을 해치므로 글의 문맥상 삭제하는 것이 바람직하다.
㉣ (○) 글의 내용을 종합하고 결론을 제시하는 역할을 하고 있어 적절하다.

17 의사소통능력   정답 ③

패턴 ⑤ 문단 배열
소재 발전소 주변지역 주민의 건강

(다) (서론 - 문제 제기 및 배경 제시) 발전소가 국가 에너지 공급에 중요한 시설임에도 불구하고, 주변 지역 주민의 건강에 심각한 영향을 미친다는 문제의식을 제시한다. 특히 WHO의 보고와 장기 노출의 위험성을 근거로 제시하며, 이후의 논의가 왜 필요한지를 인식시킨다.
(가) (본론 - 실제 현황과 피해 사례) (다)의 문제 제기에 대한 구체적인 현실 사례를 통계적으로 뒷받침한다. 한국전력통계와 건강영향조사 결과를 통해 발전소 주변 지역 주민들이 실제로 더 높은 질병 발생률을 보이고 있음을 제시하고 있으며, 그 피해가 단순 우려가 아니라 현실이라는 점을 강화한다.
(라) (본론 - 정부 대응 소개) 이러한 실태에 대응한 정부의 제도적 조치를 소개한다. 특히 법률 개정과 예산 투입 등 제도적 기반이 마련되었음을 보여 주며, 정책적 흐름이 시작되었음을 알린다. (가)에서 드러난 문제에 대한 직접적인 대응이 언급된다는 점에서 자연스럽게 연결된다.
(나) (본론 - 구체 정책 내용 설명) (라)에서 소개된 건강영향조사, 환경 모니터링, 건강관리 지원 프로그램의 세 가지 축을 구체적으로 설명한다. 정책 실행 내용이 항목별로 나누어 상세히 제시되며, 정책의 실효성과 운영 방식에 대한 이해를 돕는다. (라)의 정책 도입 이후 그것을 실제로 어떻게 시행하고 있는지를 설명하는 본론의 후속 문단이다.
(마) (결론 - 향후 과제) 전체 내용을 정리하며 결론을 제시한다. 발전소 주변 건강관리 정책의 궁극적인 의미와 필요성을 '환경정의'와 '사회적 형평성'이라는 가치 중심으로 재해석하며 마무리된다. 또한 부처 간 협력과 데이터 기반 정책 수립의 필요성을 강조하며 향후 과제를 짚어 준다.

따라서 문단의 순서는 (다)-(가)-(라)-(나)-(마)가 된다.

18 의사소통능력   정답 ②

패턴 ① 글의 제목·주제·목적
소재 발전소 주변지역 주민의 건강

① (×) 대기오염 측정망과 데이터 기반 분석은 글에서 일부 언급되고 있지만, 이는 전체 정책의 한 요소일 뿐이며 글의 핵심 주제는 아니다. 또한 정책적 활용 방안에 초점을 맞추고 있다는 점도 글의 전체 내용과 일치하지 않는다.
② (○) 글 전체가 발전소 주변지역 주민 건강관리 정책의 배경, 현황, 구체적 내용(건강영향조사, 환경 모니터링, 건강관리 지원 프로그램)을 다루고 있으며, 기관 간 협력을 통한 균형 잡힌 접근(환경정의와 사회적 형평성)을 강조하고 있다.
③ (×) 글에서는 COPD와 천식 발생률 등 일부 질환별 유병률을 언급하고 있지만, 이는 정책의 필요성을 뒷받침하는 배경 정보일 뿐 글의 중심 주제는 아니다. 또한 국가 건강보장 체계의 발전 과정은 글에서 다루고 있지 않다.
④ (×) 글에서는 건강 영향에 대한 일부 역학 연구 결과를 언급하고 있지만, 이것이 글의 중심 주제는 아니다. 또한 '의료서비스 개선 전략'보다는 종합적인 건강관리 정책에 초점을 맞추고 있다.

19 의사소통능력   정답 ③

패턴 ② 내용 부합
소재 인공지능 기반 의료기술 혁신

① (○) 건강정보 고속도로 사업을 가동하여 공공기관과 의료기관에 흩어진 본인의 의료정보를 '나의 건강기록 앱'을 통해 제공하고 있다고 하였고, 주석에서 여러 의료기관이 보유 중인 환자의 진료기록을 환자 본인이 열람하고, 동의 기반으로 원하는 곳에 제공할 수 있는 플랫폼(860개 의료기관 참여)이라고 하였다.
② (○) '보건의료데이터 가이드라인'을 개정하여 의료데이터 활용을 위한 제도적 기반을 강화할 예정이라고 직접적으로 언급하고 있다.

③ (X) 생성형 AI를 기반으로 의료진 – 환자 간 소통을 지원, 진료 편의를 높일 수 있는 기술개발을 내년부터 추진한다고 하였고, 예시로 환자 – 의료진 간 상담내용을 자동으로 병원시스템에 입력 및 환자에게 요약 제공 등을 언급하고 있다. 따라서 이는 이미 시행 중인 사업의 성과가 아니라 내년부터 추진할 계획인 사업이므로 보도자료의 내용과 일치하지 않는다.

④ (O) 병원마다 상이한 의료데이터를 표준화하고자 교류에 필수적인 항목을 정의하여 한국 핵심교류데이터(KR CDI)와 전송표준(KR Core)을 마련·고시하였다고 언급하고 있어, 의료기관 간 데이터 호환성 확보를 위한 국가표준이라는 설명과 일치한다.

20 의사소통능력   정답 ①

패턴 01 글의 제목·주제·목적
소재 인공지능 기반 의료기술 혁신

① (O) ㉠ 이후 이어지는 내용에서 보건복지부가 추진해 온 데이터 표준화, 환자주도 정보 공유, 빅데이터 구축·개방, 제도적 기반 강화 등의 의료데이터 정책 현황과 앞으로의 계획을 설명하고 있어, ㉠에 들어갈 제목으로 '의료데이터 정책 추진 현황 및 향후 계획'이 가장 적절하다.

② (X) 첨단 의료기기 개발에 대한 내용은 언급되지만, ㉠ 이후 부분은 국제 협력 체계에 대해 다루고 있지 않으므로 적절하지 않다.

③ (X) 국가 통합 바이오 빅데이터 사업에 대해 언급하고 있으나, ㉠ 이후 내용에서는 해당 사업의 문제점이나 개선책에 대해 다루고 있지 않고 현재 추진 중인 내용을 설명하고 있다.

④ (X) ㉠ 이후 내용은 지금까지 추진해 온 의료데이터 관련 정책과 향후 계획에 대해 다루고 있으며, 법적 규제 강화 방안을 다루고 있지 않다.

21 수리능력   정답 ③

패턴 09 자료 읽기
소재 A공사 사이트 방문자 수

① (O) 2023년 월평균 사이트 방문자 수는 (1,007,312 + 965,752 + 962,344 + 946,866 + 935,276 + 957,985 + 968,682 + 961,647 + 922,850 + 941,587 + 1,013,189 + 1,025,305)/12 ≒ 967,399.6명이다.

② (O) 2021년 상반기 사이트 방문자 중 3월의 비중은 16.6%[≒890,036/(900,073 + 870,017 + 890,036 + 910,021 + 905,023 + 895,081) × 100]이다.

③ (X) 2024년 11월 사이트 방문자 수는 전월 대비 14.8% [≒(1,061,815 − 924,559)/924,559 × 100] 증가했다.

④ (O) 2021년과 2022년의 매월 사이트 방문자 수를 비교해 보면, 2022년은 2021년에 비해 12개월 모두 방문자 수가 증가하였음을 확인할 수 있다.

> **패턴 실전화 TIP**
> ①의 경우 96만 명을 넘는 달은 제외하고, 96만 명에 미치지 못하는 달을 96만 명을 넘는 달들이 얼마나 채워 줄 수 있는지를 확인하는 것이 빠르다. 96만 명을 넘는 1월, 11~12월이 96만 명을 넘지 못하는 4월, 5월, 9월, 10월에 96만 명을 넘을 때까지 덜어 줄 수 있는지를 보는 것이다. 6월과 같이 96만 명에 살짝 모자란 경우에는 3월처럼 96만 명을 살짝 넘기는 달의 여유분을 덜어 준다고 생각하면 된다.

22 수리능력   정답 ②

패턴 08 자료 계산
소재 A공사 사이트 방문자 수

12월 A공사 사이트 방문자 수 대비 6월 A공사 사이트 방문자 수 비율은 다음과 같다.
- 2020년: 880,020/920,048 × 100 ≒ 95.6%
- 2024년: 969,183/1,007,714 × 100 ≒ 96.2%

따라서 비율의 차이는 96.2 − 95.6 = 0.6%p이다.

23 수리능력   정답 ②

패턴 09 자료 읽기
소재 연령별 차상위 및 한부모가족 수급자

① (O) 1~12월 동안 매월 차상위 및 한부모가족 수급자 수가 가장 많은 연령대는 70세 이상이다.

② (X) 7월 30대 차상위 및 한부모가족 수급자 수는 전월 대비 0.4%[≒|(55,933 − 56,160)|/56,160 × 100] 감소했다.

③ (O) 1~6월 9세 이하 차상위 및 한부모가족 수급자 수는 월평균 (85,307 + 84,840 + 84,731 + 85,392 + 85,838 + 85,413)/6 = 85,253.5명이다.

④ (O) 12월에 50대 차상위 및 한부모가족 수급자는 10대의 107,332/224,422 × 100 ≒ 47.8%이다.

패턴 실전화 TIP

②의 경우뿐만 아니라 보통 0.5%를 계산해야 할 때는 1%를 먼저 구하고 그 값을 다시 반으로 나누는 것이 빠르다. 55,933과 56,160의 차이는 대략 230인데, 56,160의 1%는 561, 이를 다시 반으로 하면 대략 280이다. 두 값의 차이가 이에 훨씬 미치지 못하므로 0.5% 이하로 감소했다고 판단해야 한다.

③에서는 85,000을 기준으로 잡고, 그 이상인 값들이 그 이하인 값들을 얼마나 보상할 수 있는지를 봐야 한다. 2월과 3월이 85,000 이상이 되려면 대략 430 정도가 더 필요한데, 나머지 월의 값들이 이를 충분히 보상하므로 빠르게 결정할 수 있다.

④는 위 ②의 경우와 비슷하게 224,422의 45%를 빠르게 구해야 한다. 이 과정에서 자릿수를 줄이면 더 원활하다. 224,422를 224로 잡고 그 절반은 대략 112이다. 그리고 추가로 5%, 즉, 224의 10%의 절반을 다시 빼 준다. 224의 10%는 22.4이고, 이것의 절반은 11.2이다. 112에서 11.2를 빼면 107보다 훨씬 작아지므로 10대 대비 50대의 비율은 45%보다 더 크다고 신속히 판단할 수 있다.

24 수리능력 정답 ①

패턴 08 자료 계산
소재 연령별 차상위 및 한부모가족 수급자

조사 기간 중 40대 차상위 및 한부모가족 수급자가 가장 많은 달은 1월이다. 1월 차상위 및 한부모가족 수급자 중 39세 이하 비중은 43.7%[≒(85,307+221,340+77,498+55,278)/(85,307+221,340+77,498+55,278+138,815+107,295+78,555+241,655)×100]이다.

25 수리능력 정답 ④

패턴 09 자료 읽기
소재 상급종합병원 간호사 수

① (○) 상급종합병원 분기 평균 간호사 수는 다음과 같다.
  • 서울: (28,254+28,201+28,305+28,612)/4=28,343명
  • 인천: (4,710+4,696+4,624+4,786)/4=4,704명
  따라서 서울의 상급종합병원 분기 평균 간호사 수는 인천의 약 6.0배(≒28,343/4,704)이다.
② (○) 1분기 부산, 대구, 울산의 상급종합병원 간호사 수는 13,596명(=5,428+6,548+1,620)이다.

③ (○) 4분기 상급종합병원 간호사 수가 1분기 대비 증가한 지역은 서울, 부산, 인천, 대전, 울산, 경기, 전북, 경북, 강원 9개이다.
④ (×) 3분기 상급종합병원 간호사 수의 직전 분기 대비 증가율은 다음과 같다.
  • 부산: (5,403-5,384)/5,384×100≒0.4%
  • 경기: (9,450-9,402)/9,402×100≒0.5%

패턴 실전화 TIP

①의 경우, 분기별로 서울과 인천의 간호사 수의 변동폭이 크지 않다는 점을 이용해야 한다. 실제 평균을 구해서 비교하기보다는 각 분기별로 인천의 간호사 수에 5를 곱해도 서울의 간호사 수에 미치지 않으므로 결국 전체 평균이 5배 이상 차이가 난다는 것을 이해할 수 있다.
④의 경우, 부산은 19가 증가하고, 경기는 48이 증가했다. 이때 경기의 증가량은 부산의 증가량보다 2배가 훨씬 넘지만, 증가율 계산에서 분모가 되는 부산의 5,384와 경기의 9,402를 비교해 보면 2배가 넘지 않는다. 따라서 경기도의 증가율이 더 높다는 것을 유추할 수 있다.

26 수리능력 정답 ②

패턴 11 자료 변환
소재 상급종합병원 간호사 수

서울, 부산, 대구, 인천의 상급종합병원 간호사 수 대비 상급종합병원 의사 수 비율은 다음과 같다.
• 1분기: (9,591+1,357+1,752+1,158)/(28,254+5,428+6,548+4,710)×100≒30.8%
• 4분기: (7,047+887+1,104+854)/(28,612+5,439+6,500+4,786)×100≒21.8%

따라서 2024년 1분기와 2024년 4분기의 서울, 부산, 대구, 인천의 상급종합병원 간호사 수 대비 상급종합병원 의사 수 비율의 차이는 9.0%p(=30.8-21.8)이다.

27 수리능력 정답 ①

패턴 09 자료 읽기
소재 A시술 현황

① (×) 조사기간 중 A시설 환자 수가 전년 대비 감소한 해는 2019년, 2020년, 2023년 3개년이다.
② (○) 2017년 A시술 건수 중 20세 이상 60세 미만의 비중은 71.9%[≒(582+841+817+874)/4,332×100]이다.

③ (○) 2019년 40대 A시술 건수와 A시술 환자 수의 전년 대비 감소율은 다음과 같다.
- A시술 건수: $|(1,027-1,121)|/1,121 \times 100 ≒ 8.4\%$
- A시술 환자수: $|(344-361)|/361 \times 100 ≒ 4.7\%$

따라서 2019년 40대 A시술 건수의 전년 대비 감소율은 같은 해 40대 A시술 환자수의 전년 대비 감소율의 1.8배($≒8.4/4.7$)이다.

④ (○) 2018~2021년에 매해 40대까지는 연령에 따라 A시술 건수가 상승하다가 50대가 되면서 하락하기 시작한다.

28 수리능력   정답 ③

| 패턴 | ⑧ 자료 계산 |
| 소재 | A시술 현황 |

A시술 환자 1명당 시술 건수는 다음과 같다.

구분	2017년	2023년	증가량
10대	265/121 ≒2.2건	259/81 ≒3.2건	3.2−2.2 =1.0건
20대	582/220 ≒2.6건	570/162 ≒3.5건	3.5−2.6 =0.9건
30대	841/315 ≒2.7건	763/178 ≒4.3건	4.3−2.7 =1.6건
40대	817/298 ≒2.7건	816/213 ≒3.8건	3.8−2.7 =1.1건

따라서 2017년 대비 2023년에 가장 큰 증가량을 보인 연령대는 30대이다.

29 수리능력   정답 ③

| 패턴 | ⑨ 자료 읽기 |
| 소재 | 다빈도 상병별 입원 및 외래 |

① (✕) 노년백내장은 폐렴보다 입원인원이 많지만, 1인당 입원일수는 폐렴보다 적다.
② (✕) 고혈압과 급성 기관지염의 외래인원 합은 23,865,316명($=7,184,269+16,681,047$)이다.
③ (○) 폐렴 입원인원 1인당 진료비는 치매 입원인원 1인당 진료비의 24.1%($≒3,390,983/14,055,629 \times 100$)이다.
④ (✕) 입원인원 상위 10개 상병 중 외래인원 상위 10개 내에 포함되는 상병은 응급사용 1개이다.

30 수리능력   정답 ②

| 패턴 | ⑧ 자료 계산 |
| 소재 | 다빈도 상병별 입원 및 외래 |

㉠ 추간판장애 입원인원의 총 입원일수는 1,520,280일($≒218,431 \times 6.96$)이다.
㉡ 비염 외래인원의 총 외래일수는 17,975,673일($≒7,427,964 \times 2.42$)이다.
따라서 ㉡−㉠의 값은 16,455,393($=17,975,673-1,520,280$)이다.

31 수리능력   정답 ①

| 패턴 | ⑩ 자료 연결 |
| 소재 | 투여경로별 의약품 |

① (✕) 2022년 외용제 청구 건수는 2019년 대비 6.3% 감소[$≒|(105,969-113,078)|/113,078 \times 100$]했다.
② (○) 2023년 의약품 청구 건수 1건당 청구 금액은 다음과 같다.
- 내복제: $178,049 \times 100/545,046 ≒ 32.7$천 원
- 주사제: $65,591 \times 100/181,473 ≒ 36.1$천 원
- 외용제: $14,382 \times 100/116,117 ≒ 12.4$천 원

③ (○) 2015~2023년 중 주사제 의약품 청구 건수가 전년 대비 감소한 해는 2015년, 2017년, 2019년, 2020년, 2021년 5개년이다.
④ (○) 2014년 내복제 비중은 다음과 같다.
- 청구 건수: $491,353/769,547 \times 100 ≒ 63.8\%$
- 청구 금액: $95,155/132,818 \times 100 ≒ 71.6\%$

패턴 실전화 TIP

①의 경우에는 두 값의 차이가 2019년의 외용제 청구 건수에 어느 정도의 비율로 잡히는지 어림짐작해보는 것이 좋다. 2019년 외용제 청구 건수는 100,000보다 더 큰데, 차이는 약 7,000이므로 감소율은 7% 보다도 낮게 나올 것이라 생각할 수 있다.

④는 청구 금액의 수치를 청구 건수의 수치와 비슷한 정도가 되도록 분모와 분자에 특정 수를 곱하여 비교할 수 있다. 95,155/132,818의 분자와 분모에 대략 6을 곱하면, 분모가 769,547보다 조금 클 것이라 어림짐작해도 분자가 491,353보다 훨씬 크기 때문에 청구 금액의 경우가 더 크다고 판단할 수 있다.

32 수리능력   정답 ①

패턴 ⑧ 자료 계산
소재 투여경로별 의약품

- 2019년 의약품 청구건수 중 외용제의 비중은 14%(≒113,078/812,557×100)이다.
- 2014년 내복제 청구 금액은 같은 해 외용제 청구 금액의 13배(≒95,155/7,151)이다.
- 2021년 주사제 청구금액은 2019년 대비 11%[≒(51,480-46,530)/46,530×100] 증가했다.

따라서 ㉠~㉢에 들어갈 수치의 대소비교는 ㉠>㉡>㉢이다.

33 수리능력   정답 ③

패턴 ⑨ 자료 읽기
소재 노인 복지 생활 시설

① (X) 조사 기간 중 노인복지주택 입소 정원이 가장 많은 해는 2023년이다.
② (X) 2021년 노인의료복지시설 입소 정원은 노인주거복지시설 입소 정원의 11.1배(≒214,683/19,383)이다.
③ (O) 노인여가복지시설에 속하는 하위 시설의 시설 수 기준 순위는 경로당, 노인교실, 노인복지관의 순으로 매년 동일하다.
④ (X) 2021년 노인 복지 생활 시설 수는 전년 대비 감소, 2021년 노인 복지 생활 입소 정원은 전년 대비 증가했다.

34 수리능력   정답 ④

패턴 ⑪ 자료 변환
소재 노인 복지 생활 시설

① (O) 노인주거복지시설 1개소당 입소 정원은 다음과 같다.
- 2020년: 20,497/352≒58.2명
- 2021년: 19,383/337≒57.5명
- 2022년: 19,355/308≒62.8명
- 2023년: 19,369/297≒65.2명

② (O) 2022년 노인여가복지시설 하위 시설 수의 전년 대비 증가율은 다음과 같다.
- 노인복지관: (366-357)/357×100≒2.5%
- 경로당: (68,180-67,211)/67,211×100≒1.4%
- 노인교실: (1,240-1,255)/1,255×100≒-1.2%

③ (O) 노인요양시설과 노인요양공동생활가정 입소 정원의 차이는 다음과 같다.
- 2020년: 186,289-16,786=169,503명
- 2021년: 199,134-15,549=183,585명
- 2022년: 216,784-15,451=201,333명
- 2023년: 228,495-14,479=214,016명

④ (X) 노인 복지 생활 시설 수의 전년 대비 증가량은 다음과 같다.
- 2021년: 74,981-75,082=-101개소
- 2022년: 76,163-74,981=1,182개소
- 2023년: 76,891-76,163=728개소

35 수리능력   정답 ④

패턴 ⑩ 자료 연결
소재 A질병 환자 현황

① (O) A질병 환자 1명당 내원 일수는 다음과 같다.
- 2019년: 60,183/8,896≒6.8일
- 2021년: 79,321/11,770≒6.7일

② (O) 2019년과 2020년의 연령대별 내원 일수를 비교해 보면, 2020년은 2019년에 비해 모든 연령대에서 내원 일수가 감소하였음을 확인할 수 있다.

③ (O) A질병 환자 내원 일수 중 10세 미만의 비중은 다음과 같다.
- 2021년: 27,837/79,321×100≒35.1%
- 2022년: 8,753/24,559×100≒35.6%

④ (X) 2023년 30대 A질병 환자 수와 내원 일수의 2020년 대비 감소율은 다음과 같다.
- 30대 A질병 환자 수: |(289-1,315)|/1,315×100≒78.0%
- 30대 A질병 환자 내원 일수: |(952-6,484)|/6,484×100≒85.3%

36 수리능력   정답 ③

패턴 ⑧ 자료 계산
소재 A질병 환자 현황

㉠ 2018년 A질병 환자 내원 일수는 57,317일(≒60,183/1.05)이다.
㉡ 2024년 A질병 환자 수의 2019년 대비 감소율은 68%[≒|(2,871-8,896)|/8,896×100]이다.

따라서 ㉠와 ㉡의 합은 57,385이다.

37 수리능력 정답 ④

패턴 ⑨ 자료 읽기
소재 장애인 학대 신고접수 건수

① (○) 조사 기간 중 전화 방법으로 장애인 학대 신고접수를 한 건수가 가장 많은 해와 가장 적은 해의 전화 건수 차이는 451건(=3,566-3,115)이다.
② (○) 장애인 학대 신고접수 건수 중 온라인과 내방 방법의 건수 차이는 다음과 같다.
 • 2020년: |256-260|=4건
 • 2021년: |368-234|=134건
 따라서 2021년 장애인 학대 신고접수 건수 중 온라인과 내방 방법의 건수 차이는 전년 대비 134-4=130건 증가했다.
③ (○) 조사 기간 중 경찰통보 경로로 장애인 학대 신고접수를 한 건수가 가장 많은 해는 735건인 2023년이다.
④ (×) 장애인 학대 신고 접수 건수 중 신고 경로의 비중은 다음과 같다.
 • 2022년: 4,008/4,958×100≒80.8%
 • 2023년: 4,270/5,497×100≒77.7%

패턴 실전화 TIP
④의 경우에서 4,008/4,958, 4,270/5,497을 분자, 분모끼리 비교할 수 있다. 분자는 6%보다 살짝 더 늘어난 수준이지만, 분모는 10% 정도 늘었다는 사실을 통해 결국 비중이 줄어들었음을 알 수 있다.

38 수리능력 정답 ④

패턴 ⑪ 자료 변환
소재 장애인 학대 신고접수 건수

① (○) 2019년 경로별 장애인학대 신고접수 건수의 구성비는 다음과 같다.
 • 신고: 3,539/4,376×100≒80.9%
 • 인지: 249/4,376×100≒5.7%
 • 이관: 45/4,376×100≒1.0%
 • 연계: 127/4,376×100≒2.9%
 • 경찰통보: 416/4,376×100≒9.5%
② (○) 전체 장애인 학대 신고접수 건수의 전년 대비 증가량은 다음과 같다.
 • 2020년: 4,208-4,376=-168건
 • 2021년: 4,957-4,208=749건
 • 2022년: 4,958-4,957=1건
 • 2023년: 5,497-4,958=539건
③ (○) 팩스와 우편 방법의 장애인 학대 신고접수 건수의 합은 다음과 같다.
 • 2019년: 64+16=80건
 • 2020년: 313+7=320건
 • 2021년: 466+14=480건
 • 2022년: 281+5=286건
 • 2023년: 236+11=247건
④ (×) 2021년 경로별 장애인 학대 신고접수 건수의 전년 대비 증가율은 다음과 같다.
 • 신고: (4,055-3,531)/3,531×100≒14.8%
 • 인지: (186-197)/197×100≒-5.6%
 • 이관: (60-40)/40×100=50.0%
 • 연계: (157-133)/133×100≒18.0%
 • 경찰통보: (499-307)/307×100≒62.5%

39 수리능력 정답 ③

패턴 ⑩ 자료 연결
소재 퇴직연금 가입 근로자

① (○) 65세 이상 퇴직연금 가입 대상 근로자 중 미가입 근로자 수는 다음과 같다.
 • 2019년: 694,437-205,317=489,120명
 • 2020년: 743,956-232,972=510,984명
② (○) 2022년 퇴직연금 가입 근로자 수가 전년 대비 증가한 연령대는 20대, 30대를 제외한 나머지 5개이다.
③ (×) 2021년 40대 퇴직연금 가입 근로자 수는 2019년 대비 (1,806,768-1,703,919)/1,703,919×100≒6.0% 증가했다.
④ (○) 2023년에 20대 퇴직연금 가입 대상 근로자 수는 50대 퇴직연금 가입 대상 근로자 수의 1,394,769/3,138,685×100≒44.4%이다.

패턴 실전화 TIP
①의 경우에서 가입 근로자 수는 3만 명이 미치지 못하게 증가했지만, 가입 대상 근로자 수는 4만 명도 넘게 증가했으므로 두 값의 차이인 미가입 근로자 수도 증가했다고 이해할 수 있다.
③은 두 값의 만의 자리 이하는 절삭하고, 17에서 8%가 증가하면 18에 근접하는지 확인하는 것이 좋다. 우선 17의 1%인 0.17에 8배를 곱하면 1.36인데, 이는 17과 18의 차이인 1보다 크다. 따라서 8%에 미치지 못하게 증가했다고 판단해야 한다.

40 수리능력 정답 ④

패턴 08 자료 계산
소재 퇴직연금 가입 근로자

2023년 퇴직연금 가입 근로자 수의 2019년 대비 증가율은 다음과 같다.
- 40대: (1,882,546−1,703,919)/1,703,919×100≒10.5%
- 50대: (1,658,786−1,338,760)/1,338,760×100≒23.9%
- 60세 이상 64세 이하: (441,042−298,320)/298,320×100≒47.8%
- 65세 이상: (346,963−205,317)/205,317×100≒69.0%

41 문제해결능력 정답 ①

패턴 12 정보 확인
소재 금연치료 지원사업

① (×) '2. 프로그램 구성'에서 차수당 8~12주 이내 최대 6회의 상담이 가능하고, 상담 및 치료 회차당 2주 이내의 처방이 가능하다고 하였으므로, 차수당 12주 이내의 처방이 가능하며, 금연 참여자 등록은 연 3차수 허용한다고 하였으므로 연간 가능한 금연치료 의약품 최대 처방기간은 36주로 보아야 한다.
② (○) '3. 프로그램 상세'에서 이수 기준으로 바레니클린은 84일 이상 투약이라고 하였다.
③ (○) '3. 프로그램 상세'에서 2019. 1. 1.부터 금연치료 프로그램 참여자 대상 건강관리물품 지급제도는 폐지되었다고 하였으며, 금연치료 프로그램을 모두 이수한 참여자에게는 본인부담금 환급만 제공한다고 설명하고 있다.
④ (○) '3. 프로그램 상세'에서 저소득층(건강보험료 하위 20% 해당자: 공단 80%, 국고 지원금 20% 지원) 및 의료급여 수급권자(국고 지원금 100% 지원)는 1~2회 본인부담금 전액 지원(보조제는 별도로 정한 상한액 이내)받는다고 하였다.

42 문제해결능력 정답 ②

패턴 15 계산
소재 금연치료 지원사업

'3. 프로그램 상세'에 따르면 건강보험 가입자는 1~2회 상담 및 의약품 구입비용의 80%를 지원받으며, 본인부담률은 20%이다. 저소득층(건강보험료 하위 20%)은 공단에서 80%, 국고 지원금으로 20%를 지원받는다. 따라서 본인부담금이 발생하지 않는다. 의료급여 수급권자는 국고 지원금 100% 지원이므로 역시 본인부담금이 발생하지 않는다.
㉠ A (건강보험 본인부담금): 30,800원×20%=6,160원
㉡ B (저소득층 본인부담금): 0원(본인 부담 없음)
㉢ C (건강보험 공단 지원금): 30,800원×80%=24,640원
㉣ D (저소득층 공단 지원금): 30,800원×80%=24,640원
따라서 ㉠~㉣의 합은 6,160원+0원+24,640원+24,640원=55,440원이다.

43 문제해결능력 정답 ③

패턴 12 정보 확인
소재 가정 양육수당

① (○) '1. 지원 대상'에서 초등학교 미취학 24개월 이상 86개월 미만의 아동이라고 하였다. 따라서 24개월 미만 영유아는 지원 대상이 아니다.
② (○) '2. 지원 금액' 표에서 농어촌 양육수당 항목의 경우 36개월 이상 47개월 미만 연령대에 12만 9천 원으로 명시되어 있다.
③ (×) '2. 지원 금액' 표에서 장애아동 양육수당은 24개월 이상 35개월 이하 연령대에는 20만 원이 지급되고, 36개월 이상 86개월 미만 연령대에는 10만 원이 지급된다. 따라서 모든 연령대에서 일률적으로 20만 원이 지급되는 것은 아니다.
④ (○) '4. 관련 참고 사항'에서 90일 이상 지속하여 해외에 체류하는 경우에는 그 기간 동안 양육에 필요한 비용의 지원을 정지한다고 명시되어 있다. 따라서 해외에 60일 체류하는 경우는 90일 미만이므로 양육비용 지원이 정지되지 않는다.

44 문제해결능력 정답 ③

패턴 15 계산
소재 가정 양육수당

'가정 양육수당'은 어린이집 등을 이용하지 않고 가정에서 양육되는 아동에게 지급되며, 아동의 연령(월령) 기준은 일반적으로 기준일(문제에서 명시된 2025년 5월 1일)로 계산한다.
갑: 28개월이며 장애인으로 등록되어 있고 가정양육 중이므로, 5~7월 동안 장애아동 양육수당 월 20만 원씩 총 60만 원이 지급된다.

을: 37개월이며 농어촌 지원 자격이 있고 가정양육 중이므로, 5~7월 동안 농어촌 양육수당 월 12만 9천 원씩 총 38만 7천 원이 지급된다.
병: 5월 1일 기준 22개월로 지원 대상이 아니며, 6월 10일에 24개월이 되어 해당 월부터 양육수당을 받을 수 있다. 양육수당은 월 단위로 지급되므로, 6~7월 동안 월 10만 원씩 총 20만 원이 지급된다.
정: 40개월로 농어촌 자격이 있으나 5월까지는 어린이집 이용 중으로, 6월 1일부터 가정양육으로 전환된다. 따라서 6~7월 동안 농어촌 양육수당 월 12만 9천 원씩 총 25만 8천 원이 지급된다.
따라서 총 지급액은 60+38.7+20+25.8=144만 5천 원이다.

45 문제해결능력 정답 ④

패턴 ⑬ 정보 추론
소재 청년월세지원 사업

① (O) '5. 선정 기준'에 따르면 신청자의 소득이 기준 중위소득 120%이고, 임차보증금이 1,500만 원, 월세가 55만 원일 경우, 이는 3구간의 조건(임차보증금 2,000만 원 이하, 월세 60만 원 이하, 기준 중위소득 120% 이하)에 부합하므로 3구간에 선정될 수 있다.
② (O) '6. 지원 신청 제외자'에 따르면 '서울시 청년수당을 받고 있는 사람'은 제외되지만 '사업 신청일' 기준으로 수급이 종료된 경우에는 신청이 가능한 것으로 나타나 있다. 따라서 사업 신청일 2년 전에 1년 동안 수당을 지급받았으면 신청이 가능하다.
③ (O) '2. 선정 인원'에 따르면 선정될 인원이 25,000원이며 '5. 선정 기준'에서는 "기준을 충족하는 신청 인원이 선정 인원을 초과할 경우 구간별 전산 무작위 추첨"이라고 명시되어 있다. 따라서 요건이 모두 선정 기준에 부합되어도 탈락할 수 있다.
④ (X) '6. 지원 신청 제외자'에 따르면 '신청자 본인'이 '차량시가표준액 2,500만 원 이상의 자동차를 소유한 사람'일 경우 제외한다고 명시되어 있다.

패턴 실전화 TIP
어떤 지원 제도의 선발 기준이 제시될 때는 보통 1~4개 정도의 항목에 나눠 제시하고 항목별로 기준을 적용해야 하는 보기와 여러 개의 항목 기준을 동시에 적용해야 하는 보기가 제시된다. 예를 들어, '4. 지원 기준'의 소득을 만족하면서 '6. 지원 신청 제외자'의 다른 지원 제도 수급 이력을 동시에 따져 보아야 하는 것이다. 따라서 지원 제도의 제시문을 처음에 읽을 때 선발 기준의 어떤 항목이 다른 항목과 섞일 수 없는 독립적 기준이고 어떤 항목이 다른 항목과 엮일 수 있는 상호연관적 기준이 될 수 있을지 염두에 두는 것이 좋다.

46 문제해결능력 정답 ②

패턴 ⑭ 적합자 선정
소재 청년월세지원 사업

갑: (3구간) 임차보증금 2천만 원, 월세 55만 원, 기준 중위소득 115%는 3구간 조건(임차보증금 2천만 원 이하, 월세 60만 원 이하, 소득기준 120% 이하)을 모두 충족한다. 차량 시가 2천만 원을 소유하고 있으나, 일반재산 총액(임차보증금 2천만 원+차량 2천만 원=4천만 원)이 1억 3천만 원 이하이고, 차량시가표준액도 2,500만 원 미만이므로 제외 대상이 아니다. 따라서 A는 신청 가능하며 3구간에 해당한다.
을: (신청 불가) 만 40세로 청년월세지원 연령 기준(만 19~39세)을 초과하므로 신청 불가하다.
병: (신청 불가) 임차보증금 7천만 원은 기준을 충족하나, 월세가 70만 원으로 60만 원을 초과한다. 이 경우 보증금 월세 환산액과 월세 합산액이 96만 원 이하인지 확인해야 한다. 보증금 월세 환산액은 7천만 원×5.5%/12=약 32.1만 원이며, 이를 월세 70만 원과 합산하면 약 102.1만 원으로 96만 원을 초과하므로 신청 불가하다.
정: (4구간) 임차보증금 4백만 원, 월세 35만 원은 1구간 조건(임차보증금 5백만 원 이하, 월세 40만 원 이하)을 충족하나, 부모의 기준 중위소득이 125%로 1구간 소득기준(120% 이하)을 초과한다. 그러나 전체 소득 기준 150% 이하는 충족하므로, 4구간(임차보증금 8천만 원 이하, 월세 60만 원 이하, 소득기준 150% 이하)에 해당한다. 따라서 신청 가능하며 4구간에 해당한다.
따라서 정답은 갑-3구간, 을-신청 불가, 병-신청 불가, 정-4구간이다.

47 문제해결능력 정답 ②

패턴 ⑫ 정보 확인
소재 결혼이민자 간이귀화 요건

① (X) '2. (2) 거주기간의 계산'에 따르면, "위 거주기간의 시작은 적법하게 입국해서 외국인등록을 마친 날"이라

고 명시되어 있다. 따라서 거주기간은 비자 발급일이 아니라 외국인등록을 마친 날부터 계산한다.
② (○) '3. (2)'에 따르면, '벌금형의 선고를 받은 사람이 그 벌금을 납부한 날부터 5년이 지나지 않은 경우'에는 품행이 단정하지 않은 것으로 본다. 즉, 벌금 납부 후 5년이 지나야 품행이 단정한 것으로 인정받을 수 있고, 그 전까지는 법무부장관의 별도 인정이 없는 한 귀화허가를 받을 수 없다.
③ (✕) '2. (3)'에 따르면, '국민인 배우자와의 사이에서 출생한 미성년의 자녀를 양육하고 있거나 양육하여야 할 경우'에도 "잔여기간을 채우고 난 후 법무부장관의 인정에 의해 간이귀화 허가신청이 가능"이라고 명시되어 있다. 즉, 거주기간 요건이 면제되는 것이 아니라, 잔여기간을 채워야 한다.
④ (✕) '3. (2)'에 따르면, 「출입국관리법」 제59조 제2항에 따른 강제퇴거명령을 받은 사람이 출국한 날부터 10년이 지나지 않은 경우'와 「출입국관리법」 제68조 제1항에 따른 출국명령을 받은 사람이 출국한 날부터 5년이 지나지 않은 경우'에 품행이 단정하지 않은 것으로 본다. 즉, 출국명령을 받은 경우는 출국일로부터 5년이 지나야 품행이 단정한 것으로 인정받을 수 있으며, 10년은 강제퇴거명령에 해당한다.

48 문제해결능력 정답 ④

패턴 ⑭ 적합자 선정
소재 결혼이민자 간이귀화 요건

① (✕) 사실혼 관계이므로 간이귀화가 아닌 일반귀화 대상이다. 사실혼 상태라도 귀화허가 신청을 할 수 있는데, 다만 이 경우는 간이귀화가 아니라 일반귀화에 해당되므로 국내에 계속해서 5년 이상 거주해야 신청 가능하다. A는 3년 거주했으므로 아직 일반귀화 요건도 충족하지 못한다.
② (✕) 결혼한 후 2년 6개월이 지났으나, 대한민국에 주소를 둔 기간이 7개월에 불과하다. 따라서 "결혼한 상태로 2년 이상 계속 대한민국에 주소가 있을 것"이라는 요건을 충족하지 못하고, "결혼한 후 3년이 지나고 결혼한 상태로 대한민국에 1년 이상 주소가 있을 것"이라는 요건도 충족하지 못한다(결혼 후 3년이 되지 않았고, 주소 기간도 1년 미만).
③ (✕) 결혼한 지 1년 8개월이 되었으므로 "결혼한 상태로 2년 이상 계속 대한민국에 주소가 있을 것"이라는 요건을 충족하지 못한다. 또한 "결혼한 후 3년이 지나고 결혼한 상태로 대한민국에 1년 이상 주소가 있을 것"이라는 요건도 충족하지 못한다(결혼 후 3년이 되지 않음).
④ (○) 결혼한 지 3년 2개월이 되었고, 대한민국에 1년 3개월 동안 주소를 두고 있다. 따라서 "결혼한 후 3년이 지나고 결혼한 상태로 대한민국에 1년 이상 주소가 있을 것"이라는 요건을 충족한다.

49 문제해결능력 정답 ③

패턴 ⑬ 정보 추론
소재 기초연금 사업

① (○) '4. 기초연금의 감액'에서 '본인과 그 배우자가 모두 수급권자인 경우에는 각각의 기초연금액에서 기초연금액의 20%를 감액'한다고 명시되어 있다.
② (○) '5. 재산 조사'의 [연도별 적용 자연적 소비금액] 표에서 2023년 기준 3인 가구의 자연적 소비금액은 2,217,408원이고, 4인 가구는 2,700,482원으로 명시되어 있다. 이는 월 기준 금액이며, 기준 중위소득의 50%이므로 2023년 기준 중위소득은 3인 가구의 경우 2,217,408원×2=4,434,816원, 4인 가구는 2,700,482원×2=5,400,964원이다.
③ (○) '3. 수급권자의 범위'에서 '공무원, 사립학교교직원, 군인, 별정우체국직원 등 직역연금의 수급권자와 그 배우자는 기초연금 지급대상에서 제외'한다고 명시되어 있다.
④ (✕) '2. 정의'에서 소득평가액 계산식이 '{0.7×(상시근로소득−108만 원)}+기타소득'으로 명시되어 있다. 따라서 상시근로소득에서 108만 원을 공제한 후 30% 추가 공제한다.

50 문제해결능력 정답 ④

패턴 ⑮ 계산
소재 기초연금 사업

'5. 재산 조사'에 따르면, 자연적 소비금액은 재산을 처분한 날이 속하는 달부터 보장기관이 확인한 날이 속하는 달까지를 반영한 금액을 차감한다. A는 단독가구이므로 자연적 소비금액 중 3인 가구 기준을 적용하며, 2021년 11월부터 2023년 3월까지의 자연적 소비금액을 계산하면 다음과 같다.
- 2021년 11~12월(2개월): 2021년 자연적 소비금액×2개월이므로, 1,991,975원×2개월=3,983,950원
- 2022년 1~12월(12개월): 2022년 자연적 소비금액×12개월이므로, 2,097,351원×12개월=25,168,212원

- 2023년 1~3월(3개월): 2023년 자연적 소비금액×3개월이므로, 2,217,408원×3개월=6,652,224원

따라서 자연적 소비금액으로 산정되는 금액은 3,983,950원+25,168,212원+6,652,224원=35,804,386원이다.

51 문제해결능력 정답 ①

패턴 ⑭ 적합자 선정
소재 보금자리주택 사전예약

갑~정의 점수를 [배점기준표]에 따라 정리하면 다음과 같다. 이때 을은 만 6세 미만인 자녀가 2명이므로 10점의 가산점을 받는다는 점에 유의한다.

구분	미성년 자녀 수	가구주 연령 및 무주택 기간	당해 시·도 거주 기간	가산점	총점
갑	40점	20점	15점	—	75점
을	40점	15점	10점	10점	75점
병	35점	20점	15점	—	70점
정	35점	20점	20점	—	75점

갑, 을, 정이 동점인데, "동점자인 경우 ① 미성년 자녀 수가 많은 자, ② 미성년 자녀 수가 같을 경우 가구주의 연령이 많은 자의 순으로 선정한다."라는 주석에 따라 미성년 자녀 수가 많은 갑, 을이 남게 된다. 이 중 가구주의 연령이 더 높은 갑(45세)이 최우선 순위 당첨자가 된다.

52 문제해결능력 정답 ④

패턴 ⑬ 정보 추론
소재 보금자리주택 사전예약

④ (X) 문의를 한 자는 미성년 자녀 수, 가구주 연령 및 무주택 기간, 당해 시·도 거주 기간 배점 모두 최고점을 받았으며, 다음 주 출산 예정인 쌍둥이 태아로 인하여 가점도 10점을 받게 된다. 그러나 보금자리주택 특별공급 사전예약 배점기준에서 청약저축통장 가입 기간은 두지 않고 있으므로 점수를 산정할 수 없을 뿐 아니라, 이로 인하여 당첨 가능성이 낮을 수 있다는 답변은 적절하지 않다.

53 문제해결능력 정답 ①

패턴 ⑫ 정보 확인
소재 노인 일자리 및 사회활동 지원사업

① (X) '2. 참여 대상'에서 시장형은 만 60세 이상 사업 참여 가능자라고 하였고, 고령자친화기업은 시장형에 속한다.
② (O) '5. 선발 제외'에서 노인 일자리 및 사회활동 지원사업 내 중복 참여 불가라고 하였다.
③ (O) '2. 참여 대상'에서 공공형은 만 65세 이상 기초연금 수급자만 참여 가능하므로, 기초연금 수급 자격을 상실하면 참여할 수 없다.
④ (O) '5. 선발 제외'에서 사회서비스형 및 시장형사업단은 해당 사업의 건강보험 직장가입일 경우 해당 없다고 하였다.

54 문제해결능력 정답 ②

패턴 ⑭ 적합자 선정
소재 노인 일자리 및 사회활동 지원사업

갑: (O) '2. 참여 대상'에서 시장형은 만 60세 이상 사업 참여 가능자라고 하였으므로 만 64세는 참여 가능하고, '5. 선발 제외'에서 국민건강보험 직장가입자만 제외되므로 지역가입자는 참여 가능하다.
을: (X) '5. 선발 제외'에서 「국민기초생활보장법」에 의한 생계급여 수급자는 참여할 수 없고, 장기요양보험 등급 판정자 1~5등급 및 인지지원등급도 참여할 수 없다고 하였다.
병: (O) '2. 참여 대상'에서 사회서비스형은 만 65세 이상 사업 참여 가능자라고 하였으므로 참여 가능하고, '5. 선발 제외'에서 의료급여 수급자는 신청 가능하며, 정부 부처 및 지자체에서 추진하는 일자리 사업에 2개 이상 참여하고 있는 자가 제외 대상이므로 1개 참여는 가능하다.
정: (O) '5. 선발 제외'에서 주거급여 수급자는 신청 가능하고, 국민건강보험 직장가입자의 경우 취업알선형은 제외 대상에 해당하지 않음이라고 하였으므로 해당 유형은 직장가입자도 참여 가능하다.

55 문제해결능력 정답 ④

패턴 ⑫ 정보 확인
소재 전 국민 마음투자 지원사업

① (O) 약물·알코올 중독, 중증 정신질환(예: 조현병 등), 심각한 심리적 문제(급박한 자살 위기 등)로 정신건강의학과 진료가 우선적으로 필요한 경우는 지원 대상에서 제외된다.
② (O) 대학교상담센터에서 발급받은 의뢰서로 전 국민 마

음투자 지원사업에 지원할 수 있다.
③ (○) 총 8회의 전문 심리상담 서비스를 바우처 형태로 지원받는다.
④ (×) 나이에 상관없이 '기준'에 해당한다면 지원 가능하다.

56 문제해결능력   정답 ②

패턴 ⑮ 계산
소재 전 국민 마음투자 지원사업

기준 중위소득 85%일 경우 본인부담률은 10%이다. 1급 유형의 경우 1회차당 80,000원이므로 이 중 본인부담률은 10%인 8,000원이다. 따라서 총 8회 동안 진행되므로 8,000×8=64,000원이 A가 부담해야 할 본인부담금의 총액이다.

57 문제해결능력   정답 ④

패턴 ⑫ 정보 확인
소재 호스피스·완화의료 건강보험 지원사업

① (○) '3. 서비스 유형'의 '입원형, 가정형, 자문형'에서 각 서비스 유형의 대상에 말기암 환자가 포함되어 있다.
② (○) '5. 본인 부담금'에서 만성간경화 환자 중 가정형, 외래 자문형을 신청한 경우 본인 부담금은 요양급여비용 총액의 30~60%에 해당한다고 하였다.
③ (○) '3. 서비스 유형'의 '자문형'에 따르면 서비스 내용에 말기암 환자인 경우 호스피스 입원, 가정형 호스피스 연계가 포함된다.
④ (×) '4. 신청 방법'에 따르면 사업 신청 시 호스피스·완화의료 이용 동의서와 '의사가 발급'한 의사소견서를 호스피스 전문기관·시범기관에 제출해야 한다.

58 문제해결능력   정답 ②

패턴 ⑮ 계산
소재 호스피스·완화의료 건강보험 지원사업

'3. 서비스 유형'에서 음악 요법 프로그램이 서비스 내용에 포함된 서비스 유형은 입원형이다. 입원형의 요양급여 적용기준은 입원일당정액, 별도산정목록에 해당하며, 갑에게 청구된 비용 중 입원료, 약제비, 치료재료비, 마약성진통제, 식대는 요양급여 적용기준에 해당한다. '5. 본인 부담금'에서 말기암 환자의 본인 부담금은 요양급여비용 총액의 5%에 해당한다고 하였다. 그러므로 갑의 요양급여비용 총액은 250+300+170+300+100=1,120만 원이고, 본인 부담금은 1,120×0.05=56만 원이다. 입원형의 요양급여 적용기준에 포함되지 않는 간병비 교통비 50만 원도 본인 부담금이므로 갑이 지불해야 하는 금액은 56+50=106만 원이다.

59 문제해결능력   정답 ③

패턴 ⑫ 정보 확인
소재 청년농업인 영농정착 지원사업

① (○) '3. 지원 내용'에서 '독립경영 1년 차는 월 110만 원, 2년 차는 월 100만 원, 3년 차는 월 90만 원 지급'이라고 명시하고 있다.
② (○) '2. 지원 자격'에서 '고등학교·대학교 재학생과 휴학생'은 사업 신청이 불가하다고 명시하고 있다.
③ (×) '2. 지원 자격'에서 '공공기관 및 회사 등에 상근 직원으로 채용되어 매월 보수 또는 보수에 준하는 급여를 받고 있는 자'는 사업 신청이 불가하다고 명시하고 있다.
④ (○) '2. 지원 자격'에서 '진돗개를 제외한 개의 사육을 하는 자'는 사업 신청이 불가하다고 명시하고 있다.

60 문제해결능력   정답 ④

패턴 ⑭ 적합자 선정
소재 청년농업인 영농정착 지원사업

갑: (×) '2. 지원 자격'에서 '사업 시행 연도 기준 만 18세 이상 만 40세 미만('25년 사업 기준 1985. 1. 1.~2007. 12. 31. 출생자)'이라고 명시되어 있다. 갑은 1984년 12월 15일 출생으로 연령 기준을 충족하지 못한다.
을: (×) '2. 지원 자격'에서 '고등학교·대학교 재학생과 휴학생'은 사업 신청이 불가하다고 명시되어 있다. 을은 대학교 4학년 재학 중이므로 신청이 불가능하다.
병: (×) '2. 지원 자격'에서 '진돗개를 제외한 개의 사육을 하는 자'는 사업 신청이 불가하다고 명시되어 있다. 병은 골든리트리버를 키우고 있으므로 신청이 불가능하다.
정: (○) 연령(2000년 1월 10일 출생), 병역(면제자), 영농경력(독립경영 3년 이하), 거주지 기준을 모두 충족하며, 진돗개 사육은 예외 대상이므로 신청에 문제가 없다.

제4회 기출동형 모의고사

정답표

01	02	03	04	05	06	07	08	09	10
③	②	②	④	②	①	③	①	②	①
11	12	13	14	15	16	17	18	19	20
③	④	③	②	③	①	④	②	④	③
21	22	23	24	25	26	27	28	29	30
②	①	④	②	④	③	③	①	②	④
31	32	33	34	35	36	37	38	39	40
③	③	②	④	②	④	①	②	③	①
41	42	43	44	45	46	47	48	49	50
④	③	①	③	②	④	③	④	①	②
51	52	53	54	55	56	57	58	59	60
③	④	③	④	②	④	②	③	③	②

01 의사소통능력 정답 ③

패턴 02 내용 부합
소재 알츠하이머병의 원인과 치료

① (O) (나)에서 가족성 알츠하이머병은 전체 알츠하이머병의 약 5% 미만을 차지한다고 하였다.
② (O) (라)에서 EBP1의 발현량이 알츠하이머병 환자의 뇌 조직에서 감소되어 있음을 관찰했다고 하였다.
③ (X) (다)에서 현재까지 질병의 진행을 근본적으로 막거나 되돌릴 수 있는 치료법은 제한적이라고 하였으며, 현재 사용되는 주요 약물로는 아세틸콜린 분해효소 억제제와 NMDA 수용체 길항제가 있으나, 이들은 일시적인 증상 개선만 가능하다는 한계가 있다고 하였다.
④ (O) (가)에서 이 질환은 베타 아밀로이드(Aβ)라는 단백질이 뇌에 축적되어 형성되는 노인반과 타우 단백질의 과인산화로 인한 신경섬유다발 형성이 주요 병리학적 특징이라고 하였다.

패턴 실전화 TIP

이렇게 신경전달물질, 호르몬 등 신체에서 작용하는 물질이 제시문에 나올 때면 읽는 과정에서 작용의 방향을 미리 숙지하는 것이 좋다. 그 물질이 신체에 긍정적으로 작용하는지, 부정적으로 작용하는지, 다른 물질과 같은 방향으로 작용하는지, 반대의 방향으로 작용하는지 등이 문제의 보기로 출제되기 쉽기 때문이다.

02 의사소통능력 정답 ②

패턴 05 문단 배열
소재 알츠하이머병의 원인과 치료

[문단]은 산발성 알츠하이머병의 원인과 발병 메커니즘에 대해 더 자세히 설명하는 내용이다. (나)에서는 "산발성 알츠하이머병은 전체의 95% 이상을 차지하며, 명확한 유전적 원인 없이 발생하는 것으로 알려져 있다."라고 간략히 언급하고 있다. [문단]은 이 문장을 확장하여 산발성 알츠하이머병의 원인이 "노화, 환경적 요인, 생활 습관, 만성 질환 등 다양한 요인들이 복합적으로 작용"한다는 추가 정보와, "신경염증, 산화 스트레스, 미토콘드리아 기능 이상" 등이 발병과 진행에 중요한 역할을 한다는 최신 연구 내용을 제공하고 있다. 따라서 내용적으로 (나)와 가장 긴밀하게 연결되므로, (나) 바로 뒤에 위치하는 것이 가장 적절하다.

03 의사소통능력 정답 ②

패턴 06 접속사
소재 알츠하이머병의 원인과 치료

① (X) '반면'은 앞의 내용과 뒤의 내용이 대조되거나 반대될 때 사용한다. 빈칸 전후 내용이 단순히 대조되는 관계가 아니라 한계점과 그에 대한 해결책의 관계이므로 적절하지 않다.
② (O) '이에 따라'는 앞의 내용을 바탕으로 뒤의 내용이 결과나 대안, 귀결로 이어질 때 적절하게 사용되는 접속 부사이다. ㉠ 앞에서는 현재의 진단 방법이 "병이 상당히 진행된 후에야 가능하다."라는 한계점을 제시하고 있고, ㉠ 뒤에서는 이러한 한계를 극복하기 위한 새로운 방안으로 '혈액이나 소변 등에서 발견할 수 있는 바이오마커를 통한 조기 진단 방법 개발'이 활발히 이루어지고 있다는 내용이 이어진다. 이처럼 앞의 한계를 배경으로 하여 뒤에 대안을 제시하는 흐름이므로 '이에 따라'가 가장 적절하다.
③ (X) '그리고'는 단순히 앞의 내용에 새로운 내용을 추가할 때 사용하는 접속사이다. 그러나 빈칸 전후 내용은 단순한 나열 관계가 아니라 현재 방법의 한계와 그 한계 극복을 위한 대안이라는 인과 관계가 있으므로 적절하지 않다.

④ (X) '더구나'는 앞의 내용에 더해 비슷한 내용이나 더 강한 내용을 덧붙일 때 사용한다. 빈칸 뒤의 내용은 앞의 한계점에 대한 대안이며 단순히 추가적인 내용이 아니므로 적절하지 않다.

04 의사소통능력   정답 ④

패턴 05 문단 배열
소재 소뇌실조증의 유형과 치료

글의 논리적 흐름을 고려할 때, 소뇌실조증의 분류와 유형에 대한 기본 설명이 먼저 제시된 후, 특정 유형인 SCA2에 대한 구체적인 설명, 그리고 치료법의 한계와 새로운 치료 가능성 순으로 이어지는 것이 자연스럽다.

먼저 (다)에서 소뇌실조증의 분류 및 유형을 설명하고 끝부분에 SCA2 유형을 언급하고 있다. 다음으로 (라)에서 SCA2의 구체적인 발병 기전과 증상을 설명한 후, (가)에서 현재 치료법의 한계를 언급하고, 마지막으로 (나)에서 SCA2에 대한 중간엽 줄기세포를 이용한 새로운 치료 가능성을 소개하는 흐름이 가장 논리적이다.

따라서 (다) – (라) – (가) – (나)로 배열하는 것이 흐름상 가장 자연스럽다.

> **패턴 실전화 TIP**
> 어떤 질병에 대한 제시문은 이렇게 문단 배열 패턴이 출제되기 쉽다. 이러한 제시문은 질병의 정의 – 증상 – 원인 – 치료법 – 한계와 추가 연구의 흐름을 따르는 경우가 많으므로 이 순서를 대략적으로 익혀 두면 큰 어려움 없이 배열을 할 수 있을 것이다.

05 의사소통능력   정답 ②

패턴 03 내용 추론·적용
소재 소뇌실조증의 유형과 치료

ㄱ. (○) (가)에서 줄기세포 기반 치료법이 소뇌실조증을 포함한 다양한 신경퇴행성 질환의 새로운 치료 접근법으로 주목받고 있다고 하였다. 따라서 인간 유래 중간엽 줄기세포가 소뇌실조증 외의 다른 신경퇴행성 질환 치료에도 활용될 가능성이 있다고 유추할 수 있다.

ㄴ. (○) (라)에 따르면 SCA2는 ATXN2 유전자의 CAG 반복 서열 확장으로 인해 발생하며, 이로 인해 비정상적으로 긴 폴리글루타민 사슬을 가진 아택신-2 단백질이 생성되고, 이 비정상 단백질은 소뇌 내 신경세포에 축적되어 세포 독성을 일으킨다.

ㄷ. (X) 제시문에서는 특별히 SCA2에 대한 중간엽 줄기세포 치료 연구만 언급하고 있으며, 다른 유형의 소뇌실조증에 대한 효과는 언급하지 않았다. 소뇌실조증은 원인과 발병 기전이 다양하므로, 모든 유형에 동일한 수준의 치료 효과를 보일 것이라고 유추하기 어렵다.

ㄹ. (X) 1문단에 따르면 소뇌실조증은 유전적 요인, 환경적 요인, 또는 두 가지가 복합적으로 작용하여 발생할 수 있다고 하였다. 또한 (라)에서 SCA2 환자들은 '대개 30~40대에 증상이 나타나기 시작'이라고 하였다. 따라서 소뇌실조증이 대부분 노년기에 발병하며, 유전적 요인보다 환경적 요인이 더 큰 영향을 미친다는 내용은 제시문과 일치하지 않는다.

ㅁ. (○) 1문단에서 소뇌실조증은 "소뇌 및 관련 신경계의 손상으로 인해 발생하는 신경퇴행성 질환으로, 운동 협응 장애와 균형 감각 상실을 주요 증상으로 한다."라고 설명하고 있으며, 이어서 보행 장애, 사지 떨림, 구음 장애 등이 임상 증상으로 나타난다고 했다. 따라서 소뇌가 운동 협응과 균형 유지에 중요한 역할을 담당하기 때문에, 이와 같은 기능 손상으로 인해 해당 증상들이 발생한다고 유추할 수 있다.

06 의사소통능력   정답 ①

패턴 06 접속사
소재 소뇌실조증의 유형과 치료

① (○) '또한'은 앞 문장의 내용을 확장하거나, 그에 덧붙이는 유사하거나 보완적인 정보를 이어 줄 때 사용하는 접속사이다. 빈칸 앞에서 "인간 유래 중간엽 줄기세포는 자가 재생 능력과 다양한 세포로 분화할 수 있는 능력을 가지고 있어 손상된 조직의 재생과 복구에 중요한 역할을 할 수 있다."라고 서술하고 있고, 뒤 문장에서는 "이들은 신경영양인자의 분비를 통해 신경세포의 생존을 촉진하고, 항염증 작용을 통해 신경보호 효과를 나타낸다."라고 하여, 줄기세포의 또 다른 중요한 특성과 작용 메커니즘을 추가로 설명하고 있다. 따라서 줄기세포의 능력과 기능을 병렬적으로 서술하는 맥락이므로 '또한'이 가장 적절하다.

② (X) '그래서'는 앞의 원인이나 이유에 따라 뒤의 결과가 제시되는 인과 관계를 나타낸다. 여기서는 '원인 → 결과'의 구조가 아니라, 한 주어(줄기세포)의 두 가지 기능을 나열하는 병렬 구조이므로 부적절하다.

③ (X) '하지만'은 앞, 뒤 문장이 대조되거나 상반되는 내용일 때 사용하는 접속사이다. 본문은 줄기세포의 기능을

긍정적으로 나열하는 연속된 설명이기 때문에 대조나 반전이 없어 문맥에 맞지 않는다.
④ (X) '예를 들어'는 일반적인 설명 뒤에 구체적인 사례나 예시를 들 때 사용한다. 빈칸 앞의 문장은 줄기세포의 기능에 대한 일반적인 설명이고, 뒤의 문장도 추가 기능 설명일 뿐 구체적인 사례나 예시가 아니므로 부적절하다.

07 의사소통능력   정답 ③

| 패턴 | 02 내용 부합 |
| 소재 | 약물 투여량 계산을 위한 AI 모델 |

① (O) 마지막 문단에서 "이번 연구는 보건복지부와 한국보건산업진흥원이 추진하는 '중환자 특화 빅데이터 구축 및 AI기반 CDSS 개발 사업'의 지원으로 수행됐으며, 세계적 과학 학술지인 『네이처 디지털 메디슨(npj Digital Medicine)』 11월호에 게재되었다."라고 하였다.
② (O) 2문단에 따르면 덱스메데토미딘은 중환자실에서 섬망 예방을 위해 사용되는 진정제이다.
③ (X) 3문단에서 "서울대병원 중환자의학과 및 데이터사이언스연구부 공동연구팀은 이런 문제를 해결하기 위해 환자 2,416명의 데이터를 바탕으로 개별 환자에게 최적화된 맞춤형 약물 투여량을 제시하는 AI 모델을 개발했다."라고 하였다. 그러나 서울대병원 연구팀이 개발했다는 내용만 있으므로, 전국 5개 대학병원의 데이터가 활용되었는지는 알 수 없다.
④ (O) 2문단에 따르면 "중환자실에서 섬망은 20~80% 정도로 발생하는 중대한 합병증으로, 환자의 장기적 인지기능 저하, 기계호흡 기간 연장, 재원기간 증가 등을 초래한다."라고 명시되어 있다.

08 의사소통능력   정답 ①

| 패턴 | 07 빈칸 추론 |
| 소재 | 약물 투여량 계산을 위한 AI 모델 |

① (O) AI 모델이 제안한 투여량(섬망 발생 환자군 평균 0.117mcg/kg/h)은 기존 의사 처방(섬망 발생 환자군 평균 0.236mcg/kg/h)보다 더 낮은 용량으로도 효과적인 섬망 예방이 가능함을 입증했다."라고 언급하고 있다. 따라서 AI 모델이 기존보다 낮은 약물 용량으로도 동일한 효과를 얻을 수 있게 해 주어 부작용 위험이 줄어든다는 내용이 적절하다.
② (X) AI 모델이 약물의 사용기한 문제를 해결한다는 내용은 언급되지 않았다. AI 모델은 6시간마다 약물 투여량을 제시할 뿐, 이것이 약물의 사용기한 문제까지 해결하는지 알 수 없다.
③ (X) AI 모델이 의사보다 더 빠르게 환자의 상태 변화를 감지한다는 내용은 언급되지 않았다. AI 모델은 6시간마다 약물 투여량을 제시한다고 되어 있지만, 이것이 의사보다 더 빠른지에 대한 비교는 없다.
④ (X) AI 모델이 처방한 약물 투여량이 의사가 처방한 것보다 더 '효과적'이라기보다, '더 낮은 용량으로도 효과적인 섬망 예방이 가능'하다고 되어 있다. 즉, 효과는 비슷하게 유지하면서 용량을 줄여 부작용을 감소시킬 수 있다는 것이 핵심이다.

09 의사소통능력   정답 ②

| 패턴 | 04 문장 삭제 |
| 소재 | 약물 투여량 계산을 위한 AI 모델 |

㉠ (O) '의사의 경험 의존에 따른 일관성 부족'이라는 기존 섬망 예방 약물 투여 방식의 한계를 지적하면서, 글의 주제인 AI 모델 개발의 필요성과 의의를 부각하는 역할을 하므로 문맥상 적절하다.
㉡ (X) '덱스메데토미딘의 부작용 위험을 AI 모델로 해결한다'라는 것이 이 글의 핵심 논지이다, 하지만 ㉡은 약물 자체의 사용을 부정하여 전체적인 맥락을 무너뜨리고 있으므로 삭제되는 것이 적절하다.
㉢ (O) AI 모델의 실효성을 설명하고, 앞 문단의 투여량 검증 결과를 정리하고 있으므로 문맥상 적절하다.
㉣ (O) 앞 문장에서 언급된, AI 모델 개발을 지원한 '한국보건산업진흥원'이 연구 성과에 대한 후속적 지원을 이어나갈 것임을 언급하고 있어 글을 마무리하는 문장으로서 적절하다.

10 의사소통능력   정답 ①

| 패턴 | 01 글의 제목·주제·목적 |
| 소재 | 건강보험환자 진료비 실태조사 |

① (O) 제시문은 '2023년도 건강보험환자 진료비 실태조사' 분석 결과를 바탕으로 독감 관련 비급여 진료비(검사 및 치료 주사)가 크게 증가한 현황과 그 증가 원인을 객관적으로 분석하여 정보를 제공하는 데 주된 목적이 있다. 이를 위해 전년 대비 증가율, 의원급 중심의 증가 현상, 독감보험 판매 증가와 주사 치료제 수요 증가라는 원인 등을 구체적 수치와 함께 제시하고 있다.

② (X) 코로나19 이후 독감 환자 수가 증가한 것은 사실이지만, 제시문은 의료 시스템 부담 증가에 대한 경고보다는 비급여 진료비 증가 현황과 원인 분석에 초점을 맞추고 있다.
③ (X) 제시문은 의원급 의료기관의 비급여 치료 증가로 인한 건강보험 보장률 하락 현상을 언급하고 있지만, 이를 개선하기 위한 대책이나 방안을 제시하지는 않으며, 현황과 원인 분석에 초점을 맞추고 있다.
④ (X) 제시문에서 독감보험 판매 증가 및 보장한도 증액을 비급여 증가의 한 원인으로 언급하고 있으나, 이를 비판하기 위한 목적으로 작성된 것은 아니다. 금융감독원의 간담회 이후 보장한도가 축소된 사실을 객관적으로 언급하고 있을 뿐이다.

11 의사소통능력   정답 ③

패턴 03 내용 추론·적용
소재 건강보험환자 진료비 실태조사

① (O) 2문단에 제시된 독감 진료 건수 통계에 따르면 2018년 733만 건에서 2023년 865만 건으로 증가했음을 확인할 수 있다.
② (O) 마지막 문단에 "경구 치료제는 5일간 복용해야 하는 반면, 주사 치료제는 1회 투약만으로 치료가 가능하다는 편의성이 수요 증가의 요인으로 파악된다."라고 명시되어 있다.
③ (X) 비급여 주사 치료제의 처방 증가로 인한 환자 부작용 사례가 증가했다는 통계나 정보는 찾아볼 수 없다.
④ (O) 3문단에서 "독감 비급여 검사 및 치료 주사 급증은 '23년도 의원의 건강보험 보장률 하락(57.3%, 전년 대비 3.4%p 하락)에 영향을 미친 것으로 보인다."라고 하였다.

12 의사소통능력   정답 ④

패턴 07 빈칸 추론
소재 건강보험환자 진료비 실태조사

㉠ 빈칸 이후에 독감보험의 판매 증가 및 보장 한도 증액으로 인한 비급여 증가에 대해 설명하고, 이어서 주사 치료제의 다양화 및 편의성으로 인한 수요 증가에 대해 설명하고 있다. 따라서 ㉠에는 "민간보험사의 독감보험 판매 증가와 주사 치료제의 공급 및 수요 증가에 있는 것으로 보인다."라는 문장이 들어가는 것이 가장 적절하다. 이는 이후 내용의 주요 요점을 미리 요약하여 제시하는 역할을 한다.

13 의사소통능력   정답 ③

패턴 01 글의 제목·주제·목적
소재 낭비되는 혈액

① (X) 국민건강보험공단 일산병원이 평균보다 낮은 수준으로 일반혈액검사를 수행했다는 내용이 언급되어 있지만, 이는 글의 전체 내용 중 일부에 불과하며 일산병원의 운영 사례를 홍보하는 것이 글의 주된 목적이라고 보기 어렵다.
② (X) 제시문은 과도한 일반혈액검사로 인해 낭비되는 혈액량을 헌혈량으로 환산하여 표현하고 있을 뿐, 헌혈량 부족 문제나 헌혈 참여 독려에 관한 내용은 다루고 있지 않다.
③ (O) 2023년 입원환자의 일반혈액검사 현황을 분석하여 일부 의료기관에서 평균을 초과하여 과도하게 일반혈액검사를 시행하고 있다는 실태를 밝히고 있다. 그리고 '초과 채혈량 연간 6,334L'가 '낭비되는 혈액'이라는 제목과 '시급한 관리 필요'라는 부제목에서도 문제 개선의 필요성을 강조하고 있다. 또한 마지막 문단에서 국민건강보험공단 관계자의 말을 인용하여 "과다 의료이용의 문제들을 개선하기 위해" 노력할 것이라고 밝히고 있다. 따라서 과도한 일반혈액검사 시행 실태를 알리고 개선 필요성을 강조하는 것이 이 글의 작성 목적으로 가장 적절하다.
④ (X) 제시문에서 의료기관 종별에 따른 일반혈액검사 비용 차이에 대한 정보는 제공하지 않고 있다. 또한 의료비 부담 완화를 위한 구체적인 방안도 제시되어 있지 않다.

14 의사소통능력   정답 ②

패턴 03 내용 추론·적용
소재 낭비되는 혈액

① (O) 5문단에서 "과다한 의료행위로 인한 국민 불편 해소와 의료비 절감 및 의료서비스의 신뢰도를 높이는데 기여할 것"이라고 하였으므로, 불필요한 일반혈액검사를 줄이면 의료비 절감 효과가 있을 것이라고 추론할 수 있다.
② (X) 4문단에서 A병원이 병원급 의료기관의 평균 대비 1.50배 많은 일반혈액검사를 시행하고, 유사한 진료 형태의 의료기관과 비교하여 11.66배 높은 수준이라고 하였다. 그러나 이것이 A병원이 속한 지역의 혈액 관련 질환 환자 비율과 관련이 있다는 정보는 제시되어 있지 않다. 오히려 "유사한 진료 형태의 의료기관과 비교"했을 때도 횟수가 높다는 점은 환자 구성이나 지역적 특성보

다는 의료기관의 검사 시행 관행과 관련이 있을 가능성을 시사한다. 따라서 A병원이 속한 지역의 혈액 관련 질환 환자 비율이 높을 것이라고 추론하기 어렵다.

③ (○) 1문단에서 일반혈액검사 시행 빈도 분석 시 '성별, 연령, 요양기관종별, 주 상병, 수술 여부, 응급실 방문 여부' 등을 보정했다고 언급하고 있으며, 이는 이러한 요인들이 일반혈액검사 횟수에 영향을 미칠 수 있음을 의미한다. 따라서 일반혈액검사 시행 횟수는 의료기관의 진료 형태와 환자 특성에 따라 달라질 수 있다고 추론할 수 있다.

④ (○) 제시문에서는 초과 시행된 일반혈액검사 횟수가 연간 211만 회에 달하며, 그에 따른 혈액 낭비가 약 6,334L라는 점을 강조하고 있다. 그리고 국민건강보험공단은 시급한 관리와 모니터링의 필요성을 언급하고 있기 때문에 글의 취지에 부합한다.

15 의사소통능력   정답 ③

패턴 02 내용 부합
소재 지역사회건강조사

① (✕) 보도자료에서 걷기실천율 중앙값이나 가장 높은 지역과 가장 낮은 지역은 언급되어 있으나, 이를 도시와 농촌으로 구분하여 분석한 내용은 없다. 단순히 지역별 수치만 제시하고 있어 도시와 농촌의 비교를 언급한 것은 옳지 않다.

② (✕) 보도자료에 따르면 건강행태 영역의 주요 지표 중 비만율은 0.7%p 전년 대비 증가했으며, 흡연율과 고위험 음주율만 감소했다. 따라서 세 지표 모두 감소했다는 설명은 옳지 않다.

③ (○) 보도자료에 따르면 '24년 시·군·구별 비만율은 대구 수성구, 대전 서구에서 22.5%로 가장 낮게, 충북 단양군에서 48.4%로 가장 높게 나타났다. 따라서 가장 높은 지역과 가장 낮은 지역의 격차는 25.9%p(=48.4%−22.5%)이다.

④ (✕) 보도자료에 따르면 중앙값을 기준으로 건강행태 영역 중 현재 흡연율과 고위험 음주율은 전년 대비 감소했으며, 걷기실천율도 전년 대비 1.8%p 증가했다. 따라서 걷기실천율만 유일하게 개선되었다는 설명은 옳지 않다.

16 의사소통능력   정답 ①

패턴 03 내용 추론·적용
소재 지역사회건강조사

① (○) 보도자료에서 건강행태 지표들의 지역 간 큰 편차가 나타나고 있으며, 질병관리청장이 "이번 통계 결과와 원시자료를 토대로 각 지자체가 지역별 건강 문제를 면밀히 분석하여, 지역 특성에 맞는 효과적인 보건정책을 수립하는 데 폭넓게 활용되기를 기대한다."라고 강조한 점을 고려할 때, 지역 간 건강지표 격차 해소를 위해 지자체별 맞춤형 보건정책 수립이 필요하다는 추론은 적절하다.

② (✕) 보도자료에서 비만율과 걷기실천율 간의 직접적인 상관관계는 언급되지 않았다. 충북 단양군은 비만율이 가장 높은 지역으로 언급되었지만, 걷기실천율이 가장 낮은 지역은 경남 합천군으로 나타났다. 따라서 이러한 추론은 적절하지 않다.

③ (✕) 보도자료에서 조사 내용은 172개 문항이라고 언급하고 있으며, 「2024년 지역사회건강조사 원시자료」에 포함된 문항 수는 참여자당 153개라고 설명하고 있다. 즉, 172개와 153개는 본조사와 원시자료의 문항 수 간 차이일 뿐이므로, 문항 수가 감소할 예정이라고 추론하는 것은 적절하지 않다.

④ (✕) 보도자료에 따르면 일부 건강행태 지표(흡연율, 고위험 음주율, 걷기실천율)는 개선되었고, 비만율만 악화되었다. 따라서 전반적으로 건강행태가 악화되는 추세라는 추론은 적절하지 않다.

> **패턴 실전화 TIP**
>
> 흡연율, 음주율, 비만율은 높을수록 좋지 않은 것이고 걷기실천율은 높을수록 좋은 것이다. 이렇게 제시문에서 같은 항목에 포함된 모든 지표가 같은 방향성(높을수록 긍정적인지 낮을수록 긍정적인지)을 보이지 않는 경우를 주의해야 한다. ④와 같이 방향성이 다른 지표가 존재함에도 모든 지표가 같은 방향성을 가진 것처럼 기술하는 함정이 많기 때문이다.

17 의사소통능력   정답 ④

패턴 01 글의 제목·주제·목적
소재 척추 관련 질환의 유형

① (○) (가)는 요추간판탈출증에 대해 설명하며, 디스크 내부의 수핵이 섬유륜을 뚫고 빠져나와 신경을 압박하고 염증을 일으키는 상태라고 명시하고 있다. 또한 이 질환이 지속적인 충격이나 노화로 발생한다고 설명하고 있다.

② (○) (나)에서는 경추간판탈출증이 과거에는 40대 이후 퇴행성 질환으로 알려졌으나 최근 젊은 층에서 발생 빈도가 증가하고 있다고 설명하고 있다. 또한 7개의 경추

중 특히 5~6번 경추 간에서 발병 빈도가 높다고 명시하고 있다.
③ (○) (다)는 거북목증후군에 대해 설명하면서 정상적인 C자 형태의 경추가 잘못된 자세로 인해 I자 형태로 변형되는 현상이라고 설명하고 있다. 이로 인해 목과 어깨 통증, 두통 등의 증상이 나타난다고 하며, 바른 자세 유지가 예방에 도움이 된다고 언급하고 있다.
④ (X) (라)에서는 척추관협착증이 척추관이 좁아져 신경을 압박하는 질환이라고 설명하고 있으나, 주로 젊은 층이 아닌 "주로 50세 이후에 나타나는 퇴행성 질환"이라고 명시하고 있다. 또한 약물치료만으로 완치 가능하다는 내용도 언급되어 있지 않다.

18 의사소통능력   정답 ②

패턴 04 문장 삭제
소재 척추 관련 질환의 유형

마지막 문단은 척추측만증이 여성 청소년에게 높은 비율로 발생한다는 점(㉠)을 시작으로, 그 생물학적 원인을 여성호르몬의 영향으로 설명하고 있다(㉢, ㉣). 이때 ㉡은 질병 자체의 발생 원인이나 진행 과정에 대한 설명이 아니라, 관련 제품의 '판매량'과 '사용자 비율'이라는 별도의 통계를 제시하고 있어, 문단의 논리적 흐름과 긴밀하게 연결되지 않는다. 따라서 이 문장은 논지를 분산시키므로 삭제하는 것이 자연스럽다.

19 의사소통능력   정답 ④

패턴 02 내용 부합
소재 장기요양기관 지정갱신제

① (○) 지정갱신 신청 기간은 "지정 유효기간이 끝나기 180일 전부터 90일 전까지"라고 명시되어 있으므로, 유효기간 종료 90일 전까지 신청을 완료해야 한다.
② (○) "2025년 12월 기준 전체 장기요양기관 중 약 16,944개소가 대상"이라고 하였다.
③ (○) "2018년 12월 「노인장기요양보험법」 개정으로 장기요양기관의 지정의 유효기간(6년) 및 지정갱신제가 도입되었으며"라고 하였다.
④ (X) "갱신심사 부적격 기관은 ① 갱신 부적격 내용을 수급자·보호자에게 통보, ② 다른 장기요양기관 이용하도록 조치하여야 하며 운영 의사가 없는 경우 폐업 절차 진행"이라고 되어 있다. 즉시 운영을 중단하고 폐업 절차를 진행해야 한다는 내용은 없으며, '운영 의사가 없는 경우' 폐업 절차를 진행한다고 명시하고 있어 모든 부적격 기관이 즉시 운영을 중단하고 폐업 절차를 진행해야 하는 것은 아님을 알 수 있다.

20 의사소통능력   정답 ③

패턴 07 빈칸 추론
소재 장기요양기관 지정갱신제

① (X) 보도자료에서 신청 기간을 지정 유효기간이 끝나기 180일 전부터 90일 전까지 신청해야 한다고 명시하고 있다. 따라서 60일 전까지라는 내용은 적절하지 않다.
② (X) 보도자료에서 2018년 12월 「노인장기요양보험법」 개정으로 장기요양기관의 지정의 유효기간(6년) 및 지정갱신제가 도입되었고, 개정법 시행('19. 12.) 이전 지정받은 기관은 유효기간 만료('25. 12.)까지 지정의 갱신을 받아야 한다고 하였다. 2019년 10월 1일은 개정법 시행(2019년 12월) 이전이므로 갱신 신청 대상에 해당한다.
③ (○), ④ (X) 보도자료에서 개정법 시행('19. 12.) 이전 지정받은 기관은 유효기간 만료('25. 12.) 전 지정의 갱신을 받아야 한다고 명시되어 있다. A는 2019년 10월 1일에 지정받았으므로 개정법 시행 이전에 지정받은 기관에 해당하며, 따라서 2025년 12월까지 갱신을 완료해야 한다.

21 수리능력   정답 ②

패턴 09 자료 읽기
소재 헌혈 실적

① (○) 2019년 세 지사의 320ml, 400ml 헌혈 실적은 전년 대비 22,609건[= |(64,641＋56,303＋74,807＋111,801＋97,269＋112,276)－(63,269＋57,595＋75,775＋113,117＋107,653＋122,297)|] 감소했다.
② (X) 320ml 헌혈 실적과 400ml 헌혈 실적의 전년 대비 증감 방향은 다음과 같다.

구분	320ml 헌혈 실적	400ml 헌혈 실적
서울중앙	증가, 감소, 감소, 증가, 증가, 감소	감소, 감소, 감소, 감소, 증가, 증가
서울남부	감소, 감소, 감소, 증가, 증가, 감소	감소, 감소, 감소, 감소, 증가, 증가
서울동부	감소, 감소, 증가, 증가, 증가, 감소	감소, 감소, 감소, 감소, 증가, 증가

③ (○) 조사 기간 중 서울남부지사의 헌혈 실적이 가장 적은 해는 320ml가 2021년, 400ml가 2022년이다.

④ (○) 2023년 320ml 헌혈 실적에서 서울동부지사와 서울남부지사의 2020년 대비 증가율은 다음과 같다.
- 서울동부: (74,119−56,676)/56,676×100≒30.8%
- 서울남부: (49,563−41,865)/41,865×100≒18.4%

패턴 실전화 TIP
그림에서 꺾은선 그래프가 나오면 각 선이 어떤 대상에 대한 수치를 나타내는지 정확히 이해한 다음에 문제를 풀어야 한다.

22 수리능력   정답 ①

패턴 08 자료 계산
소재 헌혈 실적

㉠ 2024년 세 지사의 320ml 헌혈 실적 중 서울동부지사의 비중은 39%[≒63,448/(52,885+44,541+63,448)×100]이다.
㉡ 2018년 세 지사의 400ml 헌혈 실적 중 서울남부지사의 비중은 31%[≒107,653/(113,117+107,653+122,297)×100]이다.
따라서 ㉠+㉡의 값은 70(=39+31)이다.

23 수리능력   정답 ④

패턴 09 자료 읽기
소재 수술 건수 및 입원 일수

① (○) 조사 기간 중 인천의 입원 일수가 가장 많은 해는 605,108일인 2020년이다.
② (○) 매년 수술 건수가 전년 대비 증가한 지역은 없다.
③ (○) 2021년 울산의 수술 건수는 2019년 대비 1.7%[≒(39,684−39,006)/39,006×100] 증가했다.
④ (✕) 2022년 수술 건수가 가장 많은 서울과 가장 적은 울산의 수술 건수의 합은 684,179건(=643,827+40,352)이다.

패턴 실전화 TIP
비교적 낮은 증가율(0.5%, 1.5%, 5% 등)을 계산하기 위해선 1%를 기준으로 생각하는 습관을 형성하는 것이 좋다. ③에서 1.5% 이상 증가 여부를 묻고 있는데, 두 값의 차이는 대략 680이다. 39,000의 1%는 390, 0.5%는 이 값의 절반인 195이므로 1.5%는 585가 된다. 이는 두 값의 차이보다 훨씬 작기에 증가율이 1.5%보다 크다는 것을 알 수 있다.

24 수리능력   정답 ③

패턴 08 자료 계산
소재 수술 건수 및 입원 일수

㉠ 2022년 서울의 수술 건수 1건당 입원 일수는 5일(≒3,014,954/643,827)이다.
㉡ 2019년 서울의 수술 건수 대비 울산의 수술 건수의 비율은 8%(≒39,006/517,267×100)이다.
㉢ 2021년 인천의 입원 일수는 전년 대비 6%(≒|(567,746−605,108)|/605,108×100) 감소했다.
따라서 ㉠~㉢에 들어갈 수치의 대소를 비교해 보면 ㉡>㉢>㉠이다.

25 수리능력   정답 ④

패턴 09 자료 읽기
소재 대구 기초자치단체별 주관적 건강인지율

① (○) 기초자치단체별 주관적 건강인지율 순위는 다음과 같다.
- 2019년: 중구, 수성구, 남구, 달성군, 동구, 달서구, 북구, 서구
- 2024년: 중구, 수성구, 달서구, 달성군, 동구, 남구, 북구, 서구

② (○) 2023년 동구의 주관적 건강인지율은 2021년 대비 21.9%(≒|(43.1−55.2)|/55.2×100) 감소했다.
③ (○) 2022~2024년 동안 주관적 건강인지율이 대구 합계보다 매년 낮은 기초자치단체는 남구, 동구, 북구, 서구 4개이다.
④ (✕) 2020년 주관적 건강인지율이 가장 높은 수성구와 가장 낮은 서구의 주관적 건강인지율 차이는 28.0%p(=54.9−26.9)이다.

26 수리능력   정답 ③

패턴 10 자료 연결
소재 대구 기초자치단체별 주관적 건강인지율

2024년 대구 전체 주관적 건강인지자는 3,075명[≒(915+917+912+914+913+911+914+908)×0.421]이다. 2024년 응답자 수 상위 4개 구는 달서구, 남구, 동구, 수성구이고 각 구별 주관적 건강인지자는 다음과 같다.
- 달서구: 917×0.439≒403명
- 남구: 915×0.382≒350명

- 동구: 914×0.405≒370명
- 수성구: 914×0.5=457명

따라서 2024년 대구 전체 주관적 건강인지자 중 설문조사 응답자 수 상위 4개 구의 주관적 건강인지자의 비중은 51.4%[≒(403+350+370+457)/3,075×100]이다.

27 수리능력 정답 ③

패턴 ⑨ 자료 읽기
소재 연령별 장애인 응답자 중 흡연자 수

① (○) 2022년 장애인 응답자 중 흡연자 수는 131,963명 (=16+2,191+6,890+26,129+40,987+38,999+13,650+3,101)이다.
② (○) 50대의 장애인 응답자 중 흡연자 수는 2020년 44,805명, 2021년 37,818명, 2022년 40,987명, 2023년 39,673명으로, 조사 기간 동안 매해 가장 많다.
③ (×) 2021년 20대 장애인 응답자 중 흡연자는 전년 대비 7.4%[≒|(2,086−2,252)|/2,252×100] 감소했다.
④ (○) 2021~2023년 동안 장애인 응답자 중 흡연자가 전년 대비 증가한 해가 2개년인 연령은 60대, 70대, 80세 이상 3개이다.

28 수리능력 정답 ①

패턴 ⑧ 자료 계산
소재 연령별 장애인 응답자 중 흡연자 수

2024년 전체 장애인 응답자 중 흡연자는 136,941명[=(10+2,143+6,122+24,722+39,673+39,587+14,620+3,543)×1.05]이다. 그리고 2024년 전체 장애인 응답자는 326,050명(=136,941/0.42)이다.

29 수리능력 정답 ②

패턴 ⑨ 자료 읽기
소재 급성심장정지 발생 건수

① (○) 9개 지역 중 대구를 제외한 8개 지역은 2022년과 2023년 모두 급성심장정지 발생 건수가 전년 대비 증가했다. 대구는 2022년에 전년 대비하여 급성심장정지 발생 건수가 감소하였다.
② (×) 2024년 급성심장정지 발생 건수의 2021년 대비 증가율은 다음과 같다.

- 부산: (2,361−2,092)/2,092×100≒12.9%
- 광주: (717−640)/640×100≒12.0%

③ (○) 조사 기간 중 경기 급성심장정지 발생 건수가 가장 많은 해는 8,035건인 2023년이다.
④ (○) 2022년에 서울의 급성심장정지 발생 건수는 인천의 2.5배(≒4,576/1,796)이다.

30 수리능력 정답 ④

패턴 ⑪ 자료 변환
소재 급성심장정지 발생 건수

① (○) 서울의 급성심장정지 발생 건수 전년 대비 증가량은 다음과 같다.
- 2022년: 4,576−4,387=189건
- 2023년: 4,642−4,576=66건
- 2024년: 4,505−4,642=−137건

② (○) 경기와 부산의 급성심장정지 발생 건수 차이는 다음과 같다.
- 2021년: 7,282−2,092=5,190건
- 2022년: 7,638−2,419=5,219건
- 2023년: 8,035−2,499=5,536건
- 2024년: 7,944−2,361=5,583건

③ (○) 울산의 급성심장정지 발생 건수의 전년 대비 증가율은 다음과 같다.
- 2022년: (676−636)/636×100≒6.3%
- 2023년: (737−676)/676×100≒9.0%
- 2024년: (714−737)/737×100≒−3.1%

④ (×) 9개 지역 중 급성심장정지 발생 건수 하위 2개 지역의 발생 건수 합은 다음과 같다.
- 2021년: 117+636=753건
- 2022년: 161+676=837건
- 2023년: 187+737=924건
- 2024년: 158+714=872건

31 수리능력 정답 ③

패턴 ⑨ 자료 읽기
소재 장애유형별 응답자의 운동 여부

① (×) 응답자 중 지체 장애 응답자의 비중은 19.7%[≒49,532/(49,532+42,177+21,557+73,818+23,852+8,894+31,447)×100]이다.
② (×) 응답자 중 운동을 하지 않는 비중이 가장 높은 장애 유형은 2022년에 지적/자폐성 장애이고, 2022년을 제

외한 4개년은 정신 장애이다.
③ (○) 2022년에 장애유형별 응답자 중 운동을 하지 않는 비중의 평균은 43.7%[≒(41.4+44.0+38.3+41.0+52.0+51.5+37.7)/7]이다. 따라서 평균보다 비중이 낮은 장애유형은 지체 장애, 시각 장애, 청각/언어 장애, 내부/안면 장애 4개이다.
④ (×) 2023년 청각/언어 장애 응답자 중 운동을 하지 않는 비중은 2021년 대비 11.9%[≒|(36.3−41.2)|/41.2×100] 감소했다.

32 수리능력 정답 ③

패턴 ⑧ 자료 계산
소재 장애유형별 응답자의 운동 여부

㉠ 응답자 수가 많은 상위 2개 장애유형은 청각/언어, 지체 장애이고, 2024년 응답자 중 운동을 하지 않는다고 응답한 응답자 수는 다음과 같다.
- 청각/언어: 73,818×0.372≒27,460명
- 지체: 49,532×0.436≒21,596명

㉡ 응답자 수가 가장 적은 장애유형은 정신 장애이고, 2023년 운동을 하지 않는다고 응답한 응답자는 4,447명 (=8,894×0.5)이다.

따라서 A−B의 값은 49,056−4,447=44,609이다.

33 수리능력 정답 ②

패턴 ⑨ 자료 읽기
소재 도별 어린이집 미설치 지역 수

① (○) 조사 기간 동안 경기의 연평균 어린이집 미설치 지역 수는 14개[=(13+11+12+13+14+17+15+17)/8]이다.
② (×) 전국 어린이집 미설치 지역 수 중 전라의 비중은 다음과 같다.
- 2020년: 163/516×100≒31.6%
- 2021년: 171/542×100≒31.5%

③ (○) 2018~2024년 중 5개 도 모두에서 어린이집 미설치 지역 수가 전년 대비 증가한 해는 2019년, 2020년, 2024년 3개년이다.
④ (○) 조사 기간 중 강원과 충청의 어린이집 미설치 지역 수의 합이 처음으로 100개 이상이 되는 해는 2019년 (75+27=102개)이다.

34 수리능력 정답 ④

패턴 ⑧ 자료 계산
소재 도별 어린이집 미설치 지역 수

2024년 어린이집 미설치 지역의 전년 대비 증가율은 다음과 같다.
- 전국: (597−560)/560×100≒6.6%
- 강원: (35−31)/31×100≒12.9%
- 충청: (98−90)/90×100≒8.9%
- 전라: (185−173)/173×100≒6.9%
- 경상: (230−217)/217×100≒6.0%

35 수리능력 정답 ①

패턴 ⑨ 자료 읽기
소재 업무유형별 심사 건수 및 취하 건수

① (×) 조사 기간 동안 자격관리의 평균 취하 건수는 140.4건 [=(74+127+143+168+190)/5]이다.
② (○) 조사 기간 중 업무유형별 심사 건수가 가장 적은 해는 자격관리가 2020년, 징수관리가 2022년, 급여관리가 2024년이다.
③ (○) 심사 건수와 취하 건수의 전년 대비 증감 방향은 다음과 같다.

구분	심사 건수	취하 건수
자격관리	증가, 감소, 증가, 증가	증가, 증가, 증가, 증가
징수관리	감소, 증가, 증가, 증가	증가, 감소, 증가, 증가
급여관리	감소, 증가, 증가, 감소	증가, 증가, 증가, 감소

④ (○) 2022년 급여관리와 징수관리 심사 건수 차이는 전년 대비 13건[=|(366−30)−(389−40)|] 감소했다.

36 수리능력 정답 ④

패턴 ⑪ 자료 변환
소재 업무유형별 심사 건수 및 취하 건수

① (○) 징수관리 심사 건수의 전년 대비 증가량은 다음과 같다.
- 2021년: 40−97=−57건
- 2022년: 30−40=−10건
- 2023년: 36−30=6건
- 2024년: 43−36=7건

② (O) 2023년 업무유형별 취하 건수의 전년 대비 증가율은 다음과 같다.
- 자격관리: (168−143)/143×100≒17.5%
- 징수관리: (15−7)/7×100≒114.3%
- 급여관리: (40−23)/23×100≒73.9%

③ (O) 2024년 3개 업무유형의 총 심사 건수는 740건(=344+43+353)이며, 업무유형별 심사 건수 비중은 다음과 같다.
- 자격관리: 344/740×100≒46.5%
- 징수관리: 43/740×100≒5.8%
- 급여관리: 353/740×100≒47.7%

④ (X) 징수관리와 급여관리의 취하 건수 차이는 다음과 같다.
- 2020년: 16−5=11건
- 2021년: 20−9=11건
- 2022년: 23−7=16건
- 2023년: 40−15=25건
- 2024년: 32−32=0건

37 수리능력   정답 ①

패턴 ⑩ 자료 연결
소재 법정감염병 종류별 발생 건수 및 사망자 수

① (X) 2020년 쯔쯔가무시증 발생 건수 대비 사망자 수 비율은 0.2%(≒7/4,479×100)이다.

② (O) 조사 기간 동안 누적 사망자 수가 10명 미만인 법정감염병은 파상풍, 급성B형간염, 일본뇌염, 말라리아, 발진열, 렙토스피라증, 브루셀라증 7종이다.

③ (O) 2021년의 사망자 수가 가장 많은 4개의 법정감염병 순위는 비브리오패혈증, 쯔쯔가무시증, 레지오넬라증, C형간염이고, 2022년의 순위는 쯔쯔가무시증, 비브리오패혈증, 레지오넬라증, C형간염이다.

④ (O) 2022년 비브리오패혈증과 렙토스피라증 발생 건수의 전년 대비 감소율은 다음과 같다.
- 비브리오패혈증: |(46−52)|/52×100≒11.5%
- 렙토스피라증: |(125−144)|/144×100≒13.2%

패턴 실전화 TIP
이처럼 어떤 주제(질병 등)에 대한 자료가 두 항목(발생 건수, 인원수 등)으로 나눠서 제시되면 두 항목 간의 비율 등을 계산해야 하는 경우가 많다. 따라서 처음에 자료를 확인할 때, 어느 위치의 값을 어떤 값과 계산해야 하는지 파악하는 것이 좋다.

38 수리능력   정답 ②

패턴 ⑪ 자료 변환
소재 법정감염병 종류별 발생 건수 및 사망자 수

① (O) C형간염 발생 건수의 전년 대비 감소율은 다음과 같다.
- 2021년: |(10,116−11,850)/11,850×100|≒14.6%
- 2022년: |(8,308−10,116)/10,116×100|≒17.9%
- 2023년: |(7,249−8,308)/8,308×100|≒12.7%

② (X) 말라리아 발생 건수의 전년 대비 증가량은 다음과 같다.
- 2021년: 294−385=−91건
- 2022년: 420−294=126건
- 2023년: 747−420=327건

③ (O) 사망자 수가 0명인 법정감염병 종류의 수는 다음과 같다.
- 2020년: 발진열, 렙토스피라증, 브루셀라증 → 3종
- 2021년: 파상풍, 말라리아, 발진열, 렙토스피라증, 브루셀라증 → 5종
- 2022년: 일본뇌염, 말라리아, 브루셀라증 → 3종
- 2023년: 말라리아, 발진열, 렙토스피라증, 브루셀라증 → 4종

④ (O) 급성B형간염과 레지오넬라증 발생 건수 차이는 다음과 같다.
- 2020년: |3−28|=25
- 2021년: |1−10|=9
- 2022년: |3−16|=13
- 2023년: |1−28|=27

39 수리능력   정답 ③

패턴 ⑩ 자료 연결
소재 업종별 업체 수와 시설법 위반 업체 수

① (X) 매년 제과점이 단란주점보다 업체 수는 많지만 제과점 시설법 위반 업체 수는 단란주점보다 적다.

② (X) 전체 업체 수와 전체 시설법 위반 업체 수의 전년 대비 증감 방향은 다음과 같다.
- 전체 업체 수: 증가, 증가, 증가, 증가
- 전체 시설법 위반 업체 수: 감소, 감소, 증가, 증가

③ (O) 2021년 일반음식점의 업체 수 대비 시설법 위반 업체 수의 비율은 0.4%(≒2,690/681,165×100)이다.

④ (X) 2024년 휴게음식점 업체 수가 전년 대비 7% 증가했다면 2024년 휴게음식점은 215,771.9개소(≒201,656×1.07)이다.

40 수리능력 정답 ①

패턴 08 자료 계산
소재 업종별 업체 수와 시설법 위반 업체 수

㉠ 2022년 휴게음식점 업체 수의 전년 대비 증가율은 (199,087 − 190,353)/190,353 × 100 ≒ 4.6%이다.
㉡ 2019년 일반음식점 업체 수는 휴게음식점의 657,727/164,251 ≒ 4.0배이다.
㉢ 2023년 시설법 위반 업체 수 중 유흥주점의 비중은 119/4,451 × 100 ≒ 2.7%이다.
따라서 ㉠~㉢에 들어갈 수치의 대소를 비교해 보면, ㉠ > ㉡ > ㉢이다.

41 문제해결능력 정답 ④

패턴 12 정보 확인
소재 보건소 모바일 헬스케어 사업

① (○) '4. 사업 대상'의 [건강위험요인 및 판정 수치] 표에서 중성지방은 150mg/dL 이상을 경계역 중성지방혈증으로 분류하고 있으므로, 190mg/dL은 위험군에 해당한다. 또한 200mg/dL 이상이 질환자 기준이므로, 190mg/dL은 질환자가 아닌 위험군으로 사업 대상자에 해당한다.
② (○) '4. 사업 대상'의 [건강위험요인 및 판정 수치] 표에서 HDL-콜레스테롤은 남성의 경우 40mg/dL 미만을 위험군으로 분류하고 있으며, 질환자 판정 기준은 제시되어 있지 않다.
③ (○) '2. 운영 방법'에서 보건소 방문 검진을 총 3회(최초/중간/최종) 실시한다고 명시하고 있으며, 모바일 앱 기반 건강관리 서비스를 24주 동안 제공한다고 명시하고 있다.
④ (×) '4. 사업 대상'에서 '질환을 보유하지 않은 성인'을 대상으로 한다고 명시하고 있다. 즉, 질환자는 사업 대상에서 제외된다.

42 문제해결능력 정답 ③

패턴 14 적합자 선정
소재 보건소 모바일 헬스케어 사업

'4. 사업 대상'에 따르면 건강위험요인에 대해 질환을 보유하고 있지 않으면서, 하나 이상의 요인에 대해 위험군으로 판정받은 성인이 대상이며, 위험군으로 판정받은 요인이 많을수록 우선 등록이 가능하다. 갑~정의 성별 및 수치를 토대로 각 건강위험요인에 대해 판정해 보면 다음과 같다.

구분	갑	을	병	정
수축기혈압	질환자	위험군	위험군	정상
이완기혈압	질환자	위험군	위험군	정상
공복혈당	위험군	질환자	위험군	정상
허리둘레	위험군	정상	정상	위험군
중성지방	위험군	정상	위험군	위험군
HDL-콜레스테롤	정상	위험군	위험군	정상
위험군 판정	3개	3개	5개	2개
질환자 판정	2개	1개	0개	0개

질환자로 판정받은 요인이 있는 갑과 을은 사업 대상에서 제외되며, 남은 병과 정 중에서 위험군으로 판정받은 요인의 개수가 많은 사람이 우선적으로 등록될 수 있다. 위험군 판정 개수를 비교해 보면, 병 5개, 정 2개로, 병이 가장 우선 등록될 수 있다.

패턴 실전화 TIP
이 사업은 질환자로 판정받은 요인이 단 1개라도 있다면 우선 등록은커녕 대상자에서도 제외된다. 따라서 갑의 수축기혈압이 질환자에 해당한다는 것을 도출했다면, 갑의 그다음 요인부터는 따질 필요도 없이 정답에서 제외하면 된다. 을 역시 마찬가지이다. 공복혈당이 질환자에 해당하므로 그다음 요인을 따지면서 풀이 시간을 낭비할 필요가 없다.

43 문제해결능력 정답 ①

패턴 12 정보 확인
소재 아동수당

① (×) '2. 지원 내용'에 따르면, 아동이 90일 이상 국외에 체류하는 경우, 그 기간 동안 아동 수당 지급은 정지된다고 명시되어 있다. 이 규정은 보호자의 동행 여부와 관계없이 적용되므로 아동 혼자 출국하든 부모와 함께 출국하든 상관없이 '90일 이상 해외 체류' 자체가 지급 정지의 사유가 된다.
② (○) '3. 신청 방법'에서 "온라인 신청은 아동의 보호자가 부모인 경우에만 가능"하며, 복지로 홈페이지 또는 모바일 앱, 정부24 홈페이지로 신청할 수 있다고 하였다.
③ (○) '1. 지원 대상'의 (2)에서 "「주민등록법」에 따른 거주 불명자 중 실제 거주지가 확인되는 자 포함"이라고 하였다.

④ (○) '3. 신청 방법'에서 "출생일 포함 60일 이내 아동 수당 신청 시, 출생일이 속하는 달부터 소급하여 지급"한다고 하였다.

44 문제해결능력   정답 ②

패턴 ⑭ 적합자 선정
소재 아동수당

① (X) '1. 지원 대상'에서 '만 8세 미만(0~95개월) 모든 아동'에게 아동 수당을 지급한다고 하였다. 2016년 12월 28일생 아동은 신청일 기준 만 8세를 초과하여 지급 대상이 아니다.
② (○) '1. 지원 대상'의 (1)에서 「난민법」에 따른 난민 인정 아동'을 포함한다고 하였다. 해당 아동은 외국 국적이지만 난민 인정을 받았고 만 8세 미만이므로 아동수당 지급 대상이다.
③ (X) '1. 지원 대상'의 (1)에서 '대한민국 국적을 보유한 아동'이 대상이라고 하였다. 외국 국적을 보유한 아동은 '난민 인정'을 받거나 '특별기여자'가 아닌 이상 지급 대상이 아니다.
④ (X) '1. 지원 대상'의 (2)에서 「주민등록법」에 따른 거주 불명자 중 실제 거주지가 확인되는 자 포함'이라고 하였다. 그러나 해당 아동은 실제 거주지가 확인되지 않으므로 지급 대상이 아니다.

45 문제해결능력   정답 ④

패턴 ⑬ 정보 추론
소재 국가장학금 Ⅰ유형

① (○) '4. 학자금 지원 구간' 표에서 9구간 학생의 연간 최대 지원 금액이 100만 원으로 명시되어 있다.
② (○) '2. 대상자' 항목에 따르면, 재학생은 원칙적으로 1차 신청 기간에만 신청이 가능하다고 명시되어 있으며, 2차 신청자는 재학 중 최대 2회에 한해 구제신청이 자동 적용되어 심사를 받게 된다고 되어 있다.
③ (○) '5. 심사 기준'의 수혜 횟수 항목에서 "(학제별 최대 수혜 횟수) 장학금 수혜 횟수가 소속 학과의 정규학기 횟수를 초과할 경우 지원 불가"라고 되어 있다.
④ (X) '5. 심사 기준'의 성적 기준 심사 항목에서 "C학점 경고제: 1~3구간은 직전 학기 70점 이상~80점 미만이라도 2회에 한해 경고 후 수혜 가능"이라고 명시되어 있다. 4구간 학생은 C학점 경고제 적용 대상이 아니며, 직전 학기 성적이 76점으로 기준인 80점에 미달하므로, 국가장학금 Ⅰ유형을 받을 수 없다.

46 문제해결능력   정답 ④

패턴 ⑮ 계산
소재 국가장학금 Ⅰ유형

'4. 학자금 지원 구간' 표에 따르면, 2구간 학생은 학기당 최대 285만 원, 연간 최대 570만 원까지 지원받을 수 있다.
'5. 심사 기준'의 성적 기준 심사 항목에 따르면, 재학생은 직전 학기 12학점 이상 이수하여 80점 이상을 취득해야 한다. 그러나 C학점 경고제에 따르면, 1~3구간 학생은 직전 학기 70점 이상~80점 미만이라도 2회에 한해 경고 후 수혜 가능하다.
갑은 2025학년도 1학기를 기준으로 직전 학기(2024학년도 2학기)에 14학점을 이수하고 평균 78점을 받아 이수학점 기준은 충족하지만, 성적 기준(80점 이상)은 충족하지 않는다. 그러나 학자금 지원 2구간에 해당하므로 C학점 경고제를 적용받을 수 있으며, 이전에 2023학년도 1학기에 이미 C학점 경고제를 1회 적용받았으나 총 2회까지 적용 가능하므로 1학기에도 지원받을 수 있다. 그리고 2025학년도 1학기에는 성적 기준을 모두 충족했으므로, 2025학년도 2학기에는 정상적으로 국가장학금을 지원받을 수 있다.
등록금은 350만 원이고, 학기당 최대 지원 가능 금액은 285만 원이므로, 1학기 285만 원+2학기 285만 원=총 570만 원, 따라서 2025학년도 국가장학금 Ⅰ유형 수혜 가능 금액은 570만 원이다.

47 문제해결능력   정답 ④

패턴 ⑫ 정보 확인
소재 치매 치료관리비 지원

① (○) '7. 선정 기준'의 '소득 기준'에서 "기준 중위소득 140% 이하인 경우(권고, 기타 보건소장이 치매 치료관리비가 필요하다고 인정하는 자는 시·군·구별로 소득기준 등 자체 기준을 정하여 지자체 예산으로 시행 가능)"라고 하였으며, '경기도 안성시·양평군' 등은 소득 기준을 폐지했다고 명시하고 있다.
② (○) '6. 신청 방법'에서 "치매 치료관리비 지원을 필요로 하는 본인, 가족 또는 그 밖의 관계인, 보건소 치매안심센터 담당 공무원 및 사회복지 담당 공무원이 신청 가능"이라고 명시하고 있다.

③ (○) '2. 지원 내용'에서 "치매 치료관리비 비급여항목(상급병실료 등)은 제외"라고 하였으며, "치매약제비 본인부담금+약 처방 당일의 진료비 본인부담금"을 지원한다고 명시하고 있다.
④ (X) '7. 선정 기준'의 '연령 기준'에서 "만 60세 이상인 자(만 60세 미만이더라도 조기발병 치매 환자인 경우 선정 가능)"라고 명시하고 있다. 55세 환자라도 조기발병 치매로 진단받고 치매치료제를 처방받았다면 지원 대상이 될 수 있다.

48 문제해결능력 정답 ①

패턴 ⑮ 계산
소재 치매 치료관리비 지원

대상자 갑~정이 지급받는 치매 치료관리비를 계산해 보면 다음과 같다.

구분	본인부담금	복용 개월 수	치매 치료관리비
갑	8만 원	4개월 (90일분, 9~12월)	8만 원 (실비)
을	5만 원+1만 원 =6만 원	3개월 (60일분, 9~11월)	6만 원 (실비)
병	2만 원+8천 원 =2만 8천 원	2개월 (30일분, 9~10월)	2만 8천 원 (실비)
정	15만 원+1만 5천 원 =16만 5천 원	4개월 (90일분, 9~12월)	12만 원 (=4개월 ×3만 원)

따라서 대상자 갑~정이 지급받는 치매 치료관리비는 8만 원+6만 원+2만 8천 원+12만 원=28만 8천 원이다.

49 문제해결능력 정답 ④

패턴 ⑬ 정보 추론
소재 에너지바우처 제도

① (○) 3인 이상 세대가 연간 지원받을 수 있는 바우처는 1인 세대보다 237,500원(=75,800+456,900-40,700+254,500) 더 많다.
② (○) 희망 세대에 한해 동절기 바우처를 하절기에 당겨쓰기 가능하며, 하절기 바우처 사용 기간 내인 7월 1일부터 9월 30일 내에 신청 가능하다고 하였다.

③ (○) 동절기에 가상카드를 이용하는 경우 10월 1일부터 사용이 가능하며, 실물카드를 이용하는 경우 10월 4일부터 사용이 가능하다.
④ (X) 2인 세대가 하절기에 동절기의 바우처를 당겨쓰기 하는 경우 최대 103,800원(=58,800+45,000)이고, 4인 이상 세대 하절기 기본 바우처 금액은 102,000원이다.

> **패턴 실전화 TIP**
> '당겨쓰기'와 같이 특별한 조건이 제시문에 나올 경우, 그 조건은 문제의 풀이 과정에서 활용될 가능성이 매우 높다. 따라서 처음에 제시문을 확인할 때, 정확한 쓰임과 쓸 수 있는 조건을 확인하는 것이 시간을 아낄 수 있는 방법이 된다.

50 문제해결능력 정답 ②

패턴 ⑭ 적합자 선정
소재 에너지바우처 제도

갑: (X) 생계급여 수급자이며, 1960. 12. 31. 이전 출생자이지만 세대원 모두가 보장시설 수급자이므로 지원 제외 대상이다.
을: (○) 교육급여 수급자이며, 중증난치질환 환자이므로 하절기와 동절기 에너지바우처 지원을 모두 받을 수 있다.
병: (X) 의료급여 수급자이지만 분만 후 6개월 이상인 여성이므로 세대원 특성 기준을 충족하지 못한다.
정: (X) 생계급여 수급자이며, 소년소녀가정이지만 2024년 연탄쿠폰 수령자이므로 동절기 에너지바우처 중복지원이 불가하다.

51 문제해결능력 정답 ③

패턴 ⑫ 정보 확인
소재 중장년 내일센터

① (○) '3. 지원 대상'에서 지원 대상은 만 40세 이상의 중장년 재직(퇴직예정)자, 구직자 및 사업주라고 하였다.
② (○) '4. 지원 내용'의 '생애경력설계'에서 생애경력설계는 기초·심층상담으로 경력 특성 파악 → 개인 목표별 서비스 유형 분류 → 생애경력설계 프로그램 제공 → 일자리, 직무교육, 훈련 연계 → 사후관리로 총 5단계로 진행된다고 하였다.
③ (X) '4. 지원 내용'의 '산업별 특화서비스'에서 산업별 특화서비스는 재단(노사발전재단) 12개소에서 진행한다고 하였다.

④ (○) '4. 지원 내용'의 '전직·재취업 지원'에서 두 가지 프로그램 모두 심층상담으로 시작되는 것을 확인할 수 있다.

52 문제해결능력　　　　　　　　　정답 ④

패턴 ⑬ 정보 추론
소재 중장년 내일센터

'4. 지원 내용'의 '중장년 청춘문화공간 운영'에서 중장년 청춘문화공간에서 독서·글쓰기 등 자기계발, 여가문화, 정체성 탐색, 자존감 회복, 심리 치유, 관계 개선, 인생 설계, 직종별 인문역량강화 프로그램을 제공한다고 하였다.

53 문제해결능력　　　　　　　　　정답 ③

패턴 ⑫ 정보 확인
소재 건강보험 특강 프로그램

① (○) 본 프로그램은 월 2회(매월 둘째 주, 넷째 주 수요일)에만 진행된다.
② (○) 본 프로그램은 건강보험 역사 소개 → 건강보험 제도 안내 → 홍보 동영상 시청 → 설문조사의 순서로 이루어진다.
③ (✕) 본 프로그램은 신청서 양식 다운로드 후 이메일로만 신청이 가능하며, 그다음에 특강 일정을 확인하여 담당자가 유선으로 안내하는 절차를 거친다.
④ (○) 본 프로그램은 국민건강보험공단이 국민을 위해 하는 일이 무엇인지 알리고, 건강보험 및 노인장기요양보험 제도의 우수성을 알리고자 진행된다.

54 문제해결능력　　　　　　　　　정답 ①

패턴 ⑭ 적합자 선정
소재 건강보험 특강 프로그램

① (✕) 신청 대상 조건 중 ①을 만족하나, 본 프로그램은 매월 둘째 주, 넷째 주 수요일에만 운영되기에, 참여할 수 없다.
② (○) 신청 대상 조건 중 ①을 만족하며, 본 프로그램의 운영 일정과도 일치하기에 건강보험 특강 프로그램에 참여할 수 있다.
③ (○) 신청 대상 조건 중 ③을 만족하였기에 건강보험 특강 프로그램에 참여할 수 있다.
④ (○) 신청 대상 조건 중 ②를 만족하였기에 건강보험 특강 프로그램에 참여할 수 있다.

55 문제해결능력　　　　　　　　　정답 ②

패턴 ⑫ 정보 확인
소재 특별재난지역, 노인틀니, 장애인보조기기 추가 지원

① (○) 지원 대상 지자체는 경남 산청군·하동군, 경북 의성군·안동시·청송군·영양군·영덕군, 울산광역시 울주군으로, 영양군과 영덕군이 포함된다.
② (✕) 특별재난지역 거주자 중 피해 사실이 확인되면 교체 주기 또는 내구연한 이내라도 추가 급여를 받을 수 있다.
③ (○) 장애인 보조기기의 경우에만 처방전과 사전 승인절차를 생략할 수 있다.
④ (○) 대형 산불로 인해 특별재난지역으로 선포된 8개 지자체 피해 주민의 빠른 일상회복과 불편함을 최소화하기 위하여 시행된 조치이다.

56 문제해결능력　　　　　　　　　정답 ④

패턴 ⑭ 적합자 선정
소재 특별재난지역, 노인틀니, 장애인보조기기 추가 지원

① (○) 노인틀니는 급여 후 7년이 경과되어야 재급여가 가능하나, 특별재난지역 거주자 중 분실 및 훼손이 확인될 경우, 교체 주기 이내라도 추가 급여를 받을 수 있다.
② (○) 본 지원 제도가 아니라면, 급여 시기를 알 수 없는 장애인보조기기의 경우 재급여 여부를 확정할 수 없으나, 산불로 인해 훼손된 경우, 교체 주기나 내구연한에 상관없이 추가 급여를 지원받을 수 있다.
③ (○) 본 지원 제도가 아니라면, 내구연한 이내의 장애인보조기기의 경우 재급여를 받을 수 없으나, 대피 중 분실하였으므로 내구연한에 상관없이 추가 급여를 받을 수 있다.
④ (✕) 지난 대형 산불로 인해 분실 또는 훼손이 확인된 경우에 한해 교체 주기나 내구연한에 상관없이 추가 급여를 지원받을 수 있다. 그러나 현재 장애인보조기기의 피해 여부를 확인할 수 없기에 추가 급여 지원을 받을 수 없다.

57 문제해결능력　　　　　　　　　정답 ④

패턴 ⑫ 정보 확인
소재 급여정지 및 해제

① (○) '출입국으로 인한 급여정지 해제 신고'에서 신고 방법에는 유선, 방문, 팩스, 모바일 애플리케이션, 홈페이지가 있다고 하였다.

② (○) '출입국으로 인한 급여정지 해제 신고'에서 출국으로 인한 급여정지 신고 시 구비서류 수는 1개(출입국사실증명서) 또는 2개(여권과 비행기표 사본)이고, 입국으로 인한 급여정지 해제 신고 시 구비서류 수는 3개이다.

③ (○) '출입국으로 인한 급여정지 해제 신고'에서 직장가입자의 경우 피부양자가 없을 경우 보험료가 면제된다고 하였다.

④ (✗) '유형별 급여정지 및 해제일자'에서 2020. 7. 8. 이후에는 국외에 3개월 이상 체류하는 경우 급여정지 대상이라고 하였다.

58 문제해결능력   정답 ②

패턴 ⑮ 계산
소재 급여정지 및 해제

'유형별 급여정지 및 해제일자'에서 보충역 훈련기간 급여정지일은 입대일의 다음 날이므로 10월 4일이고, 급여정지 해제일은 교육소집해제일의 다음 날이므로 10월 31일이다. 따라서 A의 급여정지 일수는 총 27일이다.

59 문제해결능력   정답 ③

패턴 ⑫ 정보 확인
소재 노인 무릎인공관절 수술 지원 사업

① (○) 제출 서류 중 수술명이 기재된 수술할 병원의 진단서(소견서)가 있다.

② (○) 실손 보험금을 수령한 경우, 지원 선정 취소 및 향후 지원 사업 참여 제한, 지원금 환수 조치 등 불이익을 받을 수 있다고 하였다.

③ (✗) 의료기관은 재단으로부터 '수술 가능' 통보를 받은 대상자에 대하여 3개월 이내에 수술을 시행하고, 수술청구서, 진료비 영수증, 통장 사본을 첨부하여 노인의료나눔재단에 수술비를 청구해야 한다.

④ (○) 만 60세 이상, '인공관절 치환술(무릎관절)' 인정기준에 해당한 수급자, 차상위계층, 한부모가족의 경우 지원할 수 있다.

60 문제해결능력   정답 ②

패턴 ⑮ 계산
소재 노인 무릎인공관절 수술 지원 사업

한쪽 무릎 기준으로 120만 원 한도로 수술비를 지원한다고 하였고, 지원 범위는 "본인부담금에 해당하는 검사비, 진료비, 수술비"라고 하였다. 간병비, 상급병실료, 지원 대상자 통보 전 발생한 검사비는 지원 제외된다고 하였다.

따라서 갑이 지원받을 수 있는 금액은 1,080,000원(=890,000+190,000)이다.

MEMO

배현우
혼JOB의 NCS 대표 강사. 풍부한 교육 경험에 바탕을 둔 실속 있는 강의로 다수의 공기업, 금융권 합격생을 배출했다. 한국자산관리공사 취업잡이 캠프, 청년재단 필기 특강, 지역대학 연합캠프 NCS 클리닉 과정 등을 담당했으며, 건국대, 국민대, 성신여대, 세종대, 이화여대, 중앙대, 한국외대 등 여러 대학에서 NCS를 강의해 오고 있다.

혼JOB취업연구소
㈜커리어빅이 운영하는 취업 전문 연구소. 분야별 전문성을 바탕으로, 채용 시장 분석, 수험서 개발, 취업 강의, 교육 컨설팅 등 다양한 영역에서 활동하고 있다.

혼JOB 국민건강보험공단 NCS 기출 트레이닝 260제

초판 1쇄 발행	2025년 8월 16일
편 저 자	배현우 혼JOB취업연구소
발 행 인	석의현
기획·편집	이선주 전준표
디 자 인	안신영
마 케 팅	김경숙
발 행 처	㈜커리어빅
등 록	2018년 11월 26일 (제2019-000110호)
주 소	서울특별시 종로구 인사동5길 25, 하나로빌딩 408호
전 화	02)3210-0651
홈 페 이 지	www.honjob.co.kr
이 메 일	honjob@naver.com
가 격	24,000원
I S B N	979-11-91026-86-3 (13320)

※ 이 책의 저작권은 저자와 ㈜커리어빅에 있습니다. 저작권법에 의하여 보호를 받는 저작물이므로 무단 전재와 복제를 금합니다.
※ 정오 문의 및 정오표 다운로드는 홈페이지 내 고객센터를 이용해 주시기 바랍니다.

국민건강보험공단 NCS 제1회 기출동형 모의고사 답안지

나만의 성장 엔진
www.honjob.co.kr

자소서 / 면접 / NCS·PSAT / 전공필기 / 금융논술 / 시사상식 / 자격증

국민건강보험공단 NCS 제2회 기출동형 모의고사 답안지

나만의 성장 엔진
www.honjob.co.kr

자소서 / 면접 / NCS·PSAT / 전공필기 / 금융논술 / 시사상식 / 자격증

국민건강보험공단 NCS 제3회 기출동형 모의고사 답안지

나만의 성장 엔진
www.honjob.co.kr

자소서 / 면접 / NCS·PSAT / 전공필기 / 금융논술 / 시사상식 / 자격증

국민건강보험공단 NCS 제4회 기출동형 모의고사 답안지

나만의 성장 엔진
www.honjob.co.kr

자소서 / 면접 / NCS·PSAT / 전공필기 / 금융논술 / 시사상식 / 자격증